解愛

蔡璧名

目錄

推薦序

你的一天一年，和我的歌

盧廣仲
音樂鬼才

大學一年級的時候我認識一位吉他手，有天他對我說：「你吉他彈得不錯耶，要不要試試看自己寫歌？」我想了想，反正車禍後右腳斷了，哪裡也去不了，就亂寫看看。從此開始了我的創作之路。

到現在也寫了十幾年的歌，理解到其實創作這件事情，是一種心理療程，在心靈受了傷中了毒之後，透過創作來幫自己療傷解毒，包紮那些說不出口的遺憾和到不了的遠方以及無法被收藏的快樂。說起來也慚愧，我大部分的歌曲都是在內心陽光被烏雲遮住的時候所創作出來的，傷情歌是如此，開心的歌亦然。特別是開心的歌，偶爾會感覺自己是淚痕未乾的漁夫在江河邊的深夜，乞求能不能有一段旋律或是一句歌詞跳出水平面，把心靈場景轉成光亮。也因此寫到後來總是遍體鱗傷，我想你應該也是吧，我的一首歌，和你的一天一年。我們都是傷患。

閱讀了蔡老師的《解愛》後，讓我想起從前學生時期都會有一本數學科參考書，裏頭會有大量的題目、解法和答案，在不斷解題的過程中學會如何應用數學方程式來找到答案。而在《解愛》裡，老師引用了莊子之道，來解析經典的詩詞和愛情故事，是本自由浪漫的情感參考書。我感覺莊子之學即是一道愛的方程式，也像是一種解藥，適用於你我——在成長路上情感途中受過傷或正在受傷的患者。

也許將來我能聽到你的那首關於「愛而無傷」的生命之歌，我也如此祝福著我自己。

推薦序

在十九歲與詩相遇

邢本寧
編劇、本事劇團團長

展讀《解愛》的書稿，一字一句，猶如歲月的流光，照映在少時從蔡璧名老師習詩的記憶之上。《解愛》共分七堂課，好似對學生授課的講詞，面對面地與你談心，時而眉飛色舞，笑語連珠，時而側耳低語，一訴曲衷，又或者循循善誘，點滴叮嚀。動人處，不只在所言之內容，更是一份源於生命根源處對詩與愛的信仰。

還原詩境的傳奇課堂

蔡璧名老師的詩課，在臺大，是一則傳說。

多年前，我一上大一，九月開學第一天，起了個大早，不到清早五點，就衝往臺大文學院的長廊排隊拚搶名額，深怕選不上蔡璧名老師的詩課。雖不抱搶第一的宏願，但一看竟已有近十位同學先到了，在辦公室前排起隊來，等著開門辦理選課手續，還是大吃一驚！傳聞中這門課修起來可是大不輕鬆，竟然還嚇不走人？學長姊的恐嚇，言猶在耳，「不想背詩別修！每一次考試都得背熟上百首詩喔，不背沒有分，全部要默寫！」，「要練唱喔，敢上臺唱詩的再修吧。」，「修蔡璧名的課，要寫詩唷！」

背詩誦詩，努力一點尚能完成。但，寫詩？詩是人人能寫的嗎？

高中時，我在北一女擔任極光詩社的副社長，也確實塗鴉過一些詩行，但我卻對寫詩感到恐懼。寫現代詩，彷彿就得創造象徵隱喻，堆疊意象，弄清各種文學流派，各種主義，不展現點對現實的批判與抵抗就不夠格寫詩似的。習寫古典詩詞，鑽研格律，令人渾身冒汗，如攀高牆，戰戰兢兢。越寫詩，我越渴望寫好詩，越不知道怎麼寫，越寫越遠離寫詩的初心。甚至寫到連詩是什麼，都感到迷惘。

一個十幾歲的少女，懷抱「詩是什麼？」的大哉問，來到蔡璧名老師的課堂。

不下定義，不搞什麼詩的名詞解釋，蔡璧名老師猶如魔法師，直接召喚詩生發的戲劇場景。我永遠記得在課堂上，蔡老師講起詩經「關關雎鳩，在河之洲，窈窕淑女，君子好逑。」

時，開始想像這詩誕生時的場景，那當有一條河，那佚名的詩人很可能正在沙洲上眺望著遠方，聽到水鳥間的鳴叫唱和，想著心愛的女子……

講著講著，老師突然停下講解，在講台上，來來回回地走，然後蹲下身來，往前用眼睛看，彷彿搜尋著什麼……她看了好些時間，然後說她有點好奇詩人，會不會怕驚動了水鳥而躲在蘆荻或石頭後面呢？又或者，詩人心中有感，遂拿起石頭在沙上畫下愛人的樣子？甚至直接寫下詩行呢？他是站著聽鳥兒「關關」地唱和，還是蹲著聽到的呢？老師自問自答完，又站了起來，行走幾步，復又蹲下，再看了看，又站起來。站著並非無事發生，只見蔡老師在一個定點凝神了許久，說也奇怪我的耳際，彷彿有幾許關關鳥鳴傳來……

來回行走，蹲下，站起，再蹲下，再站起，引導學生「看見」、「聽見」詩，不是一般講堂上老師們做得到的事，進乎於一位頂級演員的作為了！蔡璧名老師永遠用全副的身心和想像力，去積極地經驗任何一首詩。而這，彷彿毫無預設，全是課堂上信手拈來的即興之筆。在她蹲下瞇眼定睛的時刻，我和全班同學都隨著她穿越兩千多年的時空，來到詩歌生發的當下，集體經驗了一次來到「在河之洲」現場的旅程。

這「現場還原教學法」，不僅僅是一種教學法，更是生命中對愛詩入骨，方得生發的一種展示。尋索一首詩，談詞句章法只是表面，追探詩作發生的當下也還不夠，更要追索詩心興發前的軌跡，乃至創發詩境的現場。有些詩，因為留有記載，有確實能夠尋蹤而至的故事，說將起來尚容易些。而沒有明確故事的詩，蔡璧名老師照樣能以詩境為據，創造一幕幕獨特的戲劇現場！

詩是可以被積極再創造，再經驗的！再創造，再經驗，方是對一首詩和詩人的生命最深情的禮敬。

有愛，人人能寫詩

本以為一次考試要背上百首詩，是艱鉅的任務。但說也奇怪，每每只要聽過老師唱作俱佳地說詩，一個個場景，一行行詩就已刻劃在腦海裡了。背詩，再也不用刻意為之，而是深入體會詩情詩境後之必然了。

深入詩情詩境，使人得以憶起詩行。反之，寫詩的衝動，來源於人生經驗到愛深情重的時刻，一種本能的，亟欲銘記的渴望。人只要有情、重愛，自然任何人都能寫詩，語言、字句本是後發之事，技巧、雕鑿都後於愛之生發。寫詩，耕耘地不僅僅是文字，更是「自事其心」的具體方法。

釐清了情感生發與以詩抒情的次第，人人都下得筆來，學期末，全班同學詩行，一首首地集結成冊。老師還煞費苦心地，精選好紙，教我們講究裝幀，不僅僅為了外觀，而是要我們習練珍愛性情，慎對己心的功課。

我有些無法想像，若未曾在十九歲的年紀與蔡璧名老師於詩中相遇，生命會多不一樣。但大概可以肯定，我早已放棄寫詩。上了詩課，我才找到了創作詩的源頭。從此，人生遇上感觸深刻的境遇，觸動心底的情感時，寫詩，成了安頓身心的法門。

愛，乃詩之源；《解愛》從愛而論詩，直抵人之所以需要詩的根本渴求。詩使人得安放深情，得以抒發，而又不溺於情執。溫柔敦厚，詩之教也。

如己、克己、知己

詩人，自然渴望知音。

人世間，愛的樣貌多變，千姿百態。而愛情，無疑是最黯然銷魂、惹人神傷的。《解愛》分七堂課，從莊子「自事其心」之觀點出發，引證許多詩人以及心理學研究，分談愛如何無傷，如何不在愛中強迫和佔有，如何定心，如何陶鑄愛的能力，如何知道自己想和怎麼樣的人相依，如何在情感裏唱與和，如何深情而不滯於情。面對愛中的諸般課題，不變的法則是必須將耕耘自己的心放在最前面，心安穩了，才能承接更多的愛，付出更好的愛。

《解愛》強調學習愛與被愛，需要懷抱Cultivating mindset，一種主動耕耘情感的意識，不是被動地尋覓知音。強調在磨合中，積極地將自己陶鑄成伴侶的知音，是一個相互形塑的歷程。並舉聖經《舊約．創世紀》，上帝創造亞當和夏娃的初心，是為他們彼此創造一個Helpmeet，一個「對立的幫助」，以鍛造彼此的靈魂。

這引我聯想起聖經中，除了盡心盡性盡意愛主之外，明言「愛人如己」是一切誡命的總綱。過往，我總感到「愛人如己」四個字令人不堪負荷，彷彿要淘空自己的一切無盡地給予。《新約．歌林多前書》中愛的真諦對愛有諸般描述，其中把「愛是恆久忍耐」，放在首位。忍耐，聽起來並不是種太舒服的感覺，似乎也暗示了付出卻難得到相等回應的可能，以及愛是需要在一次又一次施與受中習練的。

《解愛》反覆強調「自事其心」方是習練愛的關鍵，於我彷彿當頭棒喝。若不能夠好好地「自事其心」，就算對人「愛人如己」，這「如己」也並非完滿之愛。當對自己的心懷抱著自我厭惡、批判、指責，以這樣的方式「如己」地愛人，反而會形成負向的循環，為嫉妒、恐懼、佔有侵擾。唯有達到「其用心不勞，其應萬物無方」時，所謂付出，才不是一種役於物的勞形之舉；「心齋」、「神凝」乃至「虛室」，有了空間，愛方有自然流動的餘裕。能很好地愛自己了，「自事其心」的功夫深了，自然保障了「愛人『如己』」的品質。愛，終能無傷。實踐「愛人如己」的誡命，第一步實是要最好地愛自己。東西方的智慧，有共通與互補之處。

無傷，若依然需要「忍耐」，那本質上要修的是「克己復禮」的功夫，把基於情欲的衝動與佔有，昇華為更高層次的精神往還。而寫詩，正可以昇華衝動的具體實踐。

從「愛人『如己』」到「『克己』復禮」，此時再談「知音」、「知己」，那這份相知帶來的深刻親密感，就不會逾越心可以持守的分際，而可以自由無傷地相愛。

詩中存知己。徐志摩與林徽因這對詩中知己，以人生的故事與創作，親身展示了愛的昇華之旅。雖有情人未成眷屬，但彼此不曾丟掉「交會時互放的光亮」，以詩句銘記下一切。《解愛》以徐志摩、林徽因的詩歌為經緯，娓娓道來兩人從相識、相知、相戀到分定了方向，「兩人各認取個生活的模樣」，再到因徐志摩飛機墜落而死別的全部故事。

故事中，最打動我的一個細節，不在於他們兩人之間，而是徐志摩意外過世後，林徽因於大慟之際，央求丈夫梁思成到失事現場找尋徐志摩的遺物。梁思成撿了一塊濟南號飛機殘骸的小木片回家帶回給妻子，林徽因特別將小木片裱起來，掛在臥室中央的牆壁上。我十分好奇梁思成是懷抱著怎樣的情感來做這件事，一般人怕很難忍受妻子對別的男人的愛重，更何況親自撿回遺物，掛在臥房中。內心幽微處，怕無法細究，但不難想像這三個人的互動能形成這樣的故事，彼此必然持守著因愛而來的尊重。尊重乃是尊你所尊，重你所重，徐志摩一直尊重梁思成，在給林徽因的信中，總囑筆問候；梁思成也重林徽因對徐的深情，既是你所愛重，我亦愛屋及烏。

知己重在一個「知」字，梁思成明瞭林徽因對徐志摩的深情，但我想林徽因也必定讓丈夫知道，她不會因為這份情感而遠離，有合宜的持守，而不至於使丈夫深陷嫉妒的痛苦。當「知」字成立了，一切深情皆可在陽光下展露，無須掩藏，這份愛，便無所滯，能自由地流動。自由的別界永遠是界線，乃至誡命，也就是心得以持守的邊際。

「知己」的最高境界，許是讓彼此相知而不執著，無滯地愛吧！

從「敬」至「忘」

《解愛》於卷末，蔡璧名分享了父親蔡肇祺的詩，從知了寫知音：

〈蟬聲已逝〉

想到蟬聲卻已無
遺枝寂寞誰在乎
人間聲色百般是
蟬似伯牙琴對吾

展卷至此，我讀到的不僅是寂寞，不僅是蟬聲已逝的寂寥，而是一個女兒對父親的欽慕、尊敬與相知。我們能很好地愛人，往往是因為在我們生命初始之時，父母給了我們愛的榜樣，生命的錨點。

《解愛》中，蔡璧名老師多次談及父母給她的愛與詩教。寫父親贈給母親的情詩，母親為愛情與家裏抗爭，感動了家人；寫父親教她寫詩、習醫、打太極拳，在家舉辦詩歌吟誦的沙龍；又寫小時候，當父親要寫字了，她和姊姊立刻就如小書僮般地磨墨。一幕幕家庭剪影，處處皆是詩與愛的影子。

有生命中具體的父母之愛為基，書的最終章談「愛」與「忘」時，以《莊子．天運》中「孝」的階梯來說明用情的境界，不淪於空談，特別有說服力。「以敬易孝，以愛孝難；以愛易孝，而忘親難；忘親易，使親忘我難；使親忘我易，兼忘天下難；兼忘天下易，使天下兼忘我難。」感情在最初的階段，以「敬」字為先，學習尊重。到了最高境界，對話互動的對象，已不侷限於絕對具體的個人，而是「天下」，對天下一切人、事、物皆有情，卻不再掛懷得失。

讀到此，我緩過神來，有個簡單的心得，原來莊子的「忘」其實無法一蹴可幾，須從「敬」的功夫開始，逐次遞進。尋求「忘」的境界，其實當回到人誕生於世，最初始的人際關係裏，先再次檢視父母與自己的關係，「以敬易孝」。這彷彿一個同心圓，一旦最內層最根源的父母子女關係中，有了「敬」字，必從愛的最內圈，輻射至與他人的人際關係中，乃至與「天下」有情萬物的關係中。

《解愛》，不只是見著一個講壇上的師者，更看見一個女兒的身影。不僅僅是多年授詩講詞的積累，也是一卷蔡璧名老師寫與父母的忘情之書吧！

推薦序

《莊子》與文學的對讀

簡光明
屏東大學人文社會學院院長

伊塔羅・卡爾維諾《為什麼讀經典》說：「一部經典作品是一本從不會耗盡它要向讀者說的一切東西的書。」《莊子》就是這樣一部經典，自從成書以來，歷代的注解已經汗牛充棟，當代的研究論文更數以萬計，每一個時代的讀者都從《莊子》得到啟發，並且賦予新義，《莊子》想要告訴讀者的東西卻從未耗盡。

莊子是思想家也是文學家，在歷代《莊子》的注解與詮釋中，以義理解讀為主，另外有一條支線，強調古今文學家受到莊子影響，歷代文士引《莊子》入詩文，從《莊子》汲取靈感。文學家與《莊子》進行的文學與哲學的對話，由來已久。

「對讀」，《漢典》的解釋是「猶校對」，一般的「對讀」就是拿文學作品與《莊子》比對，看看歷代文學中的文字與思想那些受到《莊子》的影響。

引《莊子》入詩文

唐代白居易〈讀莊子〉說：「去國辭家謫異方，中心自怪少憂傷。為尋莊子知歸處，認得無何是本鄉。」一般人遭到貶謫，遠離政治核心，不受重用，往往哀嘆懷才不遇。白居易讀〈逍遙遊〉，感覺自己就像「大本擁腫而不中繩墨，其小枝卷曲而不中規矩」的樗樹，工匠看都不看一眼。有用的樹木，可能早就被木匠砍去，有用的人，可能被殺，既然無用，那就種在無何有之鄉，廣莫之野，可以在樹下逍遙寢臥，那才是自己的歸處。如此一想，被貶謫的心情，也就得到寬慰。

文士喜讀《莊子》，在詩文中很自然地引用《莊子》典故，在中國文學史上這類典故不可勝數，蘇軾〈催試官考較戲作〉：「鯤鵬水擊三千里，組練長驅十萬夫。」用〈逍遙遊〉鯤化為鵬，「鵬之徙於南冥也，水擊三千里」的典故來形容錢塘江大潮。《莊子》寓言有不少成語，文士雖引用《莊子》典故，卻常常變化其意，或者與寓言所要傳達的思想無關。

從《莊子》汲取靈感

莊子面對人生的困境與難題，能夠從自然的觀點去思考，從而能夠安時處順，應物而不傷。〈至樂〉裏，莊子遭遇妻子死亡，難免感觸哀傷而哭。經過思考生命的變化，「氣變而有形，形變而有生，今又變而之死，是相與為春秋冬夏四時行也」，了解生死就像四季的循環，死亡是自然循環的一環，有了這樣的領悟，所以停止哭泣，鼓盆而歌。

蘇軾的詞一向被歸為豪放詞派，呈現曠達的精神，而曠達正來自於莊子從自然的觀點去思考的啟發，〈水調歌頭〉：「……轉朱閣，低綺戶，照無眠，不應有恨！何事長向別時圓。人有悲歡離合，月有陰晴圓缺，此事古難全。但願人長久，千里共嬋娟。」蘇軾在中秋的夜晚，人事不圓滿，兄弟離別無法團圓，難免有恨。思考人的悲歡離合正如月的陰晴圓缺，是自然不過的情況，不因人而改變，有這樣的領悟，所以發現不應該有恨，心境轉為「但願人長久，千里共嬋娟」。

莊周經過的歷程為：夫妻「死別」——慨然：哭——領悟：死生為自然循環（氣—形—生—死—氣）——不哭（哭，不通乎命，故止）——安時處順：鼓盆而歌。蘇軾經過的歷程是：兄弟「生離」——有恨：何事長向別時圓——領悟：人有悲歡離合，月有陰晴圓缺，此事古難全。——不應有恨——曠達：但願人長久，千里共嬋娟。人生在世，難免遭遇生離死別，困頓挫折，若能放寬視野，從自然的規律與人事變化的常態來看，或許能像莊子與蘇東坡一樣，具有曠達的心胸，走出悲傷與怨恨。

以《莊子》解答人生困境

注解《莊子》者，點出歷代文士受到莊子的影響，多為片言抉要，往往語焉不詳；研究莊學者，在歷代文士的文學作品中去發現莊子身影，這類的詮釋雖言而有據，卻難免黏著於文士對《莊子》的接受。蔡璧名教授《解愛：重返莊子與詩歌經典，在愛裏獲得重生》，完全擺脫「對讀」方式，不採如影隨形的尋找身影的方式解讀《莊子》，從而能夠避免侷限於跨時代文學家的影響或思想相關性的連結，而開創新局。

正如書名副標題所示：「重返莊子與詩歌經典，在愛裏獲得重生」，因此，首先臨摹詩人生命之帖，臨摹的核心是古今中外詩歌的文本，細說文本的情境，解開寫詩的手法；為了接引讀者，加入個人、親人、朋友與學生的生活個案，引入電影、電視劇與歌詞，成為可親近的經驗，然後再引進《莊子》的乘御工夫，用「深情而不滯於情」去解開情「結」。以第五堂課

「『流水』與『水停』——在情愛的世界裏，你想與誰相親？」為例，細膩講解〈有所思〉、〈上邪〉與〈您的琴有無數的絃〉三首詩，討論「流水」（情愛世界），再以〈德充符〉「愛使其形者」、「唯止能止眾止」、「平者，水停之盛也」，〈人間世〉「无聽之以耳而聽之以心，无聽之以心而聽之以氣」的「心齋」工夫，說明「水停」是解愛的良方。

詩歌經典是生命的處境，生命困境的解決良方在《莊子》，如此一來，視界大開，詩歌、講者個人的生活觀察與生命經驗都能與《莊子》進行文學與哲學的對話。七堂課，一個完整的系列，以當代人的情海裏沉浮為課題，用《莊子》乘御工夫修築舟筏，讓聽者得以靠岸，過安時處順的生活。

簡光明

推薦序

談情說愛其實很簡單——讓莊子與詩人給你解方

宋怡慧
作家、丹鳳高中圖書館主任

面對美麗的愛情旅程，我們如何能夠愛得真摯又保有淡如水的心？蔡璧名《解愛：重返莊子與詩歌經典，在愛裏獲得重生》從莊子與經典詩歌交會的光亮，引領我們解讀愛情的原貌。

當莊子遇到詩人，有違和感嗎？有顛覆感嗎？這次，蔡璧名教授讓莊子教讀者用情，請詩人教讀者說愛。她借用莊子的「無情」以及詩人的「多情」，時而鏗鏘地與你談「唱」與「和」的主從關係，時而清婉地與你說「流水」與「水停」的愛之汪洋。原來，愛情是深情而不滯於情，遠離怒、喜、憂、思、悲、恐、驚等負面情緒，「愛」與「忘」的平衡，讓你深情而不斲心，無須悲戚，無須曲折，一如莊子說的「不以好惡內傷其身」。如何保有愛的甜度與純度，保鮮而不變質？原來，愛情可以從經典拾級而上，循序找到舉重若輕的愛之解方，並在愛裏獲得重生的逍遙，向幸福地方翱翔！例如，「鏡」與「虛」的這堂課，「用心若鏡」讓你的心自由逍遙地愛著，即便置身愛情的迷宮，「自事其心」就不會讓愛偏頗路途，讓禁錮的心，尋到愛情的親密感與自由度，找到「此心安處是吾鄉」的真諦。

跟隨莊子與詩人談情說愛的跫音，步步有愛而無傷，愛一個人可以，享有廣袤如海洋的自由；相忘於江湖的自在，你終於懂得從動心到用情的愛情修鍊課，是「道之所以虧，愛之所以成」的奧義。逐漸理清愛情多重的觀點與多元的視角，找到安頓身心靈的關鍵，就能忘卻外在的寵辱，有愛而不自傷，彼此攜手走向理想情感的桃花源。

推薦序

長相思，因「解愛」而長安

蔡淇華
作家

在百年疫期，世界像是被按下了pause鍵，鎖國、封城、離人，成了人間無聲的主旋律。我們居家，但情緒不隔離，仍一起被天王情侶分手的新聞，或是Netflix實境秀《雙層公寓》的小情小愛，挑動我們最纖柔的神經。

瘟疫蔓延時，我們仍相信，愛比死亡更有力量——可能更有生命力，也可能更有摧毀力。就像李白寫的〈長相思〉，從「長相思，在長安」，寫到「長相思，摧心肝」。

人生太短，相思太長，我們真的會像蔡璧名老師形容的：「心神兩傷，相思成怨，思傷脾胃，造成腹膜炎、胃潰瘍，最後情滯斷腸。」

幸好今日，與《莊子》相遇相知三十年的蔡璧名老師，願意活用經典，以《解愛》讓三千年詩詞與莊子相遇，教導我們如何「深情又不滯於情」。

在〈「膠」與「藏」〉一章中，蔡璧名老師以「還原教學法」，帶我們先進入三位詩詞大家〈長相思〉的情境：

〈長相思〉（唐・白居易）

汴水流，泗水流，流到瓜洲古渡頭，吳山點點愁。

思悠悠，恨悠悠，恨到歸時方始休，月明人倚樓。

〈長相思〉（後唐・李煜）

一重山，兩重山。山遠天高煙水寒，相思楓葉丹。

菊花開，菊花殘。塞雁高飛人未還，一簾風月閒。

〈長相思〉（宋・歐陽修）

花似伊，柳似伊。花柳青春人別離。低頭雙淚垂。

長江東，長江西。兩岸鴛鴦兩處飛。相逢知幾時。

一樣雙調三十六字，一樣迂迴復沓句式，一樣用三平韻一疊韻的節奏，訴說相思悠長之痛、離別無解之苦。

李後主的「山遠天高煙水寒」，是亡國前的「花間」作品，如同光緒年間探花俞陛雲之評：「以輕淡之筆，寫深秋風物，而兼葭懷遠之思，低回不盡，節短而格高。」那是相思楓紅，但青春仍月白風清的時節。

醉翁的「花似伊，柳似伊」，是詞人甫滿三十歲，因聲援范仲淹，被指為「朋黨」，貶到夷陵當縣令時的作品。他「相逢知幾時」的疑問，不用太久，便有了解答。三十三歲時，因范仲淹重獲重用，歐陽修也再度回歸繁華洛陽，人生開始精采。

至於白居易的這首〈長相思〉，是真正人生晚期催心斷腸的情傷。

此詩為年過六旬的白居易，思念小妾樊素的深情之作。斯時白居易已經歷二十八歲進士及第、三十六歲任左拾遺、四十三歲貶為江州司馬的風霜雪雨。走過「一回來，一回老」的長安道，白居易走回洛陽終老。然而白居易得了風疾，不良於行，當時篤信佛教，自號香山居士的白居易，起了不忍之心。他不忍芳華十九的愛妾樊素，共伴風燭殘生。白居易深愛能歌善舞的姬人樊素，嘗為詩曰：「櫻桃樊素口，楊柳小蠻腰。」詩人劉禹錫也曾求白居易割愛美姬樊素，然而白居易說什麼也不答應。但病軀奄奄的白居易突然醒悟，真正的愛是放手，所以他決定「紅顏未老恩先斷」，丟棄以前「在天願作比翼鳥，在地願為連理枝」的浪漫，賣了好馬後，讓樊素拿錢去追逐自己的幸福——「明日放歸歸去後」，白居易留下不捨的自己「斜倚薰籠坐到明」。

只為思念一個人，在熱如「薰籠」的房裡坐到天明，這實在太慘了。

蔡璧名老師為我們蒐羅詞人的經典相思之作後，闡釋《莊子‧德充符》的微言大義，替我們「解愛」：「故聖人有所遊，而知為孽，約為膠，德為接，工為商。聖人不謀，惡用知？不斵，惡用膠？」——明知道所有情愛在走過「相遇」、「相守」後，終要「相失」，那麼，硬要用膠黏著，拿繩綑綁著，算不算聰明？

蔡璧名老師要我們學習《莊子‧齊物論》「得其環中」的道理：「彼是莫得其耦，謂之道樞。樞始得其環中，以應無窮。是亦一無窮，非亦一無窮也。故曰『莫若以明。』」——「莫得其耦」就是不要站在圓周對立的兩點看對方，要進入對方的處境，站在所愛的角度思考，就容易有同理心，也能因此擁有不再對立的客觀力、以及包容力。而「得其環中」，就是要跑到圓心來看你自己、看他，等距地、客觀地去看這一件事情。最後，蔡璧名老師提醒我們，如果你心中還是過不去，那就「照之於天」吧！要站到太陽和月亮的高度來看這件事，要拉長時間軸，想一想：過十年、二十年後，你還會在意今天這個衝突嗎？不會。

當你面對人間過不去的情愛，邀請你翻開「解愛」，讓蔡璧名老師帶你做《莊子》生命哲學中神凝、心齋的練習，漸漸養成心身放鬆、沒有負面情緒，懷抱更遊刃有餘的心，便容易感念天地大美。甚至可以進入《莊子．人間世》「無知之知」的輕鬆狀態，汲取來自天地清和之氣，在大宇宙信息能量場的神思靈感、創意發想。

蘇軾說：「多情多感仍多病。」但「解愛」告訴你，唯有莊子能無傷。

李白千年前的「長相思」，在長安。今日在人間疫情多傷時節，我們可以一起重返莊子與詩歌經典，一起在蔡璧名老師「解愛」中，因智慧善解，身心安頓，情思長安。

解愛

序
楔子

解愛——
重返莊子與詩歌經典，
在愛裏獲得重生

如果你的感情從春天開始，那麼最遲，請在今秋開始學愛。如果愛情還沒來，或是來又走了，正好趁閒涼之時，打通愛的任督二脈。

後來，我們都忘記：一路追求的，應該是幸福。

哈佛大學阿列・博克（Arlie Bock）教授於一九三八年開始，展開歷時七十六年的格蘭特研究，這項究明「人怎樣才能健康、成功、幸福」的研究成果顯示：幸福與否的關鍵，既非千禧年百分之八十之人認定的財富，也非現下百分之五十年輕人認為的名位，而是擁有「真愛」——無論是愛情、友情還是親情——才是大大增加「人生繁盛」（prosperous life）機率的關鍵。

一個人擁有的「真愛」與親密關係，直接影響一個人的應對機制。面對生命中難免的意外與挫折，活在愛中之人，容易選擇拿自己開個玩笑、和朋友一塊運動宣洩、接受相愛之人的撫慰或鼓勵等，迅速恢復健康振奮的良性循環；反之，缺愛之人，遭遇挫折時得不到援手，需要獨自承受，習慣採用消極的處理方式，而進入惡性循環。一個人如果年幼時受到關愛，那麼往後的人生將更容易充滿愛，同時，這個人的處事方式更能夠讓別人想要親近，也就更容易在其他方面獲得成功。如果一個孩子在家沒有學會最基本的愛和信任，這個孩子日後的魄力、主動性和自主性都會受到限制。儘管並不是每個人都能幸運地擁有美好童年，但好消息是，積極的影響比消極的影響更重要。不論你今年幾歲、置身何地，都有機會在愛裏獲得重生。

可是「真愛」如何擁有？究竟需要內建創造還是外向尋找，也許因學校不考，大家不比，或是沒有簡單公式可循，所以如何擁有更多的愛，鮮少被慎重其事地放進日常的菜單裏。

我們不覺得需要學習甚至會習慣性忽略怎麼吃健康、怎麼動精神、怎麼睡安穩，還有，怎麼用情才會幸福，這些似乎只有弱者、病者、老者或說歷經創痛者，因幡然悔悟才用心關注。

於是，在一百種生活中，我們通常任性地選擇自己想過的。

在情愛的路上，任憑自己跟著感覺走。

感覺對了就愛上了，就朝思暮想、無法自拔了。

完全不在乎「所謂伊人」，那帶來強烈共鳴感覺的笑容、言語或動作，其實只是一片落葉剛巧輕拂過你春日裏微醺的容顏與蕩漾的心湖。

而你，連打量、看清：那招搖的一葉，究竟是來自怎樣一棵樹？樹的全貌、樹的種類，習慣什麼樣的氣候環境，根又是植栽於怎樣的土壤？還有，這種樹的綠蔭是否足以庇蔭兩家、一戶、兩人？或至少庇護自己？——你一無所知、也不在乎，便這麼放任一已陷入自我認定的真愛漩渦中，讓那尚未認清的一葉幻影撩起感覺，像指北針一樣牽引人生，絲毫不計較自此以往，他引領你走向的是煉獄還是天堂。

一葉，不知秋。直到柔腸百轉千迴。

起步，便不知回頭。即便已到黃河，不死之心猶有未甘。問世間情是何物？任憑自我心身，教黃河水寸寸淹沒。在追求幸福的同時，可憐就這樣離幸福越來越遠。

早知道——千金難買。

且讓青春年華的你我，或心仍青春，仍有意願學習的自己，早早「知道」！

知道面對情山欲海，其實可以舉重若輕。

知道動心是一種緣遇，用情是一種修行。情與愛，本該是人生中一段美好的旅程。在偕同莊子與詩歌一起前行的路上，你我始終能感受、進而體會：一種愛，深邃如海洋；一段情，相忘於江湖。

深盼在時間之河中，你我都能在濃如酒的愛裏，保有淡如水的心。

學會愛——這是一門從小到大沒人教我們必須懂的學問，卻牽引著整整一生。歡迎來到「學會用情」的文學與哲學對話課。

際會來自星星的謫仙，喚醒來自星星的你

你叫什麼名字，幾歲，家住哪兒？

「小姓永，名恆，家住碧海，小歇地球，來自星星。」

我們，都是。

每一顆來自天上的星星，落在大地成為一顆種子，卻未知可有機會扎根。

呱呱落地的所有嬰兒，為何要同聲一哭——是既痛且快？還是落地之初即感應將遭逢大千世界萬般艱辛的預警？

要遇見怎樣的日夜關懷？擁有多長久、厚實的溫情與愛，才能讓初到世界的哭嚎轉化為銀鈴般的悅耳笑聲？

「你的路是自己走的，還是不斷被牽動的？」

當來自星星的你，到訪凡間，落入塵世。你身邊有人，有樹，有圍牆，有天地。

還記得那矗立在淚眼模糊間，在初入幼兒園時曾教你朝暮哭泣、無比抗拒痛恨的矮牆嗎？在後來的旅程中，隨著環境轉移，圈禁住你的圍牆一堵比一堵還高，你卻日益習慣如此壓抑活潑生機的監禁，年歲更長甚至變得需要在高牆的圈禁之內存活，才覺得安適、才不覺違和。

經歷了習書之日重逢全開雪白宣紙的慌張，才知道自己早已習慣把字寫在格子裏——就像慢慢熟悉幼稚園矮牆與愈來愈高的體制高牆。甚至要囿限在這樣的格子裏、高牆中，才不覺心慌。對於還未被規矩馴化的，嬰兒般天真、赤子般至誠的自己，反而陌生起來。生命中一些無比珍貴的潛質，就這麼在有形、無形的高牆與塵埃裏，日夜被消磨、覆蓋、掩埋甚至就此淪陷、徹底遺忘。

正向心理學家塔爾・班夏哈（Tal Ben-Shahar，1970-）主張：過往心理學家的實驗，已經證明負面「情境」對人的影響相當巨大，可以讓人變得愈來愈凶殘暴戾（Stanley Milgram，1961[1]；Philip George Zimbardo，1971[2]）；我們亟需為自己製造更多正面積極的「情境」，就

---

1. 一九六一年，美國社會心理學家史丹利・米爾格蘭（Stanley Milgram，1933-1984）進行了知名的「權力服從」實驗（The obedience to authority）。招募一般人在實驗者的指示下去電擊另一個人，甚至電擊到對方尖叫懇求停止。參與者穿著白大褂（就像醫生一樣），即使參與者提出質疑，只因為實驗者說「實驗必須進行下去」，多數參與者就會繼續電擊對方，甚至電擊到對方哭泣，懇求放他出去。這項研究發現全世界的人都傾向服從權力，不論是在美國還是德國都是如此，這就是情境的力量。

2. 一九七一年美國心理學家菲利普・津巴多（Philip George Zimbardo，1933-）在史丹福大學心理學系大樓地下室的模擬監獄內，進行了一項監獄實驗（Prison Experiment）。他們隨便找來一些志願者，分別扮演典獄長、獄警和犯人。這項實驗原先預計進行兩週，證明進入角色的效果。一週後他們發現實驗必須終止，因為隨意找來隨機分配的典獄長們變得非常殘暴，他們侮辱犯人；進入犯人角色的人好像真的變成犯人，他們受到侮辱，就像犯人經常感受到的侮辱。

像「逆時針」實驗在一週之內藉由年輕二十歲的情境，讓參與者的生理、心理都變年輕（Ellen Langer，1979[3]），又或者把正能量的意象、信念、字詞或畫面，注入潛意識或意識當中，可以提升參與者的記憶力與面對困難任務的持久力（John A. Bargh，1996[4]）。

如果當代正向心理學家所提供創造正向情境的方法，是為人們在黯黑長夜裏添幾盞燈，那麼誕生於正向心理學出現的二千三百餘年前，同正向心理學一般積極正向的莊子，早已提供我們注入心靈的正面意象如：「神凝」、「心齋」、「心如死灰」、「用心若鏡」、「安之若命」暨身體的正面圖像如「緣督以為經」、「形如槁木」、「墮枝體」、「息以踵」、「其息深深」，以及兩造皆能「離形去智，同於大通」等，使你我的心身一旦違和，便能據此按下重置按鈕，重新歸零、啟動，更可選擇不斷朝更理想的心身境況邁進。

莊子教導我們做出選擇，選擇將逆境、挑戰視為有意義之事，並用最有成效的方式去應對它。日益嫻熟衝浪本事，讓萬頃波濤成為乘載舟身的助力，讓驚濤駭浪等負面「情境」發揮正能量，供你乘御、遨翔。漫漫長夜，於是亦得見：繁星萬點、光如白晝。

在相吹、久沐天上謫仙與千載哲人之風後，在一滴水、一盞燈，投入大洋、循行星軌之後。點露，是枝草的太陽。投身天地的點露，也能成自己、贊天地、化眾生！

也許你的生命史中曾經「來」過、經歷過很多的愛，但你感受不到，或者你感受到了，卻忘了把今生「擁有」過的愛好好珍藏在記憶裏、妥貼收納進行囊中，成為旅途中供養、豐贍生命的精神資糧。於是本可揣在懷裏的愛，就這麼不斷地去來、流失而不自知，只望著自以為掛零的情愛存摺抑鬱，沮喪一己的貧窮，興歎擁有的愛太少，而難以快樂。

也許你心裏本有滿滿的情感，但你不知如何言說。收納在心底的一切，卻不知如何透過眼神、淚水、笑容來表達。只好把眼光移開，待獨自一人躲回窩居時，才任眼淚奪眶而出；或對

---

3. 埃倫．蘭格（Ellen Langer，1947-）在一九七九年時進行了「逆時針」（Counterclockwise）實驗。她找來七十五歲以上男人，把他們送去一座以一九五九年為主題來布置的別墅住上一週，讀著一九五九年前後的雜誌和一九五九年的日報，聽著一九五九年的音樂……所有的一切都是一九五九年的。他們扮演一九五九年時的角色，彷彿年輕了二十歲。一週的實驗結束後蘭格發現，所有參與者的生理年齡和心理年齡都變年輕了。人越老，骨骼間隙越小，可是這些老人不僅指骨間距變大、手指變長了，視力和聽覺也有了明顯改善。他們在各項測試中變得更靈活，手掌、雙腿、身體都變得更強壯。他們更快樂、更自立、更健康，連記憶力都明顯改善了；智力水平與對照組相比，在僅僅一週後就有明顯改進。這樣的變化是因為他們進入了強大的積極環境，僅僅通過「扮演」某個角色，他們就變成了那個角色。

4. 社會心理學家約翰．巴奇（John A. Bargh，1955-）在一九九六年發表了一篇關於影射（priming）的論文。影射分為潛意識和有意識影射，是在我們的潛意識或意識中植入一粒種子、一種信念、一個詞或一幅畫面，以及如何對我們的行為產生影響。比方你正在看螢幕，螢幕上幾毫秒內閃過一個詞，你的眼睛並未看清，但是大腦已經有了準備。約翰．巴奇的實驗是這樣的：他找了一批人，用「老」有關的詞來影射，比如老、拐杖、佛羅里達（Florida）……，結束以後測試這群人和對照組的智力和記憶力，結果他們的表現比對照組差。然後他記錄這些人從實驗地點走到電梯的時間，還找來盲測員評估他們走路的樣態。用「老」影射過的人，走向電梯的速度明顯變慢，而且步態真的比其他人更彎腰駝背。雖然他們並沒有意識到自己已經被「老」相關字眼影射過，這些字詞對行為產生的影響完全是潛意識的。第二個實驗，他用和「成就」相關的字詞影射人們。被影射過的參與者記憶力得到改進；相較於對照組，面對困難任務時也更有持久力。

著同她一起仰望過的那枚月亮，夜復一夜，一個勁兒地傻笑。

不善表達，使得盈滿心頭的所有，無法激起漣漪，好像不曾發生。

——那麼，且讓善感的詩人引領你敏銳感受。讓擅長表達涓滴情感的詩歌陶冶你，使逐漸習慣藉由口中言語、掌中文字，將情愛妥貼表達、便於珍藏。

「唯有詩人能解愛」（〈畫木蓮花圖寄元郎中〉），白居易說。

請問，詩人，憑什麼？憑什麼就懂得、就知覺感受得到如此細小幽微的愛？又緣何就能把所感受到的暨內心所藏，若涓流潺潺、又如江河湯湯，不擇時地皆可出地流瀉千里甚至傳誦千載？

還是，其實你我也可以！

讀詩的那刻，就開始了。

臨摹詩人生命之帖

「唯有詩人能解愛」，深情善感始成詩。

小時候，我不懂父親為何要我們三小娃，用童稚笨拙而未經規矩馴化的字跡，各自寫下父親姓名中的三個字：姊姊「蔡」、哥哥「肇」、我「祺」。小小的我交件時，望著自己傻傻站不妥貼的字跡覺得很恥。父親歡喜地買了方好印，請匠人把三小娃的真跡刻上。成長過程中才聽父親說起，被譽為詩、書、畫、中醫、太極拳「永嘉五絕」的太老師鄭曼青先生，每日習書千字，便是以練回童稚的字跡為志。

詩人，是天上謫仙。只因來自天上的清澈眼睛與至誠心靈，能一直保有著。於是在詩卷中，我們眼底、心中的光，際會來自星星的謫仙，靈魂相互碰撞，喚醒同樣來自星星的自己。吟咏詩歌一如臨帖，臨摹詩人生命之帖。

我們感知他的感知，感受他的感受，我們的眼望向他千百年前或者昨夜凝望的視野，我們聽見那時江水流過的聲音、詩人的輕聲歎息，我們的淚流淌在他的淚裏，盈笑在他的大笑中。——我們發現詩人是極其單純的孩子，活得多麼暢快，玩得多麼盡興，哭得多麼天真，笑得多麼開懷，許因來自天上的清澈眼睛與至誠心靈，能一直保有著。同他一起哭笑過的我們，也是。漸漸，在不讀詩的時候，自然吟誦起詩。漸漸，我們在彷彿連詩句也忘掉的時候，風吹樹動，因物興感，心湖莫名浮現一句、一首，得以題簽上自己名姓的，小詩。

本課程採「還原教學法」來還原創作之初的現場——季節時間、景物空間，面對的人、發生的事——與君同返詩人寫作的開端，就像圍棋的覆盤，看他一子一子怎麼落下。臨帖久了，讀者心靈的感知力與表現力，自然會在潛移默化中進化。

如果將中國的文學遺產喻為煙霞繚繞的群山，那麼迢遞三千年詩詞傳統，代表了其中巍峨而綿延的主脈。千百年後的愛山者，雖難以遍歷眾巒，盡擁山色，卻大可擇要入山，對其間奇美、高聳的山嶽作一巡禮。身入山中，在情感上尋繹詩人的心跡，還原舊景，深會詩情；在知性上熟悉格律，學習詩法。既汲取溫柔敦厚的情意，也鍊就記錄自己生命情感的詩筆。隨著浸淫於詩人作品與莊子哲學的對話、交鋒，你心的感知力與表現力，將不斷提升。

我所謂的還原教學法，自然不是要還原詩人創作當下你我無法臨摹的特殊性——比如詩人所處年代、撰作年歲、際遇對象或興感當下獨一無二再難複製的時空環境。我所實踐的還原教學法，試圖還原的是詩人創作當下與千百年後的你我猶能同情共感的普遍性——在不同時代、創作年歲、山川地域、百變人生，都可能複製的寫作手法以及會想訴諸文字的初心。詩法可以複製，詩心能夠共感，臨摹值得臨摹的精神生命——潛移默化間，既汲取斯文一脈的滋養，則人生旅途一遇有感之時、有感之處、有感之人，握筆的溫熱掌心，自然就這麼綻放出朵朵與生命共生的詩花來。

可「多情多感仍多病」（蘇東坡．〈采桑子〉）。過去不擅表達的自我思想、情感，現在可以自然表達了；過去察覺不到的世界之美、感受不到的人情之善，現在感知得到了——那傷痛呢？豈不因敏銳善感而更傷更痛？所以在以「還原教學法」講完詩後，便會請莊子出場，教我們如何「不以好惡內傷其身」。

讓詩歌與莊子，相偕攜手，教會我們在擁有詩人般豐沛的情感與感知能力、表達能力之後，且能在情愛的世界裏，同時擁有極度地親密與極度地自由，達到《莊子》書中深情與不滯於情的理想情感境界。想像你是一位媽媽，能深愛而不煩惱；人子，則被愛而不嫌她嘮叨；面對情人、所愛，在他叛逃之前你無畏、離開之後你無傷，在生活中真實擁有無待於外的幸福。

世界越黑暗，越需要有光——最大的感動是無聲的，還好留下短短的詩

德國哲學家狄爾泰（Wilhelm Dilthey，1833-1911）說：「任何存在都是在一個意義關係網中，會有某些關鍵事件，將散落在關係網中的人、事、物串接起來，意義即在其中。」那麼你願不願意出現在生命中的所有存在，都讓彼此的生命更加美好，同修一段善緣？

莊子說：「生物之以息相吹。」那麼註定在萬物氣息相吹之間存活的我們，有沒有可能只相扶、相愛，而不相累、相傷——不任侷促在小小形軀裏的心靈糾結、沾滿埃塵？

當你熟悉《莊子》的生命哲學中「神凝」、「心齋」的練習，漸漸養成心身放鬆、沒有負面情緒、沒有多餘念慮的習慣，懷抱更遊刃有餘的心，便容易感念天地之美、人間恩情。在日常生活中進入無念狀態的一晌，你將輕鬆得來「無知之知」（《莊子．人間世》），汲取來自天地清和之氣或說大宇宙信息能量場的神思靈感、創意發想。

人生幸福與否，本是來自人人內心的知覺與感受。那麼當你的感知、感受能力增強，過去覺知不到的世界之美、感受不到的人情之善，現在感知得到了；過去不擅表達的自我思想、情感與內心深處的感念之情，現在可以自然表達了，肯定倍覺幸福。

詩，以永恆的姿態留住心靈的聲音——那些比落瓣還幽微、還難以聽聞的聲響。

有人說，詩人，是宇宙意識的接收者；而靈感，是來自遙遠宇宙的訊息，是來自銀河、屬於太空的意識。唯有你在心空似水、意冷於冰的時刻，才能像符合頻率的收音機般，接收得到它。

但這浩瀚宇宙中的一切，也都有機會是「我」的。只要哪天認清自己不僅止於皮膚的輪廓之內，學習心靈能不受限於身體的約束，致力於不隨感官世界所觸因緣而起舞、動盪，專注於療癒、安適、強大心靈，同時鍾鍊身體於無界的心靈之內。「是身如虛空，萬物皆我儲」（宋・蘇軾〈贈袁陟〉），像星子把自己交付宇宙、燃亮宇宙，是生命最大價值；而至大價值更在於：當你全心、身地投入其中，便也強大照亮了自己，直到你與星體之間、銀河之間、宇宙之間，再無間距。

「天地與我並生，萬物與我為一」，莊子說。

「大音希聲」，老子說。

最大的感動，是無聲的。還好在無聲之外，留下短短的詩。感動是一罈酒，靜默地釀在數百年的木桶裏。李白的杯裏有月光，盛裝詩人詩作的酒桶，也封藏著一閃一閃的星芒。寫詩是孤獨的，偏又是一份可以共享的孤獨。等待哪天，誰來開封。

如何在濃如酒的愛裏，保有淡如水的心

「多情多感仍多病。多景樓中，尊酒相逢，樂事回頭一笑空。」（蘇東坡．〈采桑子〉）倘非多情多感，如何成詩？觸動自己，也才容易觸動別人。可莊子卻說「無情」、「不以好惡內傷其身」。

沉潛深入之後會發現：這兩個乍看弔詭的領域，詩歌和《莊子》，深情與不滯於情，並不衝突，且須相偕攜手才能陶鑄我們在情愛的世界裏，同時擁有極度地親密與極度地自由。

在課堂上教給孩子們的，也正是我用來教育今天此刻的我的。用情是一生的功課，刻刻任你操持，與你相伴的心、身亦然。深盼在時間之河中，你我都能在濃如酒的愛裏，保有淡如水的心。畢竟投身於此世的今生，我們便不僅相愛以此身，並且靈魂。

因為懷抱深情，所以理解無情。因為欲而無咎，所以愛而無傷。許對理想的美好和現實的殘酷都有一定程度的體會，才能胸懷無情海面下澄澈如許的深情。

李白說：「涼風度秋海」，偌大天地裏，誰與共吹一陣風？
莊子說：「生物之以息相吹」，獨立蒼茫且咏詩。
幸會在今秋露白、度海飄洋的同一陣風裏，提供我源源不絕靈感的你，同這群十九歲的孩子，一起幸福地成長。

第一堂

「泉涸」與「內傷」
——有愛，能不能無傷？

魚愛

可不可以不要因為潛游向他，而失去身為一條魚，賴以呼吸、存活、自在遨遊的遼濶水域？如何在情愛中不失去自我？如何只有「愛」而無「傷」？莊子將在這堂課手把手一一教會你。

「泉涸，魚相與處於陸，相呴以濕，相濡以沫……」（《莊子．大宗師》）

《莊子．逍遙遊》告訴我們：「生物之以息相吹」，萬生萬物間彼此交互影響，那麼你情感關係中的彼此，是吹呴滋養、相持相扶，還是相刃相靡、相累相傷？有緣相逢在狄爾泰（Wilhelm Dilthey，1833-1911）所謂「意義關係網中」的人，是否都曾經盼望能因這段緣遇，使自我生命更加充實、美好，可卻在不知不覺間彼此不斷互相消磨傷害。

曾經遇見說愛你的人，可惜他不懂你。因為不懂，所有的疼愛，都成了疼。

《莊子》是門重視差異的學問。都說：貴在真誠，難在分寸。而分寸之難，難在尊重——尊對方之所重。因對方所重可能有別於你，也許剛巧是你之所輕。既然要重視所愛之人重視的，就不能不懂得對方重視的是什麼？對方需要的空間、時間，覺得剛好的暖度、力度……。而要搞清楚這一切，關懷，瞭解，傾聽，適時探問，自然不可或缺。若你不懂得他，要如何尊他之所重？若你連懂得也懶，又遑論尊重。

因為你，我食不下嚥，連呼吸都困難了

對莊子的需要，可能是從受傷開始的。
「魚」沒有了水，就不能存活；水少了，就難活得安適。
那麼，化而為「人」，生命中不可或缺的水，會是什麼？
——魚也好、人也罷，如何相愛，才能自由自在？

〈狡童〉《詩經．國風．鄭》

彼狡童兮　不與我言兮　維子之故　使我不能餐兮
彼狡童兮　不與我食兮　維子之故　使我不能息兮

這首詩描寫的是，我們時常能見到的場景。
我們先還原這首詩，重返當時現場。
時間，用餐時刻、寢息時分。
空間，餐桌邊。
人物，今生（也可以是前世）情人。
事件起因，是他「不與我言」、「不與我食」。

事件結果，是我不復能「餐」，不再能好好呼吸、臥「息」。

詩法一：寫詩的手法直截而具體，直接把讀者帶到現場。

〈鄭風〉中的一名小女子用一首小詩，為我們封存了《詩經》時代同席情侶的希望與失望，落寞與哀愁。千百年後透過閱讀，我們來瞭解這樣的情傷是怎麼來的？

「狡童」是體格壯碩、力氣不小的，未滿廿歲的小青年，與情人同桌用餐，卻一句話也不和女子說。只因為你的緣故，「使我不能餐兮」，教我一口飯也吃不下。

詩法二：展現對象、事件、情感漸次變化的，「層遞」。

第一段小女子告訴我們，二人一起吃飯時，男子就是不同她說話；第二段情況更嚴重了，情人壓根兒不來找自已吃飯了。於是女子說：只因為你的緣故，使我已經從難過到吃不下飯，進階為無法平順呼吸了——但我在這採的是「息」字的另解：女主角心情已跌宕到：再無法如常就寢安睡！

小女子感到男子對她的好不如原本、愛她不復如昔。先是難過地食不下嚥，再是憂心地寢不安眠。吃飯和睡覺，這是一個人要好好活著，最根本的二座基石。可就在一張餐桌上，這男子、這事件、這教人傷心的光景，嚴重攪擾了女主角的心情，她內心世界就隨著男主角的不言不語、一舉一動而地動天搖，再也無法好吃、好睡了。

一天三餐，一輩子有二萬多天。那麼在一輩子六萬多餐裏，餐中菜肴的滋味、桌邊的交談、同桌者用餐間體己的舉止，又或者在記憶中迴響不絕的歡笑聲、曾與所愛交會的眼神裏，究竟有多少餐，你能與所愛不慌不忙地悠徐共度？

又究竟能有幾餐，是教你終生難忘的飯局？

——回憶前塵，屈指細數。當你又能進入與所愛共餐的時空，你將會忒珍惜——打算給予親人、情人、朋友或任何照面之人的，是怎樣的氛圍與容顏？

「泉涸」，當愛情的水位下降，雙方或一方不再能悠游、感到「內傷」的時候，這個情史上的不愉快橋段，會因為《莊子》哲學的參與，產生什麼巨大差別？

如果莊子能親臨現場，「她」會怎麼樣同這個板起臉來不和自己說話的情人互動：

「你怎麼就不跟我說話了？」輕聲懇切地，她問。

他面無表情地看了她一眼，只一眼，便把眼神移開。

「你打算就這麼，再也不跟我說話了嗎？」

那男生白了她一眼，他的眼神沒白眼那麼白，但很冷。

「所以，你因為這樣就要跟我分手了嗎？」

這男生更火大了。

他流露出不可思議、不可置信、莫名其妙的表情，忍不住說話了：

「誰說要分手了？」

「嘻，你都不說話……原來沒有要分手啊！」

「妳胡說些什麼啊！妳看不出來嗎？我只是生氣了！」

「唔，那你要氣永遠嗎？」

「小姐，有人一生氣就是永遠的嗎？」

「如果沒有要一直生氣下去，那現在、此刻，我們就和解好不好？——你不就是因為嫌我們會面時間太少，才生氣的嗎？那我們現下就開始好好說話、好好相處，讓美好的相聚時光，在我倆有限的生命裏，能多幾分鐘、幾刻鐘或幾小時，都好。你說，這樣好不好呀？」

「服了妳吔～這什麼鬼想法……」話雖這麼說，他繃緊的肩頭，鬆了。

這段話不是妖言，而是莊子的智慧。各位發現沒有，這女孩溝通的特質是什麼？是心平氣和，而且絕對不生氣。用很關心的態度，不斷地詢問他。

讓傷口越小越好，時間越短越好。

那為什麼不難過一下呢？

有些學生傷心時說：老師你不要阻止我們，人不癡情枉少年啊！就讓我好好痛哭三天三夜吧。

可是莊子告訴我們：「不以好惡內傷其身」（《莊子．德充符》），絕對不能因為太愛一個人、或太討厭、太恨、太氣一個人，就傷害到自己的身體。

思想也會內傷

不要以為吵架沒什麼，情傷沒什麼。假使讓古代醫家來演繹莊子所謂的「內傷」，會發現：或者你「嗜欲無窮」，想要他、想見他，想個不停，可卻見不到、要不了，於是內心「憂患不止」，勢將因此導致精虧、氣損，榮氣無法充盈、滋養臟腑，衛氣無力保護、守衛體表，所罹疾病亦將難以痊癒（《黃帝內經素問・湯液醪醴論》）。

很多人看到這句話很放心，想到那是好色之人才會有的下場，我可是不近女色——那可能更嚴重。為什麼？因為實際的行動就跟吃飯一樣。我有一個學弟總告訴我他食量很大，只是菜不夠。有一天我出菜錢讓他吃個飽，也不過就四碗。我為什麼要說這個吃飯的例子，因為有位音樂家告訴我：愛情這東西，太愛跟不愛，一樣要人命。因為你太愛了，所以一旦在你的思想裏，不斷地想，那就更可怕了。

一旦你「思想無窮」，一股腦兒地想念對方；實際情況偏是「所願不得」，可思而不可見、可望而不可即，可能因此導致「筋痿」、「白淫」等疾病。（《黃帝內經素問・痿論》）。

——莊子、醫經讓我們明白：人的情感、愛恨，對心靈、精氣、臟腑的影響，留下的刻痕，是比日記還要深刻的。因為日記可以燒掉，而你活著的每一天，身心都會如實記錄，難以抹滅。

當我們知道這個傷有多傷，我們才會乖乖聽莊子的話。

无聽之以耳，而聽之以心

莊子說：「无聽之以耳，而聽之以心……」（《莊子．人間世》），當我能不只用耳朵傾聽，而學習用「心」來傾聽他的心意，我便不再執著於，他不願意言語的「語言」，以及，他不願來找我這個「事件」。

我認識一對情侶，男生天蠍，女生牡羊。男生像個藝術家，每天在專業上都會找到很多突破點，閒暇在家還會繼續思考如何讓他的專業變得更強大。女生的專業也很強，可是她下了班就想和男朋友黏在一起。有時候男生想去書店找些他感興趣的書，女生會和他一起去，但男生和女生說：「你想不想要先去哪裏逛逛？」「沒有，我坐在這等你，計時二十分鐘。」二十分鐘後女生說：「時間到了，我們走吧。」

男生雖然很喜歡那個女生，可是和那個女生在一起，他的時間就不夠了，因為他如果不趕快跟著走，那女生會很怒。他們的生活就這樣三天兩頭地有些小爭端。有一天，本來同居在一起的兩人吵架了，女生就把男生趕走，對他說：「既然我一直耽誤你，那就給你自由吧！」男生很傷心，他想：「我一路這麼配合，妳居然把我趕走！」

後來女生吃了秤砣鐵了心，乾脆拿多年積攢的錢拿來買了間房，一間只有她自己一個人住得進去的房子。可男生那麼會設計，怎麼可能放棄幫助女生的機會呢？就幫助女生把房子弄得很好。他們看起來還是很好的朋友，只是沒有原來那麼親近。這牡羊座女生講話愛耍帥，別人說：「妳男友對妳好好，幫妳做一切的設計。」「是前男友！注意用詞。他這個人就瘋狂愛設計。所以他不是為我，就愛設計而已，不要搞錯。」這男生聽了很傷，男生告訴我：「蔡老師你知道嗎？只要回到之前同居的那間房子，我就有很多之前吵架的回憶，我覺得我們很難在那間房子重新開啟新的感情關係。所以我現在這樣幫她，心裏是有個夢想的，會不會她再讓我進去這新的房子？我們是不是可以重新開始，擁有一個比較好的愛情記憶？」我說：「我早就覺得她趕你出來，如果你死皮賴臉要回去，她會很高興的。」男生說：「這種事我做不出來！」可是女生這邊的說法是：「蔡老師妳知道我有多委屈嗎？他喜歡自由，所以我讓他離開，一個人孤單地住。可是他現在變本加厲，更不來找我了，整天只管設計，一直在設計我的房子。」

和他們倆談完，我擡頭看到圓圓的月亮就在屋簷附近，可他們倆怎麼就看不到彼此的心意呢？我一個旁觀者，看那女生多愛她男朋友，多捨不得他離開，可是表面上一副「我愛你、成全你、給你自由。我現在不打擾你去書店看書、找設計資料了。我現在都那麼可憐出錢買房一個人住了，你還要我怎樣？」可男生也說：「我為妳付出了那麼多年，現在又花那麼多時間幫妳設計，可妳怎麼不懂我呢？」

——其實面對同樣一件事，當你能進入對方的處境，就不會有傷人的評價。

得其環中，練習體諒

「得其環中」，我把我心的位置，擺在輪子的中央（《莊子．齊物論》），遠離我原本的立場一些，更貼近、體諒你的立場一些，體會你的心情，看見你的委屈，感念你長期以來對我的深情——想你突然變得不跟我說話，不找我吃飯，肯定有你的不得已，那就讓相愛相惜的我們一起，把委屈的糾結給解開。

結解開了。

像一張曲皺的紙，舒展平鋪了開來。

我謝謝你，也謝這機緣。謝謝你的暫停說話與約會，好像我們就是必須一起——後退一步，才能更加了解、相契地，擁抱彼此。

莊子要相愛的你我，爸爸、媽媽、哥哥、姊姊、弟弟、妹妹、朋友、同學、同事，活在天地間的每一個人都「心如死灰」（《莊子．齊物論》），所以，我不動怒。因為我愛「你」，便得愛你所愛的「我」呀——莊子告誡我們最該好好愛惜的是自己的「心」，不放任它起火、焚燒、碎裂。而好好吃飯，也是日常生活中愛自己的最基本盤。

——好好吃飯，好好睡覺，不放棄溝通，珍惜今生能與所愛相聚的難得時光。冰山融了，春水暖了，自然可以睡得安適，一覺天明。

如果你還有同桌的對方很生氣的一餐，那你可得好好珍惜、趕快寫下來，寫成一首詩。不然下一回他可能不生氣了，你每一首詩都只有甜甜蜜蜜而已。

我自以為是的愛，讓你走向缺水的彼方

接著我們就要看第二首詩。

〈為什麼燈熄〉（遢逅魯詩．蔡肇祺譯）

為什麼燈熄？

因為——

為了避風，

用我的外衣遮護了它，
於是，
燈就熄滅了。

為什麼花謝？
因為——
為了表現對它的愛，
把它壓在我的胸前，
於是，
花就凋謝了。

為什麼河乾？
因為——
為了供我私用，
築了堰，

於是，
河就乾涸了。

為什麼豎琴絃斷？
因為——
我硬彈了
多過絃力的曲子，
於是，
絃就斷了。

這首詩是第一位獲得諾貝爾文學獎的亞洲人，印度詩人遏迈魯（泰戈爾）的作品，家父的中譯。

現在先介紹詩法，為什麼都從詩法講起？

因為我揣想各位，在上過這一個系列的課程之後是可以自己寫詩的。

詩法一：像李商隱寫「留得枯荷聽雨聲」（《宿駱氏亭寄懷崔雍崔兖》），明明就是「留得李商隱聽雨聲」，為什麼要寫留得枯荷聽雨聲？這是**藉一個東西來表達自己**。那這首遢逅魯的詩也一樣：藉由油燈熄滅、花朵凋謝、河流乾涸、琴絃斷絕等物件所遭逢的際遇，**以物件為象徵，替代了真人實境的演出**。若想還原詩人寫作的初心，便須破解詩中象徵物的際遇所指為何。

詩法二：問句有什麼好處？李白「誰家玉笛暗飛聲」（《春夜洛城聞笛》），李白太聰明了，如果照實寫，不該是「鄰家玉笛暗飛聲」嗎？相信各位都有在家聽過鄰居演奏樂器，通常經驗都不太美好，可是當他不寫鄰家，而講「誰家」，這疑問句一出，就感覺琴聲好美！貴遠賤近，古今皆然。

各段開頭都是以**「提問」取代「直敘」**：「為什麼燈熄／花謝／河乾／絃斷」？以提問句為開端，相較平鋪直述如：「燈熄了」、「花謝了」、「河乾了」、「絃斷了」，更容易引起讀者好奇，詩句間且增添幾分跌宕起伏與繞梁韻味。

詩法三：運用**層遞法**，把試圖表述的義涵分作四段，**越疊強度越高**，越講詩意越明。使讀者強烈感受到親情、愛情或友情，究竟是怎樣從充滿和暖陽光的空氣，走向最終教人窒息的過程——如果相愛的是魚，那麼層遞的四段，正好供我們見證供給魚兒悠游的水域，是如何從海洋變為水塘，從溪流來到溝渠，最後只能相挨在缺水的陸地，目送所愛的死亡。

首段，只見護燈者用自身的外衣，為懷中的提燈擋避風襲，無料反害燈芯的火苗熄滅。剛開始，「愛之適足以害之」的提示，還幽微而不明顯。隱約之間，讀者感受到的只是護燈者的善意與無辜。尚未能思及：「愛」與「害」二字，不過一聲之轉。

第二段說明「為什麼花謝？」花開正美，此時遇見惜花人本是美上加美之事，可惜、甚至可怖的是，以愛為名的護花使者，「為了表現對它的愛，把它壓在胸前」，恐錯以為這就是愛啊！花卻因此凋謝了。

相較初段，第二段明言壓花於胸前的人，儘管他的初心是示「愛」，但因愛地自以為是，舉止行動導致了所愛之花凋謝。

且不只說「胸前」，更強調「『我的』胸前」，指引我們猜想：是否詩中主人翁也隱隱然把盛開的花兒納入胸懷、佔為一己私有物了？

第一段看似為了保護，第二段說是出於愛。可讀完第二段，讀者開始覺得，這個把花壓謝的人，好像也不再那麼無辜了。

因愛致死的案例，時有所聞。

我有位個高白胖、個性純良的女學生養了隻雛鳥。她就像鳥媽媽一樣，雛鳥初生，每日便親自把小口小口的飼料餵食停憩掌中的雛鳥，所以一天天長大的鳥兒非常親人，不時停棲在她的手掌、肩頭。在某個寒冷的冬夜，女學生捨不得鳥兒就這麼涼颼颼、孤伶伶地待在籠中，就把牠帶上床睡。第二天她來電問我：「老師，寵物過世，您曉得有哪裏可以火化、埋葬嗎？」原來翌日清晨她醒來，發現鳥兒已被壓在身體下面，死了。

在臺大任教的我，不時會遇見含淚傾吐的孩子，訴說他或她的家長，在未充分理解大學科系的內容專業，以及兒女興趣專長的情況下，卻要求兒女非念哪個科系不可。迫使孩子做出：既不適才、也不適性的選擇——就好像要勉強黃鼠狼夾著膨鬆的尾巴在天空飛，偏要魚三百六十五天都在陸上爬，更極力促成禽鳥一生一世都得憋住氣在深海游泳一般。

因愛致死的雛鳥與花，彷彿提醒為人父母、伴侶、朋友，均莫要以愛為名，銷磨所愛心神氣血、折損肌骨臟腑、甚至年歲壽夭，而猶不自知。

到第三段，就更顯得是出於私心。為圖自身取用河水的方便，加上從自家門前流過的河水實在甘美，所以築起擋水的土堤，好掬水私用。這條河因此不再能是潺潺而流的活水，而走向乾涸一途。

最後一段，「為什麼豎琴絃斷？」倘預知琴絃斷了就不能再續，那你就不會硬彈、不忍如此用力地去傷害你原本愛著的人了吧。假使你就這麼以愛之名，熄了她，謝了她，乾了她，斷了她。她因你的愛而傷亡，你愛的許僅止為一己所需，像愛一件日常生活物品，而不是愛一個獨立而完整的生命。

精采的四疊層遞，表達了燈熄、花謝、河乾、絃斷的因與果。以愛為名，因你自以為是的愛，迫使對方一步步走向缺水的彼方。

以愛之名，卻使所愛逐漸走向缺水之域的情感，除了多了自以為是愛、多了佔有、多了私心、多了任性，究竟是少了什麼在情感關係中不可或缺的呢？

莫得其耦，解消對立

《莊子．齊物論》說：「道之所以虧，愛之所以成。」屬於感性的情感，本就需要理性的反省與指南，如果了無哲學思想的引導，很容易流於濫情或為情所傷。

所以我覺得，不妨每週至少檢視一次情感關係中的自己——無論在親子、手足、情侶、朋友、同學、同事的情感關係中——你的心身是愈來愈放鬆、康強，還是相反地越來越僵硬、扭曲、枯竭？

首先，學習《莊子》的「莫得其耦」與「得其環中」（〈齊物論〉），不要對立，要持續不斷地跳脫主觀、客觀看待當前之事，是很重要的人生功課。在一起的兩位有心人，如果都不致力於設身處地、將心比心，便易生齟齬、摩擦，生活因此將備加辛苦艱難。

其次，莊子說：「且也若與予也皆物也，奈何哉其相物也！」（〈人間世〉）你、我在紅塵俗世常被當作「物」來對待已經很憋屈了，難得緣遇相愛的親子、伴侶、摯友，又何苦把彼此視同器物、當做東西看待，一味地追求對方的用途呢？問自己吧：你想怎樣被愛著？他或她愛你，像愛個有用的東西；還是，像呵護、尊重一個獨一無二，蘊藏無限可能的生命？

值得注意的是，詩人明顯藉由這首以象徵物影射人的詩作，提醒著我們在愛中不可或缺的源頭活水：體諒與尊重。

我們剛剛用莊子的語言來講，「莫得其耦」、「得其環中」。白話一點，就是設身處地，體諒尊重，得要將心比心。須明瞭的前提是：相愛之人的心，無論是親子、情人、朋友，各自的想望可能極為不同。所以要求對方，全然對等地對待你。這不是很不公平嗎？

《莊子．人間世》說：「彼且為嬰兒，亦與之為嬰兒；彼且為无町畦，亦與之為无町畦；彼且為无崖，亦與之為无崖。」對方如果是嬰兒，你就像個嬰兒般地跟他交流溝通；對方如果像塊欠缺整治的田地，你就也跟他一樣像塊未經規劃整治、雜亂無章的田地般同他互動；對方漫無邊際不知自持時，你也跟著不要設限、不要墨守規矩地和他交流。

我遇到一個孩子，是一個非常傑出的演奏家，他對他那晚的演奏不滿意。所以他演奏完之後，就把自己反鎖在表演廳的一個空間裏。後來大家就想辦法要怎麼破門而入；終於破門而入了，就要去把他勸出來，但卻沒人勸得動他。就在大家都束手無策的時候，我跟他母親說；「讓我試試好嗎？」她覺得怎麼有這麼大膽的人，要來勸說一個現在非常不高興，而且正沮喪地蹉縮蹲坐在浴室地板，怎麼也不願意爬起來的人。我走過去了，喊了他一聲，然後就坐下了，和他一起坐在浴室地板上。那天我是去聽音樂會，穿得比較正式一點。可能因為這樣，我坐下去的那一剎那，那小孩就，喝！就嚇得擡頭了。他說：「不用大家都坐在這裏吧。」我說：「那我們就一塊兒起來吧。」就這樣，我們開始了談話。後來，我就這樣把這小孩騙到計程車上，把他拐到個很好的餐廳。他聽著我跟桌邊的人談論怎麼樣燒烤，於是他也忍不住開始講他日本燒烤的經驗，然後那天的不愉快整個就煙消雲散了。可是我知道，那個關鍵點是：我坐到地板上去。

這就是（《易經．乾卦．文言》）講的：「同聲相應，同氣相求」。

《莊子》是門重視差異的學問，學《莊子》後肯定更能體貼人，會曉得花朵這般嬌弱，過度使力壓它，是會凋謝殆盡的。既愛對方根深幹強、枝繁葉茂，怎可能築堰堵水，要了河流的命。

難得遇見懂你的人——可以是親子、夫妻、戀人，也可以是知己——懂你傷心就說故事給你聽，懂你需要向前就引路伴你前行，懂你哪陣子獨行夜黑需要有人相伴，懂你今天會做啥、會去哪，懂你哭點、笑點，懂你在南風裏會想先看見荷花，懂你在白露乍到時會忘了添裳，懂你走過塵世街景想要留下的光……可你又覺得像是全知者的懂與守護，太悖反人間常態而畏縮起來——天曉得這投身於世，在茫茫人海中多難得才能夠遭逢的兩葉浮萍，允不允許有這樣醇厚的交心之情。這般深如淵、淡如水的水，也真深且淡得太美。

一旦得遇，請感幸，且珍惜，並努力。

是他，也許是你。莊子引路，使你們靠近。

也許他不是人，而是天神。

早知半路你就離開，還不如一開始我獨自飛翔

以下進入我們的第三首詩。

〈夜望單飛雁〉（南朝梁・蕭綱）

天霜河白夜星稀

一雁聲嘶何處歸

早知半路應相失
不如從來本獨飛

〈夜望單飛雁〉的作者蕭綱，其詩作多屬豔情，這首是難得的性情之作。蕭綱的哥哥是編纂《昭明文選》的蕭統，父親是梁武帝蕭衍，蕭綱繼位成為梁簡文帝，卻只坐擁君位三年，可以想像其遭遇之乖舛，導致失去原本擁有的一切。

詩題「夜望單飛雁」。為什麼一隻孤雁如此巧合地飛進蕭綱的視野，躍入他的詩中？這時候大家會想起，剛剛那首印度詩人的作品。充滿了象徵，四段四個象徵。

但我們寫詩的時候千萬不要用理性的腦和焦慮的心，在偌大的天地之間尋找合適進入作品的象徵物件，一首好詩的誕生不該是這樣的。象徵之物的誕生無需費神、動腦尋找，因為無所不在。就在你的心絃被觸動、想賦詩的那晌，就停格在置身所處時空之中，放眼望去、俯仰所見的就是了，有風剛好吹過就是了，有氣味撲鼻就是了，你的肌膚剛好碰觸到的就是了，真實截取就是了——真實肯定合乎邏輯，實在才能真切動人。何況相思無所不在之日，象徵物便也就跟著無所不在了。不必費力尋找，目之所觸，耳之所聞，嗅之所及，無一不可以是。

大雁本慣群飛，而今失群落單。落單之人一旦與落單之雁相遇，自難無感，〈夜望單飛雁〉的主題於焉成形。

試想什麼樣心情下你會忒想望向遠方？心有所思、意有所感。就像電影的運鏡先以廣角鏡宏觀，然後漸漸拉近距離改用長鏡頭去拍攝需聚焦特寫的畫面。流行音樂的鋪陳也是這樣，多半先悠徐進入，副歌才堆疊高潮、深情吶喊。

寫詩其實也一樣，通常不會在開篇首句就出現孤雁的哀鳴。所以首句先寫廣角宏觀的大景，是什麼樣的天、什麼樣的河、什麼樣的夜？從「天霜河白」四個字，我們感受到詩人先擡望天不知想探望誰，只見天是霜天；低下頭來不知想著誰，卻望見結冰的黃河。先擡頭、接著低頭的動作我們很熟悉，李白寫「舉頭望山月　低頭思故鄉」（〈靜夜思〉）；或者李清照的〈一翦梅〉：「雲中誰寄錦書來　雁字回時　月滿西樓」，先是擡頭的，接著寫「花自飄零水自流」是低頭的。許多書寫思念的詩作都會先擡頭、再低頭，這是人何其自然的動作：一開始懷抱希望地遠望，擡望那個人在何方，會不會回來？卻失望了，於是低頭，沉耽在過去的回憶裏。這是非常自然、常在不經意間出現在作品裏的。正因這樣的作品，我們才能更注意，那常常被忽略的，自己或身邊人的動作。

再看「夜星稀」，星稀夜黯會帶給人怎樣的感受？

一樣的星稀夜，齊豫唱過一首歌〈答案〉：「天上的星星　為何　像人群一般的擁擠呢／

地上的人們　為何　又像星星一樣的疏遠」。各位感受到了嗎，當填詞的人、譜曲的人是孤單的，她就會感受到星子何其寂寥，感受到孤星置身於無垠宇宙的孤單。

但是如果換成熱戀中人，可能就是另一番滋味了，李玉剛的〈剛好遇見你〉是這麼唱的：「我們抬頭望天空　星星還亮著幾顆」。星星這麼稀少，就像這世上能相知相惜者幾稀，而我剛好遇見你。

一樣的星稀之夜，一樣的景物，會因為所思所懷有別，而有截然不同的體會——有人感受孤單，有人感受歡遇。——所以不要因為你今天如此孤寂悲傷，可是入目之人都成雙入對，而苦惱於沒有可入詩的象徵。不是這樣，眼前的成雙入對，與你的形單影隻形成強烈對比，更能襯托你內心孤寂。所以這天底下，沒有非怎麼樣的象徵物才能寫、才合適入詩，隨緣所遇，隨心所感，無一不可。

在這裏提一個更簡單的童蒙詩歌教育傳授的修辭法。從前小朋友五、六歲就學寫詩，私塾的先生怎麼教呢？很簡單，假設把要書寫的對象譬喻成一個人，那修辭就像為這個書寫的對象戴頂帽子、穿雙靴子，或給他繫條腰帶，一句詩就這麼簡單地成型了。

比方說詩經裏面講「蒹葭」，蒹葭怎麼樣呢？「蒹葭蒼蒼」，你在下面寫蒼蒼兩個字形容它。不就像給蒹葭穿一雙靴嗎？「呦呦鹿鳴」，你用了狀聲詞呦呦來形容鹿鳴，不就像在鹿鳴頭上戴了一頂帽子嗎？

那什麼叫「繫腰帶」？「白日依山盡」的「依」字，不就像在白日與山之間繫一條腰帶嗎？所以將要入詩的對象「穿靴」、「戴帽」，或是「繫腰帶」，配件妝點好，一句詩也就成型了。

我們日常習慣是把「形容詞」加在「名詞」的上面，比如「紅綠燈」，也就是一般「戴帽」的用法用得比「穿靴」多，像是「月落烏啼霜滿天」的「霜天」。可是蕭綱在這裏寫「天霜」。詩人要修飾的對象是「天」、「河」、「星」，卻把修飾詞「霜」、「白」、「稀」放後面，這樣子錯位是讓你有另一種感覺，所以讀起來覺得密度很高。

我曾經幫世新大學上過詩課，他們舉辦學寫詩的營隊。兩天的營隊，一個老師連講兩天。我那一年在課程結束的時候，最有成就感的一件事，就是那位系主任告訴我，他說：「蔡老師啊，我們之前請過臺灣最有名的老師來講詩，但是學生都不敢寫啊。已經換了ABC三個老師，您是第四位老師了。哎呀您今天來，好多同學寫得好高興啊。」

我就說：「因為我程度跟他們比較近嘛，所以他們沒壓力啊。」

我很希望大家看完這些之後，覺得寫詩太簡單了，是一個輕鬆的好活動。

蕭綱用「天霜河白夜星稀」這個大背景帶出二句的主題，但出場的只有影像，沒有聲音。接下來，一隻大雁出場。可是夜太黑，所以詩人摹寫牠的聲音：「一雁聲嘶」，有隻大雁發出「嘎——」的嘶鳴，就這樣劃過長空。也因此這首詩不只有「天霜河白夜星稀」的視覺景像，也出現了聲音。這樣五感兼具的書寫很常見，辛棄疾的〈青玉案〉記載了：「東風夜放花千樹　更吹落　星如雨」這是視覺的；「寶馬雕車香滿路」，寶馬香車裏面坐著女孩兒，所以有胭脂花粉的香味，這是嗅覺的；「鳳簫聲動　玉壺光轉　一夜魚龍舞」的「鳳簫聲動」則是聽覺的。

——正因文字可以乘載著視覺、聽覺、嗅覺、觸覺，才讓閱讀者可以憑藉一己的想像，讓五感自由地飛翔。所以我覺得這是文字書很難被其他多媒體取代的珍貴經驗。我們再怎麼看金庸的武俠片、我們再怎麼看《瑯琊榜》、我們再怎麼看《長安十二時辰》、我們都會回到那本書，因為回到文字會帶給你更大的震撼和想像。如果你被震撼了，覺得書真好，那是你厲害，因為你想像力非常地豐富；如果你覺得自己不愛讀書的話，那就說明你更應該讀，來培養想像力。

首、二句從視覺、聽覺與動態的書寫中，讓我們看到從這片大背景飛過去的主角——一隻離群孤雁。而孤雁的這聲嘶鳴，是在求群、求友，還是求愛？是在尋找親人、朋友、還是愛情呢？但我們對這主角的感受，哪裏只會停格在一隻飛鳥？人容易移情，正是因為離群，才會有所感於這隻離群的孤雁。到這裏，作者接觸的、面對的景色、時間、物候結束了，接下來是他自身面對此情此景的感應了。作者不禁萌此一問：「何處歸」？孤雁啊孤雁，你要歸往什麼地方呀？

其實作者並不只是問孤雁的歸所，同時也問自己：「我，究竟要歸往何處？」一雁聲嘶是觸媒，喚醒他在處境中最難堪的心思——哪裏才是我的歸處呢？重視愛情的人，在茫茫人海中尋找，等待遇見那個人；重視事業的人，在生命裏尋找伯樂，重用他的上司或是他的消費者。

那麼〈夜望單飛雁〉詩人探問的「歸」處，是愛情、事業還是人生的理想，或者是心身的陶冶修行呢？從接下來本詩三、末句的回答看來，應該是孤雁與雁、詩人與人，之間的友情或愛情吧。

讀這首詩，我們仰看夜空循聲找到孤雁——透過孤雁我們彷彿也聽見蕭綱內心無聲的吶喊；我們又循著在夜空中對孤雁的問與答，更深一層地，閱讀了蕭綱。

「早知半路應相失」，這個「應」字充滿了宿命的氣息，好比是命中註定。有時候人與人之間，是因為一種不可抗拒之力而相失。

我小的時候覺得很困惑。

為什麼我小一小二全班最喜歡的一個女孩，因為她們家移民而遠去……。小三小四最喜歡的一位同學，一個礦工的女兒，因為父親工作流離的關係而轉學……。我又遇到下一個我覺得志同道合，他喜歡寫作我也喜歡寫作的好朋友，他也搬家轉學了。

——所以在小小的年紀我就覺得，命中註定，我最喜歡的人一定會離開這個班。

相信你也有過類似的經驗與感覺，如果我們都可以舉出一百個、一千個分離的實例，那你要謝謝老天爺，他賜予你很多寫作的素材，且讓你及早知道：離散是如此的正常，不是什麼意外。我覺得學莊子的可貴就是，我們在每一個乍然遭遇、以為是負面的事件裏，後來都發現，它其實還挺正面的。我們就提早認識了人生。

——但蕭綱卻說：早知道半路你就必須離開我、我就必須失去你的話，「不如從來本獨飛」，還不如一開始我就獨自飛翔。

各位你們感受到詩歌的美麗了嗎？蕭綱覺得：如果沒有得到，就沒有失去；我不知道擁有你的快樂，我就不會知道失去你的落寞跟痛苦。很想請問諸位，當你跟對方不再是戀人的那一天，如果是你下的決定，你聽過對方講過類似蕭綱的話嗎？聽過這樣的話，你傷心難過嗎？

我有一個很好的朋友在和她相戀十年的男友分手時，她問男朋友說：「那我們還是朋友嗎？」因為是這女孩選擇離開。那男子說：「不是，我們不是朋友。」她問：「為什麼？」他說：「因為你在我心目中只有當女朋友的價值，沒有當朋友的意義與價值。」接下來她男朋友又追加幾句說：「我這十年來對你付出的一切，都是以你會成為我未來的妻子而付出的，如果知道結局是這樣，那我當初付出幹嘛。」——這些話傷了我朋友的心。由此我們可以更具體而微地體會三、末句詩的紘外之意。

本詩首、二句是敘述，「天霜河白夜星稀，一雁聲嘶何處歸。」三、末句是議論，「早知半路應相失，不如從來本獨飛。」非常深情的議論。寫詩常見前二句寫景、後兩句抒情，或者前二句敘述、後兩句議論。如歐陽修寫：「樽前擬把歸期說，未語春容先慘咽。人生自是有情癡，此恨不關風與月。」（〈玉樓春〉）「樽前擬把歸期說，未語春容先慘咽。」我們彷彿也到了他們的桌邊，他們在喝酒，兩個人最後的離別之宴了。我才想起要告訴你我的歸期，我還沒說呢，你就哭了。這是一個完全寫實的敘述。但後面兩句「人生自是有情癡，此恨不關風與月」這兩句就是沒有劇情和景物的純議論。這種兩句有景致的有劇情的敘事，跟兩句沒景致沒劇情的議論，銜接出現在詩歌裏面是很普遍的，這是很高端的寫法。

人生可以安居的歸處，在自事其心

「一雁聲嘶何處歸」，我們讀《莊子》都知道莊子有莊子的歸處，如〈逍遙遊〉中的「歸」「巢」意象，「歸休乎君」、「鷦鷯巢於深林」。與《莊子．齊物論》說：「一受其存形，不亡以待盡」，當你以這個形體存在人間世，當我們還沒有死的那天，便是在等待著生命的盡頭。「茶然疲役而不知其所歸，可不哀邪！」我們忙於在外面追逐，覺得很累很累，但卻還是陷溺其中，不知道要歸返自身，不知道有一個理想的歸處。莊子的理想歸處就是「自事其心」，「人之生也，固若是芒乎？其我獨芒，而人亦有不芒者乎？」──人的生命，原本就是這麼茫昧無知嗎？還是只有莊周我如此茫昧？而世界上的人又有不茫昧的嗎？──我覺得這就是莊子的動人之處，他從來沒有站在高處，他就站在你我之間，滾滾紅塵裏。

〈齊物論〉這段話對照蕭綱「早知半路應相失　不如從來本獨飛」的心情，可說十分契合。因為你不停地向外尋找生命中的那個人，你以為找到了，在相戀的過程中經歷了多少摩擦，好不容易以為一一克服了，但最後他還是跟你分手，讓你覺得非常地悲傷。

喜愛莊子的東坡寫下「此心安處是吾鄉」（〈定風波〉），我的心就是我的故鄉，我的心能安，我便能安居於我的故鄉，讓心安成為自我生命的歸處。我們忍不住要問的是，為什麼哲學家，甚至於宗教家，最終尋得生命的歸處都會是自己的心？或許正因為那是世上最不需要天時、地利或他人配合，只憑自我一己的選擇、意志力與實踐工夫，就可以到達的歸處。

當外在世界溫暖的時候，你的心當然可以很溫暖。可是一旦你學了莊子，要是外在世界有風雨，你的心就好像在參加重訓，似乎也成為磨練心的一種力量。當以心為歸處，不必待日後情愛修成正果，不必等十年後立下功業，也不必求百年後不朽的聲名，神凝、死灰、緣督、槁木，當下即是。

形神合則生，形神離則死，這是中國古代醫、道兩家對生命的共通看法。所以我們的生命就是形軀和靈魂的合體，在出生之後、死亡之前，我們的靈魂就在此身開展。現象學家認為，人是「投身於世界的主體」，因為它跟笛卡兒（Descartes）所主張的心物二元論不一樣，在現象學中心身是不分離的，是必須合起來說的。那如果我們的生命，我們的靈魂，跟我們的形軀關係這麼契近——那麼在有生之年，修鍊心神就等同修鍊具形軀之我、修鍊你這個人，這是同一回事。畢竟在傳統醫、道身體觀中，心神、精氣、血脈、筋絡、肌骨和臟腑，彼此間是非常緊密相依的存在。

正因如此，如果你已經心神不寧到飯吃不下、呼吸不能平順、連覺也睡不著，請問你的人生還有什麼餘力去從事理想的追求？

——莊子不是一剛開始就體道悟道的人，而是在非常多的受傷、痛苦、疲累中，才把「設立心靈的目標」當作很重要的歸處、成為人生的解答。所以對莊子而言，「反本全真」是非常重要的一件事。

但這條路，並不是每個青春正好、情場職場得意的人都會自然如此選擇的。常要在歷經個人生命史中前所未有的傷、痛之後，在努力尋找讓自己再站起來的助力時，你才會讓莊子成為你最深交的朋友，你最常對話的一個人。你才會把心當成此生終極的歸處。

我認識個小青年，是個至為多情的星座，在現實世界、在情場都受過很多傷。當他遇見莊子之後，才發現一旦真把歸處擺在心上，夢想中的情感對象與理想中的世界，更容易出現。

——有哪個人不想和心緒安定、精神強大、擁有非常大的包容力的人一起走一輩子呢？他如果心不夠強大，包容力不夠，愛不夠深，怎麼有辦法照顧自己又照顧別人呢？在情感裏面心不是很重要嗎？

——又有哪位上司想聘雇常因鬧情緒就沒法好好工作的人呢？如果今天你是一個上司，會想聘任一個，常常擺不定自己的情緒，所以沒辦法好好工作的人嗎？

把心當成終極的歸處，跟你把事業、愛情當成最終極的歸處，其實並不衝突，它是可以同修共成、花開並蒂的。

《老》《莊》引領我們重新看待「相失」

兩個人所以相失，緣自於相失前的相聚。沒有相聚，就無相失可說。

那麼，「相失」為何總被視作無法承受的意料之外？

在老莊的論述裏，「相失」不是失常，而是正常，再自然不過的一件事。

《老子．五十八章》說：「禍兮福之所倚，福兮禍之所伏」，這裏的「禍福」我們也可以說：「『散』兮『聚』之所倚，『聚』兮『散』之所伏」，當你分手的時候，就要知道才會有下一場的相聚；當你相聚的時候，就要知道可能有接下來的別離。我有學生故意說：我無聚無離，我現在就是一個人。我說：那恭喜你，只有獨立蒼茫的你，可以望見無限。

莊子對於「相失」／「相聚」、「彼」／「此」這類相對的概念，有非常完美的詮釋。莊子說：「彼出於是，是亦因彼，彼是方生之說也」（〈齊物論〉），以聚散為例，「散」是因為有「聚」才產生的，相聚、離開是一組共生的概念。一起產生、同時存在：有聚就有散，有散才有下次的相聚。「方生方死，方死方生」（〈齊物論〉），才歡喜於相聚，不知道一會兒就散了；正因離散而悲傷，不知道這樣才有下次的相聚。

為什麼我們如此珍惜「聚」，是因為我們知道彼此也可以選擇「散」。「是以聖人不由而照之於天」，所以聖人不會因為離散而悲傷，不會因為相聚而雀躍，而是以天空一般超越的眼光觀看一切，明白消失與離散，都是自然的。因為能清楚這一點，所以永遠不會講出「早知半路應相失　不如從來本獨飛」這樣的話，因為無論是聚、是散，都是生命中自然不過的一段歲月，都是可以「乘物以遊心，託不得已以養中」（〈人間世〉）的機緣。

每次遇到太好的人，我就會告訴自己：「這是今天的幸運，他不一定明天還在。」所以我在今天會倍加珍惜；而如果明天他又出現了，那我謝謝上蒼，謝謝他，也感幸自身的遭逢。——不管愛情、友情、親情、師生之情，千萬不要把每次的收穫都當成理所當然。

我進臺大任教那年，在行政人員櫃檯辦理到職手續的那一天，彷彿同時看到一個年邁的自己，沿著同一個櫃檯的不同櫃位，在辦理離職手續。倘能在報到那天就面對將來的離職，自然會用非常不同的心情去對待在學校教書的每一天，每一天都異常珍貴——因為你明白它終有一天會離散、會結束。

於是你不斷致力以不同年齡的自己，和臺下年齡差距越來越遠的學生溝通。剛開始教書的時候學生把你當朋友，過幾年把你當姊姊，再過幾年把你當阿姨、媽媽，可能再過幾年就把你當阿桑、阿嬤。在奔流不止的歲月之河中，你要怎麼與孩子溝通和交流，才能更深刻地介紹這些逝去千百年之人的心靈、性情給眼前的孩子？

——所以你要拿出的不只是當時的初心、原來的熱情，還要付出更多的用心、拿出更大的熱情和珍惜，才有辦法達成長路中的教學目標與任務。

因此，無論是儷影成雙或者在家庭䜌樂之中，你都不會認為這樣的相聚和樂會是理所當然、長久永遠的。畢竟當你呱呱落地來到這人間世，同你再熟的人都不可能二十四小時伴著你。隨時保有「獨飛」的自覺，反而會倍加珍惜每一次的相逢。有日萬一離散，你也不會過於難過，因為你明白有過的已經夠多了。我曾經遇見一個好可愛的十九歲男學生，只因談了一場十九天的戀愛，便覺得美好的程度已足夠他咀嚼一生。分手的時候，他因此可以無憾並開懷地過日子。

再提供一個西方心理學家的看法，讓大家知道離散是何等地正常，我們人性的一部分就是會適應變化，所以新事物出現的時候，我們就會產生被鼓勵的感覺。研究者首先要接受實驗者想像與心目中的男神、女神朝朝暮暮共同生活相愛五年，然後把帶著這份記憶的受驗者，掛上種種電極測量其興奮水平；過一會兒，再換另一個稍有魅力，但對受驗者而言絕對不屬男神、女神魅力等級的人出現在眼前，再測一次。再次測量時，多數接受實驗者身體的興奮水平會比起初他帶著與男神、女神生活記憶時測量的興奮水平要高出許多，這正是因為新奇而尚未適應、習慣的人事物總是更能引人注意，新鮮的人事物更能教人覺得刺激。

這一研究結果只是依據事實客觀說明——人的本性是喜新厭舊的。理解這點，接受本性，有助於我們在「相失」時更容易釋懷，在「相守」時更容易自覺必需付出心力了解對方、坦誠自己，關注對方優點，主動作有建設性的溝通等。透過持恆地培養、努力，才可能造就彼此愈趨深厚的感情。

走到圓心，重新看待衝突

在每個離散的時候去做覆盤。重複這盤棋的每一次落子，審視這盤棋為什麼下成這樣？而這盤棋又可以下成怎樣？就像〈我們〉（作詞：葛大為　作曲：陳建騏　演唱：陳奕迅）這首歌中所謂的「還能做什麼呢？」

曾經相愛至深的兩人，究竟為什麼會半路相失？現在我們就運用《莊子》哲學，來為〈夜望單飛雁〉這首詩的情節做個覆盤。有了《莊子》的支援，或許相同的人事遭遇可以有完全不同的應對，給對方的感受也會完全不同。

當你與對方的觀念不一樣、想法不一樣、行動不一樣的時候，你們就產生了分歧。這時候你可以不贊同，也可能發生爭執，可是不要否定對方，因為人身攻擊會嚴重破壞感情。但是要怎麼辦到？運用前述「彼是方生」的觀點，一樣的事情你可以用完全不一樣的態度來面對，然後你就會給對方完全不同的評價和態度。

心理學家約翰．高特曼（John Gottman，1942-）曾做過很多研究，他發現健康戀情都有一個共同之處，那就是，無論是激烈的還是非常平和安寧的戀情，都存在爭執。而且平均來看，健康戀情都有一個特徵：積極互動與爭執衝突的比率約是五比一。也就是說，那些恩愛夫妻之間大約每五次積極互動就會有一次爭執。

衝突並不完全是破壞性的，也存在一定的正向作用，可以使我們免疫。如果兩人的關係從來不曾發生衝突，就像在無菌環境裏生長，無法產生抗體一樣，關係無法得到鞏固加強，反而會很脆弱。再者，衝突可以讓我們發現矛盾點，提供彼此交流的機會。我們可以借機找到需要改進的問題，繼而互相瞭解對方的真實想法。因此當問題發生時，要告訴自己：「這很正常，不用擔心。看看該怎麼解決，能從中學到些什麼，怎樣改進？」

——就像每個人都有不足之處一樣，我們要允許我們的關係中存在不足，繼而坦誠、敞開心扉地去解決問題。

首先，莊子說我們每個人都可以走向「水停之盛」（〈德充符〉），心靈有如有大量的水安靜匯聚的水平面。從「停」這個字看得出來，這顆心不容易有負面情緒。而且水非常地「盛」、非常地多，表示很有包容力可以包容對方。我們在和所愛之人溝通的時候，儘量不要有負面情緒，讓這樣的境界成為我們努力的方向。

發生衝突的時候該怎麼辦？莊子有幾個教我們看人看事情的眼光，一個是「莫得其耦」，這個「耦」就是對立，不要站在跟對方對立的立場。我們看到所有的吵架場面幾乎都有這樣的：你只有想到你自己，你有想過我嗎？這不就是對立了嗎？一旦你和對方對立了，就容易針對人。

比方你說：「你這個人就是這樣，永遠都不體諒別人。」

「你這個人就是永遠遲交、永遠遲交，所有的道歉都是假的。」

或者你說：「你這樣教我怎麼再信任你呢？」

——像這樣的語言都否定了這個人，這就是在對立下產生的，對人不對事的人身的攻擊了。那該怎麼做才好？

莊子說：「得其環中」（〈齊物論〉），就是不要站在圓周對立的兩點看對方，你要跑到圓心來看你自己、看他，等距地、客觀地去看這一件事情。

習慣去注意他的處境跟你有什麼不同，如果是你會希望別人怎麼應對？於是你不會針對人，而能針對這件事、針對這個行為。這個習慣如果你一時還沒有養成，希望接下來你能慢慢培養這個好習慣，到時我們對待人跟事情，真的會是完全完全不同的態度。比方說：「我記得上次約定的時候你說好了，我好希望答案跟我們約定的時候一樣，我們儘量這樣好嗎？」或者「你用完馬桶的時候，把坐墊放下來好嗎？」不要忘了，對方從小習慣就和你不一樣。當你和對方相遇，他身上都帶著幾年、十幾甚至二、三十年的習慣，所以不要要求對方立刻改正到位、不要一下子就否定這個人。

心理學家曾經做過實驗，了解習慣是怎麼養成的。他們把小老鼠放進一個T字型的迷宮，T型走道的其中一端擺著巧克力。一開始小老鼠需要花大量的腦波才能找到那塊巧克力。但是，如果牠已經知道在哪條路上會找到巧克力，甚至巧克力永遠在一個地方，牠會越來越習慣，越來越快就可以找到。而且過程中大腦的運作明顯減少，像是處於自動化的狀態，這就是習慣養成的根本機制之一。

像我家有冷氣但平常不開，我的助理夏天到我家來工作時，我和他們說：「熱的話就開電扇吹向你最喜歡的強度跟角度，走的時候記得關。」可是很多人都會忘了關。這時候如果我說：「我發現臺大的學生可以學微積分、有機化學，但沒能關電扇。」這句話就是人身攻擊。應該說：「那位學生有一次忘了關，也許多講幾次他就能養成習慣了。」

如果你心中還是過不去，那就「照之於天」吧！你站到太陽和月亮的高度來看這件事。「道家者流，蓋出於史官」（《漢書．藝文志》），不是嗎？只要拉長時間軸，想一想：過十年、二十年後，你還會在意今天這個衝突嗎？不會。你會因為這個小衝突要分手嗎？好像也沒有。

——如果這樣的話你為什麼不現在就看淡這件事呢？

——當我們運用「莫得其耦」、「得其環中」和「照之於天」這些《莊子》的工夫，就能進入對方的處境，站在所愛的角度思考。就容易有同理心，更加理解對方，你也能因此擁有不再對立的客觀力以及包容力。

面對相失覆盤的第二個重點，要談的除了前述「莫得其耦」、「得其環中」的同理心，且當含括異性之間對於不同性別的同理與設身處地。我們除了反省自己，是不是真的去聆聽對方，是不是真的關心、理解對方之餘，要明白男女之間在面對爭執時的性別差異。

女人往往對爭吵較適應，也更善於去處理應對；而男人在受到言語攻擊時，會覺得別人在攻擊、威脅、或不贊同自身，從而產生強烈的防禦心理，習慣做法就是逃避、不和你吵了，而不是積極地去應對。

因此，當產生嚴重的分歧時，男人們要明白不該逃避，雖然應對矛盾不是自己擅長的，但也要學著去和對方進行溝通；而女人則要理解伴侶與自己的不同，不要過分逼迫他們和自己爭論，而是要耐心、平靜地對他們表達自己的想法。

讓情感天長地久的祕方：不斷了解，成為彼此的頭號「知己」

「還能做什麼呢？」在愛情的路上，很多人花很多時間在「尋找」，尋找到那個人。比方徐志摩說：「我將於茫茫人海中，尋訪我唯一之靈魂伴侶。得之，我幸；不得，我命。」當我們花了好多時間，以為找到可以對坐、隨行、共飲、比翼雙飛的人，但有時候，結局還是分手了。那麼，還能做什麼呢？

讀《莊子》也好、讀心理學的研究也好，會發現其實我們應該花更多時間在「努力」上，什麼樣的努力？

如果希望擁有非常幸福的情感，不管是親子、朋友、情人，有一個基礎非常重要，就是彼此之間要有深厚的友情。

當你向別人介紹父親，你說：「我爸是我最好的朋友！也是我爸。」別人肯定知道你們交情很好。我曾經聽過一名已婚男子說：「我老婆是我一生最好的朋友。」我就知道他們感情有多好。

西方心理學家高特曼也認為「幸福的婚姻基於深厚的友情之上」。因此，把對方當成自己最好的朋友，深入瞭解對方，熟知對方的喜惡、性格癖好、理想與夢想；享受與對方相處，不僅在大的問題上表達喜愛之情，也在日常瑣碎間表達出來。最好的關係是成為彼此最好的朋友與知己。

這時候我們要問：「人與人之間成為好朋友，是一種偶然嗎？」有時候又好像不是這樣。如果給超級好朋友下一個定義，可以稱之為「知己」，而知己是可以製造的。我們可以努力不斷地深入瞭解彼此、深度與彼此融合。《莊子．大宗師》中描述了四個人成為超級好朋友的原因：「子祀、子輿、子犁、子來四人相與語曰：『孰能以无為首，以生為脊，以死為尻。孰知死生存亡之一體者，吾與之友矣。』四人相視而笑，莫逆於心，遂相與為友。」——子祀、子輿、子犁、子來這四個超級好朋友，他們彼此說了一些話。「孰能以无為首」，誰能把還沒有開始的生命當作一具身體的頭部。「以生為脊」，把有生之年當作脊椎。「以死為尻」，把死亡當作臀部。這是什麼意思？「孰知死生存亡之一體者」，誰知道死生、存亡其實是無可分別的整體？這些話的義理，我們後面再討論。如果有這樣的人，「吾與之友矣」，我要和他成為好朋友。「四人相視而笑，莫逆於心，遂相與為友」，說完以後四個人看著彼此笑了，知道彼此的心靈都非常契合，沒有絲毫扞格，於是相互成為好朋友。——從這段文字可以知道，其實人與人要成為好朋友，很可能彼此的價值觀、生命觀、人生觀是相近的。

什麼叫生命觀？就是你怎麼看待生命。有一種生命觀覺得：「人活著就活著，死了就一了百了」；另一種是：「生命是永恆的」，所以你對這個永恆的靈魂有一份特別的心意跟重視。莊子屬於後者，《莊子》書中將死生存亡當成一具人體，因此不會只貪戀活著，而害怕死亡。當你知道一生是有限的，如果最終剩下的只是我們的靈魂，那麼在有限的一生，自當在靈魂上做多一些的努力和提升。這些努力和提升並不會讓人生變得痛苦，只會讓你更輕鬆。想像一個人常常微笑、沒有負面情緒、沒有太多煩惱、很少成見，這樣的人不是活得更輕鬆嗎？而如果你和對方的生命觀、人生觀很契近，且這樣的生命觀、人生觀越是稀少，就越難遇到可以共享的人，你們自然就更難被拆散。

心理學家大衛・施納赫（David Schnarch，1946-）在《充滿激情的婚姻》（*Passionate Marrige*）中提出了一種非常實用的建議：人們要學會「從想要被認可，到想要被瞭解」。施納赫及其他心理學家發現，那些已共同生活了幾十年的夫妻，有著保持和諧感情的秘訣，那就是不斷深入地瞭解彼此。

什麼叫被瞭解而非被認可呢？正向心理學家塔爾・班夏哈認為被瞭解是要表達自己——把真實、完整的自己坦露出來；而被認可則是要取悅別人——只展現自己好的一面。如果你總想著被對方認可，害怕對方因為知道你的缺點而討厭你，那麼你就會一直戴著面具，長期壓抑自己，給自己帶來很大的壓力；你在對方面前永遠都不是「真實的你」，而是一個看似完美的、理想化的人——一旦有一天不好的一面出現，那麼對方可能會因為幻想破滅而很難接受，覺得「是你變了」，並因此激化矛盾。

有一個學生告訴我：「老師，她會愛上我，是看到我的外表、才華跟財力吧。她根本不認識我的內在。如果她有一天了解我的情緒、我的習慣，可能會覺得這個人金玉其外、敗絮其中。」我說：「你不要這樣想。」不要害怕對方知道真實的你，你一旦只讓對方看到自己金黃色的那一面，另一部分的你就被壓抑了。一旦壓抑就會產生壓力，而這個壓力在某一天終究會被引爆，因為紙是包不住火的。

另一方面，真誠地坦露真實的自己，讓對方瞭解自己的缺點、失敗、恐懼，可以讓自己變得更為輕鬆，並獲得全然的包容與理解。短期看來，這樣做可能會存在很大的風險：「如果他深入瞭解我後，不喜歡我了，怎麼辦？」但從長遠看，它能助長感情，吸引到真正接納、理解我們的另一半；身邊的伴侶會逐漸更喜歡我們，因為兩人有了深層次的親密關係。

我有個女學生，她在我心目中是個百分百地體貼、百分百地認真，交任何事情到她手上不會出一點錯，遇見她的我真是三生有幸。可有一天那女孩突然給我打了電話，她說：「老師，我真的不行了，我沒有妳想像中那麼好。妳今天交給我的東西，我看得很糟糕，我什麼貢獻都沒有。」我那天第一次知道她有這一面，我告訴她：「你夠好了，你努力那麼久了。」因為她願意告訴我這個破口，我很高興，表示她沒有想要取悅我，她讓我認識一個更真實的她。

以後如果有朋友願意讓你知道他的短處、他的弱項，你要很高興他把你當作一個真朋友，他真誠地對你，也許他是拿出很大的勇氣才讓你知道的。

當然也許，他那天崩潰了，才讓你知道。

——但無論如何你要理解，這樣對你坦白以後的他，是會比較輕鬆的。

——也許你因此能夠更全然地包容或理解他，你們彼此就建立了更深層次的親密關係。但如果你隱藏了內心真正的答案只為了取悅對方，有一天對方知道了，或是你受不了引爆了，那反而不可收拾。所以我覺得表達真實的自己是比較好的，不要只想取悅對方。

剛剛說到「莫逆於心」，心中所想的應該和講出來的是一樣的，對方才可能每接觸你一天就更了解一點。但如果有一個人不坦白，也不必責怪他，他只是還不習慣，而改變習慣需要非常長的時間。

有個學生一天打電話給我，說她回到家壓力很大，覺得很崩潰，只能把自己鎖在房間。像是喝湯的時候她不小心潑出來，她爸爸會說：「天啊！你怎麼這麼不小心？這湯今天是潑在桌面上，如果潑在地上可能會害一個人滑倒摔傷，說不定就腦震盪，甚至死亡了。」所以她犯每一個錯誤都非常緊張。還有她可能馬桶忘了沖水，她爸就說：「妳怎麼又忘了，要講幾遍才會記得？」她覺得很受傷，回家只有躲到房間才是安適的。我就告訴她：「妳要告訴爸爸，妳只是還不習慣，妳在學校使用廁所的方式和在家裏不一樣，所以妳才會忘記哪一個步驟。多給妳幾次機會，妳可以記住的。最重要的是妳要讓父親知道，當他把一口不小心潑在桌上的湯，講得嚴重到有人要送醫急救，甚至於死亡的時候，妳有多害怕、多緊張。妳要很平和、很平和地和你爸溝通。」

其實當初那孩子就拿一封信給我看，問我這封信可不可以寄，他爸會不會接受。我說：

「不可以。」她以為我講的是她講得太超過了。我說：「你講得太含蓄了，我覺得你要全部講出來。」她問我：「那我爸不會崩潰？」我說：「不會，妳可以告訴他，妳是跟老師談過，老師叫妳這樣講的。妳要告訴他妳受不了他對兒女像對下屬一樣發脾氣，告訴他妳一切的害怕，甚至於妳可能因為這樣而憂鬱。」

——透過像這樣的溝通，你與對方就能不斷深入了解彼此，你可以感受和一個人深度融合的感覺。無論是親子、朋友、情人，你們還可以一起設置很多共同的目標，一起努力。你們可以一起培養好習慣，比方好好吃飯、好好睡覺、好好鍛鍊，當然還可以支持彼此的夢想。

慢慢地，沒有一個人能比他懂你，而你的一切也都能與他一起分享。如果你真的能努力做到這樣，你的戀情、你的情感便容易成長、也較容易長久。你不必小心眼地揣測他是不是還喜歡另一個人。你要把心思放在如何讓你和他成為知己，這樣就夠了。有一天你會發現，他喜歡任何人你根本不在乎，因為你知道你們倆之間的關係已經沒有任何人能打破。

以上講的是心靈層次與理性層次，再講一些比較感性的。我們和寵物之間可以擁抱，人與人之間也可以擁抱。雖然在這個世界有所謂的禮節和分寸，不同的人、不同的關係，有不同的應對和相處模式。但就算肢體上不能擁抱、牽手，也可以在語言上傳達如同擁抱一樣的溫暖。但切記，擁抱不是取悅，不是用虛偽的、對方愛聽的話來取悅他。

有一次我很大膽地和中文系系主任槓上了。那時候臺大挑選了文學院兩個老師來開通識課，而在那兩門通識課臺大一年投資一百多萬臺幣，在班上聘請十幾個博士生和碩士生的助理，協助把通識課開得更好。我是其中之一。但是因為我在中文系還太資淺，就被系主任找去講話。「蔡璧名，妳覺得臺灣大學可以越級、越過系把經費給老師嗎？」主任覺得校方越級、越系直接找老師，是不尊重中文系的行為。主任又問：「沒有系，有你們嗎？」

我那天有備而來，帶著以前曾經受到教育部資助的課程結案計畫呈給主任看。我說：「老師，就是在這樣的經費支援下，課才能開到這種程度。當老師的要多花一倍的時間訓練助理，再由助理下去教同學，才可能讓每個學生都像老師親自教一樣地圓滿。我認為，是因為有學生才需要老師；因為學生需要上課，這個學校才需要教授。所以學生是我們的衣食父母。」講到這裏系主任整個人站起來：「璧名，你們視系的尊嚴、視師長的顏面為何物？」就走出去了。

過兩天，我和系主任狹路相逢。我說：「主任好。」主任停下腳步，瞥我一眼道：「你還跟我問好，你還把我當老師嗎？」「老師，對不起。」他高興我說對不起，他誤以為蔡璧名是不會認錯的。主任便問：「妳覺得妳錯了？妳覺得妳錯在哪裏，所以向我道歉？」我說：「老師，我錯在讓您傷心了。您曾經是這麼照顧我的，您對我的欣賞和知遇，我永遠不會忘記。所以很抱歉，我讓您傷心了。」「所以妳覺得妳做錯的，只有讓我傷心嗎？妳的言論和行為沒錯嗎？」我說：「老師對不起，我資質不好，目前只反省到這。」他就笑了笑走了。我很訝異的是，這樣的互動完全沒有影響到我們後來的感情。我才知道當你把內心的感覺很真實地說出來，對方未必是會反感的。

相聚的意義

相聚的意義，是否只在結局是否相廝相守、最後結婚與否？

愛默生（Ralph Waldo Emerson，1803-1882）的《論友誼》（*Friendship*）發表於一八四一年，其中論述了他理想的朋友：「在朋友身上，我尋找的不是盲目地讓步，對我千依百順的人。我尋找的是一個美麗的敵人，能挑戰我、敦促我，幫助我尋求真相。」所謂美麗的敵人，是指因為愛我們、關心我們，所以會和我們針鋒相對的人。

美麗敵人這個概念最早可以追溯到西方世界最有影響力的文本——《聖經》。在〈創世紀〉中，上帝看到男人獨居，於是為他造一個配偶幫助他——一個女人，helpmeet。helpmeet這個詞的希伯來原文是「ezer kengdoor」，對立的幫助。helpmeet中meet的意思類似運動會的會，也就是競爭，不是指幫助並取得共識，而是對立的幫助。可以這麼說，那時人們已經注意到，理想的愛情不是一帆風順沒有衝突的，而是存在著阻力的。兩個人相愛的過程，是幫助彼此尋求真相，讓兩人的生命走在真善美的道路上。因此兩個人在一起的意義不在結果，而在相愛的每個當下。

我們除了解析〈夜望單飛雁〉這首詩，告訴大家可以先寫景，將景物中的重點寫出來，然後進一步透過象徵帶出人的情感。先寫景，再議論。除此之外，最重要的是帶大家去做「相失」的覆盤。因為如果失去是讓人最痛苦的，那我們需要重新去看失去是怎麼一回事。

如果你和我一樣，不只聽過〈我們〉這首歌，也看過《後來的我們》這齣電影，就可以在每一幕去思考：如果今天用《莊子》教的一切，可以怎麼應對、怎麼反應。面對自我的人生亦然。

——你會發現走過的心情體況和走到最後的結果會非常不一樣。這是我們上這門課的用意和目的之一。

第二堂

「膠」與「藏」

——擁有所愛，最好的方式？

已靠近，便希望不要再遠；已擁有，便渴望不要離散。如果用膠黏著、拿繩綑綁的做法算不上聰明，究竟莊子保有所愛的方式是什麼？可有供我們拾級而上的見習良方？

今天是霜降，秋天的最後一個節氣。霜降希聲，萬籟俱寂，很適合將想念靜靜地攤平。

「蒹葭蒼蒼，白露為霜。所謂伊人，在水一方。」

在感情的路上，假使我們的感受能力跟表達能力不足，可能就會錯過很多細緻而美好的感受，導致我們內心的情意也無從訴說。

上一個單元我們談了「泉涸」與「內傷」，如何在情愛中不失去自我？如何只有「愛」而無「傷」？這一個單元則是「膠」與「藏」，你越喜歡一個人，就越想跟他（她）靠近。你希望能把他（她）像藏品一般收藏，使彼此的關係能夠非常地緊密、非常地穩固，直到地久天長。總是希望已經靠近便不要再遠、已經擁有便渴望不要離散，可是，如果用膠黏著、用繩子綑綁不是聰明辦法的話，究竟莊子要教我們保有所愛的方式是什麼？所以接下來我們將一起學習和探討，擁有所愛最好的方式，究竟是什麼？

首先，我們讀詩。從詩歌案例切身感受箇中滋味，帶大家一塊兒讀以下五首詩詞，還原詩句中詩人耽思的季節、置身的處境與當時的心情——我們感受阻隔之苦，便能更體貼地理解身為人，欲「膠」欲「藏」的心意——這般讓我更靠近你（極度想要靠近所思）、想永遠擁有所愛（永遠保有這段關係）的心情，究竟是怎樣的滋味？

我的相思，跨越山遠天高；我的等候，穿越花開花落

第一首介紹的是李煜的〈長相思〉，一樣地先讓我們重返詩人的處境。其實寫詩蠻容易的，在想念他的地方，你就開始寫眼前的景致，去描繪你是在怎麼樣一個時空環境下想念對方的？

〈長相思〉（南唐．李煜）

一重山　兩重山　山遠天高煙水寒　相思楓葉丹

菊花開　菊花殘　雁已西飛人未還　一簾風月閒

這首詩的空間是從眺望遠方寫起：「一重山，兩重山」。各位看到這裏就知道下一句要寫什麼了對不對？可如果你寫「三重山」，那真的就太重了！詩人賦詩跟戲劇電影一樣，有時候需要出人意表，所以詞人怎麼寫呢？他寫：「山遠天高煙水寒」不只「山遠」，還有「天高」，想走水路偏偏又「煙水寒」，這是不是比三重山聽起來還要艱困、還要不容易越過？所以這第三句不只出乎讀者的料想，而且比三重山還要艱難、困蹇！讓我們想起〈滕王閣序〉中所說：「關山難越，誰悲失路之人？」還有值得注意的是，「一重山，兩重山」接下來寫的不是「天遠山高」，而是「山遠天高」，因為「一重山，兩重山」跟「山遠天高」山跟山之間剛好無形中運用了所謂的「頂真格、連珠格」，頂真、連珠可以讓小段落和小段落之間扣得更緊，就像：

「青青河畔草，綿綿思遠道。遠道不可思，夙昔夢見之。夢見在我傍……」

各位是否發現有一種環環相扣的感覺？所以我們在寫詩填詞時，如果擔心自己的作品看起來太散，就可以用這個小小的技巧將它扣緊。

另外，因為這是一門感情課，所以我們如何接收感知世界的訊息、對方的訊息，對於我們如何表達內在的心思，以及寫出好的作品，影響都是非常巨大的。因此我們在講詩詞的時候，希望能夠還原當時處境，讓各位在上完這堂課以後，若是在相似處境裏有了創作的靈感，便可以提筆開始寫作了。

透過「一重山，兩重山」這個數數的活動，李煜要帶出的是超越這樣遼闊空間的一種思念，當他把「山遠天高煙水寒」這三個向度一同展現出來的時候，看起來比「三重山」還要艱難。我們都知道遠距的感情是不容易的，而能夠超越這樣的時空，當然是更深刻的。因為，即使你越過了三重山，你們還是未必能相見。所以就更突顯出望見、接觸到這個人的艱難。接著李煜就把他內在的心思寫出來了，而那心思就是「相思楓葉丹」。王維用紅豆寫相思，而李煜用楓葉，兩者都是非常火紅、形容內心想念對方炙熱如斯的絕佳載體。

這又是一段怎麼樣的相思呢？是可以跨越大山大水的思念，非常地悠長。可為什麼講山遠天高，接下來才說煙水寒？我們之前提到，就像我們充滿了希望要見著對方時，我們望向遠方，這種充滿希望的動作，常常是仰頭的，然後仰頭之後沒望著，我們失望了，所以低頭。大家不要看填詞就覺得很細瑣，其實這一切都是有理路可以依循的。就如同李白〈靜夜思〉中，先是「舉頭望山月」，然後才「低頭思故鄉」；以及李清照的〈一翦梅〉，一定是「雲中誰寄錦書來　雁字回時　月滿西樓」，然後再「花自飄零水自流」，會使人有一種充滿了希望，然後失望之感。所以先擡頭然後低頭，這便是詩歌中常見的運鏡。當你喜歡詩時，你便會開始感受這些心情與動作的細節，甚至往後你看電影時也會更有滋味。

如果我們去分析一些拍電影的高手，你就了解鏡頭所留下的空間是有含義的。不知道各位有沒有觀察過王家衛導演的電影，倘若今天他要拍的主人翁給人感覺是充滿希望的，那必定會有一個相對較長、較寬闊的景緻在他的眼前；但每當他要表達一種讓人窒息的哀愁時，他通常會讓主角眼前的景變得很短，背景變得非常長。這就是運鏡的含義了。

我覺得我們在進行詩歌書寫時，會更細微地體察自己的心情跟動作，當然也會更能貼近、理解別人的心情跟動作。當代研究譬喻的西方著名學者喬治・雷可夫（George Lakoff）和馬克・詹森（Mark Johnson）在其作品《我們賴以生存的譬喻》中對「譬喻」兩個字做出完全不同的解釋。從前我們往往覺得譬喻就是修辭，可是喬治・雷可夫和馬克・詹森他們的研究發現：其實我們的身體也是譬喻的一部分，所有的身體方向都承載著一些含義，比如當我們開心的時候，我們會往上；我們沮喪的時候，會垂頭喪氣。除此之外，我們在英文中讀到的很多片語：up可能就是正向的，down可能是負面的。這種從情緒到身體動作，再到我們今天使用的象徵，其實都有一條草蛇灰線隱然串連在其間。

回到這闋詞，「山遠天高煙水寒」，如果這樣去了解，你就知道為什麼先寫「山遠天高」再寫「煙水寒」——先希望、再失望。我們會發現這樣一種視覺線，或者說人對大自然的閱讀線，是與我們的生理、心理非常合拍的。所以將來大家寫作，只要依著真實來寫，閱讀起來就會流暢自然而更能夠同情共感。還有一個可以提的地方是，為什麼「煙水寒」的後面會接「相思楓葉丹」。我們知道，有時候你的熱是對比而來，水邊如果籠罩著霧氣，會讓我們感覺寒冷，就像「碧雲天　黃葉地　秋色連波　波上寒煙翠」（范仲淹〈蘇幕遮〉）。可是在這個地方，「煙水寒」剛好最後一個字落的是個「寒」字，這個寒，就過渡到讓你心寒了。當外在世界那麼冷，你覺得好難跨越去見著她。這個寒、這個冷，甚至可能是她都完全沒有回應帶給你的感受。可李煜說，再怎麼等得發慌、心寒，對她的思念依舊是「相思楓葉丹」。要前往、探望對方的路是這麼地艱難，可我依然相思如火，各位不覺得這樣更感人嗎？王維說：「紅豆生南國　秋來發故枝　勸君休采擷　此物最相思」（〈相思〉）。而李煜在這裏則是用像燃燒一樣火紅的楓葉來講相思，我們就知道他的想念有多炙熱。

如果一個人有一雙冷眼，他用冷眼看這個世界，他既清楚也明白，這個世界是薄情的、是功利的，但他仍願意一往情深地對待這個世界，如此豈不顯得更勇敢摯情嗎？所以大家就會發現，從「煙水寒」接「相思楓葉丹」，在這個地方從寒到熱是一個非常漂亮的過渡。一方面可以看到相思者的深情，同時更感受到人間世的寒冷，兩相對比，使得這份思念的溫度更顯炙熱。

上半闋從「一重山　兩重山」這樣一個遼闊的空間描述，讓我們看到一種不能夠被空間阻隔的相思。就在楓葉最紅的時候，你的相思也如火燃燒。我們可以試想一下自己或身邊朋友的經驗，當有一個這麼遠、這麼艱難的感情，你覺得後來會怎麼樣？我就聽到身邊有一對情侶，兩人的感情非常好，可是這女孩決定去加拿大定居了，於是就此分手吧，因為這個空間的阻隔實太讓人心痛了。可是詩人、詞人，即使面臨空間的阻隔，仍然願意堅守這樣的感情，我們便可以想見，這份感情有多深。

上半闋表面上是透過空間來寫相思，「一重山　兩重山　山遠天高煙水寒」，這樣的相思穿透遼闊的空間，此情還能不改變。可李煜不愧為詞帝，他在描寫遼闊空間的末句寫道：「相思楓葉丹」。「楓葉丹」這三個字，就已經埋下時序的徵候，因為我們知道楓葉一定是先從枝頭的青青綠葉，變成泛黃橙的色調，再轉成火紅似的丹楓，他已經埋藏了時間的伏筆。於是在下半闋他讓我們看到的就是——這份相思如何穿越時間。

「菊花開　菊花殘」，之前提過，在寫詩填詞的過程中，我們的運鏡跟電影很像。從大的景到小的景，先廣角鏡、標準鏡，然後再特寫鏡、長鏡頭。我們通常會先拍一個大景，來看這是「六人行」，還是「那年花開月正圓」，之後再用長鏡頭去捕捉女主角的表情。所以不知道大家是否發現「一重山　兩重山」就是一個廣角鏡、大的景，到了下半闋「菊花開　菊花殘」，就從這廣角鏡、標準鏡，轉移到特寫的長鏡頭了，也許是山徑，也許是小院。最後詩人用長鏡頭聚焦在一叢菊花。「一重山　兩重山」標示的是空間的阻撓，「菊花開　菊花殘」開始寫時間的推移。

所以我們可以說上半闋和下半闋之間，它是從大鏡頭跳到小鏡頭，也可以說是先望向遠方再望向近處，也可以說是先寫空間再寫時間。所以它有一個非常漂亮的轉移，這樣的一個書寫方式，將來我們在寫自己的作品時也是可以運用的。

你走了，我的世界只剩下一扇窗；你不在，風與月亮都是多餘

接著我們來看，為什麼人會對植物，或者對物候、節令有感？因為這個年代守信用的人太少了，古人才會說：「早知潮有信　嫁與弄潮兒」（李益〈江南曲〉），潮汐都知道要回來，該死的你怎麼還不回來呢？或者李商隱說：「荷葉生時春恨生　荷葉枯時秋恨成」（〈暮秋獨遊曲江〉），荷葉的榮枯都遵循了一定的時序跟輪迴，為什麼只有堂堂萬物之靈的人類，這麼薄情啊。

此處李煜就用「雁已西飛人未還」，他在植物之後告訴我們，動物也是守信用的呀！雁都回來了，只有人還沒有回來。自然萬物、四時節候都會在一定的時間歸來，唯獨你等的那個人還沒有回來。這種寫法就會把你跟所思所愛不能見面的那一種不得已跟悲情，透過空間、植物、動物的反襯，讓你感受到這樣的等候、這樣的悲傷是很濃烈的。

當然我覺得詩詞和很多創作一樣，最艱難的就是最後一句。假如我們寫一首相思的詩，結束的句子卻寫：「我用海吃一頓、暴飲暴食來把你忘了」，或寫：「我回去睡大覺、早上就可以把你忘了」，這樣的情愛也太不夠深刻了。如果他這麼書寫，你會覺得這相思動人嗎？當然不會。所以我們來看李煜怎麼作結。他結得好輕，可是這麼輕的結句，卻讓我們看到情深意長，看到千萬珍重。

「一簾風月閒」。「一簾」，你走了，我的世界只剩下小小一個窗口望向你；「風月閒」，今天不管吹的是風，或者賞的是月，都是多餘、虛設的。我們也許都讀過陸游的〈釵頭鳳〉「桃花落　閒池閣」。當年陸游和唐琬的感情被惡婆婆，也就是陸游的母親拆散，多年後，陸游獨身重遊舊地，他看到桃花凋零，他看到亭閣樓榭、池塘都和當年是一樣的光景，但陸游覺得都是多餘的、虛設的了。這又讓我們知道「一簾風月閒」的微妙。

可如果那一個人已經不在，而你卻還能過好日子、大吃大喝，就顯得薄情嗎？其實也未必如此，待會莊子的解釋會細細說明。

李煜寫這個在等候的人有著非常熾烈、深厚的相思，最後輕輕結尾在一個空寂的身影，他坐擁的就是一扇窗簾，幾陣清風還有一輪明月。「一簾風月閒」，這個「閒」字道盡一切，窗簾枉為窗簾，因為我們不再能共同擁有；這陣風吹了也白吹，因為沒有你在；這月亮我也白仰望了，因為沒辦法同時映照著你我的容顏。這扇窗簾可能曾是一雙恩愛的人一起面對的，就像杜甫詩裏寫的：

「何時倚虛幌　雙照淚痕乾」（〈月夜〉）

他說：什麼時候，我們兩個還能在這樣虛垂的屏幕前相依相偎呢？希望那個時候啊，月亮能夠把我們的眼淚照乾，或者我們照見彼此的眼，能是淚眼已乾。所以你可以想像李煜的「一簾風月閒」，是不是當初他也曾經跟他思念的這個人，一起在這一簾風月前駐足，所以才特別有這樣的情感。

我想在這裏，你並不會覺得太悲傷，因為李煜下手是很輕的。我們知道男女的感情，一旦很深刻了，難免就會有專情，或是一對一這樣的特質。所以當對方不在，你才會覺得一切都多餘，好像什麼事都不想做，都興致缺缺。像是柳永的〈雨霖鈴〉提到的：「此去經年　應是良辰好景虛設　便縱有千種風情　更與何人說？」這麼美好的景，若不能跟你同時擁有，那好像辜負了這些風景。都是多餘的，沒有你在，一切都沒有了滋味。

試著在心裏想著你最愛的那個人，如果沒有這個人，你會怎麼樣？若是了解了這樣的心情，我們就能體諒為什麼他想跟對方待在一起長相廝守。

李煜的〈長相思〉，就結束在沒有你，做什麼都興致缺缺的頹廢裏。

潺潺奔流的不是水，是我心頭的思念

接下來看的是白居易的〈長相思〉。

〈長相思〉（唐．白居易）

汴水流　泗水流　流到瓜州古渡頭　吳山點點愁
思悠悠　恨悠悠　恨到歸時方始休　月明人倚樓

這首詩一樣是藉著水跟山來寫相思。當然，你也可以藉著城市的大樓來寫相思，你是自由的。但我們現在看的是古人的視野，因為那時候他們跟大自然是非常接近的，所以觸目所及就是山就是水。

「汴水流　泗水流」，一般寫詩填詞，會有點忌諱一樣的句子一直重複，可是白居易就是這麼自在地寫下「汴水流，泗水流」。即使我們沒有打開地圖來看，但我相信白居易這樣書寫，絕對是順著視線寫過去的——水會流到哪裏呢？這時候大家是否跟我一樣，忽然覺得這個潺潺奔流的其實不是水，是詩人心頭的思念。是水幫他把他的思念，朝更遠方奔流而去了。

於是我們探望遠方，看那水奔流到哪兒了？有沒有流到思念之人所在之處？「流到瓜州古渡頭」，假設這闋就在這裏戛然而止，「汴水流　泗水流　流到瓜州古渡頭」，後面接續的內容也可以是很歡樂的。但是「古渡頭」的渡頭是什麼樣的地方？是你跟另一個人道別的地方。而他在這邊再接「吳山點點愁」，你馬上意識到了，為什麼講完「古渡頭」就是「吳山點點愁」，最後的相思就停棲在這裏。不知道大家看到「吳山點點愁」，會不會覺得這山好像下過雨一樣，好像那個墨色是沾水點上的。這讓我聯想起八大山人朱耷最著名的一幅畫「雨後」，這幅畫的特色就是畫面裏沒有雨，只有山。可是讓人只看一座山就能看得出下過雨。你可以想像這樣一個繪手，是何其高端的功力。寫詩也一樣，當白居易寫「吳山點點愁」，我們好像感受到，這是不是雨後的山啊？讓人覺得整座山上的植物，都被潑灑上淚珠般的哀愁。還是作者心理的投射，才讓整座山好像環繞著詩人的愁緒。這樣的山水真的就是拿來講詩人的相思與愁嗎？是的，下半闋馬上就揭曉了。

「思悠悠　恨悠悠」，當你非常想念他，你的思念是很悠長的，這時候你是抱著希望的。

可是最後你卻盼不到他。你才會失望，才會憾恨，才會怨懟起來。這整個情緒的鋪陳，完全符合人心之自然。他絕對不會寫：「恨悠悠　思悠悠」這樣就會顯得太突兀了。「思悠悠　恨悠悠」，恨就是這樣來的，因為想你想太久了。那到底要想到哪一天才能停止？我常會問向我諮詢感情的學生：「你打算等他（她）多久啊？」曾有一個男學生告訴我：「老師，我想對她說讓我等她半年吧！」，我說：「不不不！你若真愛她，真覺她是今生難再遇逢的人，不能說是半年。」男生：「老師，那就說四年好嗎？」我：「不不不，你就跟她說，我想永遠當你最好的朋友，即便只能當最好的朋友。」若是女孩兒問你到底想耗多久，如果真要你給個期限，那就說是一萬年。於是那個學生開心地騎腳踏車走了，像是我的語言正中下懷地表述了他的心事。幾天後在我的臉書上留言：「老師，果真見效！」

這就是詩人詞人的多情，在他們的世界裏，永遠不存在那種因為多等了半年，就為了計較得失而放棄的情形。李商隱說：「深知身在情常在」，我活著，我就是愛你的，教人感到多麼安全的愛啊。

然而，各位不知道最深情的並非是詩人詞人，而是老莊。老子說「吾所以有大患者，為吾有身。及吾無身，吾有何患？」（《老子・十三章》）人之所以有一切情擾，是因為還有這個形軀，如果有一天我沒了這個形軀，我還有什麼愛可以失戀，還可以分手，還可以為誰劈腿而難過？都沒了，所以是因為我有這個形軀、有這個身體，我的憂患才跟著我。

不管是老子也好、李商隱也好，他們的情感都跟生命，都是和此身相始終的。

如果感情也是一筆投資的話，這般苦楚的思念，好像也應該設下停損點。其實我剛剛告訴男學生的那番話，是一部電影裏的臺詞，也許正足以表達他今日情懷，可如果今天這是我的孩子、我的學生，我會覺得應該要有停損點的存在。白居易接下來要寫的，他的思念的停損點在什麼時候呢？在這裏詩人寫的是：「恨到歸時方始休」。一直到他回來，他回來我就不再憾恨了。這句話的意思不就等同，他不回來我就憾恨一輩子嘛！這跟剛剛提及的李商隱或老子是一樣深情的。

那此時此夜、今晚要怎麼過呢？白居易寫的是「月明人倚樓」，在這個有月亮的夜晚，我就繼續倚著樓、憑靠著欄杆，想念著你。我們說相思最難寫的是最後一句，待會我們會讀到李冶的〈相思怨〉「彈著相思曲，弦腸一時斷。」；或是李白的〈長相思〉寫：「長相思　摧心肝！」腸斷、心肝摧都很爆裂，相較之下，李煜和白居易的長相思則比較溫柔，「一簾風月閒」、「月明人倚樓」。

可是各位，你怎麼知道這溫柔的舉動不是腸斷或摧心肝的前兆呢？或者是詩人跟詞人，因為他的個性、他的星座，所以他會展現這個面向來給你看，雖然寫得很輕，但其實情感還是很濃烈的。這邊我們閱讀到，最無聲的痛楚、最輕聲的呼喚，就好像還沒有打開的香檳一樣，一旦有機會揭蓋，那整個相思的情思，便會磅礴而出、流瀉千里。

可以發現的是，這一首白居易的〈長相思〉和李煜的〈長相思〉一樣，都停格在無聲的月光裏，然後詩人就這麼呆呆地憑靠著，什麼也不做，專心一志地想念遠方。也許下一回，你一樣是在一個窗口，看一輪月亮，意興闌珊，什麼都不想做，但我想有這兩闋詞陪你，你會覺得美麗許多。

觸目所及的美好，都是你的身影

接著來看表達思念手法更濃烈的〈長相思〉：

〈長相思〉（宋．歐陽修）

花似伊　柳似伊　花柳青春人別離　低頭雙淚垂

長江東　長江西　兩岸鴛鴦兩處飛　相逢知幾時

讀者有時候可以從作品中看到不同的詩人、詞人都有著迥然不同的個性。我覺得歐陽修這個人非常有意思，在他的作品中有著十分鮮明、完全不同的兩種風格。就像雙子座，有時很豪情，有時很小兒女，這首〈長相思〉就是他非常小兒女形象的一首。我想很難有男子願意這樣書寫自己，所以是很難得的一首作品。

來看「花似伊」，看到花時覺得那不就是她嗎？在古代經常會拿花來寫女人的臉，像是《詩經》的「桃之夭夭　灼灼其華」，又如崔護的「去年今日此門中　人面桃花相映紅」。可是女人可以比花更加動人，因為花聽不懂你的話，而女人聽得懂。所以善解人意的女人被稱為解語花。我的措辭是嚴謹的，「可以比花動人」。大家看得出來嗎？因為陸游曾在《閒居自述》中寫道：「花如解語還多事，石不能言最可人。」一副那種很希望他老婆閉嘴的模樣！

「花似伊　柳似伊」，看到柳樹，是否也想起你愛的人呢？像是白居易寫：「芙蓉如面柳如眉」（〈長恨歌〉），或者徐志摩的「那河畔的金柳是夕陽中的新娘」，是不是那柳樹很像她的腰身啊？所以常常在文學作品裏，看到用柳樹形容一個美人的姿態。其實，如果你真覺得一個人美或你真想念一個人，那麼在天地之間你看到一切的可愛跟美好，你都會想起他（她）來。真愛一個人的時候，他（她）是無所不在的。「花似伊　柳似伊」，什麼美好都似伊。寫完這句之後，我覺得詩人做了一個很漂亮的反轉。

「花柳青春人別離　低頭雙淚垂」，一讀就覺得，這花柳青春都是花最美、柳最綠的時候，可為什麼花柳正美、青春正好之際，我們竟然是分開的？這是一種反襯，這反襯跟剛剛李煜〈長相思〉寫「『雁』已西飛『人』未還」一樣，帶給我們一種特別強烈的感受。因為相思，所以你的內心非常炙熱，可是外在世界卻不能成全你，所以你感覺到非常冰冷。這種想要在青春最好的時候、最美的時候，讓對方見著你，這是很自然的一個想法。我們都不想自己像唐朝長沙銅官出土的陶瓷上的那首詩一樣：「君生我未生，我生君已老。君恨我生遲，我恨君生早。」我們都希望能在彼此正盛開的時候與對方相遇。可是明明都青春正好，為什麼不能相廝相守？而是別離了呢？來看歐陽修大丈夫的表情「低頭雙淚垂」，他的心情是什麼呢？我不是刻意在這個時候想要想你、見你，可是偏偏你就是無所不在。所以我看柳看花，想的都是你。這麼簡單的動作，這麼寫實的摹寫，就可以非常地動人。

剛剛提過喬治．雷可夫跟馬克．詹森的《我們賴以生存的譬喻》這本書告訴我們，人的情緒和身體姿勢、動作有密切的關聯。所以在這個地方「低頭雙淚垂」，歐陽修這樣一個身體的姿勢和動作，就讓我們感受到他的情緒是向下的而不是上揚的，好像透過動作，我們就可以閱讀詩人幽微的心情。光是這樣的上半闋，我們就已經感受到了詩人無所不在的相思，以及相思之後的動作、詩人的面部表情，所反應出的內在心情。

接著呢，他在下半闋寫：「長江東　長江西　兩岸鴛鴦兩處飛」，長江明明離我們很遠，為何今日此地我們讀來仍然有感、仍能感受到相隔兩地的無奈呢？因為，你想的可以是淡水河，是濁水溪，甚至於只是辦公室的一道走廊。只要你覺得這段路程阻隔了你跟他（她），並投射了你跟所思之人的處境和際遇到詩中，讀起來就容易同情共感。所以說「兩岸鴛鴦兩處飛」兩人之間的阻隔是長江，江水滔滔使你我像阻隔在長江兩岸的鴛鴦。這是以景來託情，讓鴛鴦替代了你我，讓景象去展演你和所思之人的處境、際遇。

但各位也別像我頑皮的學生不斷跑來問我：「他怎麼知道這隻鴛鴦跟那隻鴛鴦是一對呢？」我說：「饒了我吧，這個是譬喻啊，用鴛鴦來代替詩人詞人嘛。」我們剛才有講過，象徵無所不在。如果今天你單身，覺得非常愁苦，偏偏遇到一對鴛鴦，你還是可以寫「花柳青春人別離」變成反襯。所以，當你覺得你和對方是鴛鴦的時候，你看到任何一隻鳥都會覺得：「你怎麼和我一樣單飛呢？」可如果你今天是一個人，不管你旁邊有多少鳥，你都會覺得那都不是對的鳥，因為他（她）們都不是對的人。人是很容易有這樣的移情跟投射的。

不知各位有沒有留意到「長江東　長江西」和「兩岸鴛鴦兩處飛」這兩句的「長江」和「兩」，都是刻意重複的。詩人故意透過重複的句式，再次強調兩人的分離；就好像你跟他（她），分明就是一對鴛鴦，卻不能相廝相守，只能隔這麼遠來想念彼此；在這麼遠的城市、這麼遠的國度，展開各自的生活，所以當讀到「兩岸鴛鴦兩處飛」時我們都會有感覺。

最後要怎麼作結呢？歐陽修用問句來作結。我們曾提過用問句起頭的詩，如「為什麼燈熄為什麼花謝　為什麼河乾　為什麼豎琴絃斷」提醒我們的注意。在這裏用問句來作結，我感覺很像白居易的「四弦一聲如裂帛」，就一個問句停格在那裏了。「相逢知幾時」，究竟什麼時候你我才能相逢呢？

透過以上歐陽修的這闋詞，我們忽然間懂了，想念的人雖然不在身邊，但其實無所不在。他（她）可以是遠望的山、流動的水、天上的月，也可以是艷紅的楓葉、澄黃的菊花，或一棵教你睹物思人的柳樹、北去南來的候鳥、離散兩岸的鴛鴦。是觸目所及、無所不在的。

這首〈長相思〉，我當年備課時寫下的是：「站在教室的窗口，你，在想些什麼？發什麼呆？」一會我們合起這本書，靜靜沉思時，你，在想些什麼？其實當你有所思的時候，無論置身於哪個空間，都是可以寫詩的。我當年備課的時候覺得相思因單思而炙烈，就是因為你愛那個人，你等不到她（他），所以你的想念特別強烈，因為這個思念是一去不復返的。可能你發了非常多的訊息，對方就回了一個貼圖，甚至於沒有回應。因為沒有迴響，所以這樣的思念就越積越深厚。

當然也有另一種可能。我有一個獅子座的男學生，他的詩作內容圍繞在「那個她來過的房間」、「那個她坐過的座位」，「我怎麼樣回頭看，現在她已不在身邊」。詩句裏大概就是這種場景。讀他的詩我以為他分手了，有次晤面想安慰他一下，我說：「你還好嗎？」他：「好啊。」我問：「你分手了嗎？」他：「分手？沒有啊，我們還在一起啊。」我問：「那為什麼這首詩充滿了分手的情調？」他說：「老師，你說這詩是吧，那寫的是我真實的感受。因為每一次我女朋友要走的時候，或者我送她回家我再回到我房間的時候，我就好捨不得，我每一次都要去忍受像分手一樣的痛苦。」我的天啊，從那一剎那才知道相思因成雙而倍加炙烈啊，所以不要以為，是單相思才苦。恭喜你單相思，因為雙相思很可能更苦，更難捱。歐陽修的〈長相思〉就結束在大丈夫的低頭淚水與幾時才能相逢的追問之中。

海水再遼闊，也有涯岸；我對你的想念，卻無邊際

接著我們要欣賞一首唐代女詩人李冶的作品。

〈相思怨〉（唐・李冶）

人道海水深
不抵相思半
海水尚有涯
相思渺無畔
攜琴上高樓
樓虛月華滿
彈著相思曲
弦腸一時斷

相思是一種很抽象的東西，如果那是一個你愛的人，為什麼相思的盡頭不能是歡樂，而是怨。這到底是怎樣的情感？

我不知道各位是否思考過，什麼樣的情感才不需要兩個具體之人的相逢，這曾經是我長期思考的一個課題。正向心理學家班夏哈曾說：「做愛是感情、抽象的愛的具體化。」無論是愛情、友情、親情，抽象的感情，總是要落實到具體的形象或是生活當中。如果說完美的愛情有身、心、靈三個面向，那在心方面，你們的情意、想法、人生觀是否相契、情欲是否相契？你理想的愛情是一對一的嗎？如果你們對情愛的想法是不一樣的，當然兩人就很難相契了。而在靈的方面，也需要留意對方的靈魂觀、宇宙觀以及生命的終極價值跟你是不是合拍？

如果心靈是契合的，但兩人完全沒有身體的接觸，理想的情愛仍是可能的嗎？正常情況下，相愛的人會想要見面，牽手、甚至擁抱。如果彼此不能存在於同一時空的話，通常就只能生怨了。這樣的一種書寫其實是很人性的。那到底李治的相思有多深？還有這樣的一個「怨」，在她的生活中會衍生成什麼樣的行動？

不知道各位是怎麼樣表達自己的思念的。現在我好多學生，他們會拍拍對方的臉說：「寶貝，我想你啦。」第一次在臺大看到這幕非常地震驚。這是花輪對櫻桃小丸子的告白嗎？如果那麼簡單就「寶貝我想你了」，那有一天當你遇到真正的寶貝，要抒發真正的思念時，或許就只有通過寫詩一途了。我們來看怎麼樣透過詩歌表達思念。李治說：「人道海水深」，人們都說海水很深，詩人用海水的深度來表達她相思的深刻，「不抵相思半」，還不到我相思的一半。就像溫庭筠曾寫：「玲瓏骰子安紅豆　入骨相思知不知」（〈新添聲楊柳枝詞二首其二〉），用古代的象牙骰子，鑲嵌著相思豆，來形容刻骨相思。可李治的相思不單單是「人道海水深，不抵相思半。」更厲害的是她把海水做了兩個向度的運用、兩個向度的描摹。

下一句「海水尚有涯」，海水是有邊界的，再遼闊也有涯岸。「相思渺無畔」，可是我對你的思念，為什麼無邊無際、無岸無涯呢？發現了沒有，李治的相思不是只有在夜闌人靜，或下班的時候、搭捷運的時候，偶然片刻想起，而是「相思渺無畔」，這樣的深切、這樣的無時無刻，無所不在。那到底這樣的「相思渺無畔」，最後為什麼會腸斷？不知道各位對於這樣的一段感情會有什麼想像，我回想起海峽對岸一位非常有名的琵琶名家。有一次我跟他餐敘時，聽他講過一句話，我為之一震，忽然間讓我參透《老子》的道理。他說啊：「感情這東西，不愛和太愛，一樣要人命。」

不愛之所以要人命我們懂。我有一個女學生，她最難過的就是，她男朋友在分手之前（因為講完這話女生就跟他分手了）講了一句：「我好像還真沒愛過你。」這話多傷人啊！所以不愛當然會讓你既震驚又憾恨。

可是還有一種，太愛也不行。愛這個東西有時候看起來很愛，但其實又不愛，所以愛與不愛也是頗費斟酌，有時候身在其中也不一定知道。就像我認識的一對在一起很久的情侶，女孩永遠覺得男孩對她很好，可是當男孩第一次提出一些對他們情感的意見的時候，男生是這樣表達的。當初女孩想要一起吃飯，覺得一天吃一餐不夠，就問改成兩餐好嗎？為了讓女孩開心，在情感裏想要取悅對方，男生就說兩餐好。接著這女孩說，兩餐不夠那換三餐好了，於是就真的吃三餐了。因為這男孩是水象星座，是個顧家的星座，所以天天陪女友吃三餐他是煎熬的，因為這樣他就不太能陪他家人了。後來有一天，男生發生車禍不能約會了，醫生跟他說你現在縫了幾針，一個禮拜不能出門。他那一剎那笑了，這禮拜不用去吃三餐了，他很開心。我們所有人聽了都覺得非常地不妙，最終他在好哥兒們的建議下提出分手，我因為兩造都認識，所以如臨現場。他就跟那女孩說：「對不起，我們分手吧。因為我覺得我們的愛情就像一顆腫瘤，越來越大，最後會吞噬我們彼此的生命。」這女孩完全沒辦法接受，她覺得「今天以前我說什麼你都說好的，你永遠都笑著對我的。」可是她不知道，對方為了取悅她，已經委屈自己很久了。所以我們說這樣的愛或是不愛。其實都是要人命的，會讓人斷腸的。

最近我身邊有個朋友，她遇到一個非常喜歡的人。說起來我很感謝我的學生，那麼喜歡跟我分享他們的故事。他們的故事就像一部小說，並且把通訊軟件的聊天記錄整本印來給我看。我看了以後，卻覺得她非常的不幸，為什麼呢？因為這個對她好的對象太動人了。當這種在文藝片、言情小說或者偶像劇中，三十集的故事才會出現三集的畫面，頻率變成每三天就出現一次時，你便會開始覺得好像不那麼好。因為那女孩每三天都感動到哭一次，她怕會有點傷身體。所以《老子》講：「寵辱若驚」（〈十三章〉）是有道理的，不管受寵或受辱，都讓人臨淵履薄。當對方太動人或太不合作，都讓你太感動或太遺憾、太痛苦、太神傷。這就是為什麼相思會成怨、會「渺無畔」、會腸斷。

記得在《愛在心裏口難開》這部電影中，有一幕男主角對女主角說了非常冒犯她的話，於是女主角要男主角稱讚一下她，而且要稱讚得很好聽，否則她就馬上離開餐廳。這時候男主角在餐桌上對他愛的女人這麼說：「我開始服藥了。」之前心理醫生要男主角吃躁鬱症的藥，可是他原本非常痛恨吃藥，因為他認為醫生總會隱瞞藥物的副作用。女主角不懂：「這算哪門子的稱讚？」男主角接著說：「你使我想成為更好的人。」女主角聽後感動極了說：「這是我這輩子聽過最好聽的稱讚。」如果你遇到一個人和你說：「因為你的存在，我從今天開始要好好睡覺、好好吃飯了。」這句話其實是很動人的。

我記得自己剛到臺大教書時，認識一個文學院的同事，他在認識我好幾個月以後，偷偷告訴我一個祕密。他說他看過我年輕時出版的一本詩集。我嚇了一跳，因為那是我年少時不成熟的創作，所以我並不喜歡別人注目它，更何況是文學院的同事。他說：「其實我是先讀詩集才認識妳的。」接下來他說：「可是我認識妳之後挺失望的。」「為什麼啊？」「我覺得妳的詩好動人，讓人感覺，用深情的淚眼望向這個世界。可是我認識妳幾個月了，妳就是一個笑得很大聲的女生，只差沒笑到拍桌了。」他說：「我覺得跟我之前在詩歌裏面認識的妳有相當的違和感。」我對他說：「你有沒有想過，如果一名女子每時每刻都用寫詩的那顆心，這麼敏感、纖細、甚至於脆弱的心，去面對這個世界的話，那也太可憐、太辛苦了吧！所以我一定得變成今天這個樣子。今天這個樣子並不是偽裝，是莊子帶給我整個性格和靈魂的改變。以前那個我還在，可是要看到非常動人的畫面、文字、人事物，她才會被喚醒，平常她就睡了，然後就由這個很喜歡莊子的我，在面對這個世界。」我覺得這樣開心多了。

心要維持莊子講的平和並不容易，所以在這裏我們很難去揣度「相思渺無畔」的李冶，到底是遇到一個太愛的人，還是太不愛的人。不管是何種情境，作者在前四句用了象徵跟譬喻，來描寫這兩個人既深刻入骨又無所不在的相思。

接著就要看，這女主角如何排遣這樣的相思，她的活動是「攜琴上高樓」。這時候你就知道，擁有一項才藝的重要性了，你不必只是「一簾風月閒」，「月明人倚樓」，你還可以攜琴上高樓。為什麼要抱著琴？不知道大家有沒有過一個經驗，也許寫書法、也許畫畫，你沒有那種強烈的渴望。像是，今天必須畫。可是我有一個好朋友，她上半年遇到一些感情的事情，她跟我說：「璧名，你可以陪我去海邊走走嗎？」我說：「幹嘛呀？」她說自己想對著海邊吶喊，因為有一種情緒，不喊不快。可是後來她也沒找我，我說：「你怎麼後來沒找我啊？」她說：「噢，我後來寫字，就寫書法把它抒發掉了。」

當你真有一份無法排解的心情，你的活動可能是到郊外踏青，或者對著大海吶喊，覺得這樣才能抒壓、才能消解消融內心的情緒。但其實就情感的宣洩而言，彈琴、寫詩、寫字、畫畫這些隨手可得、隨處可從事的藝術活動就更方便直接了，有時候聽一個人彈琴，真的可以感受到他（她）的內心感受，好像一些很難用言語訴說，或不想讓別人聽見的話，透過樂器就會輕易流露出來。而且更珍貴的是，也許本來是一段很苦的感情，可是因為它變成一件作品，讓你覺得特別地珍貴。各位如果有什麼興趣嗜好，要排遣這樣的相思之情當然是比較容易的。「攜琴上高樓」就是這樣一種宣洩。所以當我們學會寫詩的時候，往後有什麼心情，就可以藉由一隻詩筆來宣洩了。至於「上高樓」的目的又是什麼呢？當所思在遠道，你總想要登上最高的地方，希望能不受打擾地想念他（她）。而且當你望向最遠的角落，就好像你可以望向很遠的，你思念的那個人所在之處。當然還有另一點，好像攜琴上高樓所彈奏出的琴聲，也比較能遠揚、比較容易讓對方聽見你的心聲。

「攜琴上高樓」接的是「樓虛月華滿」。各位這時候不要想，這小姐怎麼一個人在家沒有丫鬟？千萬不要這樣誤會，房子不一定是空的，城市也不一定是空的，這是一種心理的感覺。白居易當年寫「同心一人去　坐覺長安空」（〈別元九後詠所懷〉），當長安城裏元九走了，長安就是一座空城。這不算什麼，我有一個學生失戀了，我問他最近心情怎麼樣，他說：「老師，天地玄黃，宇宙洪荒啊！」

也曾經有個男孩，到我研究室來編詩刊，來之前他來電：「老師今天有同學過去編詩刊嗎？」「有啊，四五個人。」我這個人向來多事，我就念名字給他聽。他聽完就說：「啊，老師我也過去。」「好，來來來。」後來有個女孩先走了。等那男生一打開門，看了一下就說：「研究室怎麼沒人啊？」那時研究室還有幾個人，我們都不敢吭聲，我們一聽就聽出他的心思了。

所以，樓虛未必真是樓虛，但她在意的那個人不在了，所以便是空的樓了。那盛滿了什麼呢？是月光。各位都知道月亮是古往今來，我們思念一個人的時候會望向的方向。那月光在這裏的象徵跟海水一樣，但月光更無形。它充滿了整個閣樓，無孔不入，無所不在。

「彈著相思曲」，當你想念對方時所彈的曲子，當然會是相思曲了。我很少去ＫＴＶ這種地方，有一次跟學生去了，發現很快就可以知道每個人的心事了。因為每個人都挑最符合他心情的歌來唱。所以李治當然就是彈著相思曲，彈著彈著的結局便是「弦腸一時斷」。

我想大部分的人解詩解到這兒，就問說她斷腸就沒了嗎？但我這個人特別在意弦斷這件事。我讀大學的時候彈琵琶，各位可能知道，琵琶弦不管是絲弦或鋼弦，都不容易斷。可偏偏有一天我在宿舍，隨便一彈，有一根線弦就斷了，我那一剎那馬上有大事就要臨頭的感覺。因為就在一個禮拜以前，我跟家人去旅遊，在海邊撿石頭，我拿了一個帆布袋，把撿到的石頭丟到帆布袋裏，帆布袋勒過頸子。那天我戴著一條戴了很久的項鍊，突然斷了，還好斷的剎那我有知覺，而撿了起來。我知道送項鍊的人是誰，而就在那條項鍊斷掉後不到一個禮拜，從來沒有斷過的琵琶弦又突然「登」一聲斷了，真的覺得太巧了，心中有一種「莫非即將緣盡情了」的疑問。所以當我讀到「弦腸一時斷」，我的解釋就多了一點。古人有時候會給自己的琴取名字，琴如知己，好像你發生什麼事，你的琴也能感應得到一般。所以弦斷的兆頭都出來了，這女主角思念的男子，還會回來嗎？

描寫「斷腸」的詩有很多，比如馬致遠的「枯藤老樹昏鴉　小橋流水人家　古道西風瘦馬　夕陽西下　斷腸人在天涯」（〈天淨沙．秋思〉），還有白居易寫「清緊如敲玉　深圓似轉簧　一聲腸一斷　能有幾多腸」（〈題周家歌者〉），我想一定是這首相思曲跟彈唱它的人，故事、心情，極度地合拍，才會那麼深刻地教人動容。

當然，身為一個中醫的愛好者與研究者，看到腸斷也是有一些理解的。我們知道一個人憂思傷脾胃，胃腸不好會溢胃酸，然後胃潰瘍，更嚴重一點就會胃穿孔、腹膜炎，在治療過程中可能會腹膜爆裂，這就是斷腸。不過我想詩人和詞人，不一定會這麼嚴重，可是從斷腸這個詞彙可以感覺，這是一個生理的描摹，用它來講傷心的極致。而且中西方醫學都一致認為，人的心情跟身體絕對是合拍的。我因為非常相信這件事，所以漸漸不敢熬夜了。我們身體就像是一本情緒的日記，而且是用那種千年擦不掉的筆，寫下的日記，你所有的心情都會烙印在你的身體上。所以當你這麼傷神，相思成怨，已然心神兩傷。

兩人情斷與否，雖然尚未可知，但腸斷已成事實。

在這個時代，有許多需要看心理諮商師、看心身科的人。當我問友人、學生是怎麼走進這個病房時，他們常會為我描述一段情傷。「那是怎麼康復的？」他們也會跟我描述，是如何得到親人滿滿的愛，或者遇到一個好溫暖的朋友或戀人陪伴。或是通過看皮克斯動畫、看古聖先賢名言、讀莊子，努力讓自己變成一個更勇敢、更堅強、更樂觀的人，自己迎向了溫暖的陽光。「愛」這個東西，不管是大自然的愛，還是人與人之間的愛，或者我們從文化、文學、藝術、音樂裏面感受到的愛，其實當人回憶一生時會發現，我們都需要愛的澆灌，我們的生命才能開得更燦爛、笑得更開懷。就像弗洛姆（Erich Fromm）在《愛的藝術》中說：「成熟的愛情是在保留自身完整性和個性的條件下的結合。愛是人身上的一種積極力量。這種力量可以衝破人與人之間的藩籬並使人與人結合。愛可以使人克服孤寂和疏離感，但同時又能使人保持個性，保持自身的完整性。」

透過這一首〈相思怨〉，可以感受到那種可思而不可見，可望（甚至望都望不見）而不可及的悲傷。從女詩人有多麼悲傷，我們就可以理解，那種好希望和對方如膠似漆、形影不離的想望是多麼地深刻！

輕輕的嘆息裏，有我濃濃的相思

最後一首我們看一下李白的〈長相思〉，讓大家更加真切地感受「膠」與「藏」。

〈長相思〉（唐・李白）

長相思
在長安
絡緯秋啼金井闌
凝霜淒淒簟色寒
孤燈不眠思欲絕
卷帷望月空長嘆
美人如花隔雲端
上有青冥之長天

下有淥水之波瀾
天長路遠魂飛苦
夢魂不到關山難
長相思
摧心肝

李白以女性的立場書寫這首詩，真的會讓人讀來完全忘記李白的性別，我想這只有第一等的高手才能做到，讓讀者很輕鬆就能進入那個角色裏面。不過也難怪，因為李白很喜歡莊子。莊子叫我們「彼且為嬰兒，亦與之為嬰兒。」對方如果是嬰兒，你就跟他一樣表現得像個嬰兒。所以能做到這樣，可說有相當的功力。

「長相思」，你時常、悠長、非常深長，如細水長流地思念的這個人，但那這個人在哪呀？直接就告訴你「在長安」，完全不遮掩、不修飾、不轉化，就直接地告訴你「長相思　在長安」。在破題的時候直接訴說，很少詩人這麼大膽，通常我們會很含蓄地用空間、景物、季節來包裝、鋪陳，但李白就直接寫了。這起筆非常地淡，就像你跟一個人輕輕地說：「我有一個想念的人在臺南。」古樂府詩中也有這種例子，像：

「有所思　乃在大海南」（〈有所思〉）

我想李白很喜歡古樂府，所以他可以讀完〈有所思〉寫下「長相思　在長安」，我們也可以讀完〈長相思〉後寫下：「有所思　在倫敦」，這是非常自由的。書寫相思其實不是那麼困難，所有的文字載體，都有一個共通的寫作方式，不管是詩詞或是流行音樂，開頭通常都不會太重太濃烈，否則後面就無以為繼了。

這是個非常輕的起頭。李白接著寫：「絡緯秋啼金井闌」。「絡緯秋啼」，寫的是聲音，就是「紡織娘」，是秋蟲，在秋天鳴叫。秋天是淒涼的、是清冷的，也許少了另一個人的溫度，只剩下百無聊賴的自己。我們之前提到，在寫詩的時候，可以寫的景物很多，但不需要費神挑選，只需直覺入耳、目光所及就是了。作者書寫的是一個讓這名女子留下記憶的地方——「金井闌」，這個欄杆的樣子就像一個井字，金色的。你可以想像在欄杆邊，這名女子可能曾經與她所愛的男子是驪影成雙，甚至於是相互依偎，相隨相從的。但現在只剩下一個人了。天寒露重不堪久佇啊。景物依舊，情何以堪。

於是回到室內去吧！可是回到室內一坐下來，「凝霜淒淒簟色寒」，「簟」是竹席，當她思念的人不在身邊，她一個人，坐在兩個人曾經相互依偎的那張竹席。竹席的顏色讓她看了心裏發涼，因為對方不在。更何況竹蓆上還凝結了一層薄霜，更讓人覺得淒清冰冷，這不只是一個觸覺的冰冷，也是個心裏的冰冷。第三句「絡緯秋啼」寫聽覺，第四句「凝霜淒淒簟色寒」寫觸覺；第三句寫室外，第四句寫室內，可以說把一個女子，在室外也想他、室內也想他這種百無聊賴之情，描寫得非常地生動，也非常地真實。

接著，都碰觸到竹席了，不就該睡了嗎？可是她睡不著，所以「孤燈不眠思欲絕」，她孤身對望的是一盞孤燈，她在燈前思念，思念的是誰？是她的丈夫嗎、是她的情人嗎？或者這名女子她識字嗎？她寫作嗎？她能夠把她的思念傳遞給遠方的人嗎？古代女子識字的很少，所以只能「思欲絕」。這個「思欲絕」不是說，想死你了，想到快死了；你可以說這思念雖然很長，但因為無力傳遞到遠方，所以好像這思念線就要斷絕。因為實在太遠了。所以我認為思欲絕這三個字是下得非常重的，它的強度是不亞於斷腸的。

即使這麼難堪地思念，她仍然不願意放棄。既然那麼痛苦，不想不就好了嗎？分手，或者另結新歡都是可以的，但她都沒有。我們不斷說的是，之所以能成為詩人或詞人，我想他們無論對於這世界，或是對人，都是特別深情的。我們在閱讀作品時，才可以感受到這樣的情感。

她回到室內之後，接下來這動作就更動人了。「卷帷望月空長嘆」，在庭院應該已經看過月亮了，但進了室內因為太想對方了，所以拉起窗簾。大黑天的，天又涼，本來捲簾是降下的，可你忍不住，因為想看月亮，想要一心一意地想他，所以又把窗簾給捲起了。但這個銀盤、白玉盤到底能不能投影他的身影？你不知道。所以最後是「空長嘆」慨歎了一聲。你根本沒辦法聽到對方的心聲，也看不到對方的身影。不知道他是不是在看月亮，不知道他是不是還想著我。

李白的「思欲絕」和「空長嘆」，都是很輕很輕的重寫。因為思念是無聲的，嘆息只是嘆息，不是詛咒也不是謾罵。但在這個「輕」裏面，感受到兩個人之間的情誼是這麼的深重。其實不必告訴我們故事，有時候一聲嘆息，就能夠明白一切了。

那麼想念的那個人，到底在長安哪裏呢？詩人說：「美人如花隔雲端」，自從中國第一位留名的詩人屈原賦「香草美人」以來，我們就常看到很多人用「美人」二字來寫君王，或男子。像李白的詩裏寫：「美人不來空斷腸」（李白〈早春寄王漢陽〉）小時候讀覺得怪怪的，但現在讀覺得相當地自然。這世界就是這樣，一旦喜歡一個人，就覺得她（他）美極了。所以我的學生都覺得我這個人非常地偏私，因為所有我的學生，我都覺得帥呆了、美極了。因為非常疼愛他們，就會覺得他們帥、她們美。蘇軾的〈赤壁賦〉就用了「渺渺兮予懷，望美人兮天一方」來寫蘇轍。白居易在見紫薇花：「一叢暗淡將何比　淺碧籠裙襯紫巾」，寫元稹：「除卻微之見應愛」，除了元微之，這麼美的花大家都喜歡吧。可是下一句：「人間少有別花人」

（〈見紫薇花，憶微之〉），人間很少有男子喜歡花喜歡到把花別在頭上。從這一點就可以知道，元微之是會別花的男人，既然別花佩玉都不稀奇，李白用「美人如花隔雲端」來寫男子就很自然了。

花是美的，所以人才喜歡花。我們會到臺灣大學賞杜鵑、會到烏來賞櫻花、會到陽明山賞海芋，我們喜歡拿花來譬喻喜歡的人，「美人如花」。可是那個你喜歡的人在哪呢？「隔雲端」，前面用「在長安」，這裏用「隔雲端」，用非常文學的描摹，書寫了兩個人相距是這樣地遙遠。接著你望向天空想，他在哪呢？那接下來還能寫什麼，就寫之間了。你跟他之間隔著什麼？李商隱寫：「相思迢遞隔重城」（〈宿駱氏亭寄懷崔雍崔袞〉）隔的是一重又一重的城市，在這裏李白筆下寫的是：「上有青冥之長天　下有淥水之波瀾」，不管是青色的、遙遠的，叫人看不清楚的天，還是碧綠色的潺潺波流，都形成了跟思念的他之間的路程和阻隔。

還有一點值得留意的是，從望月到雲端，再到青冥之長天，都是望向高處，整個閱讀線非常流暢。接著李白再進一步寫：「天長路遠魂飛苦」，就知道詩中女主角想對方想到什麼地步。本來是想要前去，如果前去不了，夢見也好，可是怎麼連夢見也無法夢見呢？古人認為夢見一個人，就是那個人的魂魄飛到你身邊才能夢見。所以白居易寫：「晨起臨風一惆悵　通川溢水斷相聞　不知憶我因何事　昨夜三迴夢見君」（〈夢微之〉），他說元稹，你是多想我啊，才會一個晚上跑到我的夢裏來三次。同樣的，杜甫寫〈夢李白〉：「死別已吞聲　生別常惻惻　江南瘴癘地　逐客無消息　故人入我夢　明我長相憶」、「君今在羅網　何以有羽翼」，詩聖杜甫問詩仙李白，天涯逐客，你怎麼還能飛到我的夢裏來。所以〈長相思〉這首詩也一樣，她認為一定是因為天太長，路太遠，你的魂魄飛不到我的夢中，才會不到夢中來看我一眼。可以感受到她的遺憾有多深——因為連夢也夢不見了，只能繼續相思了。

最後相思到什麼樣的程度呢？「長相思　摧心肝」，摧折、撕裂了她的臟腑。「心肝」：最不堪抑鬱的肝臟，還有最需要平和靜定的心神。可以說這首詩前面的「思欲絕」、「空長嘆」下筆的既輕且重，但末了的「摧心肝」，就直接是斷腸等級了。摧心肝這樣的句子，通常會出現在最後一句，因為如果你第一句就摧心肝，那就倒下啦，後邊就不用演了。這種從淡到濃，層層接近核心的手法，我們稱它為「剝蕉法」或「剝筍法」，不會一下子就圖窮匕見。

「溫柔敦厚，詩教也」（《禮記．經解》），其實很少在中國古典詩歌看到這麼強烈的文字，但李白非常直白地書寫相思帶給這個女子的感受。在撼動人心的同時，且具有深度的美感，不愧為中國第一詩人。

前一首〈相思怨〉，李冶透過無邊界的海水，和滿滿的月光來形容思念。這首〈長相思〉

一樣透過空間中的聲音和觸覺，以及阻隔雙方的長天、淥水、遙遠的路途，來狀寫自己相思的深長。正是因為跟所思所愛的阻隔之痛，你我都能同情共感，所以才能感受到其中的主角或是詩人，這樣一份想要貼近對方的心意。這種很想貼近對方的心意，如果化成文字的話，我覺得就是童話故事裏的最後一章：「王子和公主從此過著快快樂樂的生活。」為什麼所有童話的結尾都是這樣？因為別離實在太苦了。

透過以上的詮釋，我們強烈地感受到別離、相思的苦楚了。感受到這樣的苦楚之後，重新再看前面五首詩便會發現，未來我們要怎麼樣書寫相思，其實有通則可言。我想也許大家已經感受到了。

第一點，是置身時空，描寫目之所見，耳之所聞（先把你思念那個人的地方，該時間、空間描寫出來）；第二點是難越阻隔之描述（是山？是水？是什麼阻擋了你們）；第三點接著寫主人翁的舉動（是孤燈不眠？是捲幃忘月？是月明人倚樓？是一簾風月閒？還是低頭雙淚垂）；最後第四點可以寫主人翁的心情（紘腸一時斷、摧心肝、思悠悠恨悠悠、相思楓葉丹、或是心裏話：相逢知幾時）。

當我們從作品中感受被迫阻隔之苦、體會相思之痛以後，便能深刻體會想要「膠」（與所愛如膠似漆更加契近）還有「藏」（希望把對方藏起來，別被人搶了，希望關係穩固久長）這樣的心意，是多麼地符合人情之常、人性需求。因為愛，所以想要如膠似漆。

不管是親人、戀人、夫妻或是朋友，通常人們都會想跟所愛非常契近，希望身能相近、心能相契。我們剛剛閱讀了這麼多的有情人，為空間、時間所阻隔，相愛的兩個人會想要靠近，這是非常正常的現象。

心理學家研究也發現，早在嬰兒時期，我們就會想跟人有親密的接觸。有一家醫院，醫院有早產嬰兒護理室。很特別的是，其中一個區域的早產兒的成長率和健康率比其他區域高出很多。大家漸漸注意到這個現象，而且很好奇究竟是什麼原因，能夠促使這些小生命格外地茁壯成長。有一個醫生下定決心要解開這個謎，開始了他的福爾摩斯行動。終於，有一天深夜，躲在早產兒護理室那個「特殊區域」的他，聽見意外響動，他趕緊隱蔽好自己，悄悄觀察。發現是一個護士走了進來，而且是他認識的一位老資格護士。他隱身不動，繼續觀察，卻看到這個護士做了一件違反醫院規則的事情——她抱起一個早產嬰兒！要知道，早產嬰兒必須放在恒溫箱裏，不得觸碰，以免細菌感染！可是，這個護士居然抱起小嬰兒，而且還輕柔地撫摸孩子！還絮絮低語！稍後，她放回小嬰兒……卻又去抱起了另一個小嬰兒……然後，一個接一個，她把這個區域所有嬰兒箱裏的小嬰兒都挨個抱起來、撫摸、絮語……原來，她之所以深更半夜來，恰恰因為她是個老資格的護士，根本就知道這樣做不會被醫生和醫院允許。

這個祕密，引發了醫學界的一番研究熱，證實了愛撫對小嬰兒身體以及心理發育的極其重大的意義！尤其是對早產嬰兒的重要性！後來，一個研究按摩治療的博士，來到某個早產嬰兒護理室，請保育護士配合她的研究，每天針對一部分小嬰兒，格外給予四十五分鐘的輕柔身體撫摸。實驗結果證明，這批小幸運兒，出院時的體重已經比普通小嬰兒偏重四七%；一年以後的追蹤調查更明確顯示，這批小早產兒的體能、心理等各方面，也都比普通嬰兒發育得更好！後來，這位博士還把這個實驗推廣到成年人身上。她請來一組人，要求他們每天必須做到五個擁抱。但不一定非要是伴侶之間的擁抱，朋友之間的也一樣。她還請來一組人做對照，每天只需要讀一定的書即可。四個星期以後，這些「擁抱人」和「讀書人」相比，前者的快樂指數明顯上升！實驗之中，有些人對擁抱很難為情，尤其是男人比例更高。但是，「擁抱組」的每一個人真的努力做到了每天擁抱五次，哪怕是在球場上相互鼓勵的一個擁抱。而這些人，尤其是「不善於」擁抱的人，的確變得更快樂了！

多年的研究表明，身體的愛撫、擁抱，除了能令小孩子茁壯成長之外，除了能讓成年人更加心理健康之外，還能很顯著地提高身體免疫力，甚至還能協助傷口癒合。現代醫學已經證明，因為身體愛撫過少，能導致人的許多精神類疾病；反過來，身體的愛撫也能夠治癒許多精神類疾病。所以擁抱理論告訴我們，如果想要有最健康的身體、心情、認知能力、肌肉骨骼狀態，一天需要五到十二次的擁抱，於是我常跟我的邊境牧羊犬擁抱呢！

我們就知道，人都想要契近。可如果今天你跟他（她）距離這麼遠，因此這麼悲傷，痛定思痛之後，要怎麼樣去處理這樣的悲傷？或者如果跟所愛的人沒辦法非常靠近，你想靠近但他（她）不想，你想要永遠擁有這個人，但他（她）卻不讓你擁有時，到底怎麼辦？我們都希望跟所愛情感能延續，甚至於漸入佳境，但是有一個蠻讓人悲傷的數字，美國心理學家告訴我們，現在美國的離婚人數幾乎占所有結婚人數的四〇％，然後剩下的六〇％，生活在「絕望的平靜之中」，那我們到底該怎麼做？我想這本書有個核心的目標，如何能在感情上跟一個人一直保持非常好的關係，甚至愈來愈好。所以接下來我們就要請莊子入場了。

如果不會離散，何需盟誓、立約

故聖人有所遊，而知為孽，約為膠，德為接，工為商。聖人不謀，惡用知？不斲，惡用膠？无喪，惡用德？不貨，惡用商？四者，天鬻也。天鬻者，天食也。既受食於天，又惡用人？有人之形，无人之情。有人之形，故羣於人。无人之情，故是非不得於身。眇乎小哉，所以屬於人也！謷乎大哉，獨成其天！（《莊子．德充符》）

莊子在〈德充符〉篇給了非常重要的一個概念：「約為膠」、「不斵，惡用膠？」，兩個人一旦有了約定，就好像彼此沾了膠水一樣，雖然這膠水不知道是瞬間膠，還是南寶樹脂，不知道能黏多久、多牢，但就會覺得，需要有這樣的約定。就像我有個女學生，在跟她男朋友相戀之後，就問她男朋友一句話：「我們這樣就算男女朋友了嗎？」這男生聽完嘴都樂歪了，馬上就將臉書狀態改成跟某人穩定交往中，然後趕快合拍一張照片上傳，接著發現這女孩的心就安定了。

這就是「約為膠」，但是站在老莊的立場來看，還需要這樣的確認，可能就表明兩個人還不夠同心。因為如果同心到一個程度，彼此都知道對方在想什麼，那麼這種事情就不必確認了。可是人的欲望是無限的，剛剛的詩詞已經讓我們強烈感受到，對相愛的人來說，沒辦法緊緊地相擁是何等殘忍、不健康的一件事。

但當你越契近、甚至太過努力地想要相擁，它可能也會往不健康的狀態發展。就如同我之前提及的那個例子，女孩在戀愛以前告訴我，只要對方多看她一眼她就滿足了。後來他不只看了她一眼，還成為了情侶，可是交往之後從一天一起吃一餐，變成一天要吃兩餐，再變成一天吃三餐，一直到最後，讓男生形容雙方的愛情就像是一顆腫瘤，越來越大，最終會吞噬彼此的生命。這一段愛情，就是因為一方不斷要求更近而破局。可人們就是因為愛著，所以才想更親近，這樣難道錯了嗎？遠了是「摧心肝」，太近又成了腫瘤。那到底該怎麼樣才行呢？

我們來看《莊子》書中，聖人對於膠著兩人情感的約定跟契約是什麼樣的感覺。「不斲，惡用膠」，斲是斧頭，是砍的意思。他說一個符合莊子心目中理想人格典範的人，他不會跟別人絕交離散。既然不會絕交離散，又為什麼要訂立約定，像是用膠漆去黏住彼此的關係呢？

其實當我們立下個約定，不管是口頭的、文書的或是寫在臉書上時，我們隱隱然擔心的都是害怕對方的叛逃，是對這段關係的不安。「該不會跑了吧？」或者「在那麼遠的地方念研究所，該不會就走了吧？」或是「怎麼跑到海峽對岸工作了，會不會就另結新歡了？」你並不是對這段關係那麼有把握，所以才會想要有個契約。

以「培養」而非「尋找」心態面對愛情

正向心理學家班夏哈說：很多人對戀情有著錯誤的期望，或者確切地說，對美好的戀情有著錯誤的期望。大多數人認為擁有一段美好的、至死不渝的戀情的關鍵在於尋找到真命天子或天女，這確實重要，但是錯在將重點放在尋找上面。卡蘿・杜維克（Carol Dweck，後簡稱：杜維克）研究中固定心態和可塑心態對比，人們有一種會破壞戀情的尋找心態。杜維克證明了，當人們獲得遊戲測試成績時，如果贊賞他們「你真聰明」，這時他們會產生固定心態；可相反如果我們稱贊他們「你真努力」，他們就有了可塑心態。這兩種心態都會對人們面對事情的態度產生影響。有著固定心態的人，即被稱贊「你真聰明」的受試者，基本上幫不了他們在進入下一輪測試、當測試變難，他們會產生「一旦做不出來，便說明我不聰明了」這樣的想法，這時他們的自我定位受到威脅，使他們便容易放棄，他們較容易被失敗打倒，也無法享受過程。而擁有可塑心態被贊賞「你真努力」的聽者，心中就會想：「我會努力做的，即便我這次沒成功、沒做好，我也可以學到東西，能夠享受過程。」這就是可塑心態。我們也可以將這個理論運用到戀情上來。如果一個人認為，擁有一段至死不渝的幸福戀情的關鍵，是在於找到自己的真命天子或真命天女，這種尋找心態就相當於杜維克提出的固定心態。假設這個人抱著這種尋找心態，認為尋找是最重要的事，一旦他（她）的戀情經歷什麼挫折時，他（她）便會開始思索：「不對，我肯定是還未找到真命天子（女），肯定是我弄錯了，找錯了對象。」這種心態常會讓情況惡化，甚至可能會導致惡性循環。這就是尋找心態，這種心態是固定的。一般人都希望找到白馬王子，或找到自己的女神，可現實總是殘酷的，而我們無法脫離現實。若我們有了尋找心態，這種固定心態就會威脅到我們的自我認定，一有矛盾發生我們就開始琢磨：「估計我還沒找到真命天子。」

可如果反過來抱持著培養心態，這種心態便是可塑的，它與我們的努力相關。我們就會想：「雖然現在我們的情感碰到了困難，但沒關係，因為我們在努力改善，我們在努力解決問題。」所以我們在面對一段戀情的心態，很多時候是可以轉變的，只要真正接受並內化一個事實：那就是，找到真命天子（女）、找到合適的人，對戀情固然重要，但用心去培養一段感情才是能否長久幸福的關鍵。

在一九五六年，有一本非常著名的書《愛的藝術》，它的作者弗洛姆因為不斷在失敗的愛情中嘗到苦果，直到五十多歲，他覺得他才領悟到「愛的藝術」，於是寫下這本書，書中寫道：「愛情不是一種與人的成熟程度無關，而只需要投入心身的感情。如果不努力發展自己的全部人格，並以此達到一種創造傾向性，那麼每種愛的試圖都會失敗；如果沒有愛他人的能力，如果不能真正謙恭地、勇敢地、真誠而有紀律地愛他人，那麼人們在自己的愛情生活中也永遠得不到滿足。」弗洛姆認為，雖然我們一直在討論愛，但其實很多人都並不具備愛人的能力。不成熟的愛是：「我愛你，因為我需要你」；而成熟的愛是：「我需要你，因為我愛你」。所以他認為，要想擁有「愛」的能力，首先要放棄自戀，其次是要拋棄父母以及成長過程對人的影響。也就是說，只有擁有完整人格的人才會真正有「愛」的能力。

在更早的幾千年前，莊子就在書中藉著自己與惠子的聊天，提醒我們：「今子有大樹，患其無用，何不樹之於無何有之鄉，廣莫之野？彷徨乎無為其側，逍遙乎寢臥其下。不夭斤斧，物無害者。無所可用，安所困苦哉！」（〈逍遙遊〉）不要將對方當成一棵果樹、一塊有用的木材來對待。他並沒有想把對方拿來為己所用，而僅僅是希望對方的生命因為跟自己的相遇而能夠越發美好。如果說，一個人總是要在茫茫人海中尋找永恆的靈魂伴侶，總用「尋找」的方式想要覓得的話，那有可能是遇不到的。

不過，我們每一個本來不會寫詩的人，都可以透過與一本書的相遇，發現自己也可以寫出動人的小詩。所以一定要相信，我們的情感，也可以經過努力而地久天長。

解消佔有的念頭，才能解消失去的苦痛

剛剛提到，「膠」就是希望兩個人越靠近越好。可是又發現也不能太靠近，因為太靠近可能有反效果。另一個常見的情況是，對所思所愛，都希望美好的情感能穩固久長，不被他人奪走所愛，所以墜入情網的人們往往會想：到底要怎麼「藏」？

我有一個女學生，她男朋友就很想把她藏起來。因為這女生身材很好，她本來喜歡的活動是上健身房健身，可是她男朋友覺得不行：「你這種身材穿運動服又流汗，不行！」所以不

准她上健身房。後來，又在臺大校園看到她跟幾個男生幾個女生一塊吃飯，可能是因為飯菜比較好吃，加上她和朋友談得很愉快，就笑得很燦爛。她男朋友經過看了怒不可遏，就把她叫過來，告訴她以後在學校不要跟別的男生一起吃飯、更不要對別的男生笑。我覺得實在太為難那個女生了，她那麼愛笑，這樣她往後要怎麼走在校園？可是後來我問那女生：「妳不覺得這樣很麻煩？」她說：「不會啊！」然後就從書包拿出一張地圖說：「老師，這是我男朋友禮拜一到禮拜五的課表，所以我會繞路，我不會經過他不高興我笑的地方。」你們是否發現了，當她用了這個祕密武器之後，她男朋友的憤怒、在意和因此訂下的規矩，即使她都答應了，但他還是沒法完全藏住女友的好身材和迷人燦爛的笑容。所以「藏」不容易。

我研究所還有一個朋友，平時都穿很貼身的衣服，我想也知道為什麼，因為身材很不錯。所以她結婚以後每次跟我們描述她先生下班後的舉動，我們都覺得很好笑。因為她先生下班一進門，公事包一丟，趕緊就跑去拉窗簾，然後跟老婆說：「天黑了，你要開燈就要下窗簾啊，不然你就不能穿這麼貼身呀！」各位，你們聽我那朋友這樣嘲笑她先生，你就知道快速拉下的窗簾，還是沒有辦法藏住，天黑之後你抵達家門前那段時間，你女朋友、你老婆的身影。所以從這個例子我們可以看出，在感情世界裏，很多人會想把對方藏起來。因為我們已經知道遠隔的痛苦，這樣的痛苦會使你想要靠近，可靠近後仍覺得不夠，所以人們總想要千秋萬世並且獨自擁有才滿足。

可是要藏到哪裏呢？不知道各位有沒有藏東西的經驗？我有，而且我自認為非常會藏。小時候我的爺爺曾經給我們每個小孩一塊金塊，那是我生命中擁有的第一塊金塊，所以我特別珍惜，想著到底要怎麼藏，別人才找不到。後來我靈機一動把它藏在我房間廁所裏的一個放衛生棉的垃圾桶裏。我還將一塊乾淨的衛生棉剪開，把黃金藏到裏面，外面再灑一些紅藥水，當下我覺得自己真是聰明極了！絕對不會有人知道我把金塊藏在這裏。可是有一天，我放學回到家，我媽很高興地告訴我說：「璧名我以後不用再唸你房間太亂了，我找了一個人來整理了，她剛整理完。」我說：「整理？整理完了嗎」，我馬上奔跑到廁所，發現沒有又急匆匆地下樓讓媽給我她的電話，然後趕快打電話過去，我問她：「請問妳幫我倒垃圾桶了嗎？」她：「倒了。」我：「妳有發現它很重嗎？」她：「有啊，好奇怪，好重！」我說：「請問妳倒到哪裏去了？」她：「啊倒到……倒到二樓的垃圾桶。」我：「二樓的垃圾桶，然後呢？」她：「然後垃圾車剛好來了，我就把它清掉了。」然後我真的失聲大哭了。我從此和生命中唯一擁有過的一塊黃金告別。

這個經驗讓我知道，我這般用盡心思，還是沒辦法藏好一塊小小的、應該很容易藏的黃金，何況那更難封存的、抽象的、飄乎不定的，無法只操控在一己手中的感情。要怎麼藏呢？

莊子說保存愛情的最好方式是：「藏天下於天下」

我們來看《莊子》說：

夫藏舟於壑，藏山於澤，謂之固矣。然而夜半有力者負之而走，昧者不知也。藏小大有宜，猶有所遯。若夫藏天下於天下，而不得所遯，是恆物之大情也。（《莊子．大宗師》）

「夫藏舟於壑」，多會藏啊，把一條船藏在幽深的山谷裏，這要偷也太費事了吧。或者「藏山於澤」，把山藏在大澤裏，這我們最有感了，像日月潭中央有個光華島，請問這個島要怎麼偷呢？「人謂之固矣」，我們覺得這樣很安全啊，絕對偷不走的。「然而夜半有力者負之而走」，可是下場卻跟我的金塊一樣，因為自然造化的巨大力量好似一名大力士，在你沒有多加留意的夜裏，輕易就把船、把山給偷走了。你說怎麼會呢？可是你難道沒在新聞上看過南亞海嘯嗎？沒看過三一一福島核電廠事故嗎？沒看過九二一大地震嗎？所以我們就會發現，滄海桑田，這世上，很多東西都可能在一夕之間發生變化。所以莊子說：「藏小大有宜，猶有所遯」，我把小小的金子，莊子書中把小小的船，或大大的山都藏得很好了，可還是會丟失。有時候你以為已經安置收藏好，但其實，仍然有丟失、改變的可能。那到底該怎麼辦啊？

剛剛說過，人會想跟所思所愛黏在一起，「膠」，或者永遠想要保住彼此的關係，把這關係收藏好，都是很自然的，不是嗎？可是剛剛舉的很多例證都讓我們理解，保存感情最好的方式，絕對不是用黏膠把他（她）跟自已黏在一起，或藏起來不讓別人看到、不跟別的異性接觸。那最好的辦法到底是什麼？這個時候，莊子的謎底就要揭曉了。

「若夫藏天下於天下」，這句話什麼意思啊？就是把天下萬物藏在天下萬物之中。像去世外桃源和名勝古跡時，你不會想將它們帶回家一樣，你單純只是來當地賞玩。它就是天下的一部分，你不會動念，不會想試圖佔有任何東西。所以，不要想把誰據為己有，你就不會丟失了。

但這樣講來，大家可能會覺得自己會變得很消極。像我一個消極的學生，他其實喜歡剛剛前述故事中，和愛吃醋的男生在一起的女孩。可是他當她的好哥們當很久了，從她談戀愛前，到談戀愛後。我怎麼知道？明眼人嘛，一看就知道。這種關係聽說叫女神關係。就是你很喜歡她，你對她很好。你是她最好的哥兒們，最好的朋友，但你永遠不讓她知道你喜歡她。有一次我就問了：「你為什麼不出手呢，她之前不是沒有男朋友嗎？」這男生就跟我講：「老師你知道嗎，我是她最好的異性朋友。雖然我不是她男朋友，一旦她有了男朋友，我就是全世界跟她最好的第二個男人。」我說：「你要這位置幹嘛啊？」他說：「這個位置長久啊，老師你知道嗎？我怕我一旦告白，我這個最好的異性朋友的位置，就不保了。更何況朋友是一輩子的，我之前談過幾場戀愛，我跟我前女友都不是朋友了，但我永遠是她最好的朋友。」據我所知，直到現在他們依然還是非常好的朋友，但也僅止於此了，因為那個女孩已經登記結婚了。

這也是一種「藏天下於天下」，但現在要講的，不是這一種「藏天下於天下」，而是你追她，她變你女朋友、他變成妳丈夫，或者他是你的兒子，是這種非常契近的關係，但你仍然能夠做到「藏天下於天下」。也就是，不會因為他（她）是與你最親密的人，所以你就因為他（她）不陪你而生氣難過，覺得陪伴是情人之間最重要的義務跟權利，你也不會覺得因為相愛，就覺得他（她）的時間就是屬於你的；或者對他（她）說：「欸，你今天去哪兒？怎麼沒留我的位置呢？」你不會覺得他（她）的空間，有一部分你一定要霸佔，你反而會覺得他（她）是非常自由的。

在我們深入瞭解如何積極地「藏天下於天下」之前，我要先說明，為什麼一個莊子之徒可以做到這一點。莊子在這說：「是恆物之大情也」。什麼叫「恆物」，在我們生命中最永恆的是什麼？莊子說：是心神、是靈魂。就像他在〈齊物論〉提到的「真宰」、「真君」。所以當你讀了《莊子》，你就會覺得心神非常重要。活在天地之間若想要不受傷，最重要的就是要強化你的心神。而且就算形軀老去，身體遺留人間，可心神依然還會存在，因為它永恆存在。我們也能在日常生活中發現，一個情緒控制不好的人，感情很少會如意；一個心神不寧的人，工作也很難順遂。你就知道，你的心神對你每一個關懷的項目，都有著特別巨大的影響。所以莊子說：「是恆物之大情也」，一旦你把永恆的心神靈魂當成生命中最重要的事情，把心神靈魂當成最長久的存在，那你就會想要愛養它，你會想要強化提升它，你希望每天都更進步一點點。

接著我用一個親身經歷來讓大家瞭解莊子講的「藏天下於天下」，我在十三年前的十二月得知自己得了癌症。那年的十一月中旬，有個國中同學打電話給我，他是一位婦產科醫師。他打給我的那天，是我在臺大工作十幾年，第一次請病假，因為月經來痛到無法忍受，只好請假。我回電的時候，我同學說：「妳豬頭啊！那麼痛還不去醫院檢查，妳先去找家醫科看看，再打給我懂嗎？」我說：「懂。」後來我去醫院檢查的結果就是癌症。我那時還不知道選哪個醫生好，於是又和他聯絡，剛好臺大中文系也有個跟我關係很好的學姊告訴我資訊，而他們兩位要我找的醫生又是同一個人，於是我就去了這同學所在的醫院。那天我和母親一起到了醫院，這位國中同學就帶著我們一路去掛號。因為要找的那位醫生是個大紅牌，很難掛到號，所以他就直接帶我走進診間，並告訴那位醫生說：「賴醫師，這是臺大中文系蔡璧名教授，我今生最好的朋友，請您好好照顧她。」因為他們是同一所醫院的醫生，所以賴醫師一聽到他這樣說，馬上讓我進入她的研究計劃，目的是讓我做很多治療可以免費。當時我非常訝異，心想為什麼他說我是他最好的朋友？但那時候我面對的是死亡，十分憔悴的樣子，根本沒有心思想其他的。那時候心情不是很好，我想的是：「治療以後不知道還有沒有可能活命。」看完診，他帶我媽媽和我去吃飯的時候，就在我的面前告訴我媽媽說：「伯母，我從國中開始暗戀妳女兒。可是我從來沒有讓她知道。因為我國中的時候就覺得，這個女人不應該是專屬於我這麼一個男人的。」

不知道為什麼，我從國中開始就常和同學表達我的獨身主義，因為覺得結婚很浪費時間，而我有一大堆夢想想要完成。而且我覺得我想要的那種愛情，今生應該遇不到，所以就想單身。他這樣和我媽講的時候，我覺得非常感動，可是我什麼話都沒說。當然他已經結婚了，也有小孩，我在醫院治療期間他常常會來看我。我覺得那可能是我今生最動人的一個愛情故事，它動人在沒有發生過。一個男孩很喜歡那個女孩，他覺得把那個女孩擺在原位，就是最好的位子。

從生那場病的那年開始，我不斷觀察自己的，不再是我的書寫得怎麼樣了、我的課教得怎麼樣了、我的研究做得怎麼樣了，而是開始注意，這個禮拜的鍛鍊時間夠不夠，心身狀況是不是比昨天好。所以我很希望你們每天都能好好吃飯、好好睡覺、好好鍛鍊。我所謂的好好鍛鍊是一天三小時，你聽了可能覺得很多，其實非常少，因為三小時可能還少於你滑手機的時間。

當你把心神靈魂看得非常重要時，你每天既要做這樣的鍛鍊，還要花時間好好吃三餐，那你到底還有多少時間可以花在感情上？而一個人在一段感情中為什麼會這麼痛苦，就是因為你所有注意力都在對方身上，那個人可能是你愛的人、可能是你的情人、可能是你的子女，也可能是你的爹娘。可是情人也好，爹娘也好，子女也好，都是轉瞬即逝的外在世界，是沒辦法操控在自己手中的。子女或許明天就談戀愛了，根本不理你；爹娘你再怎麼孝順，有時候爹娘的身體狀況，也不是我們能夠決定的。可一旦你把所有的注意力都放在外面，那就注定了你的心、你的生活會攪擾不安。所以，「是恆物之大情也」，當你開始實踐莊學，認為這種宏闊的情感，認為「真宰」、「真君」的修行，是生命最重要的課題，你就不會把注意力過度放在另一個人的身上。

所以說「藏天下於天下」，並不是教大家要消極，像是不要告白、不要跟另一個人在一起。而是已經告白、已經在一起了，還是要給對方「藏天下於天下」的自由，尊重他（她）是一個獨立的生命，了解他（她）擁有他（她）自己的這輩子，你只是愛他（她），不表示你能搶劫他（她）的時間、侷限他（她）的空間。你要讓自己擁有，讓對方自由的心。我曾經因為一個非常好的朋友，身體出些狀況，所以很煩惱。很煩惱我就打電話給我的家人。我的父親就對我說：「璧名，他的身體狀況，不是你有能力煩惱的。」我那一剎那就覺得，原來煩惱還要有能力，如果你沒有能力煩惱、你不能為他解決，那你只是攪擾自己而已。

不需綑綁也不會分開的自然結

我們剛剛提到，莊子說保存愛情最好的方式是：「藏天下於天下」，那老子怎麼說？老子也說話了：「善結無繩約而不可解」（〈二十七章〉），「結」是綑綁，他說你們之間不需要繩結、不需要綑綁、不需要約束的動作，兩個人就是分不開。於是所有受到十八、十九世紀歐洲浪漫主義影響的人會說：「天啊，我的真命天子（天女）和我，不就應該就是這樣嗎？」可是剛剛我們提到，所謂真命天子（天女）真的是可以尋找、可以遇見的嗎？這樣的一種「善結」，到底是等我們去尋找，還是需要培養？是可以遇見，還是可以努力？如果說是可以透過尋找而來，王弼注解的這段話，他說：「因物自然，不設不施」，講得簡單一點，就是這兩個人之間，都不用約束什麼、也不用有契約、也不用公開穩定交往，甚至於不用結婚、不用領證，他們在一起就不會分開，這叫「自然結」。可是自然結是很難遇的。

我很多學生會哭著問我：「老師，偶像劇為什麼要騙人？」我就知道，這又是一位，等了四年還是沒辦法成為偶像劇的女主角。有句話說「大孝論行不論心」，其實愛情也是。有時候大家都說：「啊，這個人是情聖」，我就聽過一個在臺大被認為是情聖之中難得的清流。不但大學四年效忠同一名女子，當他的女朋友在他考有機化學的前一天發燒在急診室，這男生就去陪著她，一手牽著他的女朋友的手，一手翻著有機化學的課本。這故事流傳出去，感動了好多這女孩的姊妹閨密們。但是各位，我的消息來源不一樣，因為我是這個男孩的老師，而且還扮演他樹洞的角色，他有什麼祕密都告訴我。他說：「老師，我怎麼那麼倒楣啊！為什麼她要在我考有機化學的前一天發燒啊。而且你知道我女朋友是很難伺候的，她打點滴的過程，都要我抓著她的手，有機化學課本很厚，我到底要怎麼樣一邊抓她的手一邊翻啊，老師你知道我那天晚上看起來表面平靜，但我內心有多焦躁、多不甘願嗎？」各位，我講這個故事就是要破壞你們覺得可以遇到自然結的幻想，因為他有多愛你，只有他知道。這個大家口中的情聖，其實意見很多。

還有自然結為什麼很難，有一個學生，我以為他遇到了自然結的伊人。這男孩曾經是我助理，臺大工學院畢業以後他變成一個音樂人，教吉他、幫人譜寫樂曲維生。有一次他帶女朋友到我家來，我看了嚇一大跳，因為是個偶像劇的女主角，郎才女貌，非常登對。這男生在感情上周遊列國之後，終於決定安定下來，為了這女孩買了一個房子，而且完全按照這女孩的心意去設計。照理說這應該是很動人的，快要結婚了，房子也買了，就要裝潢了。在要裝潢前，這女孩到男孩家，幫他整理衣櫃。各位記得以後衣櫃不要讓別人整理了，故事會有很大的轉折喔！一整理，就發現怎麼有一大箱的情書，以這個男生的帥度，我不驚訝。可是這女生那天的主要的整理活動就變成了閱讀情書，讀來讀去發現有一名女子非常可疑，一看就知道跟他的交情非比尋常。她就開始責問她男朋友，關於這位女子的訊息。男孩坦承對方住在美國，只是非常聊得來的朋友。然後這男生又多講了幾句，其實她現在每年只回臺灣一次了，每次回來我跟她喝個茶、喝個酒（喝個酒不該講的）。然後呢，偶爾書信往來，我們有很多共同的興趣嗜好。這女生聽完就忍不住問道：「你們那麼好，你沒有考慮過她嗎？」而這男生可能是太少寫詩了，不知道有些話是不能脫口而出的，所以回答得很糟，他說：「我真的考慮過，但她住在美國。我覺得我這個人是不能異地戀的，所以就算了。」

就在這時候女孩非常生氣，她說：「原來你今天想娶我，我唯一的優勢是因為我住臺灣是吧！」男生覺得很委屈：「我都要娶你了，你為什麼還不相信我？」女孩說：「我相信你，但我非常在意、非常難過，請你跟她斷絕往來。」男生回答：「我為什麼要跟她斷絕往來？難道就因為妳的捕風捉影嗎？這是我的朋友，為什麼要因為妳的捕風捉影跟她斷絕往來？」最後，這女孩覺得這男生太糟糕了，不願意斬斷情緣，就跟他分手了。

其實他們後來找過我，可是作為這個事件的旁觀者，我覺得這種情況很難解，因為這男生顯然是要保留一些回憶跟歷史，他覺得這樣的回憶跟歷史，是非常乾淨的，並不會危及目前的愛情。今天妳是一個愛我的人，妳就應該能體諒。可是你知道女人絕對不是這麼想的，這女孩覺得：「你跟她之間不乾淨，有雜質，你跟她在調情，在玩火。我們兩個結婚了，她又從美國回來了，哪一天我們剛好吵架，你們倆就一夜情了。」所以那女生覺得這是絕對不行的，覺得自己的愛情隨時可能會葬送火窟。所以該怎麼辦呢？我在這邊講這個例子不是要告訴各位怎麼辦，而是要告訴各位這很難辦，讓各位知道自然結是非常困難的，「無繩約而不可解」，這句話的涵義，或許你跟那個人信念一致，兩個人一拍即合，像十八、十九世紀浪漫主義中講的真命天子和天女的相逢，幾乎是非常困難的。我只是要讓你們承認這個困難。

我再舉一個例子，這個例子乍聽好像跟愛情無關，但同樣可以放在感情這件事上。我不知道大家有沒有聽過「飲食男女，人之大欲」？在感情上，可能每個人的食量都是不同的。就像有一回，我請一名私交甚篤的上海朋友去用餐，為了表達熱情總共點了六道菜，有檸檬鱈魚、核桃雞丁、酸菜豬肉絲、苦茶油麵線、清炒蘆筍等等。可是各位，我為什麼點那麼多呢？因為遠來是客嘛。我每點一道就問她說：「那我們再點一道這個好嗎？」她：「好啊！」我：「再點一道這個好嗎？」我很訝異我點了六道了，她都說好，我不敢再問第七道了。我說好，六道夠了。可是等我點完，她才說：「璧名，妳要負責吃三分之二。」我說：「妳剛剛怎麼不講？！為什麼不說我點太多了？」她說：「我怕妳吃不夠。上次跟妳吃飯，發現妳吃跟我兒子一樣多。」所以後來她就很典雅秀氣地，吃不到三分之一就說：「我飽了。剩下是妳的。」接下來我就繼續吃，最可怕的是剩下的我全吃完了。她說：「我好佩服你真的吃完了！」我就開始解釋為什麼能吃完：「因為今天菜的道數很多，我吃一點苦茶油麵線、配一點酸菜豬肉絲、再搭一口蘆筍，因為搭配一直在變化，所以不知不覺慢慢地蠶食鯨吞就吃完了。」可如果今天只一道菜有六倍的份量，我是不可能吃完的。

當我講完這個故事，想問各位的是，我這個食量大、需要很多菜色的女人，你們會覺得我很渣嗎？當然這個世界上，可能有一種很好吃的東西，你百吃不厭，像是《小當家》裏面有種烏骨雞飯，也許就那淡淡的烏骨雞飯香，可以吃一輩子都不膩。可是你也不會因為這樣就崇拜那個吃烏骨雞飯、一道菜吃一輩子的人。但當一個人，他愛的不只是一個對象的時候，為什麼很多人就會覺得這樣的人很渣？其實這是個人文建構的結果，雖然我是一個非常怕麻煩，覺得對象零個也很好，一個好像有點嫌多的那種人，我完全不想活在一個三角或多角的感情世界裏。可是因為《莊子》的緣故，我總會體諒每個人不同的食量，他需要的菜色、樣數可能也不一樣。但我這樣說，不是在保障那些劈腿花心的人，在幫他（她）們找理由。我是希望將來各位萬一遇到這種情況的時候，能夠以用餐這件事去體諒對方也放過自己。

我在學校給我的學生做一個調查：「各位同學請你們閉上你們幸福的眼睛。」這句話是個詛咒，你聽得出來嗎？不閉眼睛就不幸福，於是他們就趕快把眼睛閉起來。我問他們，我開始出書之後，跟出版社的約都是簽三年，就這本書這三年的出版權屬於這家出版社，三年後則可以選擇換另一家。我是自由的。大家聽了都覺得很正常，接著我就問我的學生，假使你的愛情可以簽約的話，你希望跟對方簽的是終身之約，還是三年的定期契約？我讓他們舉手表決，我發現今年遇到的孩子三分之二的人希望簽終生之約，而剩下三分之一的人希望三年一約。我想說的是，每個人有不同的食量、喜歡不同的菜色，每個人有他（她）吃同一個餐廳的耐受極限。我是個耐受極限特高的人，我大學的時候吃學校裏的自助餐，吃到所有人都跑掉，我還在那兒吃，而且我每天三道菜中一定點一份豆皮，因為那菜我覺得好吃極了。可是你不會覺得我有什麼可敬的對不對？「食色性也」，因為莊子的緣故，我希望在看完這一段之後，你面對別人的感情能夠不動於心。談戀愛的時候，要先搞清楚這個人食量多少、他需要的菜色多少，你和他（她）合不合適一起共餐。我不知道我這樣講，是不是越來越讓你們覺得自然結很難。

更難的是，青春期其實是非常短暫的。為什麼不是在初入嬰兒房那天，當雙眼張開，一見隔壁床的另一個寶寶、遇到此生第一位異性的剎那，我們就可以開始選擇另一半？或者有個人在幼兒園玩遊戲的時候，把你撞倒了，成為第一個讓你心動的人。或者有一天當你垂垂老矣，住進老人院了，遇到一個非常聊得來的人，那他也可能只會是一個聊天對象而已。我們這一輩子，大部分的人在十幾歲大一點到三十幾歲之間，你遇到的人才比較有可能拿出戒指來問你：「你願意跟我共度一生嗎？」所以總說百年人生，可是到底有幾年，我們可以跟那一個適合共度一生的人相遇呢？

還有，更艱難的是出現的順序。如果說這輩子，能夠遇到幾個讓你動心的人，為什麼不是最動心的人最早出現。或者像韓劇演的一樣，最動心的就是女主角她哥或男主角他妹。為什麼那個讓你最傾心的人，要排在後面出場。為什麼他們的出現不像彈珠台一樣，一顆掉下去，另一顆再彈出來，為什麼就一次跑出兩顆，讓你不知道怎麼辦。各位，這一切只是要告訴大家，與最愛自然相遇的機緣就是這麼困難。

或許你現在每天喜孜孜的，或者有點小煩惱，因為你跟一個人在搞曖昧，卻不知道，他全世界只跟你搞曖昧嗎？還是跟很多人搞曖昧？你說沒有沒有，我跟他的感情清楚明白，可你真的知道，他只有跟你清楚明白嗎？你說你們清楚明白，只是不能公諸於世，那全世界會不會除了你，還有小四、小五、小六都在排隊？那就算你說：「蔡老師你那樣講太悲情了，我跟他（她）就是一對一的關係，而且非常清楚明白。」那他（她）是只有此時此刻這樣對你嗎？還是這個月繼續會這樣，還是這一年，還是這一生都能夠這樣。如果大家現在覺得自然結是一種既崇高又不太可能遇見的理想，那我的目的就達到了。告訴各位情感世界的複雜，你就明白，要遇到一個這麼自然就在一起，不必綑綁也不會分開的自然結，真的是太困難了。

所以我對於「自然結」要採取另一種詮釋，不是用之前說的「finding mindset」尋找的心態，去尋找一個一相遇就全心全意愛對方的人；而是像河上公對「善結無繩約而不可解」的注解一樣：「善以道結事者，乃可結其心」，你們是因為「道」而在一起，你們有共同的「道」。當然，在這講的道就是老莊之道。所謂的「道」是途徑，是有方法可循的。只要學會了老莊之道，然後用這個道去調節、去改變自己，用新的方式來對待對方，那你們彼此的關係就會變「自然結」。

在之前的內容，已經提到了一個很重要的「道」、很重要的功夫：「莫得其耦」（〈齊物論〉），要站在對方的立場，不要對立，要不斷地為他（她）設想，為了要更了解他（她），所以我們要關心、要傾聽、要瞭解。要知道，當你在情場上跟另一個人相遇的時候，兩個人都像孔雀開屏，你還不知道對方屬於哪種孔雀，羽毛收起來是什麼樣的。或者你們都是沸騰的熱水，你不知道回到常溫時的情景。可是很幸運的，你們發生衝突了。之前說發生衝突是非常自然的、非常幸運的，因為在衝突當中，可以去瞭解本來不瞭解的那些面向，可以因此更瞭解而與對方更相契、親密而更愛對方。

我身邊也有這樣的例子，有一個學生，她的先生是基督徒，於是他們一起上教堂。但其實她非常喜歡看佛教的經典。她不能讓她先生知道，所以都把書藏了滿櫃都是。可是有一天，她先生太勤勞了，居然打掃櫃子。他先生心想：「哇，不得了。妳這個異教徒！」於是就跟她說：「妳為什麼會這樣？」我學生就跟他講：「其實我很喜歡看，可是你是基督徒，我就不能看了。我都藏得很辛苦，你上班我才看，你下班我就不看。」她先生看她這麼真誠地對自己，於是就問：「如果我不讓妳看，妳會不開心嗎？」她：「嗯，很不開心。」她先生就告訴她：「好吧，妳趕快再藏回去，以後還是我下班妳不看，我上班妳才看。為了讓妳更開心，我就不管妳了。」這就屬於美好的衝突，因為這個衝突我學生才知道她先生有多愛她。

所以我要講的就是，「自然結」是可以用功的、可以努力的，可以透過「莫得其耦」、「得其環中」，透過不斷了解對方，不斷與對方溝通來使兩人關係更好。所以哪怕是衝突，也會讓我們彼此越來越了解、感情越來越深厚。

循著共同的道往前行

《莊子》〈大宗師〉中的：

子祀、子與、子犁、子來四人相與語曰：「孰能以无為首，以生為脊，以死為尻。孰知死生存亡之一體者，吾與之友矣。」四人相視而笑，莫逆於心，遂相與為友。俄而子與有病，子祀往問之，曰：「偉哉！夫造物者，將以予為此拘拘也！」曲僂發背，上有五管，頤隱於齊，肩高於頂，句贅指天，陰陽之氣有沴，其心閒而无事。

前面提過，子祀、子輿、子犁、子來這四個超級好朋友，他們有一段對話，「孰能以无為首」，誰能把還沒有開始的生命當成頭部，「以生為脊，以死為尻。」把活著當成脊椎，把死亡當成臀部。你不會不在乎生前，不可能說自己只喜歡脊椎。你會害怕死後，可是不會討厭自己的屁股，不會想割掉它。這就是死生存亡，是一個無可分割的整體。這樣看待生命的人，會很重視靈魂和心靈的純粹，靈魂是否純淨、美麗、大器，他有多少愛與關懷。你這輩子的功課，就不會只是外在的經濟、民生、愛情或者世俗的人怎麼看、怎麼聽、嘴巴怎麼講，因為在乎的是永恆的靈魂跟生命。而如果你居然能跟擁有這樣生命觀的人變成非常好的朋友，或變成家人、變成夫妻，那你們之間相望的表情，就是「相視而笑莫逆於心」，你們的心靈是沒有一絲一毫扞格的，你們有個共通的價值，那就是「反本全真」。用我的語言講得白話一點，就是好好吃飯、好好睡覺、好好鍛鍊，當然還要有一顆平和而寧定的心情。

〈大宗師〉中還有另外三個好朋友：

子桑戶、孟子反、子琴張三人相與友，曰：「孰能相與於无相與，相為於无相為？孰能登天遊霧，撓挑無極，相忘以生，无所終窮？」三人相視而笑，莫逆於心，遂相與為友。

什麼叫「相與於无相與」？各位有沒有接受過一種饋贈，它不是有形的禮物，可是對方把他（她）的心，把他（她）所有的愛都給你，所以你覺得他（她）不需要送你東西。甚至於他（她）送你東西，他（她）花錢，你覺得好心疼。你會想：「唉，不要為我再花錢了，你給我太多了。」也就是不透過禮物，他（她）就能把他（她）生命中很重要的東西，分享到你的心裏。當然我們剛剛講的是情感，但也有可能是很珍貴的智慧、很難得的經驗。是什麼樣的精神互動能給你這樣的感覺？剛剛講禮物，接著我們來看「相為於无相為」，那個人好像也沒幫過你，但你覺得他（她）幫了你好多。他（她）沒有具體為你做什麼，但他（她）講過的每一句話，甚至發給你的一個影片，或者一句金玉良言，你都覺得他（她）是為了讓你的生命更好，可是他（她）又好像是無心的。所以當你非常重視心神的時候，你會很珍惜在天地之間有這樣的禮物、這樣的行動、這樣的幫助。

當然還有「相忘」，什麼叫相忘呢？就是當你們沒有共處在一個空間的時候，你是很專注地投注在你的工作、你的每一個當下。你不會因為跟那個人在一起，就停止了自己往前走的腳步。不管你們之間關係是朋友、家人，還是同事，都是可以相忘的。可是相忘不是徹底忘記對方，而是不執著。

當我們剛剛把專情和自然結講得這麼困難以後，我們就更應該珍惜我們還能相愛，情感還很單純的時光。不要認為對方非怎麼樣不可。你可以用那種，一切都是自然、一切都是正常的眼光看待，你只需專注投注在你感興趣的當下、你正在努力的當下，因為你們有著共通的追求。「恆物之大情」，如果你們有這樣對於有限生命共同的無限追求，感情當然就會更好。

剛才講了這麼多人與人之間要怎麼樣努力來擁有很好、甚至更好的感情。現在我就帶大家回顧一下之前的內容。不論是我們說「藏天下於天下」講的尊重，還是「善結無繩約而不可解」那樣一種可以給予彼此的自由，彼此如何依循著同一個道理往前走。這些方法的重點不在於怎麼追他（她），或如何改變他（她），而是在於你怎麼樣增強自己；方法不在於怎麼接近他（她），怎麼徹底地佔有她（他），而是怎麼改善自己。

就像之前提到《愛在心裏口難開》這部電影中，男主角對女主角說：「你使我想成為更好的人」，女主角聽了以後回答：「這是我這輩子聽過最好聽的稱讚。」因為愛她（他），就讓自己成為更好的人吧。如果在這時候她（他）走了或離你很遠，那也是一種自然而已。讓自己成為對方在天地間的知己，你只要有這個想望，你只需要越來越了解他（她）就可以了。甚至有一天可以了解到就算他（她）愛上另一個人，你都覺得很自然，因為知彼一如知己。

然後設定彼此共同的目標或者信仰，比方因為學習《莊子》，所以共同的目標很簡單：好好吃飯、好好睡覺、好好鍛鍊。因為莊子在〈人間世〉講過一句話：「來世不可待，往世不可追。」未來不能期待，過去無法追回。我們能把握的一直都只有現在。

剛剛提到那位在我面前看我狂食六盤菜的好朋友，因為兩岸政策有些改變，以後散客可能不能到臺灣來了，因此那天有可能是我和她在臺灣最後一次的相逢，所以我就一直緊湊地備課，直到要和她見面前十五分鐘，才隨手抓了鑰匙、包包跑出去。她看到我時很驚嚇，因為我很少這麼狼狽，沒有什麼裝扮、又是一臉倦容地出現在別人面前。那天我們要說再見的時候，她說：「璧名啊，我哪天看到妳，妳能不忙啊，妳能讓我感受，妳今天是可以無所事事的一天，然後就可以去喝一杯咖啡或吃個下午茶，妳不要總是那麼忙嘛。」我就笑著說：「啊，因為有誠品講堂，我正在準備。」她：「什麼時候你都能有一個理想的目標正在往前走吧。」我要上車之前她丟給我一句話，她說：「回去好好珍惜你像金子一樣的時間吧！」我很不好意思，我很少見朋友的時候穿著體育服裝就跑去了，因為等一下還要去上皮拉提斯課。可是我那天在車子裏回頭望她的時候，心裏有一句旁白沒有說出口：「就是因為我們像金子一樣的情誼，我才會在工作這麼迫切的這一天，出來見妳。」因為我覺得人與人之間的情感，在我們生命中都是很珍貴的。都說每一個生命都需要愛的澆灌，所以我們就去珍惜那個當下就夠了。不管這個當下是非常近距離的相親、貼身與擁抱，還是遠距離的相契、貼心與神遇。珍惜你生命中黃金一樣的時間，珍惜我生命中黃金一樣的情誼，因為這樣的珍惜，我們會讓自己永無止境地更好。如果有一天你可以好到讓愛你的人忍不住要回頭看你、自然想走向你、與你合一的那一天，其實長相思就不再是這麼樣的苦事了。莊子的思想一直都在，在我們閱讀莊子之後，「咸其自取」，只要你願意，隨時都可以抱持著這樣的思想活著。

最後，我想教大家一個最簡單的莊子功夫，「神凝」。請大家想像自己的眼神是一枚鐵釘，而視線就像釘尖一樣釘在這個點，就像釘在牆壁上。就在你盯在這個點一動也不動的五秒鐘裏，你發現你是沒辦法有念頭的。現在試著把放在這個點的注意力轉移到眉心或者轉移到印堂或者轉移到膻中（兩個乳頭的中間就是膻中），或者把注意力放到肚臍以下四指幅的丹田……觀察一下把注意力放在哪一個點，最能夠什麼都不想，然後你可以每天靜坐，都做這樣的練習。有莊子神凝功夫的陪伴，那時，就算你和他（她）之間，跟《長相思》的作者與思念的人一樣是遠距，你也可以自由選擇，減一些相思的苦楚，增幾分相思的甘甜。因為太想的時候就「神凝」，什麼都不要想就可以了。為什麼呢？因為你跟他（她）的情緣，是「善結無繩約而不可解」，因為你們彼此藏彼此於天下，千里之外不離開。

第二堂

「鏡」與「虛」
——只有我要定的心，沒有要定的人！

蛾眉淡掃，胭脂輕點，總想走向你的是最美好的自己。翻到終篇才驚見，決定愛與不愛的，並非外貌、學歷或身外之物，而是那一晌失控的情緒與心！是「心」決定了情感的長短與質地。莊子將教會我們如何養心千日，保養一顆若鏡、如虛的心。

想想第一次約會的心情。那時的你，是怎麼樣妝點自己的？不論男女，都希望能給對方留下最美好的印象。但是到了最後破局、分手的時候，才發現決定你和他（她）之間愛或者不愛的，其實並不是出門約會以前對外貌的裝扮和修飾，甚至也不是你們是否門當戶對，或對方有什麼才華、有多少家產。許多時候，分開的原因可能是你暴怒了，講了很多無法挽回的話。所以我們知道：是「心」決定了情感的長短和質地，而並非感情時間的長短。——如果是心靈決定了情感的長短與質地，那麼莊子將教會我們如何養心千日，保養一顆若鏡、如虛的心。

我有個朋友曾經告訴我他和妻子的互動。每次衛生紙沒有了，妻子都會忘了補，朋友覺得沒關係，就由他來補吧。可是有一天他下班回家，發現家裏地板上丟了兩包衛生紙，原來妻子是在提醒他，衛生紙只剩兩包了。這個動作、這個場面，不是很冰冷、很傷人嗎？所以他雖然和妻子繼續維持著夫妻關係，可是兩人感情的質地，一直不怎麼好。

在第二堂課講過，情感的重點不要只想尋找那個對的人，要放下「finding mindset」尋找的心態，而是換成「cultivating mindset」，培養的心態。在進入這一堂之前，我想先從一個故事開始說起。一九九七年六月六日，我正在廚房煮一鍋紅豆，因為是紅豆湯，所以它的汁水是非常的足夠的、滿溢的；但是就在這時候一聲電話響起了。是我那時候的男朋友從美國打來的，因為他正在哈佛大學留學。我不知道那通電話講了多久，只知道我回到廚房的時候，整鍋紅豆已經燒焦了。於是，我就為這鍋紅豆寫了一首七言絕句：「焦心紅豆釜中煎」，因為都焦了，焦到心了，在鍋子裏煎熬。「湯暖融融片刻前」，因為本來湯汁還很多的。「炊婦灶前渾不見」，這個炊婦，就是我了，因為我跑去接電話了。「成灰粒粒乞誰憐」，大家不要覺得我是一個情感太深重的人，那通電話之所以會打那麼久，可能哭的時間比說話的時間還要多。我覺得有個故事大概就要走到盡頭了，我回到廚房的時候覺得那一鍋焦黑的紅豆，正好反映了我當時的心情。

一個人一輩子到底有多長？如果一段感情十年，那麼這樣的感情，一輩子也沒辦法有太多段。慢慢地你就會感受到，其實人的情感在生命中是非常珍貴的能量，我們必須非常非常珍惜它，因為你一輩子能付出的情感跟歲月，都是有限的。當我們遇到每一段感情，無論是親子、朋友還是情人，其實我們都是希望能帶給對方幸福的，沒有一個人談戀愛時是抱著不好的目的，除非他是詐騙集團。既然我們都希望彼此能非常開心，為什麼在情場上，好像傷總是比甜來得多。

美國心理學家為了研究人類的感情如何長久，做了一個統計調查，數據顯示，美國有四〇%的夫妻選擇離婚，而剩下那六〇%的夫妻也處在那種「絕望的平靜之中」。人類的情感問題，似乎是不分人種和國界，都普遍存在的。我們這一堂，最主要的學習內容就是：「只有我要定的心，沒有我要定的人」。這是我今年可能因為同時教授莊子和詩課的緣故，在備課時想出來，這或許是情感最好的一種對待方式。在這世界上，你只需要知道自己一定要維護怎麼樣的心情，這是最重要的。至於人，你卻沒有一定要非誰不可，你沒有一定非要不可的人。我們都不是上帝，不知道誰是真命天子或天女。甚至於世界上是不是真的有真命天子或天女的存在，我們也不明白。

可是，如果你能夠做到保護好你自己的心身，其餘一切都順其自然的話，你的情感當然也會更加順遂。前半段我想先來談「沒有要定的人」，我在學校遇到很多問我情感問題的學生，他們都已經面臨這個問題了。最近有一個男孩常會到課堂上找我，給我他親手做的、非常好吃的餅乾，因為他女朋友的星座剛好跟我一樣，他想透過詢問我更瞭解他女友。每一天那女孩跟別人多談笑一點，他就心情很不好。那女孩發個訊息說：「我覺得你不適合我」，他就天崩地裂了。我不斷地跟他說：「你為什麼一直注意她呢？你為什麼不注意你自己啊？我覺得你狀況好糟！」他說：「老師，我哪兒糟啊？」我說：「你那麼高的個子，怎麼把自己搞得那麼瘦啊？下巴怎麼往前凸，頸子怎麼駝了呢？」「在我看來，你需要好好地鍛鍊，好好地吃三餐，好好地睡覺。你怎麼這些都不操心，整天只顧著盯著那女孩看呢？你把自己管好了，感情自然就會順遂了！」

這一堂的卷頭寫：「蛾眉淡掃，胭脂輕點，總想走向你的，是最美好的自己。」我想這是每一次約會時，每一個戀人都懷抱的心願。可是怎麼翻到終篇才驚覺，決定愛與不愛的，並非外貌、學歷或身外之物，而是那一晌失控的情緒與心。你最後發現兩個人會分手，其實是有一個可能「暴怒的」或者「傷心的」黃昏或午後，其中一個人好像講了一些不該講的話。更可怕的是，它是真話，而且非常地傷人，予人覆水難收之感。所以，你最後明白，真的是「心」，決定了每一段情感的長短跟質地。

接下來我們就透過聞一多的作品，來告訴大家經過努力、用心付出，一段一開始不那麼相愛的婚姻，是可以變得既相契又相愛的。

相思如此，情何以堪

在介紹〈紅豆之什〉以前，先來看一下王維〈相思〉裏的紅豆：

紅豆生南國
秋來發故枝

勸君休采擷
此物最相思

中國文學本來就有用紅豆象徵愛情這麼個抒情傳統。我們知道，象徵愛情的顏色有一種，就是大紅色，古今皆然。像我們之前看到李煜的「相思楓葉丹」，也是用大紅色來象徵炙烈燃燒的愛情。

王維說自己「晚年惟好靜，萬事不關心」（〈酬張少府〉），一副老僧入定的模樣，難以想像王維會寫下〈相思〉這樣的作品，但畢竟每個人都年輕過。

〈相思〉這首詩通常說是寫愛情。這首詩首句的紅豆，不是我剛剛講，我煮的那種紅豆湯裏的紅豆。這裏的紅豆是相思木的種子，如果煮的是這個相思豆，聽說吃完就啞了。相思木長在亞熱帶，廣東、廣西、臺灣都有，相思豆中間有一個細細的紋路，很像一顆心，所以它常常被拿來象徵愛情，本草書裏都稱它為相思豆。我的母親有一個非常珍惜的胸針，是用相思豆莢做成的，我小時候總在想這究竟是出自誰之手，做得這麼巧，最後發現原來是我父親做的。母親說，那是父親當兵的時候，在服兵役的地方摘下相思豆，親手做成這個別針送給母親的。真是美，我想母親接收的也是父親從遙遠的小金門所傳遞的相思之意。

「紅豆生南國」，相思木生長在南方。下一句我挑選的版本是：「秋來發故枝」，另一個版本是「春來發幾枝」。為什麼要選「秋來發故枝」這個版本？因為就相思樹的生長季節來講，樹上會先長出枝條，然後枝條上才會長出莢果，可是莢果剛開始的時候很小，到我們能看得到它的時候，大概就秋天了。所以我覺得用「秋來」，比較符合植物生長的概況。另外相思是一種讓人發愁的情緒，秋天剛好是一個讓人發愁的季節，還蠻相應的。

再來說「發故枝」，為什麼不選「發幾枝」？如果用「秋來發幾枝」感情就淡了，「發幾枝」感覺只是問個問題而已。可是「發故枝」就有一種，這個相思是一年又一年，每一年都會在這一個枝頭萌芽滋生，萌發相思的感覺。我覺得這樣寫特有滋味，所以每次面對詩歌的不同版本時，除非可以證明哪一個版本比較遠古，比較早，不然我都是選我覺得比較有美感的版本。

第三句「勸君休采擷」這個「采」是「採折」，「擷」是用衣服兜貯著。不知道大家小時候是不是跟我一樣採過蓮霧，發現手能拿的實在太有限了，所以就把裙擺拉起來，因為裙襬很大的話，就可以兜著多帶一些回家。在這裏「勸君休采擷」，跟「勸君多采擷」又是兩個版本。若是「勸君多采擷」，就像你跟你的情人說：「欸，多採一點，多採一點。」意思好像是：「你可別把我忘了！」可是，在中國古典詩歌裏，這樣的境界實在太低了。

就像徐志摩對林徽音說：「你記得也好，最好你忘掉」（〈偶然〉），太愛對方了，所以希望分手以後，他（她）還有人能愛，有好日子能活，希望他（她）把你忘了。而「勸君休采擷」就像：「你別再採了，你別那麼想我，否則情何以堪啊。」或是，採折太多，會太想念你愛的人，這樣就沒有辦法健康快樂的生活，反而常為相思所苦。這不正是愛一個人應該有的情懷嗎？所以在兩者對照下我就不選「勸君多采擷」了，因為我覺得太沒良心了。

白居易說：「唯有詩人能解愛」（〈畫木蓮花圖寄元郎中〉），我們相信詩人是懂愛的人，不是很貪婪或者有虐待狂的人，詩人不會希望對方永無休止地想著自己、為此愁惱。這是可以證明的。歐陽修在〈玉樓春〉說：「離歌且莫翻新闋，一曲能教腸斷結」，都腸斷了，你還翻新闋啊。同樣的味道，李清照也在〈一翦梅〉說：「此情無計可消除，才下眉頭，卻上心頭。」喜歡文學的人常有非常豐沛的情感，所以才希望這情感不要那麼濃烈，「勸君休采擷，此物最相思」。他說這東西最好不要讓我見著，為什麼？如果今天盯著相思豆看，它本來是很小的一顆，可是不知道什麼時候已經從點點滴滴變成時時刻刻，填滿在整個空間。相思的標準口味是酸澀的、是苦的，如果相思有個表情的話，那應該就是流淚、就是不禁盈眶的淚眼。這樣的一種思念、這樣的一種表情，內在一定是悲傷的、是憾恨的、是怨懟的。當然我們不希望它是痛恨的，所以我們要說「休采擷」。

就是王維的這首詩，開啟了中國文學詩詞傳統的紅豆象徵。而聞一多在這個文學傳統下寫了〈紅豆之什〉。其實〈紅豆之什〉出現在聞一多的詩集裏面是相當特別的，因為他是一個不太寫情詩的男人。

慢慢地學會愛妳

我們先介紹一下聞一多這個人，他曾經描述過詩人的特質是什麼，我覺得他這段描述也說明了他個人的情感格局。

這段話書寫於一九二五年三月寫給梁實秋先生的信件中，信上是這樣寫的：「詩人的主要天賦是愛，愛他的祖國與人民。」我們可以發現，聞一多的愛屬於大愛。前引白居易說：「唯有詩人能解愛」，而聞一多又告訴我們，「詩人的主要天賦是愛。」我想這樣能給祖國跟人民的愛，絕對不只是給一個男人或一個女人，他給了整個國家以及他的同胞。

我們這堂課，希望在結束的時候能知道一個人要怎麼自愛。當小時候聽到別人說：「欸，你自愛一點。」就像是一個教訓一樣。可是自愛一點是要愛自己的什麼？是保養嗎？愛人際關係嗎？我們說要學會愛自己，可是這到底要怎麼操作？在進入莊子的主題之前，先來讀聞一多。了解什麼叫做成為一個更有愛的人，什麼叫做主動的愛、建設性的愛，而不是被動的、破壞性的愛。關於這一點，聞一多用他的生命做了非常好的展演，讓我們看到這個愛祖國、愛人民的人，對自己的妻子兒女也有非常深厚的情感。即便他是一位詩人，但他的情感卻不是用說的、用書寫的，而是用實際行動來告訴大家。他的詩作剛好可以供我們勾勒出詩人之愛的模樣。我們先來看一首他的作品，這一首並不是〈紅豆之什〉，我只是想讓大家感受更真實的聞一多，因為我覺得在這個時代這樣的文人已經很少了。

〈廢舊詩六年矣，復理鉛槧，紀以絕句〉（民國・聞一多　一九二五年五月，廿七歲。）

六載觀摩傍九夷
吟成鴃舌總猜疑
唐賢讀破三千紙
勒馬回繮做舊詩

詩題寫著：「廢舊詩六年矣」，我荒廢寫詩已經六年了，「復理鉛槧」這個「鉛」，就是鉛條、鉛筆，是用來寫字的；這個「槧」是木板，古代拿來書寫的書板，這兩個東西都是用來記錄文字的。可以想見「復理鉛槧」就是要寫詩了，整理一下文具，整理一下以前的詩稿，「紀以絕句」他就用這首絕句，來作為他重新寫詩的開端。

這首詩寫於一九二五年五月四日，是聞一多離開紐約之前，啟程回國之前寫的。「六載觀摩傍九夷」，我花了六年的時間，到美國這個蠻夷之地觀摩，指的是到美國留學的六年。我們如果讀《聞一多傳》就知道他這樣寫並不乖張，聞一多在美國留學期間，無論是美術、文學、戲劇的成績，表現都非常地優異。一九二三年他獲得芝加哥美術學院最優等的名譽獎，他是該學院第一次問鼎此獎的外國學生。一九二四年由他主導、在紐約演出的古裝戲劇《楊貴妃》，也非常地成功，得到很大的迴響。而他在科羅拉多大學留學的時候，有一次有一個美國學生在校刊上登載一首匿名詩題目叫：〈支那人〉，對中國學生進行戲謔，寫的是：「在那斯芬蒂克一樣毫無表情的假面具下，藏的是什麼呀？中國人，是狡猾、是不道德，還是聰明呢？」沒有想到聞一多無法容忍這樣挑釁，他寫了一首〈另一個中國人的回答〉，用英文撰寫，歷數了中國的歷代寶藏與豐功偉績，指出相對於美國式的浮躁，沉默是一種美德，來進行反擊。詩的功力雄厚，詞藻豐贍，分量重又充滿了中國知識分子特有的一種美德、自傲與優雅。從此杜絕美國學生類似的言論。這就是聞一多，他是有這樣文字功力的人。

「吟成鴃舌總猜疑」，一個能代表全校畢業生領獎的人，可以想像他的英文是非常好的。「鴃」是伯勞鳥，「鴃舌」是譬喻像蠻夷一樣難懂的語言。可能覺得自己洋文講多了，古詩都荒廢了。但對於西方文化又不是那麼地認同，所以他說：「唐賢讀破三千紙」。聞一多是個非常用功的人，我非常害怕讀聞一多的日記，這會讓我忍不住想，他到底要拿什麼時間來睡眠啊？光是在一九一七年的兩個月裏，他就同時閱讀了《天演論》、《昭明文選》、《史記》、《舊約軼事》、《古文辭類纂》、《清詩別裁》、《英文名家詩類論》。同年二月十號的日記，他計畫要好好學詩了，他說：「讀詩自清明以上，溯魏漢先秦。讀完別裁，讀明詩綜，再讀元詩選，宋詩鈔，全唐詩，八代詩選，期於二年內讀畢。」這是聞一多。所以他這裏寫：「讀破三千紙」，絕非虛言。最後他決定「勒馬回繮做舊詩」，他要回頭再寫古典詩了。

聞一多是一個非常狂熱於中國傳統文化的人，他的狂熱不是一種束之高閣的膜拜，而是讓古典詩的精華，完全吸收融化在他的現代詩裏。我覺得聞一多跟徐志摩是兩個現代詩都寫得挺好的人，徐志摩是高舉著西洋的大旗創作，而聞一多則鍾情於傳統文化。他的現代詩非常精彩，因為吸收古典的精華，很重視字數、句數、聲音、格律、色彩。他還提出了非常有名的「三美」理論，他認為現代詩要具備音樂美、繪畫美跟建築美。所以他強調音節、詞藻、節的勻稱、句的勻稱，給新詩定出很多新的規矩。而且他認為詩歌是不能廢掉格律的，就像下棋不能廢除規矩一樣。正如詩人拜倫所比喻的：「越有魄力的作家，越是要帶著腳鐐跳舞才跳得痛快。」這個「腳鐐」就是詩歌的「格律」。所以待會我們讀聞一多的作品時會發現，在視覺上、在結構上、在聲音上，都是特別美好的。

接下來我們再看一段一九二五年五月，聞一多回國之前，給梁實秋先生的信：「此次回國並沒有什麼差事在那裏等著我們，只是跟著一個夢走罷了。」如果「沒有什麼差事在那裏等著」，那他為什麼要堅持回國？以他的條件，就算在國外，也可以過很好的生活。可是他不是一個為物質生活而活的人，也不是一個願意只守護家庭的男人。雖然他非常愛他的家人，但他醉心於這樣的文化、守護著這樣的傳統文化，他是一個有文化大愛的人。留美期間，聞一多與有志一同的朋友便相約回國發起「國劇運動」，後來他成為北京美術專門學校的教務長，也讓他的「國劇運動」的理想又推進了一大步。

就像《莊子》書裏面講的，聖人的情感不是只愛自己的家人跟情人，而是沒有針對性的「至仁无親」（〈天運〉），這個道理很容易明白。不管今天面對的是最愛的人，還是面對路人，使用的都是生命中非常珍貴的五分鐘，是自己的生命，所以我們誠意盡心地對待別人，無關乎對象是誰。聞一多的愛，從小愛到大愛都彌足珍貴。

接下來就要進入聞一多的情感世界了。我對他特別留意，因為他也是一個研究莊子的人，所以應該是懂得明哲保身的。他是很不想參與政治的，可是最後卻因為對民族的大愛，死在了暗殺他的左輪手槍之下。

一個詩人，在他波瀾不驚的外表下，未嘗沒有對愛情的渴望。所以第一首要介紹的是：〈幻中之邂逅〉。我故意選這一首，讓大家可以感受到，他對於妻子，那個後來他真愛的女人，相較一開始的時候，兩份心思有什麼不同。這首是一九二二年聞一多廿三歲，與妻子結婚的前一年，在一份週刊上評論一首詩的時候，他寫了自己為另一名女子歌詠的這首詩。

〈幻中之邂逅〉（節選）（民國・聞一多　一九二二年五月，廿三歲。）

彷彿一簇白雲，濛濛漠漠，
擁着一隻素氅朱冠的仙鶴——
在方纔淌進的月光裏浸着，
那娉婷的模樣就是他麼？
我們都還沒吐出一絲兒聲響；
我剛才無心地碰着他的衣裳；

許多的祕密，便同奔川一樣，
從這摩觸中不歇地衝洄來往。

「彷彿一簇白雲，濛濛漠漠」濛濛漠漠這兩組疊字，都是昏暗不明的樣子。「擁着一隻素氅朱冠的仙鶴——」「氅」就是鳥的羽毛，「素氅」就是雪白的羽毛，「朱冠」頭戴紅色的冠，摹寫一隻神祕而美麗的禽鳥。彷彿之間，愛情的鳥兒飛來了。「在方纔淌進的月光裏浸著，那娉婷的模樣就是他麼？」情到深處，所愛便無所不在，看到美麗之物就會想起那美麗之人。上回我們讀歐陽修的：「花似伊　柳似伊」（〈長相思〉），所以大家就不用再想，一隻鶴怎麼會像女人呢？詩人說像，牠就像。徐志摩說：「在康河的柔波裏，我甘心做一條水草！」（〈再別康橋〉），徐志摩像水草嗎？可是他心意上說是，他就是了。因為所有美好的事情都讓他想起那個人。

那聞一多跟她是什麼關係啊？從接下來的詩句來看，就很明白了。「我們都還沒吐出一絲兒聲響」，情到深處，很多時候是不需要言語的。「我剛才無心地碰著他的衣裳」，真愛一個人的時候，有時候不需要親吻，也未必需要十指緊扣、甚至不需要牽手。當深深觸動你的情感，存在你心裏的時候，有時候就算沒有任何肢體接觸，愛仍舊是存在的。有一句日本諺語說：「袖の触れ合うも他生の緣（そでのふれあうもたしょうのえん）。」你跟另一個人的衣袖，能夠在滾滾紅塵中相拂、相觸而過，就表示你們在前生一定是有緣的。所以聞一多說：「我剛才無心地碰著他的衣裳；許多的祕密，便同奔川一樣，從這摩觸中不歇地衝洄來往。」「摩觸」就是妳的衣袖跟我的袖口，相接觸後摩擦了；「洄」是回旋盤紆的水道。意思是兩人衣袖這樣一碰，天啊！很多的祕密就像川流一樣傾瀉而出。各位，這是不是一看就知道，聞一多對這個人有感覺已經很久了，碰到衣袖的那一剎那，可以想像聞一多那種臉紅發熱，心中小鹿亂撞的模樣。在愛情的面前，任他是七尺男兒之身、還是才智卓越之士，一樣可能手足無措，這就是愛情的力量。但是各位不覺得聞一多把這首詩寫得既抽象又具體，非常有美感嗎？

為了客們的團聚我結婚了，你們熱鬧，我卻孤獨

接著就要看〈紅豆之什〉了，〈紅豆之什〉裏的詩作，是聞一多在五天內、五個晝夜裏面完成的。我想他的思緒和情感都是非常紛亂的，是很強烈的，所以作品的順序不一定是時間發展的順序。在這裏我將會依照故事發生的可能順序來編排，讓我們比較能了解聞一多的故事。就先來看一首，他的新婚大典的詩。

〈紅豆四十二首其二十六〉（民國・聞一多　一九二三年十一月，廿五歲。）

你明白了嗎？
我們是照著客們吃喜酒的
一對紅蠟燭；
我們站在桌子底
兩斜對角上，
悄悄地燒着我們的生命，
給他們湊熱鬧。
他們吃完了，
我們的生命也燒盡了。

這首詩寫在一九二二年一月，就是寫下剛才那一首〈幻中之邂逅〉的隔年寒假，這一年，聞一多奉父母之命返回老家，跟他的姨表妹高孝貞結婚。但在此之前，兩個人只見過一面。各位發現沒有？見過一面不是比沒見過還糟嗎？因為見過一面後就已經確定不愛了，你懂嗎？可是聞一多就這樣跟一個完全沒有共同思想的女人成婚了。五個月之後，聞一多坐上留美的客輪，他跟他的妻子在故鄉只相處了五個月的時光。這便是他和妻子愛情的開端，是以苦澀的滋味居多。我們說這首詩是聞一多對婚禮場景的追記，我不知道大家是不是能讀出來他有多不甘願。可是他又為什麼寫〈紅豆之什〉？我來簡單說一下，因為他結婚以後一年，也是寒假，他人在美國了，這時他接到一封家書，告知他和高孝貞的孩子，即將出生了。聞一多聽了以後，有非常多的感觸。

在當年十二月廿六日致梁實秋的信中說道：「放寒假後，情思大變，連於五晝夜作《紅豆》五十首。現經刪削，並舊作一首，共存四十二首為〈紅豆之什〉。」我覺得這很容易理解，他可能忽然覺得這個人就要幫我生孩子了，真真切切是我的妻子了，但我身為詩人，我一首都沒有給她寫過，實在不太應該。

就像我一個女學生，她詩寫得很好。那天她來找我的時候，拿了很多她異國戀的男朋友送給她的文字和畫給我看，就是那種很浪漫的，可能需要蒐集木質餅乾盒的蓋子才能完成彩繪的畫。我欣賞了以後就問她：「妳為他寫詩了嗎？」她說：「老師還沒。」我說：「喔，根據我的經驗，一個喜歡寫詩的人，如果他（她）的感情沒辦法進入他（她）的詩中，兩人很快就會分手。」這女孩一聽，當天晚上就趕了七、八首。所以你就知道聞一多也可能是這樣的心情，怎麼可能不把最心愛的情感對象珍藏在詩中？所以聞一多在那五個晝夜，想到已過門一年的妻子，還有那個即將誕生的孩子，他就瘋狂寫詩五天，真真誠誠地把一年來的情史都書寫珍藏。而那樣一段開端並不美好的感情，經過一年的沉澱冷卻，他現在也可以正視了，於是他就去追記這一年的愛情。其實我還滿佩服聞一多的，因為詩人最重要的特質就是真，聞一多並沒有因為後來已經深深愛上她，而不去寫他曾經那麼不愛她的詩，他還是非常真實地記錄了。所以那一晚我們就看到這個好像為了眾人耳目而燃燒自己的婚禮。當時的情境、他的心境都歷歷在目。我們可以看到他一開始說：「你明白了嗎？我們是照著客們吃喜酒的，一對紅蠟燭；」他覺得這婚不是我要結的，是我爹我娘還有各位親友，為了你們的團聚，所以我結婚了。身為男主角的我根本不想要這一場婚姻。

那天他的心情是什麼呢、他的地位是什麼呢？「我們站在桌子底，兩斜對角上」，各位，沒有新郎新娘坐桌腳的、也沒有蠟燭點桌腳的，這是詩人透過空間來描述他的心情。他仰看這群正在吃著他的喜酒的人，以及女主角跟他的距離——大家發現了沒有——「兩斜對角」，這是桌下最遙遠距離了。他利用這個空間的錯位來形容那一晚婚宴，他對待這些來客的心情。他覺得自我在整個結婚事件中，是何等的卑微無力啊！他也摹寫了他的妻子高孝貞就在那跟他最遙遠的斜對角的距離——「你們坐在桌上吃，我們各自孤伶伶的在桌角仰望」——這種生不如死的情感。

「悄悄地燒著我們的生命，給他們湊熱鬧。他們吃完了，我們的生命也燒盡了」，新婚之夜的大悲劇，他卻在知悉所娶之妻即將生子後的那五天，才寫這首詩把它記錄下來。他那時候到底有多悲情呢？他一結完婚，就給自己的弟弟寫了一封信：「駟弟！家庭是怎樣地妨礙個人的發展啊！……大家庭之外，我現在已將有了一個小家庭。我一想起，我便為之切齒指髮！……我知道環境已迫得我發狂了；我這一生完了。我只作一個顛顛倒倒的瘋詩人罷了！」各位就可以想像他結婚的心情。相較於之前，他在〈幻中之邂逅〉寫的那名女子的：「我們都還沒吐出一絲兒聲響；我剛才無心地碰著他的衣裳；許多的祕密，便同奔川一樣，從這摩觸中不歇地衝洄來往。」這落差太大了，明眼人都知道他想娶哪一個，可是他偏偏娶了這個。這樁不如他意的婚姻裏，他在結婚之初是怎麼對待他的嬌妻？他非常誠實地這樣寫道：

〈紅豆四十二首其三四〉（民國．聞一多）

我是狂怒的海神，
你是被我捕着的一葉輕舟。
我的情潮一起一落之間，
我笑着看你顛簸；

我的千百個濤頭
用白晃晃的鋸齒齩你，
把你齩碎了，
便和檣帶舵吞了下去。

我們知道在傳統婚姻中的男女地位是非常不平等的，所以他說：「我是狂怒的海神，你是被我捕著的一葉輕舟」，這寫得好像蒼蠅紙上黏一隻蒼蠅的感覺。「我的情潮一起一落之間，我笑著看你顛簸」，「情潮」，聞一多是個脾氣不好的人，在他的傳記裏記載：當時非常有名的浦薛鳳先生，跟聞一多一起編《清華周刊》，有一次，浦薛鳳主持的周刊製作了一個紫白兩色的封面，可最後印出來的顏色出狀況了，聞一多非常生氣地把他臭罵了一頓，但浦薛鳳覺得無所謂，他說啊：「予素知其個性，不以為忤。」聽出來聞一多脾氣不好了吧。難怪他接著說：「我的千百個濤頭，用白晃晃的鋸齒齩你」，他把海浪浪尖上的浪花濤頭，描寫成可以嚙咬眼前這位，與自己好像沒有交集的女人的鋸齒。

「把你齩碎了，便和檣帶舵吞了下去。」可以看到，這個時候的聞一多對他的妻子絕對不是憐香惜玉的，是粗暴甚至於是洩恨的。但是於此同時，他好像還隱約感受到妻子的無奈。怎麼說呢，她只是一葉不由自主的扁舟，就這麼無辜的，連檣帶舵地捐軀了，她不愛我卻偏偏得嫁給我。

我吻着你的睡痕，是不是就能吻着你的夢

新婚之初，這一齣看起來已經輸得很徹底的婚姻殘局，我們的詩人，我們的畫家、演說家、集眾多才華於一身的聞一多先生，他究竟要如何扳回一城，讓這麼慘烈的愛情，能隨著年月逐漸地發生改變。我認為這是聞一多非常了不起的地方。上一堂講到：不要用「finding mindset」，尋找的心態，不要一直向外去尋找所謂的真命天女、天子。你只要選擇一個合適的、夠愛的，就開始好好地培養彼此的感情。可是比較遺憾的是，我們經常透過戲劇或電影去瞭解愛情，但其實在螢幕上的愛情故事結束之後，真正的愛情生活才剛要開始。我們常常不知道，要怎麼不斷地了解一個人；我們不知道發生衝突的時候，要怎麼樣去磨合；我們甚至於不知道要怎麼樣成為對方的知己。

其實知己是可以製造的，每一個人都能選擇把自己改造成另一個人的知己。但是製造知己這件事其實並不容易，它絕對不是一個禮拜、兩個禮拜或是春夏兩季就能完成，那樣只能描

摹知己的輪廓。你真的要非常體貼對方，才能知道他（她）的每一個細節，那可能至少需要十年、二十年、甚至於三十年才能做到。那時你們之間的瞭解度、會心度、相契度，情感的深度才會足夠。在那種情況下，就很難有人介入你們的情感世界了。所以情感真的是可以漸入佳境的，我覺得聞一多給我們提供了非常好的證明。剛剛那一首詩他自己也覺得蠻可怕的，我們都為新娘打了一個顫。所以接下來看這首詩時，就不必太驚訝，為什麼會有這種轉變。

〈紅豆四十二首其三八〉（民國・聞一多）

你午睡醒來，
臉上印着紅凹的簟紋，
怕是鏈子鎖着的
夢魂兒罷？
我吻着你的香腮，
便吻着你的夢兒了。

這聞一多看到他的小妻子午覺醒來，臉上「怎麼印著紅凹的簟紋」怎麼有竹蓆的紋路啊，他想「怕是鏈子鎖著的，夢魂兒罷？」他覺得，好像有一條鏈子裏面鎖著妻子的夢，她的夢會是什麼啊？

「我吻著你的香腮，便吻著你的夢兒了。」他想，那如果親吻她的時候，我是不是就吻著她的夢，知道她的夢想是什麼呢？

各位，你發現他們感情的轉變了，對不對？他開始有點愛她了，好像有點想要了解她了。都已經被逼著結婚了，就努力試試看吧，培養彼此的感情。不是都說「見面三分情」嘛，更何況是在閨房之中。當聞一多在後來追述這五個月的記憶的時候，這應該是個很重要的轉折。也許那一天看到她的時候，覺得她有一點可愛，也許他看到高孝貞的時候忽然想，或許自己對她太過頭了，把過多對於婚姻的不滿跟怨懟都對她傾瀉而出。可是看到受氣的她，這時忽然覺得有點可憐，其實兩個人都是受父母之命、媒妁之言成婚的，高孝貞的處境不是跟自己一樣嗎？我們可以發現兩個人在成婚已成事實之後，在身體接觸之後，兩人之間開始有一些愛苗滋長了。當然這還看不到聞一多的努力，我們繼續看下去。

剛剛說過這些詩歌的源起。當兩個人相處五個月以後，聞一多坐上赴美的輪船。而今又來到了寒假，又是新年，每逢佳節倍思親，他忽然很努力地去追憶這些點點滴滴，咀嚼新婚至今所有漸入佳境的美好回憶。又聽到兩個人的小孩就要出生了，他忽然間開始想念這個家，想念那個孩子的媽。這個婚姻對聞一多來講就像一枚橄欖，剛開始是苦澀的，但漸漸地變得清香。所以下一首詩，我們就可以看到他是怎麼樣越來越喜愛這名女子的。

〈紅豆四十二首其十六〉（民國．聞一多）

在雪黯風驕的嚴冬裏，
忽然出了一顆紅日；
在心灰意冷的情緒裏，
忽然起了一陣相思——
這都是我沒料定的。

「在雪黯風驕的嚴冬裏」，一個留學生在美國孤獨地埋頭苦學，「忽然出了一顆紅日」，天邊躍升了一顆紅太陽，好像妻子帶給他的溫暖一樣。「在心灰意冷的情緒裏，忽然起了一陣相思——這都是我沒料定的。」一看出來了嗎？他明白地表達，他對他的妻子，絕對不是一見鍾情，而是像李榮浩〈慢慢喜歡你〉歌詞裏寫的那樣。聞一多慢慢地喜歡上這個有自己妻子身分的女人，而這人已經懷著他即將出生的孩子，他忽然極度地想念起她來。我想，也許是受到

十八、十九世紀浪漫主義的影響，很多痴男怨女都認定一見鍾情這件事，但並沒有料到可能是錯看，或者只是想太多，錯將局部幻想成整體。我以前問一個女學生：「你到底喜歡他什麼？」她說：「他的眉毛。」我想，你只喜歡他的眉毛，所以他整個輪廓、身材臉型、心地性格，你在愛上他的那一剎那，便把其他一切都自行填充想像。所以真實的他，可能根本不是你想的樣子。人有時候一見鍾情，是被外表給騙了。

如果一個人最重要是靈魂跟心地的話，一見鍾情實在不是值得大書特書的事。我覺得情感在這個世界上最值得被珍惜的應該是，彼此都能慢慢地學會愛。有一句話說：「上帝藏在細節之中。」我認為情感也是。我想愛情的樣貌，絕對不是情人節或是什麼時候牽手、什麼時候擁抱、什麼時候親吻、什麼時候定情、什麼時候結婚，就可以決定的。愛情並不是一個不斷向里程碑奔去的活動。理想的愛情應該是——在悠長歲月的所有細節裏，在不斷地瞭解對方當中，點點滴滴地培養起來的。我們接著看：

〈紅豆四十二首其一〉（民國・聞一多）

紅豆似的相思啊！
一粒粒的

墜進生命底磁罎裏了……

聽他跳激底音聲，

這般淒楚！

這般清切！

我們可以看到聞一多對妻子的相思，以及他是怎麼來描述的。「紅豆似的相思啊！一粒粒的 墜進生命底磁罎裏了……」聞一多在〈紅豆之什〉的第一首詩，就是以紅豆作為最重要的譬喻。各位手上有陶瓷小罐的人，都會明白紅豆掉進去是，叮鈴、叮鈴、叮鈴這樣的聲音，好像相思開始在他的生命裏面有了振盪、有了迴響。聞一多想：「天啊，我居然開始想念她了。」正因為是聞一多的相思，他才會用「淒楚」和「清切」來寫。我們知道他開始是心酸的，然後從酸澀苦楚，慢慢翻轉成甘甜。「這般清切」，他非常訝異自己開始想她了，這種相思的感覺，好清晰、好明白。他回想起往事歷歷，我曾經不是那麼愛你，但我好像慢慢地喜歡上你了。我們讀聞一多的詩，就好像在閱讀他感情歷史一般。接下來，我們可以在詩歌作品裏面，看到他的情感是怎麼樣越來越濃烈的。

〈紅豆四十二首其九〉（民國・聞一多）

愛人啊！
將我作經線，
你作緯線，
命運織就了我們的婚姻之錦；
但是一幀迴文錦哦！
橫看是相思，
直看是相思，
順看是相思，
倒看是相思，
斜看正看都是相思，
怎樣看也看不出團圞二字。

明代有一首《山歌》是這樣寫的：「不寫情詞不寫詩，一方素帕寄心知。心知接了顛倒看，橫也絲來豎也絲。這般心事有誰知。」這首詩，我大力推薦給我的學生們。我對他們說：

「你們要追一個女孩的時候，就先寄一方素帕去她家。她覺得莫名其妙，然後兩週後，你就悠悠地提起，今天的大學國文上了一首，叫《山歌》的詩。」於是女孩看了「心知接了顛倒看，橫也絲來豎也絲。」就會開始想，這個人對我是什麼意思呢？你也不必說出是什麼意思，就寄到你看得出來她有沒有意思為止。

聞一多的這首詩一樣是藉著絲線、經緯來表達思念，跟明代的這首《山歌》很像。詩裏聞一多說：「橫看是相思，直看是相思，順看是相思，倒看是相思，斜看正看都是相思」，我們都知道絲線直橫交織的關係，無論彼此是垂直交織，還是斜行交錯，怎麼樣都沒有辦法圍成一輪圓滿。所以他說：「怎樣看也看不出團圞二字。」你發現聞一多越來越想念她了，好想跟她團聚。所以說相思多少是一種負面情緒，因為它的存在表示現實環境沒有辦法滿足你想要相聚的渴望。

這首裏的「迴文錦」也是有個小典故的。相傳在晉朝的時候，有一個秦州刺史竇滔，他被流放在外，他賢慧的妻子蘇蕙，對他思念不已，就拿了一塊八寸見方的布，在布裏面繡了八百多個字。這八百多個字可以倒著讀、橫著讀、順著讀、斜著讀，比魔術方塊還厲害。而且更厲害的是，讀來讀去都可以成一首詩。明代有一位康萬明先生為了這方迴文錦，寫了《璇璣圖詩讀法》這本書，根據他的研究，這八百多字可以變成四千多首詩。一位賢妻為了表達對丈夫的思念，讓良人在接到這個〈璇璣圖〉後，在百無聊賴的夜晚，能夠增添幾番樂趣，更見詩意。所以聞一多為什麼要提「迴文錦」這個典故，各位應該可以想像聞一多的心意。他在知道自己的孩子即將要出世的時候，就寄了一批像「迴文錦」一樣的詩，讓妻子能多讀一些。希望這麼厚的一疊詩，可以乘載詩中滿滿的愛意與思念。

由此可見，感情真的是可以培養的。我小時候很討厭聽到這句話，因為這句話通常出自我奶奶之口，我覺得太老派了。可是實在料想不到，在幾十年後的今天，不管是閱讀《莊子》，還是看西方的正向心理學，還是讀弗洛姆的《愛的藝術》，我們讀得越多，不管是東方的、西方的、古代的、當代的，研究愛、關於愛、教我們怎麼愛的文本，最後都跟我祖母講出同樣一句話來：「愛是可以培養的」。或許更應該說：感情是必須培養的。如果不培養，我們之前提過那個驚人的數字，在美國高達四〇％的離婚率，剩下那六〇％的夫妻陷入所謂「絕望的平靜」關係中，之所以沒有分開是因為省事或出於責任，而不是因為曾經有過彼此承諾與對方長相廝守那樣的深情。所以怎麼能不努力呢？因為人類的習性都是喜新厭舊的，當感情不再那麼刺激感興的時候，我們要怎麼樣維持原來的溫度？當然就是要用心了。可是怎麼用心呢？我們不斷講的就是：不斷地了解對方，當你成為他（她）在天地間最深刻的知己的時候，我想別人要取代你是很困難的。

〈紅豆四十二首其十四〉（民國．聞一多）

我把這些詩寄給你了，
這些字你若不全認識，
那也不要緊。
你可以用手指
輕輕摩着他們，
像醫生按着病人的脈，
你許可以試出
他們緊張地跳着，
同你心跳底節奏一般。

為什麼會說「你若不全認識，那也不要緊。」呢？因為聞一多在結婚之後，他跟他爸媽商量，要求送他的媳婦兒高孝貞去武漢女子師範就讀。各位不覺得這一步是很重要的努力嗎？這明顯是聞一多致力於培養兩人共同語言所作出的重要決定，表示他想跟他妻子有共同的興趣和嗜好。我的母親剛好是生長在一個價值觀比較世俗的家庭。外公是西醫師，我所有的舅舅，除了大舅因為身體因素念東京大學物理系以外，全部都是西醫師。而這個家族裏所有的小孩，不是學鋼琴，就是拉小提琴、跳芭蕾舞、學習外語，是那個時代相當典型的臺灣主流價值。於是我的母親嫁到我們家之後，開始接觸並學習完全不同的文化。我父親開始教我母親打太極拳，我母親開始學中醫、畫國畫、寫古典詩和現代詩。我還聽說，我母親在父親南化老家時，父親因為每天早上要起來鍊功，早上都會帶媽媽去喝各種植物上的露水，過著神仙一樣的生活。所以我很能理解聞一多的心情，就是要讓一個文化背景跟你完全不一樣的女人，試著了解你。當她了解你的興趣嗜好，彼此就會越在意彼此，然後對方有什麼興趣嗜好，你也想跟著開個眼界。

我以前對古典音樂是不太涉略的，但因為一位好朋友非常喜歡古典音樂，他開始有計劃地讓我閱讀蕭邦兼聽蕭邦，還有柴可夫斯基。那時我覺得有點緊張，有一種學校功課做不完，還要做他的功課的感覺。當然，最好的一種潛移默化是不會讓人感受到壓力，就很舒服地打開另一個視野。因為對方喜歡所以你也跟著喜歡，這樣一種潛移默化，我覺得是一種非常美好的感覺。

於是高孝貞就上學去了。這樣兩個人應該就比較能溝通了吧！可能是她上學還沒太久，還不太能讀懂聞一多的詩，畢竟詩裏面有這麼多的象徵和譬喻，所以聞一多才浪漫地說：「你可以用手指輕輕摩著他們，像醫生按著病人的脈」用這些話來寬慰他的妻子，告訴她：你只要握著這封信、觸著這些詩卷，我的心意啊，你就握在手裏了。

當初看到這個象徵的時候，我非常遺憾。因為我是一個非常喜歡傳統醫學的人，非常感興於把脈。可為什麼這麼生動的象徵，給聞一多先寫去了呢。古人說「得象而忘言」、「得意而忘象」，在讀周易的時候，當我們掌握了卦象，卦辭就不必了；當我們掌握了最終的涵義時，卦象也就不必了。閱讀所有的文學作品也是如此。所以說當聞一多的妻子能感受到聞一多寫這五十多首詩的深情厚意，看不看得懂章句解釋或詩法賞析其實已經不要緊了，不必去辨識這些符號了。

然後我們可以來看看這個緊張的「脈象」，我覺得描摹地非常真實。從這裏可以看出聞一多跟高孝貞不是那種老夫老妻的感情，甚至於他們不是熟人。所以他想起她的時候，心裏還是會撲通撲通地跳，就像剛相識的男女一樣。這些作品讀下來，你會發現聞一多的文字真的非常地真。他不會執著於字句之美或是賣弄文字，更不是字字珠璣但整個湊起來卻覺得很無感。他是整首詩讀來都覺得非常地真誠，不必特別去思考，就能感受到他內在的心意了。

我有一位碩士班的好朋友，她告訴我她和男朋友認識剛滿一週，但覺得彷彿已經認識三年了。我相信這樣的例子，因為有的人就是特別容易與你溝通。會覺得有一個靈魂，好像是你在這個宇宙的分身或者回音，因為你們實在太像了。甚至於你們還不相識的時候，會做一樣的事，甚至一樣的夢。可大部分的情況不是這樣，通常是在相識之後，彼此互相喜歡，因為太喜歡了，所以不願分開，於是閒聊、交心，慢慢瞭解彼此。聞一多的這首詩，並非渴望老婆知道他是詩才天比高的才子，不是像《莊子》講的：「昭氏之鼓琴」那樣想炫技；這首詩渴望傳達的是「昭氏之不鼓琴」（〈齊物論〉），是朝朝暮暮都未遷移更改的心意，聞一多希望妻子懂得，自己即使不寫詩的每一時刻，依舊愛妳至深的心意。我覺得這首詩非常可愛、無比動人。

阻隔的海洋，是你我見不著面而泛濫成蒼茫的淚水

我們接著就看：

〈紅豆四十二首其十〉（民國・聞一多）

我倆是一體了！
我們的結合，
至少也和地球一般圓滿。

但你是東半球，
我是西半球，
我們又自己放着眼淚，
做成了這蒼莽的太平洋，
隔斷了我們自己。

可以發現聞一多對妻子的情感越來越深刻，深刻到一種好像兩個人之間是無與倫比的好，都已經合為一體了。兩個人要成為一體有多困難呢？有學生送過我一本繪本，叫《失落的一角遇見大圓滿》，講的是有一角，它在等待遇見一個缺角的圓，它們就可以變成個大圓，但是卻一直遇不到的故事。但我們最後會發現，其實兩個人在一起的圓滿，不一定是「我缺了一角」，「你突出一角」，我們剛好可以湊合，不是這樣的。有一種更動人的圓滿，是兩個圓滿的交會與重疊。有個心理學家講過一段話，他說：「The more independent we are, the more interdependent we can become.」（我們越獨立，就越互相依賴。）這段文字我覺得很耐人尋味，因為它太莊子了。當「我」變成「我們」的時候就會這樣。為什麼呢？因為覺得兩個人已經合成一體了，雖然彼此還是非常獨立的，可是你跟他又是合為一體的，所以會把對方當成自己，能體諒對方就像體諒自己，因為他（她）就是自己。你會照顧自己，也想好好照顧他（她）。甚至於你樂於幫助彼此，去完成彼此的夢想。你們可以既獨立又相互依賴，是一種讓人非常欽羨的感情。即使吵架了，也會因為吵架，感覺又發現一個以前不夠了解他（她）的地方，所以你非常開心。兩個人不是越吵越遠，而是越吵越近，感情越來越好。為什麼呢？就像每次接觸到病毒你的身體都會產生抗體而變強，對戀情也是同樣的道理。如果你的戀情沒有衝突，戀情無法因此鞏固加強，久而久之，你會變得脆弱。當無法面對時，戀情就難以維持，所以說衝突是我們產生免疫力的來源。而且在正常狀況下，更多的時候你是記著他（她）的好跟優點的，然後透過衝突、溝通慢慢地走向彼此，等對方的全部你幾乎都了解，那就是達到我倆是一體的境界了。

西方正向心理學提到，大多數人對於健康戀情都有一個誤解，認為「健康戀情沒有衝突。沒有爭吵」。但實際上健康的戀情都有一個共同之處，就是無論激烈的還是安寧的戀情都有爭執，而且平均每五次互動就會有一次爭執。這並不是說人們喜歡衝突，衝突不好，有時候甚至會傷害感情，但要能理解這是正常的，就像我們允許自己有不足之處一樣，我們也要允許我們的戀情存在不足，這是很重要的。那些實現了五比一的情侶大多收穫了美好的戀情，而那些高於太多或者低於太多的感情，並不見得能長久地美好下去。總是在爭吵不好，完全不爭吵也不好。衝突的重要性在於它使我們有免疫力，就像是生理上的免疫力一樣。若一個嬰兒剛出生就把他放進儲氧箱裏從不抱出來，兩三年後，這孩子離開儲氧箱、回到現實世界，他很有可能會生病，而且是重病。因為在無菌環境下生長，生理上是不健康的。正向心理學也談到衝突的種類與形式，因為不是每種衝突都有益，關鍵不是在消除負面的東西，而是要鞏固加強正面的東西。愛情就在細節之中。不是在一週或一個月的旅遊中，不在五克拉的戒指裏。這些東西確實美妙，也確實激發了幸福感，有時激發了愛情，但它們不能維持一段美好的感情。能夠長期維持幸福戀情的是細節，是那些微小的事情，是每天的生活常規，觸碰、凝視、共進晚餐。無論是一個吻或是一個擁抱，或是一條短信，告訴他們你有多愛他們，多想他們，這類小事情。正是這些小事情產生了重大影響，感情的維繫主要就是靠這些日常瑣碎的小事情。

馬克・吐溫曾經說：「一個好的贊賞能讓我高興一個月。」班夏哈也講了他岳父岳母的故事：「我的岳父畢業於哈佛法學院，很有才華。他們一次約會，岳母穿了一件很美的裙子，去了一場派對，派對上的人都在稱贊她的美麗。派對結束後岳母問岳父：『整個晚上我得到了無數贊美，說我很美，為什麼唯獨你沒有？』岳父說：『直到我另行通知前，你都那麼美麗動人。』這幾句話似乎能過關了。但岳母也是法學院的，是個律師，也很聰明。她說：『好的，直到我另行通知前，你都睡沙發。』」這個故事告訴我們，不要等到別人開口，你才去贊美。

這是免費的，但是它的價值卻是不可估量的。

班夏哈講他和妻子的小故事：「我的妻子是一個優點發現者。她懷孕八個月的時候，她說：『親愛的，寶寶越來越沉了，我需要你的幫助，你得在家裏幫我的忙。』我說：『好的。』我當時很愧疚，覺得不好意思。我說：『抱歉，我能做什麼？』她說：『你今天下午去幫我買一些東西回來，我再也拿不動那些大包小包了。』於是我去了超市，把冰箱塞滿了，不僅是買回家，還放到了應該放的地方，因為我覺得很內疚。妻子看到後說：『太感謝你做的這一切了。』我說：『不，我很抱歉要你開口我才做。』她說：『不，我愛的就是你這一點，你如此體貼，肯仔細聽我。』於是我又把盤子洗了……」

聞一多在五個月後寫出這樣的詩，很有意思。他講：「我倆是一體了，我們的結合，至少也和地球一般圓滿。」我覺得聞一多不只渴望圓滿，並且他努力做到圓滿。為什麼呢？他接著說：「但你是東半球，我是西半球，我們又自己放著眼淚，做成了這蒼茫的太平洋，隔斷了我們自己。」各位，詩人的情感本來就豐沛，可是我確定那五個晚上他這樣寫著的時候，肯定是嚎啕大哭的。他覺得以前太虧欠妻子了，他絕對是落淚的，或以一雙淚眼溫覆過往種種。

聞一多忽然覺得整個阻隔妳我的太平洋，都是我們因為見不著面而流下的淚水。所以他說：「但你是東半球，我是西半球，我們又自己放著眼淚，做成了這蒼莽的太平洋，隔斷了我們自己。」這邊透露了一個好大的祕密啊！除了剛剛說他哭了以外，他應該有很多懺悔吧。還有他覺得真的愛上這個人了，這個人不只幫我生了孩子，還為了我上了學校。而且他還說：「隔斷了我們自己。」什麼叫「我們自己」啊？你不再是你，我不再是我，是我們自己了，意思是說我跟你是一體了。因為我們有了共同的企業了，我們有自己的孩子了。也許他也慢慢發現了高孝貞的可愛之處了吧。

未必衣不如新，肯定人不如故。如果你把自己製造成對方的知己，對方也把自己製造成你的知己，在《莊子》的價值觀裏，從「我」變成「我們」這個過程，兩人會有共同的生命觀和共同努力的目標。比方你們都練習「其神凝」、你們都「用心若鏡」。當一個人跟另一個人說：「哎呀，糟糕了，我今天學熬雞湯，但我整個雞湯都潑灑在地板上了。」如果你們都是莊子的愛好者，你就會說：「趕快神凝，雞湯潑灑掉就算了，可以再熬嘛，心才是最值得珍貴的。」都認為心身健康是最重要的，不只一起生活，而且支持彼此的願望和抱負。在《莊子》書裏有一個很重要的概念叫「通」，就是溝通。「通」的相反是「緘」，意思是書信的封口或扎束器物的繩子。「其厭也如緘」（〈齊物論〉），像待在一個密閉空間不跟任何人溝通。莊子強調「通」，希望我們能敞開心房，讓別人認識你，而你也主動地去瞭解對方，是一種非常主動、積極的愛。實踐這樣的莊子之道，會發現越付出、越照顧對方的時候，你會變得越愛對方。而且我要強調的是，這樣一種瞭解，不是取悅，而是真正的瞭解，然後慢慢建立一種需要很長的時間才能擁有的信任，兩個人可以變得非常親密。因為只有兩個人都這麼瞭解彼此的時候，才可能達到一種不可思議的親密。

你的美好中有他，他的美好中有你，於是兩個「我」，成為在這世上最沒有分別心的「我們」。而「我們」也成為在這世上最溫暖、豐厚、堅強、無敵的「我」，所以「我」就是「我們」，「我們」就是「我」。

那兩個人有沒有衝突呢？其實聞一多跟高孝貞的衝突相當多。在傳記裏面顯示，通常就是聞一多已經快要窮爆了，在那個烽火連三月的時代，有商人要資助他，但他不接受商人的資助，有人要請他任官，他也不當官，所以他老婆常常不太高興。可是我們說不怕衝突，因為衝突會讓感情有免疫力。之前提到過約翰．高特曼的理論，在所有的戀情中，不管是一對常常激烈爭吵的情侶或是平和安寧的夫妻，只要他們感情很好，他們之間一定是有衝突的。就好像太陽跟月亮吧，如果太陽和月亮相愛，我想太陽不會要求月亮跟它一樣光芒萬丈吧！月亮也不會要求太陽要跟它一樣曖曖內含光吧？或者如果山跟水相戀了，那山應該不會跟水說：「你給我站起來，然後立在跟我一樣的高度說話。」而水也不會說：「你給我躺下，你要跟我一樣依偎、環抱著我。」其實我故意舉太陽和月亮、山和水的例子，我們看了都覺得不合理。可是當與我們相戀的對方是人的時候，我們怎麼就這樣要求了呢？「我都這樣對你了，你怎麼又這樣對我呢？」你就沒有去尊重人與人之間的不同，沒有去正視你們是不一樣的人。有衝突非常合理啊，每個人都是獨一無二的個體，各方面想法、行動、習慣有所不同，非常合理。

透過每一次的衝突，才能越來越瞭解對方。發生衝突之所以不會危及感情，是因為雙方都更能感知並創造對方的優點；因為能不斷地感知、發現對方的優點，所以不會因為有衝突就感情不好。什麼叫創造對方的優點？歌德（Johann Wolfgang von Goethe，1749-1832）說過一段很重要的話：「人是怎樣便怎樣待他，他便還是那樣的人，一個人能夠怎樣或應該怎樣便怎樣對他，他便會成為能夠怎樣或是應該怎樣的人。」意思是一個人你怎樣對他（她），他（她）就會是那樣的人。你覺得你今天這個樣子，那我只能這樣對你了。可是如果你很希望他（她）能怎麼樣，或具備這樣的潛能，你就用假設他（她）已經做到的那個態度去對他（她），他（她）就有機會變成那樣。這就是創造對方的優點。假想他（她）已經做到了，所以用他（她）已經做到的態度對他（她），這點真的非常有效。你會忽然間很和顏悅色，在對方跟你應對讓你覺得最失望的時候，你忽然幻想他（她）已經做得很好了，然後用那樣辭色跟容顏來對待他（她）。我有過這樣的實踐，有非常美好的經驗。

更重要的是，要把抽象內在的情感給具體化。因為抽象的愛情需要具體化，所以有了擁抱；然後在擁抱又不足以言說的日子，或擁抱到不了的地方，所以就有了禮物。不管今天各位已經學會寫一首詩，或做一餐美味的料理，或者買一個什麼樣的禮物，或者發一個訊息、講一些心裏話，我們要講的是相愛的力氣，是一定要出力才會有的，不斷出力，力量便越來越大。第一次到重訓室一定非常地驚訝，自己怎麼那麼弱。可是隨著歲月流逝，你發現自己能負荷的槓片越來越多。慢慢了解了原來力量就是要出了才會有力。感情也一樣，你付出越多，才會越愛對方，愛就這樣培養出來了。兩個人都付出，雙方付出越多，這段感情對彼此就更重要了。你會發現你跟他（她）就像有個合資企業一樣，要用一生培養，而不是用一生尋找。

聞一多真的給了我們一個很棒的例子。《聞一多傳》我之所以熟，是因為我非常喜歡聞一多，所以看很多遍。他終其一生跟妻子的感情，都是非常好的。所以我把他的詩放在這個單元，他非常可愛、非常值得效法的就是：一段本來不怎麼樣甚至有點糟糕的感情，居然被他轉變、培養得非常好。

愛的力量，是要出力才會有的

上個世紀八十年代，曾有一位小學老師，先後收到兩任美國總統邀請，希望她能夠進入聯邦政府擔任教育部長。但兩次她都拒絕了，每次她的答案都一樣：「抱歉，總統先生，我只屬於教室。」她就像一個精力充沛的發電機，源源不斷地為每一個孩子注入強心劑，堅定他們積極面對這個世界的態度。她教孩子們懂得停止抱怨這個世界的不公平，而是把時間和精力花在學習和思考上，因為這才是改變自己，改變世界的方式。

她叫瑪法・柯林斯（Marva Collins），出生在種族主義盛行的十九世紀三十年代，阿拉巴馬州的黑人家庭，父母在她年幼時離異，但都從未吝嗇於表達對她的愛與關心。在當時，獲得一份祕書的工作，對於黑人女性來說是可望而不可及的事情，但爸爸一直鼓勵她說：「你聰明、漂亮，你是最特別的，長大之後你肯定能做一個祕書。」女兒果然沒讓父親失望，二十二年後，她的聰明才智讓她成為了一名優秀的祕書。雖然工作不錯，但很快柯林斯就覺得：這裏不適合我，我的使命不在這裏，教書才是我真正想幹的事情。於是柯林斯上了夜校，幾年後獲取了教師證書。來到芝加哥市的德拉諾小學任教時，柯林斯發現：這裏孩子們的遭遇與自己的童年不一樣。學校位於加菲爾德公園附近，是芝加哥有名的貧民區，是犯罪與毒品相當泛濫的地方。學校裏的情況並沒有比外邊好多少，老師們經常會抱怨：「這幫學生真討厭。」大家付出最大的努力，只是儘量讓孩子們在學校裏待久一些，這樣他們就不會在十二歲加入街頭幫派，不會那麼早接觸毒品並犯罪。孩子們在學校裏都雙目無光、表情呆滯，約莫還在七歲、八歲或者九歲的時候，其中相當一部分的孩子就已經對生活認輸了。

政治家們鼓動的遊行與暴亂能否改變這裏，柯林斯不知道。但她相信教育是真正的解決方法，讓在這裏長大的孩子學會自尊自愛，能夠自食其力，情況也許才會真的有所改變。在日常教育中，她把目光放在孩子們的長處與優點上，並積極地鼓勵和培養，讓他們相信自己不是失敗的孩子。慢慢的，柯林斯任教的班級成為「問題學生」們的避難所。不受其他老師歡迎的孩子，還有不守紀律的「問題小孩」，在她的班裏沒過多久就都「服服帖帖」，成績也漸漸好轉。很多年後，當柯林斯的名聲傳遍整個美國時，有人問她：「你能成功的關鍵是什麼？」她回答說：「相信學生。」但教育的成功真的那麼簡單嗎？至少德拉諾小學的老師們是不信的。他們不相信那些他們嘲笑過的讀了三次六年級，或者換了七所學校都不會寫自己名字的小孩，居然真的可以在柯林斯的班上學好。謠言開始誕生。「她怎麼能讓學生在班上待那麼長時間？明明其他班的學生都只想著放學，柯林斯一定是在強迫他們。」受夠了各種流言蜚語，加上學校在行政管理上反復無常：「學校除了教學不在乎，其它的都在乎。」柯林斯決定辭去公立學校的教職，成立了自己的學校。

一九七五年，靠五千美元，柯林斯開辦了西區預備學校。學校最初只有四名學生，其中還包括她自己的女兒。最初幾年，柯林斯學校接收的幾乎都是被公立學校退學的孩子，這些孩子來柯林斯學校報到的時候，都帶著一大包官方通知，記錄著他們胡作非為的紀錄，以及心理和社會問題。有一個男孩四年裏換了十三所小學；還有一個曾因為用鉛筆戳其他小孩，被兒童心理健康中心趕了出來；一個孩子在上學第一天，就用錘子砸傷了另一名學生。他們被認定是無可救藥的孩子，柯林斯是他們成為街頭混混前，最後的希望。

然而柯林斯做的第一件事，就是拋開那些所謂的報告，以及孩子日積月累的「前科」紀錄。因為她見過太多這樣的學生，他們的一舉一動都被人分析，然後冠上標籤：「學習能力低下，發育遲緩，行為異常，過動症……」孩子們的智商被毫無尊嚴地「檢查」過，再被議論紛紛。但孩子們坐不住並不足以證明是過動症，可能只是他們厭倦了，也可能是他不知道怎麼做作業，但又害怕問問題，或者僅僅是比較活潑罷了。但是許多老師才不會管這麼多，「為什麼其他孩子都能表現得好，就只有你表現出問題呢？」遇上難對付、不聽話的孩子，沒有比貼上「這個孩子有問題」的標籤更好的藉口了。柯林斯堅信：「在我多年的教學生涯中，的確有些學生無法融入學習，但大多數是教育無能的受害者。」她認為任何一個孩子都能學習，除非人們老是認定他學不會。如果老師認為孩子讀不了書，那麼孩子就不會讀書。如果老師認為家庭背景差的孩子不能取得好成績，那麼孩子也不會取得好成績。反過來，如果你給孩子創造一個積極的環境，也許會看到奇跡是怎樣發生的。

事實上，從來沒有真正對自己無所謂的學生，孩子們表現出的冷漠與不在乎，其實是為了把自己的恐懼和沮喪藏起來。他們遭受了太多無法承受的負面評價，他們無法證明自己，只有選擇放棄努力來報復老師。但是到了柯林斯的學校後，「問題孩子」們終於相信：「不管我做什麼，老師都會相信我並且接受我。」這個學校不是為了給他們打分，不是為了認定他們「有罪」，而是為了讓他們變得更好更聰明而存在。他們終於不再像過去一樣傷害自己，所有被退學的孩子們來到柯林斯這裏，總是能獲得意想不到的進步。到了學期的最後一天，他們還常常賴在教室不走。

在柯林斯的課堂裏，教學大綱從來不是一個硬性的標準。她的班裏總是有不同年齡段的孩子，最初只有柯林斯一個老師。她把孩子們按進度分組，照顧每一組學生的情況。從零開始的學生，會在單詞拼讀上得到最扎實的鍛鍊；掌握了基本閱讀能力的孩子，會被柯林斯帶進一個豐富的文學世界。柯林斯不太喜歡用小學慣用的教材，她認為對於加菲爾德貧民區的孩子來說，課本裏的生活實在太不切實際了：「父親總是穿得整整齊齊，母親從來不工作，整天烤麵包。房間裏收拾得乾乾淨淨。兄弟姐妹從不爭吵，孩子的鞋裏從來沒有髒東西……」實際生活若真是這麼紛亂複雜，她希望孩子們別做溫室裏的花朵。要知道世界一定是不完美的，「那些和死亡、貪婪、暴力相關的話題不應該被避諱，因為我們必須要教會孩子們在這樣的環境下如何成長。」

柯林斯自己是個酷愛讀書的人，很自然地將各種經典帶到了課堂上，以自己為榜樣，薰陶孩子們閱讀大量文學經典。因為世間人性的複雜，往往是文學名著的主題。學生變多後，柯林斯不得不把學校從家中的房間搬出，在外面租教室。她收的學費遠比公立學校低，但還是有一些學生家長不付學費，所以柯林斯數十年來生活困苦。柯林斯在自傳中曾說：「我不希望孩子們因為自己的出身而受到危害，不想他們輕易屈服於自己卑微的出身。」她告訴自己每一個學生：「沒有誰的命運是注定的，你們可以選擇成為什麼樣的人。改善生活靠的不是酒精、毒品，而是你們自我挖掘的才能。」她用自己一生的故事證明了：「好學生和街頭混混之間的差距，有時候只是一個充滿自信與愛的好老師。」

美國的教育家麗塔·皮爾遜（Rita Pierson）在她的TED演講中說，她的父母、外祖父、外祖母都從事教育工作，她本人也有四十年的教育經驗，所以有機會從多個角度觀察教育的改革。經過多年的觀察她得出一點：「孩子們從來不跟他們討厭的人學習。」她認可美國教育家史蒂芬·科維（Stephen Covey）說的：「你只需要做一些簡單的事情，比如試著首先理解他們，而不是想要被理解。」

我們可以發現，不分地域、不分種族、地位，人類都有著共同的相似之處。就像幾千年前的莊子說：「君乎，牧乎，固哉！」如果你的表現是取決於周圍的環境和別人對待你的方式，那麼，你今天又為什麼要用存有分別心的眼光，去對待世間與你相逢的人和物呢？

接下來是〈紅豆〉四十二首的最後一首。

〈紅豆四十二首其四二〉（民國・聞一多）

我唱過了各樣的歌兒，
單單忘記了你。
但我的歌兒該當越唱越新，越美。
這些最後唱的最美的歌兒，
一字一顆明珠，
一字一顆熱淚，
我的皇后啊！
這些算了我贖罪底菲儀，
這些我跪着捧獻給你。

剛剛說過，一位詩人他（她）最珍惜的記憶，一定會變成詩。所以如果你懷疑你的詩人朋友是不是談戀愛，你無需窺視，也不用去探問，他（她）可能不會說。因為寫詩的人通常非常含蓄而保守。但你只要跟他說：「我好久沒讀你的詩了，可以讓我看看嗎？」你就一定可以從他的詩作中看出端倪。

而聞一多這時候知道妻子為他懷了孩子，而且就要誕生了。他忽然覺得這妻子超珍貴的，可他居然還沒有為她賦詩，他就想把一切曾經不夠珍惜而後來知道珍惜的全部捕捉下來捧獻給她。於是他就寫了這樣的句子，「我唱過了各樣的歌兒，單單忘記了你。」我昨天忘記、忽略，你別介意啊。「但我的歌兒該當越唱越新，越美。」他趕快跟他太太說一下情，而且自信地說：我晚些才寫你，而我越寫越好，所以你收到的詩都是最棒的。而這些最後唱的最美的歌兒「一字一顆明珠，一字一顆熱淚，」我們可以想像那連續五天，感情充沛的聞一多是怎麼樣寫作的。他是這麼地想念他的妻子高孝貞。

之前說聞一多是一個感情充沛的人，這是有證據的。有一首聞一多先生的〈靜夜〉，這首詩中他說：「這賢良的桌椅，朋友似的親密；……要好的茶杯，貞女一般的潔白；」從他對書桌和杯子的描寫，就可以看出他是一個非常深情的人。所以這個地方，可以想像他這麼一個感情豐沛的人，一想到妻子以前跟自己那麼疏離，現在感覺這麼契近，這一切太魔幻了。所以下一句太驚人了：「我的皇后啊！」其實讀到這句的時候真教人非常感動，我覺得高孝貞翻身了。她從被狂怒的海神捕獲，在濤頭顛簸被海浪的鋸齒吞噬的「一葉輕舟」，變成「我的皇后啊！」——「這些算了我贖罪底菲儀」，菲儀是微薄的禮物。「這些我跪着捧獻給你。」各位，聞一多說讓我跪下來，用秀才人情紙一張，這回有從五十張挑選出的四十二張最好的作品，向你贖我從新婚至今的一切罪過吧。我們看得出來聞一多多麼深刻地悔過，悔過自己以前是怎麼冷落、虐待人家的，現在趕忙跪下來請求「我的皇后」的諒解。你知道這要多大的勇氣嗎？我相信聞一多在有生之年已經知道他的詩可以名垂青史了，所以他是在千秋萬世的華人面前跪下來喊：「我的皇后啊！」我覺得這是極為深情的。千古唯一一位男詩人，詩的最後一句能是「這些我跪着捧獻給你」，高孝貞這可不只翻身，她登天了。古代為人妻子本來該怎麼樣？是要「舉案齊眉」的，男人每天早晨起來，要幫他打洗臉水、準備盥洗用具，拿丈夫的衣服放在木盤上，跪下來，然後端舉木盤剛好在眉毛的高度以表尊敬。可是這首詩倒過來了，是聞一多跪下來將他的詩捧上，用這樣的態度對待自己的妻子。我覺得這個結尾太有美感了，不愧是一個研究莊子的男性學者。所有我熱衷莊子的學生，只要男生讀過莊子的，本來都不做菜的，忽然間女朋友喜歡吃甜點，他就做甜點；女朋友喜歡吃鹽水雞，他就做鹽水雞，每個都這樣。因為莊子裏的典範就是這樣，「三年不出，為其妻爨」（〈應帝王〉），列子修鍊了三年，不出家門最後達到的境界是：為老婆做飯菜。我很多學生都學得很好。

這堂課所以說：「只有我要定的心，沒有要定的人！」就是希望各位上完這堂課，對自己能夠有「反本全真」的期許。要怎麼樣「反本全真」我們待會說。可首先你要知道，對自己未來的愛情、或是現在的愛情不要太執著，順其自然就好。這順其自然不是晾在那兒，而是不要太執著。也不要一覺得對方可能不是那個對的人就放棄一段感情，而是能夠在不斷地了解對方、傾聽對方之後，讓彼此都能越來越好。學習《莊子》以後，會希望自己每一天，心身、生命，都能夠更美好。身體方面，希望自己能夠越來越健康、越來越輕靈。心情方面，希望以前會吃醋的，現在不會了；以前嫉妒的，現在也不會了；以前生氣、憂鬱或者緊張的，慢慢都不會了。你很愛自己的心，因為你知道生命是這麼短暫，所有的相逢都這麼珍貴，所以你也會珍惜在你生命中與你相逢的每一個人。喜歡莊子的聞一多，也是因為這樣吧！所以他不只愛他的祖國與人民，他也能深刻地愛他的妻子。舉凡生命中所有願意跟我們一起前行的人，願意把他（她）的情感、他（她）的時間交付與我們，分享他（她）夢中所有期望、他（她）生命中點滴精彩，或支持你甚至與你攜手完成生命夢想的人，我們都要好好感謝他（她）。我想我們都希望與所在乎之人的感情，在一年以後是優於一個月以後的，兩年以後是優於一年以後的，十年以後是優於三年以後的，二十年以後優於十年，三十年後優於前二十年。學習莊子、學習詩歌，正可以讓我們走上這樣的一條路。

延長快樂峰值，積極地溝通吧！

在《充滿激情的婚姻》一書中，性治療師大衛・施納赫挑戰了傳統觀念中認為性僅僅是生理能量的觀點。在多年對兩性關係的研究之後，他證明了性是可以讓生活變得更和諧的，但前提是我們的目標是想要真正地理解彼此。施納赫指出了培養真實親密關係的方法，那就是必須將注意力放在「想被理解」而非「想被認可」上。進行深刻地自我探索是保持愛情和熱情的必要條件。我們必須打開心靈，與伴侶分享自己最深刻的需求和恐懼，甚至是性幻想和生命的夢想。除了讓伴侶認識到自己的努力之外，還要嘗試去真正地理解對方。互相理解是一輩子的事，我們永遠都可以發現並找到更多。如此一來，兩性關係也會變得更有趣並且不斷成長。當我們將注意力轉向去理解對方以及被理解，那麼兩人在一起相處的時候，無論是一起吃飯、照顧孩子或是性生活，都會變得更快樂、更有意義。與我們關心的人和關心我們的人一起分享人生經歷、想法以及感受，可以增加生活的意義並安撫我們的痛苦，讓我們感受到這個世界充滿了樂趣。

因此，我們在與人交流的時候，希望這個交流是主動而且具建設性的，不要是被動或破壞性的。比方說今天如果妻子下班跟丈夫說：「我升職了！」丈夫反應倘是：「哦，你看到進門玄關我換的地墊了嗎？」這就是非常不積極的溝通方式。好的方式是積極又有建設性的，比如丈夫說：「喔，太棒了！」這麼說仍只是積極的，有建設性的則是：「哇，你升職啦？恭喜你，太珍貴了！你老闆今天是怎麼跟你提這件事的，你趕快複述一下讓我知道。」得到丈夫這樣的回應，妻子就把那歡樂的過程又敘述了一遍。丈夫便說：「我們今天一起去慶祝吧。」或者說找幾位朋友一起慶祝。這樣做的意義在於：能夠把這快樂的峰值延長。在所有的互動當中，其實都可以積極地，做出主動、有建設性的回應。

我們可以看到聞一多在整個《紅豆》詩群裏，勾勒出一幅非常美好的，漸入佳境、倒吃甘蔗的愛情輪廓。我現在想提一段看起來不相干的文字，作為這一段我們向聞一多學習愛的結尾：「當我年輕的時候，我的想像力從沒有受到過限制，我夢想改變這個世界。當我成熟以後，我發現我不能改變這個世界，我將目光縮短了些，決定只改變我的國家。當我進入暮年後，我發現我不能改變我的國家，我的最後願望僅僅是改變一下我的家庭。但是，這也不可能。當我躺在床上，行將就木時，我突然意識到：如果一開始我僅僅去改變我自己，然後作為一個榜樣，我可能改變我的家庭。在家人的幫助和鼓勵下，我可能為國家做一些事情。然後，誰知道呢？我甚至可能改變這個世界。」

我用這段話，作為聞一多紅豆系列詩作的收尾。他是這麼愛著國家和人民的人，也是這麼深愛著妻子兒女的人。他的愛一如這段無名氏文字，希望能觸及有限百年生命中的每一個對象、每一個角落。如果我們真的想要做到這樣，到底要怎麼樣改變自己呢？所以接下來就來談《莊子》的用情之方。

心安穩了，才能有更多的愛

莊子這門學問教我們要不斷地「反本全真」，因為他覺得改變自己，才能去照顧另一個人，然後照顧家庭、照顧國家。這是一種「先存諸己，而後存諸人」的學問。所以接下來要講的是：「只有我要定的心」。其實愛上一個人，如果你的喜怒哀樂都被別人牽著鼻子走，真的是滿慘的。我在寫這一段的時候忽然就笑了，因為眼前出現我的學生一個又一個悲慘的身影。但我笑是因為在我寫「如果你的喜怒哀樂，都被別人牽動」的話時，我就想到大學的時候，我最好的朋友曾告訴我：「蔡璧名，我最受不了看你談戀愛時那種喜怒哀樂被另一個人牽著鼻子走的傻樣了。」想不到我現在已經能在課堂上說：「你們怎麼喜怒哀樂被牽著鼻子走呢？你怎麼一直在注意對方呢？你看你瘦成這樣？你看你滑手機，你的脖子駝成這樣？還不趕快去運動。」到底要怎麼樣才能夠不讓自己愛得這麼慘？其實愛上一個人也能是很幸福的事，如果你的歡喜悲憂和你的睡眠、飲食、鍛鍊一樣，都能由心來全數操控，讓心真成為生命中的主宰、君王的話。那麼像精神食糧一樣源源不絕的愛，便能轉化成生活中取之不盡的能量與光。各位，所以愛情是幸福的、感情是幸福的。慘是因為你不懂得愛，不懂得改變自己。所以我們這個課程學會用情的重點，就是要學會愛。

就像之前提到弗洛姆在《愛的藝術》中說的：愛情的能力其實與人格是否健全發展息息相關。弗洛姆所謂愛情的能力，講的到底是什麼呢？在《莊子．人間世》寫道：「古之至人，先存諸己，而後存諸人。所存於己者未定，何暇至於暴人之所行！」站在《莊子》的角度，「先存諸己，而後存諸人」——有些東西是你一定要先樹立的，用當代的語言來說，即是「自愛」。究竟要愛自己的什麼才叫自愛呢？現在就透過《莊子．人間世》來了解：

仲尼曰：「天下有大戒二：其一，命也；其一，義也。子之愛親，命也，不可解於心；臣之事君，義也，无適而非君也。无所逃於天地之間，是之謂大戒。是以夫事其親者，不擇地而安之，孝之至也；夫事其君者，不擇事而安之，忠之盛也。自事其心者，哀樂不易施乎前，知其不可奈何而安之若命，德之至也。為人臣、子者，固有所不得已。行事之情而忘其身，何暇至於悅生而惡死夫！子其行可矣。」

在談什麼是愛自己，如何愛自己，以及自愛是要愛自己的什麼之前，我們先了解一下，在莊子所處的時代，有幾個議題非常重要：一是「子之愛親」，當兒女的就是要孝順自己的雙親；另一個議題是「臣之事君」，當臣子的就要侍奉自己的君王。在當代，情侶渴望情人的愛，在公司上班的人希望把公司的事情做好，一般世俗價值在乎的不就是這些嗎？那我們來思考一下什麼是「愛親」和「事君」的極致。不管是古代或現代，侍奉雙親要做到「不擇地而安之」，不管今天在哪裏，都讓父母能夠安適。什麼是「事君」的極致、或是把工作做好的極致呢？就是「不擇事而安之」，不管你做什麼事，都做得讓你的君王非常滿意，老闆非常滿意，令其能夠安心。各位發現沒有，莊子就在這裏提出一個很重要的訊息，當儒家告訴我們要忠愛君王、要孝順爹娘的時候，莊子告訴我們還有一個很重要的要孝敬的對象，那就是「自事其心」，你要能夠照料、侍奉自己的心。

我們要怎麼樣侍奉自己的心，讓自己的心能安？莊子說：「哀樂不易施乎前」，這個「施」是移動的意思，不要讓任何的悲傷快樂來攪擾內心。講簡單一點，就是絕對不讓負面情緒啃噬你的好心情。可是生命中難免有些不得已的事情，這些不得已的事情，你好像也沒辦法挽回，那怎麼辦呢？莊子就說了：「知其不可奈何而安之若命」，你就把它當成命中注定會發生的，就能安然接受了。我想我們在小時候或還在發育的時期時，都會有一個自己認為理想的身高、理想的膚色、理想的髮量。可是沒有這些的話，你也不會怎麼樣去抗爭，就告訴自己，算了這就是命嘛，對不對？那我們是不是可以對生活中一些不知道為什麼會這樣，對這些無可奈何之事，我們就讓我們的心維持能安。如果你能做到這樣的話，就是莊子定義下的「德之至」，也是德性的最高境界。那麼是〈人間世〉的這段話讓我們了解，可能你本來覺得愛情是你生命中最重要的事，工作是你的人生最值得投注光陰的事，可莊子把讓自己有好心情，當成生命中最重要的一件事來看待。如果你說：「我也不希望心情不好啊，可是感情的事又不是操控在我一個人之手，它就這個樣子，我能有什麼辦法。」或說「工作上我們老闆又怎麼怎麼樣了。」當你這樣講的時候，其實你已經把感情跟工作看得比心重要了，如果你把心看得更重要，你就會像那個印度電影《三個傻瓜》中的男主角藍丘一樣，常常都會摸一下胸口自問：「我的心是不是安穩？」你要這麼疼愛它才行。有天下午我要參加一場演講活動之前，我想要去上皮拉提斯課，可是被老師趕回來了：「你今天不是應該好好準備你的東西嗎？」我總覺得我們應該將心身放在更優先的位置不是嗎？不能因為一個工作就想：那今天身體先暫時擺一邊吧。剛剛講了「自事其心」，「哀樂不易施乎前」，「知其不可奈何而安之若命」，那我們要在意、注意些什麼？可以講得更具體一點嗎？我們來看《莊子．德充符》這段話：

惠子謂莊子曰：「人故无情乎？」莊子曰：「然。」惠子曰：「人而无情，何以謂之人？」莊子曰：「道與之貌，天與之形，惡得不謂之人？」惠子曰：「既謂之人，惡得无情？」莊子曰：「是非吾所謂情也。吾所謂无情者，言人之不以好惡內傷其身，常因自然而不益生也。」惠子曰：「不益生，何以有其身？」莊子曰：「道與之貌，天與之形，无以好惡內傷其身。今子外乎子之神，勞乎子之精，倚樹而吟，據槁梧而瞑。天選子之形，子以堅白鳴！」

在〈德充符〉裏，莊子透過和惠子的對話告訴我們，人是可以做到「无情」的。這樣一講大家就感覺像是冷血動物的無情，可這誤會大了。我覺得莊子肯定是一個很會下標題的人，其實惠子這麼一問，正好順勢帶出莊子講的無情其真正意涵。世界上的各個地方，人們大都不會肯定悲傷、痛苦、難過等負面情緒。但嬰兒時期，我們不會壓抑自己的情緒。可是長大後擁有自我意識了，卻多半只在意別人的看法：「當我們悲傷、慌亂、憤怒的時候，別人會怎麼看？

怎麼說？」而並非考量、在意悲傷、慌亂、憤怒是如何攪擾心地、衰病自身。於是，我們不致力於消解所有讓這些情緒滋生的成見，而是開始掩藏這些情緒。剛開始不想別人看到，後來連自己都不想面對，只一味壓抑、掩蓋這些情緒。當我們壓抑的時候，負面情緒並沒有消失，恰恰相反，會在高壓下變得更強烈。莊子並不是讓我們裝作沒有這些情緒，只去掩蓋或壓抑它們，而是要我們破除外在世界人事物必須合乎己意的成見，接受所有的不合乎己意——其實是如此地正常。能照見無常的正常、接受不合理的合理、釋懷無情的合情，能用一種超然物外的態度來面對它們，絕對不讓感官所接收的外在世界的訊息，進而波動情緒來傷害自己。所以莊子說：「吾所謂无情者，言人之不以好惡內傷其身」，我絕對不會因為過度地喜愛、眷戀這個人，或過度地討厭、憎惡這個人而起伏情緒、傷害自己的心身。我們之前說：「在感情裏面太愛跟不愛一樣要人命。」所以當你試圖做到「不以好惡內傷其身」，馬上就能想到那個最容易讓你亂心傷身的對象會是誰。各位在心中想想，發現是跟你很熟的人對吧？越親近的關係、對象，越在意的人，他（她）就能傷你更深。這裏也附帶提到了惠子的例子：「今子外乎子之神，勞乎子之精」，莊子跟惠子說：你每天在那裏研發那些理論，你的注意力都不在自己的心、自己的身上，卻都在外邊。可以進一步推想的是，不只是惠子所在意的理論，我們自問每天的注意力是不是很多時候也擺在外面。當我的學生一個禮拜又一個禮拜來找我：「老師，她都已經讓我牽手了，為什麼還說她不是我女朋友；我們都已經擁抱了，為什麼她還不是我女朋友？」我說：「你為什麼要一直管她說是不是呢？你為什麼不趕快照顧自己啊？」我開始數落他哪邊氣色不對、應該要練穴道導引什麼的。我就不知道為什麼那麼多人要把時間拿來討論週遭的這個人那個人又怎麼樣，或者他（她）的愛情怎麼樣、學業怎麼樣、工作怎麼樣。其實很多事情的成功與美好，都是需要天時、地利、人和的配合，而不是操控在一己的手中。只有自己的心，自己是怎麼樣的心情，是能夠自己選擇的。

你平常身體很健康時，可能覺得熬夜不算什麼。但我很年輕的時候就發現了，跟男朋友吵一次架，對心身的傷絕對超過熬夜一個禮拜，所以今天才會決定寫這本書。我也是在十二年前那場病後才意識到：負面情緒真的很傷身。為什麼呢？因為平常難過就難過，並不會感覺心裏難過的影響究竟如何。可是當你在癌症病房，第一次體會身體瀕臨死亡了，只要再有一點生氣、一點難過，那本來已經破損非常嚴重的黏膜就會出血。在生病以後，錬穴道導引、錬太極拳，我就可以明顯感受到身體的放鬆。當越來越放鬆，或者讀傳統醫學就會知道，一旦心神不寧、心亂了有多可怕。當身體比較好的時候，稍微退步一點就會知道。你會發現心一動，就感覺津液不夠了，需要一直吃梨子、吃白木耳來補充津液了。或者氣血不足了、或者骨頭感覺不對了，甚至於你的肌肉和骨質密度，都會受到你心情不好的影響。傳統的醫書是這樣告訴我們的，所以絕對不要因為過度的喜歡或討厭而攪擾、傷害到自己的心身。要「常因自然而不益生」，莊子在「不益生」字面上的意思是告訴你，不必特別從事什麼樣的運動。他沒有鼓勵特別去練什麼功如「熊經鳥伸」（《莊子．刻意》），或者去現代的健身房之類的。他的重點是上一句「常因自然」。如果整天都做到莊子要你做的動作、姿勢、心情、呼吸，那等同所有清醒時刻都在練功了，其實是非常困難的。

所以我們要很積極地去學習「常因自然」，甚至最後覺得，好像沒上健身房也可以了。我因為鍊拳的關係，所以會希望全身都能徹底放鬆，尤其鍊太極拳的人最希望放鬆的就是腰胯，因為腰胯是最難鬆的。於是我的皮拉提斯老師就告訴我：「你可以每天早上起來做個動作去拉開你腰胯的筋。」所以有一陣子我每天起床都會做一陣子。當你每天拉，就能察覺到自己有多鬆了。可是有一天我忽然間發現，只要坐著的時候隨時注意把脊椎骨打直，很自然地打開腰胯，早上根本不一定要做這運動。於是我注意了一天，結果第二天再打開腰胯時，感覺鬆得不得了。其實若能「常因自然」地做那麼一天，比每天早上做三十次這個動作還要有效。人天生都有一些自然的潛能，只要時時刻刻順隨它、發展它，其實就不必再特意多做什麼延年益壽的活動了。

刻意練習心身的自然

更進一步來講「常因自然」。人們的自然潛能有哪一些？第一個是心靈的常因自然。當我們閱讀《莊子》、《黃帝內經》或《傷寒論》，可以深刻地知道一件事：「心安住，病不來。」心安了就不會生病。我們舉個心安的典範，其實每個人都曾經是這個典範，它叫做嬰兒。因為嬰兒不太容易心情太不好，所以嬰兒沒有憂鬱症，也沒有失眠的困擾。情緒的背後當然有特殊的處境、特殊的經歷，而疾病的背後一定會有一些情緒的狀況。因為學習傳統醫學的關係，我明白心神安定對於治癒疾病無與倫比的重要性。

如果你問我說：「老師，我在這種情況下我要怎麼安定？」有一位雙魚座的男學生，某天我們在做線上課程的錄影，他竟然可以傷心到在錄影的當下整個人就昏倒了，因為他從分手那天開始就不想吃飯了。我問：「你今天穴道導引練了嗎？」他說：「老師我真的沒辦法……我昨天分手了……」我說：「可是，我不知道昨天分手跟今天吃飯、睡覺、做穴道導引有什麼關聯？一個人不是應該時間更多了，更要好好鍊功、好好吃飯、好好睡覺了嗎？你今天搖頭就是沒注意心身。」我常想要是哪一天不必跟很多人往來，自己的時間變多了，我就能花更多的時間愛養自己的心身。

我有個高中同學住進癌症病房，她想吐的程度到了覺得自己撐不下去。剛好我跟她聯繫了一下，她就問我：「璧名，妳當初很想吐嗎？」我說：「對，很想吐，所以醫生給我打了最強的止吐藥。」她說：「我都吃不下。」我說：「對，剛開始我也吃不下，可是要硬吃。把全臺北市最好吃的都買來，這時候不要再擔心麻煩別人了，愛吃什麼都請別人買來。妳現在是不是比剛做完化療那天不想吐？」她說：「是有好一點。」我說：「那就對了，這一切很自然。」再聊了一會兒以後她居然說：「謝謝妳，我現在心情好多了。」像這樣的情況我絕對不會說：「我沒有像妳那麼想吐。」因為這樣講很可能會影響她的心情，她可能會覺得自己快死了。而我只想讓她覺得：「原來璧名也一樣，那我也可以平安回來。」我就這樣偶爾給她一點訊息，讓她維持好心情。我想能幫她的大概只有這樣。

如果心情這麼重要的話，那要怎麼樣培養心情的安定？我在癌症病房的時候，我是有刻意讓自己心情盡量好。我非常有計畫地在進入癌症病房的那天起，開始回憶自己從幼稚園開始的點點滴滴，而且只回憶開心的。發現開心的事情很多，也有很多賜予你開心的人，我就在心裏一個個向他們道謝。我還記得那時候當我回想起我的同事，那些對我特別好的人，那些知道我生病以後願意幫我代課的朋友，或者在學術圈幾年特別照顧我的學長姊，我一邊道謝，道謝到在心裏跟他們說：「蔡璧名如果活著回來，如果有能力我一定請你們環遊世界。」你就知道我那時候心裏的感謝盈滿到什麼地步。後來他們有機會聽到我的謝辭也都非常地開心。當病房中的你越想越開心，整個療程中心情保持很好，然後也會愈來愈養成一個時常保持開心的習慣。我們剛剛講「常因自然」嘛，自然就是不會不開心啊。看那小嬰兒只要吃飽，沒有撒尿，就整天咯哩咯哩地笑。所以一旦發現有不開心的念頭，你就要馬上斷念。怎麼斷念？告訴自己生氣比吃老鼠藥還傷身，這是老鼠藥，你要繼續吃嗎？你可以控制你的思維，尤其你會「神凝」的話，把注意力放在在眉心、放在膻中、放在丹田，所以馬上斷念了。這是心靈的常因自然。

第二點，是呼吸的常因自然。其實呼吸的自然很有意思，在莊學或是很多的道書裏面甚至是瑜伽傳統裏都有提到。呼吸的自然是自然呼吸。都說自然呼吸了，為什麼還需要努力？又要怎麼努力？怎麼常因自然呢？當你的心靈能夠做到「神凝」、能夠做到「心如死灰」、能夠做到「用心若鏡」的時候，擁有這樣的心神狀態就會影響你的呼吸，呼吸會變得越來越順暢細長。一般身體越不好的時候，呼吸聲越大。不知道你有沒有觀察過自己，特別是你鬧肚子、胃腸不好的時候，會發現呼吸聲音變大了，甚至於鼻孔會有不對的味道。當你今天把心靜下來，什麼都不想、全身放鬆的時候，會只聽到自己的呼吸。這時候會發現你的呼吸一定是最細長、緩慢而悠徐的。

我們一直在講，相愛的兩個人可以試著越來越了解對方，成為彼此在地球上的頭號知己。

可不可以同時有另一個渴望，而這兩個願望可以並存——同時也越來越了解自己。

你到底有多認識自己的身體呢？我在得癌症之後，才比較認真地運動或者打太極拳。所以當我第一次感受到腳底的湧泉穴有氣流的時候，我非常地感動。我想如果我不是十年前生那一場病，為了想活下來才好好鍊拳、好好練穴道導引，我可能終其一生都不會知道湧泉穴為什麼叫湧泉穴，就是有氣如泉水般湧現。我忽然在想：我真的認識我自己嗎？如果我連我賴以立足的腳底都不認識，那我真的認識蔡璧名嗎？所以當你不斷地想要了解你愛的人，那我也希望因為莊子的關係，你也會想不斷地了解自己。神封、靈墟、神藏這些胸前的穴道不斷告訴我們：要把心神封藏在這裏。真的去實踐以後，就能體會到那是什麼樣的一種生命感受。只要去做到「神凝」，做到「心如死灰」、不要輕易生氣，做到「用心若鏡」，會發現呼吸狀況越來越好。不過這不是一時的，不是看完書之後的三分鐘熱度，聽課以後的十分鐘熱度。而是從今天開始買一本行事曆，就把「心靈的自然」、「呼吸的自然」，以及待會講的「身體的自然」，當成生活中最重要的一件事來實踐。兩個相愛的人也可以透過共同實踐這樣的鍛鍊，成為彼此在海角天涯、在地球上的頭號知己。而你跟你自己之間，透過這樣的鍛鍊，你會越來越了解自己的心靈、自己的呼吸、自己的姿勢、自己的身體，慢慢體會到真陽之氣，最後能感受的是莊子講的：「真人之息以踵」。當然不是說我已是真人，我只有在練得特別好的時候，才能有這樣的感受。那個呼吸、氣息，是可以到達腳底的。在打通周天以後每個人的湧泉穴都是可以呼吸的。所以「呼吸的自然」，不是你刻意注意呼吸。在瑜伽裏有一句話講得非常好，就是不要控制呼吸，跟莊子的「吾喪我」有點像。要像在觀察另一個人呼吸一樣，來觀察自己的呼吸。它是一種保持自然的方式，觀察它，但是不控制它。在正確的心情下，就會出現正確的呼吸。

除了正確的心情，我們要講第三個重點，就是我們的姿勢跟動作也必須是正確的——身體的常因自然。那什麼是正確的姿勢跟動作呢？就是「緣督以為經」（《莊子．養生主》），我們把我們的背部，我們的督脈，沿著脊椎上行，把督脈看成天地的子午線，維持「頂頭懸」的狀態。「頂頭懸」就是想像你的頭上有一根線，把你吊在天花板。所以你不可能是駝脖子的、不可能是駝背的，也不是骨盆前傾或後傾。養成隨時頂天立地的習慣，就中國功夫而言叫做：「下接地軸、上接天根。」站著的時候想像百會穴那兒有條繩子拉著你，坐著的時候就直接拿新台幣十塊銅板或大小重量適當的硬幣頂在頭上。漸漸地就能養成不東靠西靠的好習慣了。當坐著的時候，就只有讓屁股後半著落在椅面或板凳上，此外，你身體各處的肌肉都不會去憑靠任何的地方。如果好好讀《莊子》，會發現莊子把這些東西寫得非常細微，包括他的好朋友惠子，出場的時候都是用最不正確的姿勢做負面示範：「倚樹而吟，據槁梧而瞑」，靠著樹，靠著椅子，正確的則是「緣督以為經」。莊子不斷糾舉出惠子在姿勢上的錯誤，我們就發現，他們倆不僅僅是彼此最好的朋友，而且還是美麗的敵人。

關於姿勢的第二個重點是：「天之生是使獨也」（《莊子．養生主》）。老天爺其實告訴我們一個很重要的身體規律：當走著或站著的時候重心只放在一隻腳上，另一隻腳則完全放鬆。學太極拳的人知道太極拳為什麼叫太極拳，永遠只有一腳是實的，另一腳是虛的。而當你的拙力慢慢下沉，全身放鬆，真陽之氣就會從完全放鬆的那隻腳開始長養。所以在修鍊傳統裏面，重心擺在一隻腳，你才能長養真陽之氣。根據西方理論表述的健康頻道、節目或專題，也會叫我們把重心放在一隻腳。當用兩隻腳站立的時候，一隻腳只有承受二分之一的體重。但當重心只放在一隻腳上，它就承受兩倍的重量，骨質密度可以會更紮實。

身體姿勢方面剛剛說了「緣督以為經」，現在說「天之生是使獨也」。一方面頂天立地，一方面重心在一隻腳，當你做出這樣的姿勢時，會發現全身的肌肉就可以放鬆了。什麼意思呢？當惠子這樣靠著樹「倚樹而吟」，或撐著桌子「據槁梧而瞑」，其實身體有一部分的肌肉就會承擔本來不該承擔的重量與緊張。平常如果已經東靠西靠習慣了，什麼叫東靠西靠習慣了？例如當一個人常滑手機、用電腦以致脖子習慣前傾的時候，其實脖子是偷懶很久了。本來它該舉起你五公斤的頭顱，但它很久沒有工作了。所以你開始做「緣督以為經」練習的時候，一定會覺得很痠。很多人就會問：「我現在操作緣督以為經，我這裏變得很痠、那裏變得很瘦，這正常嗎？」我說：「那當然啊，你這地方很久沒用了，所以你當然會覺得很痠，當你練到那些痠痛的部位痠痛都褪了、都不痠了，就是習慣出力了，你會覺得全身好輕鬆啊！」慢慢地，你搭長程飛機或者是火車，或者任何的短、長途旅行，會覺得坐正才是最輕鬆的，靠著是很累的。這就是身體的常因自然。

愛養這樣的心情，這樣的姿勢，這樣的呼吸

以上我們從心靈、呼吸以及身體這三個面向，跟大家介紹什麼叫做「常因自然」。更進一步就可以達到莊子講的：「旁礴萬物以為一」（〈逍遙遊〉）。剛剛說了這樣的心情和這樣的姿勢，就會陶養成這樣的呼吸。而這樣的心情，這樣的姿勢、動作，這樣的呼吸，就會長養真陽之氣。就會進入你以前以為很遙遠的武俠世界。而這樣的身心狀況不只是《莊子》、傳統醫家主張，也是傳統武術追求的理想境界。當你越重視心身修鍊，你會發現愛自己，對心身的好處原來是這麼地明顯。一旦花心思在這裏，就不會像我那個傻學生一樣。每個禮拜到我課堂來找我一次說：「我的水瓶座女朋友又怎麼了又怎麼了。」我是這樣對他說的：「因為你注意力都不在自己身上，你沒有好好栽培自己，也沒有好好栽培你們的愛情。因為愛對方，渴望的不

就是她愛你嗎？那怎麼沒有把希望她愛上的自己先搞好呢？」我們發現整個《莊子》的學說就是扣緊所謂的「返本全真」，重視生命最核心的所在。你說誰規定什麼是最核心啊？好呀，不然你脊椎割下來給我好了，如果你覺得它不夠核心的話。心情不夠核心嗎？好好睡覺、好好吃飯不夠核心嗎？身為一個人，活百年人生。不論想談什麼樣的感情，做什麼樣的事業，這些都是不可或缺的。

學習樹洞，大風吹過就靜默

剛剛我是用這麼短的時間就表述完了莊學的重點，操作的訣竅，可這門學問為什麼有人覺得困難呢？因為學生說：「我得要上課、考試啊！」上班族說：「我得要工作呀！」重視愛情的人說：「我在戀愛中啊！」有家室的人說：「我要照顧家庭啊！」人是無法隔絕世界，獨自活在真空室裏的，我們跟外在世界不斷地互相往來、不斷受影響，所以要怎麼樣愛自己，才能在這麼多情感的互動當中，在人間世，在天地之間，能夠不受累、受傷呢？以下〈齊物論〉提供我們這段解答：

子游曰：「敢問其方。」子綦曰：「夫大塊噫氣，其名為風。是唯无作，作則萬竅怒號。而獨不聞之翏翏乎？山陵之畏佳，大木百圍之竅穴：似鼻，似口，似耳；似枅，似圈，似臼；似洼者，似污者；激者，謞者，叱者，吸者，叫者，譹者，宎者，咬者。前者唱于，而隨者唱喁。泠風則小和，飄風則大和，厲風濟則眾竅為虛。而獨不見之調調、之刁刁乎？」

這段話是《莊子》書裏的一個弟子問他的偶像，也就是他的老師，他問：「我們的身體怎麼樣才能這麼輕靈啊？我們的心要怎麼樣才能沒有負面情緒啊？」老師給的答案是：「大塊噫氣，其名為風。」大地呼出的氣息叫做「風」。「風」「是唯无作」，不吹則已，這一吹奏起來就是「萬竅怒號」，這個萬竅譬喻什麼呢？我們看這段描述。

第一個譬喻是「風」，其實就是外在世界對我們的影響。「是唯无作，作則萬竅怒號。」莊子後面說「大木百圍之竅穴」，這個竅穴是什麼？莊子特別形容它們的形狀，「似鼻、似口、似耳；似枅，似圈，似臼；似洼者，似污者；」其實我覺得莊子在寫書的時候非常貼心，他用了許多象徵、譬喻就怕你看不懂，下面就會開始解釋，他講的就是說：當外在世界的影響一來，我們的鼻子、我們的眼睛、我們的耳朵，我們就執著於那個現象了，我們的感官就執迷於外在世界了。就像我的學生，整天在注意她到底是不是他的女朋友，不斷地執著這個點。他不去思考為什麼而活著，他不知道耳朵眼睛除了聽看外在世界外，也該聽看自己的。這世界不只是「這個人跟我的關係到底確定了沒有」，還可以深愛我們的國家與人民。所以不能就這樣執著於感官所接收的訊息。讀了這一段以後我們就不會因為看電視，看到不喜歡的人事物，心情又受影響。至於執迷感官會發生什麼樣的事情？「激者，謞者，叱者，吸者，叫者，譹者，宎者，咬者」，樹洞就會發出各式各樣的聲音，就像我們的感官接觸外在世界，你就有情緒了。「激者」，有人發出激動的叫喚。「謞者」，有人大聲哭喊。「叱者」，有人像在罵人。「吸者」，有人唏噓歎息。「叫者」，有人在呼叫。「譹者」，有人在哭號。「宎者」，有時候像是悲哀深切的低吟。「咬者」這裏的「咬」唸ㄐㄧㄠ，有人說話像一陣鳥鳴。什麼叫像一陣鳥鳴啊？我就對學生說：「來吧，發一張白紙，每人寫下今生聽過最感動的一句話。」二十歲的孩子，雙十年華一句也想不起來。我說：「那你的爹娘、你的朋友、你的姊妹兄弟，跟你說的所有的話，不就像一陣鳥鳴。都不重要，你不在意，所以你沒留下任何的記憶。」可以發現「眾竅怒號」的「怒號」，主要講的就是當外在世界有什麼事情讓感官執迷，我們的心就動了。那該怎麼辦？莊子叫我們學習大自然，「厲風濟眾竅為虛」，前面說「泠風則小和」，有小小一陣風我們就小小地回應，那如果一陣大風吹來，大風停了要怎麼辦呢？「厲風濟」，當大風一停，「則眾竅為虛」，大自然是這樣，風一停所有的樹洞孔竅，都不再發出聲音了。這是多好的楷模啊。就因為這一句，所以我常在注意手機的語音留言每一通大概有幾秒，發現四秒鐘可以講好多話。可是為什麼一個人明明罵你才兩分鐘或說一句「我們分手吧」才兩秒鐘，你卻牢牢地記著三天、三個禮拜、三季、三年、甚至於三十年？我們為什麼不學習樹洞，那些話說完、那些話聽完，就讓自己的心馬上歸於平靜。我們上次舉的例子，當男人對你說：「我好像沒真愛過你。」你就回：「喔，知道了，再見。」當然這是比較文雅的人，知道生命的能量不該再為他付出了，太浪費了。這就是「厲風濟則眾竅為虛」，說完了就把事放下了，回應完就沒事了。如果你不這樣，而是執著於外在世界，你就會整天讓你的能量變成哀嚎的、痛斥的、悲傷的、深切的，各種聲音，而且風都停了，你的哀嚎、痛斥與深切的悲傷卻仍不止息！這段話的重點正是「眾竅為虛」。莊子要我們不要執著於五感，這不是要我們把眼睛刺瞎，或把耳朵弄聾，不是這意思。是要你別過度執著。我不斷地提醒我的學生：「為什麼要一直注意他（她）呢？為什麼不能把注意放回自己的心身。」自己生命中所有的美好，都是你要把注意力擺回自己身上才會慢慢積累的。因此莊子要我們不要再「眾竅不虛」了，要做到「眾竅為虛」，把那些對眼睛所看、耳朵所聽、別人嘴裏所講，過度在意的注意力全部收回自己的心身。活在這塊土地、活在這個時代，全世界的人都多麼需要好好照顧自己啊。好好吃飯不容易、好好睡覺不容易、好好鍛鍊也不容易，所以我們真的沒時間再那麼執著於外在世界了。

放下執著，當你聽見的只有呼吸

那如果你就是會聽到很不想聽的聲音，就是會看到很不想看到的畫面，而且那個人還不時會在你存在的空間裏出現。那到底怎麼辦？接下來莊子更具體地教導我們：

回曰：「敢問心齋。」仲尼曰：「若一志，无聽之以耳，而聽之以心；无聽之以心，而聽之以氣。耳止於聽，心止於符。氣也者，虛而待物者也。唯道集虛。虛者，心齋也。」（《莊子・人間世》）

要怎麼邁向不要過度在意外面感官世界的求道之路呢？莊子要我們怎麼樣去傾聽外在世界的聲音？首先來看什麼叫「无聽之以耳」，不要「聽之以耳」。「聽之以耳」的意思就通同於「視之以目」，執著於眼睛看到、耳朵聽到的。比如你執著於對方的一字一句和他（她）的舉止，包括他（她）怎麼樣對你翻白眼或不看你、他（她）說話聲量的大小、他（她）摔門、別過頭去的動作……如果在意這些，就是「聽之以耳」、「視之以目」了。所以你一旦遇到你覺得別人講了刺耳的話，看到不想看的場景，就只要聽到看到的當下那一秒或〇・五秒就好，不要再讓它延長了，千萬不要停步、執著在那一秒。你說：「我無法不執著，這人跟我關係非常地契近。」那就趕快想他（她）的優點，想他（她）曾經的優點，也許那個優點現在還在。這時候你就會發現，那句不好聽的話就能忽略了。有時候會有好朋友告訴我說：「你知道我女朋友多可惡嗎？你知道她在我背後怎麼樣說我嗎？」我就問他：「多久以前的事？」他：「上禮拜。」我說：「好多人一氣之下對男女朋友的批判已經遠遠超過他（她）的壞了，但也許數落完五分鐘他（她）就後悔了，就覺得夠了甚至是超過了。可是你一週後卻還在執著。太執著了，不要執著下去了。」眼看、耳聞那一剎那，便讓它趕快過去。你一旦忽視它，放下它，它就不存在了，因為沒有你的注意和複習，這些不好的語言，不好的影像就消失了。而對方的優點呢？如果你不去注意、珍惜，它們就貶值了；你一注意珍惜，它們就都增值了。

有個朋友，她親眼目睹了另一個我視同好友的人怎麼樣對我，她覺得太不厚道、太狠了。她後來發現我竟然繼續跟那個不厚道之人做朋友，且仍把她當好朋友。她因此覺得：「蔡璧名你沒救了，知道嗎？」她問我為什麼？我說：「因為我記得她的優點。妳見證的那天我相信是真的，她也跟我坦白了。可是就那天嘛，但在漫長的歲月裏，我看到很多她的優點。」所以莊子說：「无聽之以耳」，不要執著於感官看到的當下。「而聽之以心」，記得他（她）的優點，還有多一點體諒。如果是女孩，青春的女孩，她今天態度特別惡劣，她可能生理期來了。

如果是男性朋友，我學傳統醫學，就知道他可能有大青龍證，甚至於那個人可能有點憂鬱。一個有點憂鬱躁鬱的人，你為什麼還要苛責她（他）對你講的傷害性的話呢？難道遇到一個受重傷的人，你也苛求他（她）站起來嗎？試著用各種方式去體諒對方。

這樣的你就能進入「聽之以氣」的境界。當然現在講「聽之以氣」，因為剛剛「常因自然」時描述的這些基本功，我們要保有自然心靈，就是像嬰兒般的心靈。我們保有自然的呼吸，我們用最自然的姿態和動作存活著。在這種情況之下，我們就能開始享受「聽之以氣」的境界了。當你所有的念頭都沒有了、負面情緒也沒有了、成見也沒有了，你靜靜地坐著、閉上你的雙眼，你發現這個天地之間只有你的呼吸。當然，這只是初級階段。如果已經靜坐一段時間了，開始感受你的丹田有氣，年輕人最快一個月內，年紀大一點的多半需要半年，就能感受到你的內呼吸了。而這樣的呼吸，應用在生活是非常好用的，你的感知力會變得非常敏銳。當然，可惜你們不把脈，不然你一把脈就很容易感受對方的感受，不管是心情還是其他別的東西。

所有從事東方修鍊的人都希望真陽之氣能增長，而真陽之氣增長的方法，就是前面提過莊子講的「常因自然」。心情平和，全身的津液就會充足，你的氣就會順、骨質密度就會變高、肌肉就變得有力量。莊子的學問是以心靈為出發點，並且注意打直脊椎，把重心放在一隻腳上，要我們隨時注意這些原則。你說：「那累的時候怎麼辦？」在家或方便時就躺下啊，甚至可以買一個瑜伽用的滾筒，把脊椎平平地放在那滾筒上，因為這是一個過程。我大概用了兩年的時間，讓我變成完全不用倚靠任何東西。兩年過了以後就會變成一個生活習慣了。剛開始會覺得辛苦，可是一旦進步了之後就會很想接續下去。像我現在如果鍛鍊比以前少一點，就覺得自己退步了，所以其實我不那麼喜歡演講，甚至也不那麼喜歡上課，我人生的夢想就是早上醒來上市場買菜，然後好好做三餐，吃完飯就好好鍊功。鍊功、吃三餐、讀書、寫作、睡覺，這是我最理想的生活。千萬不要太忙，因為一旦太忙了，可能就會忽略更根本的工夫，你的心身因此就退步了。本來身體重心很沉的，就會稍微浮起來一點，你就覺得這樣下去絕對不行。如果你跟我一樣每天起床的第一件事就是在感受自己今天的重心，那麼就算是談戀愛，又怎麼會像我那位學生那樣，一直注意「到底我們倆算是穩定交往了沒有？」你不會只在意他人、對方。你會注意自己的重心，你會注意自己的「湧泉穴」到今天湧泉了與否？如果不湧泉就會想花更多心思和時間去鍛鍊。而且我還告訴我的學生：「你如果聽我的話，好好在意自己的心身，我可以幫你規劃你所有的活動，你就可以在半年內發生巨大的改變。」一旦你往「聽之以氣」這個方向前進，要感受到真陽之氣並不難。然而講到這個段落，我想要再進一步地探討：莊子的心靈功夫是什麼？要如何實踐？

學會用心，為了在情場上不要受傷

《莊子．應帝王》：

至人之用心若鏡，不將不迎，應而不藏，故能勝物而不傷。

各位如果才十九、二十歲，年紀輕輕聽我說修養心靈，可能會覺得：「幹嘛呀？我還沒老到需要老僧入定的地步，人不癡狂枉少年！」可是所謂的修養心靈、好好地使用心靈不是要老僧入定，而是為了讓我們在情場上不要受傷。「故能勝物而不傷」，這個「物」不侷限於東西，是指外在一切人事物的遭遇。面對一切你都能「勝」、都能不為之所傷。我們活在天地間，要跟這麼多人事物往來，有可能只是往來，只是互相了解，只是感情越來越好，而不要覺得好累、好傷嗎？其實我們都很希望這樣，但如果想要做到這樣，你的心要怎麼做？莊子告訴我們「用心若鏡」，你的心就是一面鏡子。那鏡子是什麼樣的存在啊？就是有人來照它，它就映現對方的樣子，可是如果有人要離開了，它不會跳出來說：「我送你。」倘真這樣你肯定覺得好可怕的鏡子啊！那如果有人要靠近它了，它也不會說：「啊，這個人太美了」，就把他

（她）抓進來，否則那也是妖鏡。鏡子就是當下映照就好，所以「用心若鏡」，我們不要想太多，當下即是，當下就夠了。

「不將不迎」，「將」是送別，對於將要離開的事物不會依依不捨地送別；不「迎」，對於喜歡的事物也不會主動迎接。「應而不藏」，你的心映照他，沒有多餘念慮、沒有負面情緒、沒有成見，所以你看事情特別地清明。「不藏」，你也不會想要據為己有。在上個專題講過，在一個人著實太美好的時候我們會想：「他（她）今天給我送早餐了，明天還會再送來嗎？」「他（她）怎麼連續好幾天都給我打電話，明天還會打嗎？」其實這樣子的思緒就是沒有做到「用心若鏡」。因為「若鏡」就只有當下，不管剛剛這電話有多甜蜜，掛下電話就已經結束了。所以你不會想要佔有什麼，你想的不是你不想佔有什麼，而是你想要把握當下；所以你不把這個時間拿來想未來的事情，也不必去擔心未來。如果你能做到心是這樣一面鏡子的話，就不會害怕離散或失去，或擔心那個人對你是否永遠而美好，更不會想要長久地佔有。

《老子》也告訴我們：「寵辱若驚」（〈十三章〉），對你特別不好的人和特別愛你的人，都是要小心翼翼相處的對象。因為這個你太愛的人，將來可能可以把你傷到死。就好像兩個人如果像瞬間膠黏在一起怎麼樣也分不開，哪天硬要撕裂分別的時候就會非常痛。所以我們要常常做這樣的練習：每天起床的時候，或者當你過度想念他，而他不在身邊的時候，就想像自己的心是一面鏡子，開始神凝或者讀書、工作，進行當下應該做的事，不要讓自己的心永無止境地渴望貼近他。活在天地之間，我們很容易為外物所傷，〈齊物論〉說：「一受其存形，不亡以待盡。與物相刃相靡」，在尚未死去的每時每刻，我們不斷與人事物接觸摩擦、牴觸砍殺，互相消磨傷害。那麼如何能夠不為外物所傷？那就「用心若鏡」吧。

莊子雖然說「无聽之以耳」，可是真的能不聽嗎，又怎麼樣才能不聽呢？我們該如何看待、對待外在世界這個人間世的變化呢？如何能夠做到「不將」、「不迎」、「不藏」呢？當你覺得那個人這麼美好，你是這麼喜歡他（她），怎麼有辦法不去想：「如果他（她）能趕快和現在的男（女）朋友分手，然後和我在一起多好！」就算沒有這種想法，要是你們倆都單身，你又該怎麼樣放下「非和他（她）在一起不可」的念頭？或者你告白了，卻等不到你要的結果，又該怎麼樣去對待這樣的處境？也就是，當我們深切感受到一個人是這麼地美好，我們到底要怎樣才能放下對他（她）的執著，不會覺得我一定要跟他（她）在一起？又到底誰才是我們今生得遇最理想的人？接下來就來看〈齊物論〉這段話：

予惡乎知說生之非惑邪？予惡乎知惡死之非弱喪而不知歸者邪？麗之姬，艾封人之子也。晉國之始得之也，涕泣沾襟；及其至於王所，與王同筐牀，食芻豢，而後悔其泣也。予惡乎知夫死者不悔其始之蘄生乎！

「麗之姬」是麗戎之國裏面非常美麗的女子，她是「艾」這個地方領導人的女兒。晉獻公和秦穆公一起去攻打麗戎之國，打下來之後兩個人分贓，晉獻公得到美女，也就是麗之姬。本來是一個地方的小公主，現在居然被俘虜了，她多麼傷心啊。所以「涕泣沾襟」，一把鼻涕一把眼淚，沾濕了整個衣襟。我們剛剛講聞一多，他也被家人強迫娶了他不太想娶的姨表妹。他是不是偶爾也會想起那位「仙鶴」姑娘呢？那到底誰才是最理想的情感對象呢？「及其至於王所」，當麗之姬來到晉獻公的王宮，「與王同筐牀」，跟晉獻公一起過生活，覺得：「哇，這床好舒服啊，比以前好睡多了。」睡得好，三餐也吃得好，「食芻豢」，「芻」是牛羊，「豢」是豬狗。居然嫁得這麼好，「而後悔其泣也」，她這才後悔當初大可不必哭的。

接著，莊子話鋒一轉，「予惡乎知夫死者」，我哪裏知道死後的人，「不悔其始之蘄生乎！」這個「蘄」就是希望，說不定死後的人對於當初很想活著很後悔啊！這句話好像在這個時代特別適用，許多人過世前躺在床上好多年。我有個朋友的家長臥床十幾年，最後就住在呼吸照護病房，身形消瘦也沒有意識，但家屬一直讓他裝著呼吸器活著，可是臥床那麼久不是很可憐嗎？我覺得最舒服的死法應該就是老了，有一天睡著了，器官衰竭就走了。對長期臥床，或者因病苦煎熬的人來說，死亡不是一種解脫嗎？

「予惡乎知夫死者不悔其始之蘄生乎！」這句話在感情上說不定也一樣。我以前有一個學生，他和女朋友要分不分的時候問過很多人意見，所有人都支持他分，可是他剛好是那種很捨不得分手的星座。當然，分了手還是很難過。可是沒有想到分手半年以後，他的真命天女出現了。他非常喜歡那個女孩，因此就向當初所有支持他分手的人道謝，我也被鞠了一個躬。我看過多少學生分手的時候哭得死去活來，我安慰他們說：「同學不要難過，老師這邊最不缺的就是學生，男女都有，你不要傷心。」我還記得其中一個女生哭得很凶，對我說：「我不要，我都不要，全世界我只要他！」才怪！幾年後看她快結婚了，現在樂得很。要是提起當初那個男朋友，她還不屑一顧呢！

「麗之姬」的故事告訴我們，不需要那麼在意外在世界。東坡詞不也說：「回首向來蕭瑟處，歸去，也無風雨也無晴。」（〈定風波〉）當初曾經因為男朋友離開，在那邊哭得半死的人，現在很高興要辦嫁妝了；當初很高興以為遇見真命天子、天女的人，後來卻分手了。所以結論是，不要再讓耳目感官執著於外面了，不要勞苦了我們的心神，使得津液匱乏，搞得眼睛乾、嘴巴乾、腸道乾，都傷害到身體了。讓我們更重視、觀照自己的心靈。從每天躺上床閉上眼睛之後、睡著以前，什麼都別想開始，或者加一些靜坐的時間，讓自己的心能是沒有念頭的。如果你說：「老師，我就是坐不住。」那就努力讓自己保持在很安心的狀態。安心優先，安心為上。

其實每一份情感，在我們覺得很幸運或很不幸的當下，都像麗之姬一樣。她剛離開自己的國家的時候一直哭一直哭，她覺得：「好慘喔！我被俘虜了。」就像你分手時候哭泣一樣。可是她後來跟著晉獻公過好日子，反而很開心了。所以真的不必執著。萬一將來各位分手了，千萬不要陷入同樣的窘境。我總是告訴上過我課的同學說：「你要愛值得你愛的人。」每個人可以自行定義什麼是「值得你愛」。對我來說，從年輕到現在對這四個字只有一個定義：「那個人愛我。」當然這只是基本前提而已，其它還要再考量，但是我絕對不會去愛一個不愛我的人。

換個角度來想，難道莊子的愛，就只是很自私的——每天只管自己好好吃飯、好好睡覺、好好鍛鍊，對世界沒有什麼貢獻嗎？不是的，接著看〈逍遙遊〉：

肩吾問於連叔曰：「吾聞言於接輿，大而无當，往而不反。吾驚怖其言，猶河漢而无極也。大有逕庭，不近人情焉。」連叔曰：「其言謂何哉？」曰：「藐姑射之山，有神人居焉，肌膚若冰雪，淖約若處子，不食五穀，吸風飲露。乘雲氣，御飛龍，而遊乎四海之外。其神凝，使物不疵癘而年穀熟。吾以是狂而不信也。」

莊子在〈逍遙遊〉告訴我們，人生的目標如果只在外面，一路從上幼稚園、上小學、上中學、上大學，然後談戀愛、找工作、結婚生子，當中還有打遊戲、看電視、吃喝玩樂、環遊世界、參加婚喪喜慶、最後去殯儀館悼念朋友，最後的最後，自己進殯儀館，其實很多人不知不覺中就這樣過了一生。高一層則追求在人間世樹立言論、財富、權位、功名。再高一層開始不再只是為了追求自己的聲名、榮譽、事業、愛情，而是能夠為別人著想，希望每個人都能吃飽、都能過上好日子。最後，莊子講的最高境界是「乘天地之正，而御六氣之辯，以遊无窮」，天地間外在一切的順境和逆境，你都能乘御、都能過得很開心。

《莊子》的逍遙不只有益於自己，這種愛自己的愛也能推擴於愛世人、愛這個人間世。因為能做到「形如槁木」、「心如死灰」，可以想像，和別人溝通的時候一定會比較溫柔。心理學研究發現，人睡得少時，容易暴躁、暴怒。那麼如果你是個好好吃飯、好好睡覺、好好鍛鍊的人，在情感的世界裏和別人交流自然比較容易心平氣和。而世界上又有哪一個工作，不需要一顆清明的心呢？而當工作做得好，不就對世界有益了嗎？

不只如此，莊子還告訴我們，達到「其神凝」這樣境界的人，「肌膚若冰雪」，皮膚可好了；「淖約若處子」，體態像在室的年輕男女一樣；吃的不是一般人吃的五穀雜糧，而是「吸風飲露」，吸納清風、啜飲露水；「乘雲氣，御飛龍」，還會騰雲駕霧——這個描述是心靈境界，還是達到了一定的工夫境界，在這裏我們先不多說，重點是「其神凝，使物不疵癘而年穀熟」，他只要凝聚起精神，就能使那一年的農作物不受病害、稻穀豐收。關於這一點，西方世界類似的說法是「共時性原理」，很多事情好像會同步發生，不知道為什麼會這樣，這是非常神祕主義的進路。不瞞你們說，我回想得癌症那年發生的事還蠻可怖的。那時候已經覺得自己身體不太舒服，怎麼忽然間聽到「哐啷」一聲，樓上花盆砸下來，把我家院子涼亭上頭的玻璃打碎了。忽然間整間屋子斷電，電器都壞了，才覺得怎麼那麼可怕，不久之後醫生宣判我得癌症——好像所有的倒霉都接踵而來。後來我抗癌成功的第二年，朋友到我家來，無意間講了一句話說：「璧名，你們家今年紫藤花盛開，你的運氣一定會越來越好的。」聽起來有點迷信，可是中國最重要的經典之一《周易》，告訴我們大宇宙中有個原理叫「同聲相應，同氣相求」、「物以類聚」，這是一種感應。中國文化傳統中，認為心是會影響氣的。就像剛剛講的，當做到「緣督以為經」、「天之生是使獨也」、「形如槁木」，你的心神又能「用心若鏡」、「其神凝」的時候，你就逐漸能如「真人之息以踵」，到達「旁礴萬物以為一」的境界。有這樣的心神、真陽之氣，就會產生這樣的變化。而「氣」又影響「象」，就是現象，包括你的氣色，乃至於這個外在世界，所謂「物不疵癘而年穀熟」。

《周易．繫辭上》說「君子居其室，出其言，善則千里之外應之」，意思是你有什麼樣的心，就會有什麼樣的氣，又能作用到現象世界，甚至千里之外都會有所感應。平常我們會說一個人「氣色」如何，既然說「氣色」，就表示有怎麼樣的「氣」就會有相應的「色」或現象。這就是中國思想傳統、或者東方修鍊傳統，或者醫藥傳統中講的「感應」。我博士班時寫了一篇小論文叫〈感應與道德〉，把這個道理講得清楚完足。

假如我們開始「神凝」，閉上眼睛，想像你的念頭就像鐵釘釘進牆壁一樣，釘到兩眉中間的「印堂穴」。這時候你的眼球就朝兩眉中心印堂那一點盯緊，有一種眼睛往前上方看的感覺，盯緊不要跑掉。這樣做的時候應該是沒辦法有念頭的，這就是「神凝」。你也可以把這樣的功夫放在兩個乳頭中間的「膻中穴」，或是肚臍以下四指幅的「關元穴」。這三個穴道就是一般講的上丹田、中丹田和下丹田，不管是印度瑜伽或東方靜坐都有這樣的功夫，把注意力集中在一點的意義是讓你杜絕念頭的孳生。

一旦能夠「神凝」，不僅心平氣和、氣血旺盛，還能對外在世界的現象產生好的影響。這是有科學證據的。印度和日本科學家利用生命探測儀，發現如果有個人惡意地把一株植物的枝條剪掉，以後這個人再走過附近，那株植物會發出顫抖的生命律動。因此不要以為《莊子》的愛很侷限，只要你還在和世界互動，你越是心平氣和、氣色越好，做的事情越不會出錯，這對世界自然是有益的。

而以上心身的努力，想要達到的是什麼樣的境界？〈齊物論〉說：

南郭子綦隱几而坐，仰天而噓，嗒焉似喪其耦。顏成子游立侍乎前，曰：「何居乎？形固可使如槁木，而心固可使如死灰乎？今之隱几者，非昔之隱几者也。」子綦曰：「偃，不亦善乎，而問之也！今者吾喪我，汝知之乎？女聞人籟而未聞地籟，女聞地籟而未聞天籟夫！」

南郭子綦的學生顏成子游發現，「今之隱几者，非昔之隱几者也」，我發現今天靠在桌上，坐在這裏的這個老師，不是我過去認識的這個老師。——當老師的能讓學生這樣認識真好。我的學生還蠻敢告訴我真話的，有次一個巨蟹座男學生對我說：「老師，我這個人有點憂鬱症傾向，還蠻高興認識妳的。因為剛認識老師的時候，妳的脾氣還真不好，尤其每次交辦的事情助理沒辦好或遲交幾次，看妳一時片刻張牙舞爪的樣子讓人印象深刻，和平常溫柔的妳完全不一樣。可是一年一年過去，我發現我們做一樣的事情要觸怒妳越來越難，妳漸漸用自己的言傳身教讓我知道：原來情緒的控管和愛護自己的心是有可能而且有效果的。」受到學生這樣的鼓勵，我當時還真不知道是該笑還是該哭。

但南郭子綦的境界豈是我能比的？學生發現南郭子綦老師怎麼看起來這麼輕盈，於是就問了：「形固可使如槁木，而心固可使如死灰乎？」這是每個人都可以達到的境界嗎？「老師可以這樣，那我也可以嗎？」老師和以前不同的地方：「形如槁木」是什麼意思？如果你和我一樣喜歡做菜，也懂點中藥，就知道四錢生薑才能曬成一錢乾薑。也就是說一樣的體積下，乾薑很輕，生薑比較重。同樣的，「槁木」是乾掉的木頭，不是濕的木頭，它的特色就是輕。「形如槁木」，意思是你覺得形體好輕啊！形體輕並不是體重輕。《神農本草經》所載錄的三百六十五味藥中，具有輕身之效的多達一百二十四味。本草書中記載著「輕身」功效，吃了可以讓人身體覺得比較輕鬆的藥，常常同時具備能讓肌肉盛壯，也就是肌肉累累（「長肌肉」）、變得聰明（「明目聰耳」）、臉色好（「美顏色」）等等功效。可見「輕身」是強健之美，而不是紙片人之美。只要你有生病的經驗就知道，生病時爬樓梯、上公車都會覺得喘，但好了以後就不會了。「形如槁木」就是這麼輕靈的身體感，沒有痠、痛、麻、腫這些負面感受。

還有心靈，「心固可使如死灰乎？」什麼叫「死灰」？死灰很難復燃，不太容易再燃燒了。「燃」就是火大、上火，「煩」這個字像是一把火燒到頭上來，不就是上火嗎？或者你說：「我今天超火的。」像我學生說：「老師你生病前生起氣來真是可怕。火氣幹嘛那麼大呀？」所以「心如死灰」就是不會生氣了，當然這樣的境界不是不努力或者不在乎就可以完成的。這個課程要和大家講一個常識：生氣也好，愛情、友情是否圓滿也好，這些真的不是靠遇見和尋找就可以辦到的——你必須付出努力。當你開始努力了，脾氣才會越來越好、心才能越來越安適、你和朋友之間的情誼才會越來越深刻。

我準備這門課程有三個方向：一是詩歌，一是《莊子》，一是西方正向心理學。當我讀越多正向心理學，就意識到，交情特別好的朋友確實都符合西方正向心理學所說：「感情好是需要努力的。」我有個學生對我挺好，從認識以來，每次我需要幫助，她不管多忙都會義無反顧地援助我。有段時間我很希望有個鍊功的伴，那個暑假，她就常常傳訊息來：「老師今天要去鍊功嗎？」要鍊她就出現，鍊完她就腳踏車騎了回家。她在中部念醫學系，開學後功課越來越忙。有次假日難得回臺北，南下前又做了一件讓我非常感動的事。她放假的時候告訴我：「老師，我看到一本心理學書，是那種超敏感的人必須要讀的。」因為她認為我和她都是纖細敏感的人，別人不覺得涼，我們覺得很涼；別人不覺得痛，我們已經覺得很痛。我和她說：「可是我現在好忙，真沒有時間念。謝謝妳告訴我，我寒假再讀吧。」結果她竟然在離開臺北以前給了我一個訊息：「老師，那本書我讀完了，我送給妳我的筆記，妳看這些就好了。」當下我覺得很溫暖，她居然如此用心地把讀書心得和我分享。所以說深厚的交情是要不斷積累、不斷努力的。那麼，形體想變得這麼地輕靈，心情想變得不會生氣，當然也需要努力。

隨時懷抱著自己的心靈，像懷抱著一面鏡子。如果想到討厭的人，就想想他的優點，想想他值得感謝之處。其實人要感謝人非常簡單，他不需要真的幫助過你什麼，比方你考第一名，他最後一名，如果不是因為他不比你用功，你能考第一名嗎？對於那些你真的很想得到的東西，也不必去搶，該你的就會是你的。你用《莊子》的理論讓自己的心身更好，你的一切條件就更吸引人。相反地，萬一你把注意力都放在別人身上，整個人就憔悴了。

《莊子》說：「不藏」（〈應帝王〉）。有時候你越要藏什麼東西，反而越會失去它。第一次談戀愛你可能會一直注意對方會不會變心，等第二次有了經驗，反而每天鼓勵他變心。我問我一個長得蠻帥的男學生說：「你為什麼娶你老婆？你老婆對你那麼凶。」他說：「老師你不知道，我年輕的時候英俊挺拔，每個女孩都巴結我。可是那時候有個女生不甩我，我就覺得她特別有魅力。」外在世界的事情真的難以預料，你就順其自然就好，不用太過在意。要注意的只有：每天都走在讓自己更好的路上。然後該是你的，就會是你的。最後的煩惱頂多就是人多要慎選而已。根本不需要把注意力放在哪個人身上，搞得自己形銷骨毀，不是很愚蠢嗎？

《莊子》告訴我們要「虛而待物」（〈人間世〉）。唯有完全靜下來「神凝」的時候，天地之間所有你本該邂逅的好運，才會匯集到生命中來，生病以後的我有強烈的這種感覺。如果把生病當成我人生的分水嶺，生病之前的我是比較在意外在世界的；生病之後我比較在意神凝、注重修鍊，做什麼事情都是順其自然，既來之則安之的。可是恰好這時候，人生的助力好多。有天我才想《莊子》是不是可以出童書，忽然間小時候隔壁鄰居，我的幼稚園同學就和我聯絡了。他說：「請問你就是我隔壁鄰居那個蔡璧名嗎？我看到市面上有妳的書，想確定小時候你們家隔壁是不是賣雞蛋的，我是那個賣雞蛋的兒子，妳還記得嗎？」聊起來才知道，他是一位已經拿過金馬獎和亞太影展最佳影片的導演，而且老婆就是國內一家頂尖童書出版業的老闆。我和他說：「其實我有點想做童書。」「那你一定要跟我老婆談談。」整件事就這樣成了。這個例子只是其中之一，我幾乎每天都會遇到這種好像很幸運的事。越不去想，這世界給你的就越多。不要忘了前面提過的感應原理，把心思收回來是很有益的。

只有我要定的心，沒有我要定的人

最後我們復習一下之前講的《莊子》之愛。我們必須學會愛自己，就好好地吃飯、好好地睡覺、好好地鍛鍊。其實這樣做對於我們和這個世界還是能有非常正面的影響。那個正面影響就是莊子在〈逍遙遊〉講的：「其神凝，使物不疵癘而年穀熟。」只要凝聚精神，這塊土地的穀類就大豐收了，而且沒有蟲害。未來我們還會有一個單元，特別來講東方修鍊裏面的感應原理，這裏就先輕輕帶過了。這堂講的是，如何好好愛自己。包含了「自然的心靈」、「自然的姿勢」和「自然的呼吸」。最後你能達到的目標就是「形如槁木」，身體好輕鬆啊；還有「心如死灰」，遇到很多可能教人不太開心的事情，都能保持正面積極。然後我們談到《莊子》書裏是怎麼樣給我們定義自愛的、是如何自愛的，你要愛自己的什麼？莊子愛的是心靈的工夫，你的心神好了，津液就充足了、氣血就好了、骨頭、肌肉、整體就好了。你一旦能好好地愛護這些的話，與你相愛的人就會跟一個情緒非常穩定、器量很大、很能體貼別人，有很多愛的人一起生活著。這樣不也愛了對方了嗎？而你的工作，也會因為你有這樣的心身狀況而做得非常理想。

從消極面來講，我們不再受哀樂的攪擾，不因為好惡而「內傷其身」，讓自己心情不好，身體也搞壞了。從積極方面來講，我們做到「常因自然」，身體能夠「緣督以為經」、「天之生是使獨也」、「形如槁木」，心靈能做到「用心若鏡」、「安之若命」、「心如死灰」，做到這些工夫才是真正的愛自己。然後講到，當你「先存諸己」讓自己的心靈變得非常大器，不容易有負面情緒時，你對別人也會有更多的體諒、更多的關懷。如果你自己成為這樣的人，你在情場跟職場也會強很多。

最後，我們再回想聞一多，那個沒有「我要定的人」的聞一多，那個可以將可能的悲劇翻轉成幸福的聞一多。如果他血液裏有更多莊子的血，如果沒有走上被槍殺之途，他可以以更漫長的一生愛他的妻子兒女。而且那一生當中還不是世俗意義的相愛而已，還會一起「緣督以為經」，一起「形如槁木」，一起「天之生是使獨也」，一起讓彼此的生命都更加豐美。如果我們的心靈都能做到「靜」與「虛」的話，越愛你的心，你會拍拍自己的心告訴自己：「只有我要定的心，沒有我要定的人。」因為一旦在一起了，你們彼此就會變成這個世界上的頭號知己。當然這不只是愛情，我想任何感情都是這樣的。我們今天就結束在這裏了，謝謝大家。

第四堂

「何謂才全」啊？
——情感關係裏，
最值得培養的才華。

學之一道，所求何為？生命中太多能力都有賴後天養成，那麼什麼會是人一生最當培養的才華？《莊子》說不是語言、程式碼，不是生活收納……，卻是人人面對死生禍福、窮達貧富、情緣生滅，不可或缺的能力。且聽莊子帶領我們認識它並領略它。

有一首歌叫做〈往後餘生〉——我想請問各位，什麼樣的人，你會想分享這首歌給他（她）？

往後的餘生
我只要妳

往後餘生
冬雪是妳
春華是妳
夏雨也是妳
秋黃是妳
四季冷暖是妳
目光所致
也是妳

我想各位在生命中，可能出現過一個人，他（她）可能只是從你生命中路過，他（她）可能對你說過點曖昧的話、送你一份禮物，也可能進一步向你示愛、告白，而那些時候，你心底會有一個回音，那個回音可能是：「沒想過是不是他（她）」，也可能是「我想是他（她）」，又或者「不要是他（她）吧」，又或者「就是他（她）了」，再或者「是他（她）的話，我寧願單身」。那麼，到底是什麼樣的人會讓你認定「就是他（她）了！」？在情感關係裏面，你覺得理想伴侶最重要的特質是什麼？不只是情人，包括親子、朋友、手足、師生，甚至於雇主員工……，人與人之間可能有一個讓人覺得非常重要、加分無比的特質。對你而言，那特質會是什麼？我想在課程的開始，大家先問自己這個問題。因為今天要講的主題是：「何謂才全」。

情感關係裏面，最值得培養的才華究竟是什麼？我回想在我成長的路上，這問題的答案也經過很多次的改變——我從小是一個很喜歡文學和美術的人，也喜歡進行哲學的思考與探討，所以我在非常年少，大概中學的歲月吧，我以為未來理想的對象絕對是文科出身，因為那時候認為只有文科專業才能有某種豐富的內涵，能夠跟我進行這樣一種對話交流或者相知，也許只是年少無知的想像。再大一點，我變得很喜歡也很享受做菜，也分享給我的朋友吃，就覺得做菜好像也是一個人很值得培養的才華。

可是莊子卻告訴我們，在生命中最值得培養的才華，不是語言，不是大家覺得很重要的程式設計，也不是生活收納。而是當有一天，每一次面對死生禍福、窮達貧富、情緣生滅的時候，我們每一個人都需要的一種不可或缺的能力。是什麼樣的能力呢？這個能力就是莊子認為我們最值得培養的才華。這個我們後面再說。

這堂課同樣先透過詩歌認識在古人的情感世界裏面，理想的伴侶要具備什麼樣的特質——閱讀之後，我們會發現，不管科技怎麼樣進展，文明怎麼樣進步，其實，一般人想要的伴侶，古今差不了太多。最後我們會回到《莊子》，看看在莊子心目中，擁有什麼樣的才華對男人女人來說都是最有價值的。

在開始這話題之前我想先從西方的經典文獻，追溯一下理想情人的特質。我們會追溯到《聖經》的一個字，希伯來文翻過來就是：helpmeet。在《聖經．創世紀》中，當上帝看到亞當獨居，決定幫他創造一個配偶來幫助他，那就是helpmeet，一個女人，夏娃。help是幫助，可是要怎樣幫助他？helpmeet這個字的希伯來原文是ezer kengdoor，意思是「對立的幫助」。helpmeet中meet的意思類似運動會的「會」，代表一種對立、競爭的含義。也就是說一個理想的伴侶，對你未必是百依百順，她（他）可能會站在你的對立面來激化你、跟你競爭、讓你更好！

美國思想家、文學家愛默生在一八四一年寫過一篇文章，叫做：〈論友誼〉。文章中提到：「在朋友身上，我尋找的不是盲目的讓步、對我千依百順的人。在我追尋真理的過程中，我尋找的是一個美麗的敵人（beautiful enemy），能挑戰我（who will challenge me），敦促我（who will push me），幫助我（who will help me）。」從這段描述，愛默生認為最好的朋友是出於愛和關心，所以與你針鋒相對——如果這麼做可以讓你整個生命更好的話，他（她）會願意扮演這樣的角色。我不知道各位會不會跟我一樣，想到了魏徵跟唐太宗的關係，為了他更好，我願意站在對立面，講一些勸勉他的話。

到了一九八二年，南加州大學教授利奧·巴斯卡利亞（Leo Buscaglia，1924-1998）寫了一本暢銷書《愛·生活與學習》（*Living, Loving and Learning*）。書中提到，完美的愛情非常稀有，為什麼呢？作者說，因為作為一個完美的愛人，你必須擁有這些特質：「智者的敏銳、兒童的靈活性、藝術家的感性、哲學家的領悟、聖人的包容、學者的寬容、篤定者的剛毅。」多美的文字啊，但條件又如此嚴苛。這段話只是讓我們知道，符合完美愛情條件的人還真是少之又少。所以在進入莊子的話題之前，我們先透過詩歌，來看古人認為理想的伴侶是什麼模樣。

你的餽贈，藏著怎樣的情思

〈**靜女**〉（《詩經．國風．邶》）

靜女其姝，俟我于城隅，愛而不見，搔首踟躕。

靜女其孌，貽我彤管，彤管有煒，說懌女美。

自牧歸荑，洵美且異，匪女之為美，美人之貽。

我們開始蒐集詩歌中理想伴侶的特質。來看第一個字，這個「靜女」的「靜」字，從漢魏以來都是解釋成「好」，而「好」又可以解釋成美。在古代，「美」跟「好」這兩個字，包含了容顏之美與德性之美，美色和美心從來都是二合一談的，那是一個很高的標準。我們先來看「美色」。如果你跟我一樣，閱讀過香港雜誌，「靜女」有時候我們稱「靚仔」，就是很漂亮的一個女孩、很帥的一個男孩的意思。而在中國文化傳統中，講到這名女子是美女，通常她是懷抱著一種內在的表徵，也就是可以把「美色」解釋成「有德之色」。

這時候我們就要提到《論語》了。《論語》裏孔夫子說：「仁者壽」（〈雍也〉）；形容內在有仁德，會影響他身體的年壽。《孟子．盡心》更說了：「其生色也」，一個內在具備仁、義、禮、智四端之心的人，他在外表上「睟然見於面」，在臉上看得到；「盎於背」，從後背看得出；「施於四體，四體不言而喻」，不需憑藉言說，從手足四肢便看得出來。所以儒家認為，人內在的德性、心性，會反映在外在的容顏、形軀甚至四肢。而不只儒家，《莊子．逍遙遊》也說：「藐姑射之山，有神人居焉，肌膚若冰雪，淖約若處子」，「淖約」就是美好，神人會有「肌膚若冰雪，淖約若處子」，這種冰雪肌膚、體態美好如處子的表徵。

其實我們有時候觀察自己，也會發現，在你身體比較好的時候，你整個手指看起來是鼓鼓的；比較虛弱、比較病的時候，手指就皺皺的。難怪不管是醫家、道家或儒家傳統，對於「靜女其姝」這種外在美色，都含括一種內在德性表徵的觀點。

接著剛剛講完「美色」，現在講「美心」。「靜女」這個「靜」字另一個解釋是「貞靜」。「貞」這個字，說明女子的一往情深。每一個男子都希望他遇到的女子，認為自己是對方唯一的愛情；假如你是女性，也會希望那名男子把自己當作愛情的唯一。我們都渴望——至少不反對——對方認定你是眼中「你是我的唯一」的專一。

我就想起我的母親。在她那個時代，家裏反對自由戀愛，所以當外祖父、外祖母發現母親居然跟讀臺灣大學藥學系的同學，也就是我的父親相戀，就非常反對。於是母親採取一種非常激烈的措施，在臺大女生宿舍絕食。因為這個行動太激烈了，外公外婆就派出我大阿姨到宿舍來考察看這個絕食行動是真是假。結果當大阿姨來到臺大女生宿舍，看到奄奄一息的母親，非常困惑。她就問：「你眼前這個男人，你愛上的這個人，到底是一百個人裏有一個，一千個人裏有一個，還是怎樣？你為什麼願意為他死啊？」我母親居然在奄奄一息當中，講出了一句我今生覺得她說出最美的一句話。她回答：「全地球只有一個！」因為這句話，我大阿姨開始站到我母親這邊，跟她一起抗爭。這就是我們講「貞靜」的——「貞」的極致了。

當然，我覺得伴侶之間，如果只有一個人覺得「你是我的唯一」，而另一個人卻覺得「你不是」，那也是無可奈何。還好我曾經看過父母親就讀臺大藥學系時，父親送母親的一幅畫，上邊有一首詩：「芭蕉護菊只一枝，那堪誘淚成千垂。風雨霜雪相依共，不敢描月為定情。」畫是幅芭蕉圖，芭蕉旁邊有株菊花。意思是芭蕉我保護的菊花只有你這一枝，聽起來非常有美感。如果雙方都這樣，當然可能就是神仙眷屬了。

講完「貞」這個特質，接著講貞靜的「靜」，那就更有意思了。「靜」是安靜的、不聒噪的。可是這個特質在我們這個時代，其實都陌生了。當我讀我的太老師鄭曼青先生的醫書《女科心法》的時候，很訝異地讀到一段。書中提到鄭曼青先生的中醫老師宋幼莕先生，他告訴我的太老師說，你使用藥的時候要小心，古代的女子跟現代的女子用藥完全不同。為什麼呢？他說：「古代女子自宋以降，皆崇尚禮教，如笑不動容、走不動裙」，走路的時候裙子是不能動的。「倘於意多拂逆」，大家再怎麼樣拂逆她，「亦必主於百忍」，也都能吞忍下來，「其血之靜而漸寒，或有抑鬱，則凝滯可知。」她的血液是寒的、是凝滯的，「是以重用當歸、川芎、桂枝、香附等味，而不厭其溫」，所以在用藥常常會用當歸、川芎、桂枝、香附這些辛溫之藥。可是反觀清末民初「倡設女學，解放其纏足裹乳之弊」，女子變得如此活潑，之前的方子若再用下去，會讓她們「其血由凝寒而至滾沸，甚至枯竭矣。」如果當代女子再吃古方裏面那些辛溫的藥，就會讓她們過於燥熱，「當以生血養血為主治」。我想各位看了這段話，就可以了解古代女子的「貞靜」，在這個時代已經很少見了。

你可以近距離觀察他（她）靈魂的美醜

「靜女其姝　俟我于城隅」，「俟」是等待，一個有著美心美容的貞靜女子，在城角那等待著我。這一段很有意思，我們可以思考一個問題，你在不在意伴侶的脾氣？可以從遲到事件做一個伴侶的修養考察，這一點我真的覺得這位詩經裏的女子太有智慧了。我們知道情人約會一定約在城角不會約在廣場正中央，「愛而不見」，這個「愛」是「薆」的假借，意思是隱蔽、隱藏；也可以把「愛而」解釋成「薆然」，就是隱蔽而看不到的樣子——這名女子先到了，可她故意把自己藏起來，讓男子看不到。為什麼呢？她想要知道，這男孩如果以為她遲到了，會有什麼樣的反應。「搔首踟躕」，已經急到一邊抓頭，一邊著急地往來徘徊了。這男生的反應、動作，我們不覺陌生。可不知道為什麼在這裏我們看他抓頭，我們不會覺得他蠢，反而會覺得有點憨傻可愛。

那麼就要問女孩為什麼要躲起來？為什麼之前說她是有智慧的？因為儒家說「君子慎獨」（《禮記．中庸》），一個人獨處的時候是最真實的。女孩想要躲起來，看看她遲到的話，這男子是會不悅、還是擔心，還是根本不在乎、還是乾脆就自己跑掉了。我想這樣的考察也許是非常有必要的。想到年少的自己，有一次我跟那時的男朋友約上午十一點四十五分在臺北車站見面，因為他一個最好的日本朋友要回日本了，我就陪他去送行。可是我錯聽成下午一點四十五分，而那是一個還沒有手機的年代，當我到的時候，我就看到一張鐵青的臉。看著我一臉無辜的樣子，他就問：「妳為什麼現在才來？」我說：「怎麼了？現在不就一點快四十五分嘛，我本來會早點到的，可是今天剛好有某黨的遊行，所以耽誤了我的行程，可我準時來了。」他說：「這種謊妳也敢撒啊？我們約的明明是十一點四十五！我最好的朋友都走了！」我說：「對不起，那我聽錯了！」他非常生氣。他覺得我是遲到了不敢承認，所以騙他說我聽錯了，騙他有某黨遊行，他開始發火。其實那天發火是什麼樣，我有些忘了，我只記得我是怎麼樣哀求他的。我先說：「你別生氣嘛，我不是故意的，我真的聽錯了。」他說：「妳說謊。」我那時候覺得好傷，我想你認識我那麼久了，你不知道你摯愛的女人最大的特質就是不願說謊嗎？怎麼連這點認識和信任都沒有呢。所以我一邊難過一邊求起他來。各位都知道女孩求人先用什麼，先用言語來求，然後用手拉一拉他，接著，在臺北車站能做出來的動作都做了，就差沒下跪了。可怎麼他還生氣呢？他真的很生氣，所以後來到我真的有點絕望了。我看一下手錶發現已經四點了，算一算我從一點四十五求到四點，這已經超過我遲到的時間了，夠贖罪了。我告訴自己，我再求他一句，不答應我就走了。結果還是沒反應。我就說：「對不起，我沒有辦法讓你不要不高興，沒辦法讓你開心，那我回家做功課了。」招了輛計程車我真就走了。我在上車前還不斷回頭問他要不要上車，他不要。第二天我們還是見面了，對方沒有要分手的意思。他就告訴我說：「其實璧名啊，我昨天心裏已經打定主意了，你再求五分鐘我就原諒你，你知道嗎？」但我心裏想，我真的不知道從一點四十五一直到四點，就差這五分鐘我就過關了。

我記得他最生氣的時候，用手去打牆壁，打得非常重。這動作在當天的我看來，除了傷心，也是有點害怕的。那時候想，是不是因為現在是女朋友，所以只捶牆壁。如果不只是女朋友，會不會打我呢？那天真的有這樣的懷疑。

所以讀到〈靜女〉這首詩的時候，我覺得是不是在一開始約會的時候，我少了那個躲起來觀察別人脾氣的聰慧。忽然就覺得一個女人有智慧很重要，一旦有智慧，很多艱難的事情就可以牽動四兩撥千金。更重要的是我們看到「靜女」這名女子，不只有著美容、美心，而且她重視修養。我在想什麼樣一個人會重視修養，應該也是一個有修養的人，或感受到修養重要的人。她才會故意躲起來觀察，表示她挺在乎這件事。

當然，我們不是要事事考驗對方，畢竟如果有個人談感情整天考察你，這樣也太緊張、太不舒服了，又不是跟督學談戀愛。但是順其自然地測試一下，可以讓你更了解對方，進而思考你們的關係。或者今天剛好跟他（她）吵架了，過去可能覺得很沮喪。但現在你想到〈靜女〉，機會來了，來看這個人氣起來到底會怎麼樣。

在這裏我們看到詩人特別強調這個「靜女」在乎修養這件事。可是我的學生聽到我講這段，脾氣不好的女生男生就緊張了，他們說：「老師，不要一直強調修養嘛！」好像我壞了他們的行情一樣。於是我就稍微修改了一下，說：「脾氣不好沒有關係，如果能溝通的話，或者願意培養更好的脾氣，那就是ＯＫ的。如果是不願意溝通，又不願意培養，那可就不行了。」

有的禮物、能看到未來共通的夢

我們接下來可以從「靜女其孌，貽我彤管」這個段落，感受一下情愛的深淺。「孌」這個字可以念「ㄌㄩㄢˊ」，也可以念「ㄌㄨㄢˊ」，是美好的意思。不管是第一段「靜女其姝」的「姝」或第二段的「孌」，都是形容女子的美好。接下來我們看到這女孩送給男孩禮物了，「貽我彤管」的這個「貽」就是贈遺、贈送、餽贈的意思。我們很想知道送了什麼對不對？她送了「彤管」，這「彤管」有四個注解。

第一個解釋說「彤管」是手如柔荑的「荑」，一種嫩苗可以生吃的植物，味甘，狀似玉針，俗名茅針，味道很甘美，因為剛出生時是紅色管狀的，所以被主角形容成「彤管」。第二個說法，因為「彤管」的「彤」有紅色的、發亮的意思，所以有人說是簫笛，女子送給男子一支簫或者笛。第三個解釋說這個「彤管」是赤色筆桿、紅彤彤的一支筆。第四個解釋是針線管，可以拿來盛裝針線。不知道各位最喜歡哪個禮物？因為禮物不是我收的，我不知道到底送了什麼。但我個人挺喜歡針線管的，因為我覺得一名女子，送這個針線管好像有一種「未來你的衣服可否交給我來縫」的暗示。

「彤管有煒」，《詩經》中如果出現「有X」形式的字詞，且「X」這個字如果是形容詞的話，那就是「X然」的意思，所以「彤管有煒」就是說這彤管「煒然」。「煒」是赤色，「煒然」就是紅彤彤的，這彤管紅彤彤的非常漂亮。接著就說：「說懌女美」，收到禮物的人

「說懌」就是喜歡，「女」就是「汝」，代名詞「你」的意思，這個「你」可以指禮物。「說懌女美」，好喜歡這個禮物啊。可是真是喜歡這個禮物嗎？還是喜歡送禮物的人呢？這是有兩層含義可以說的。我們就想到，其實心愛禮物有三重境界，第一重是你真的很喜歡這個東西，就算他（她）不送你，你自己上街也會買。第二重是那個禮物如果不是他（她）送的，那還真是普通。可是因為那是他（她）送的，睹物思人，所以就特別喜歡。第三重境界，就不只是這禮物你喜歡，也不止睹物思人，而是這禮物好像可以象徵你們共通的夢想。比方我有一位讀者告訴我一個訊息，他說他真的太喜歡我《正是時候讀莊子》這本書了，他就很刻意地買了兩本，一本給自己，一本等著送給他還沒遇見的那個女孩，他決定將來喜歡上那女孩的時候就送她這本書。我就問他：「然後呢？」他：「然後看她喜不喜歡。」「然後呢？」他說：「如果喜歡，我們就繼續更進一步。」我助理聽了說：「好無情喔，萬一那個她不喜歡莊子，那她就被革了。」假設這位讀者是預期兩個人有一個終極的、共通的夢想，那我想有的禮物，真的可以讓彼此看到兩個人未來共通的夢。那麼收到禮物時看到的就不止是禮物，不止是他（她），而是一生的願景。這樣分析之後，我們再回頭看「彤管有煒，說懌女美。」我想這女孩雖然是送禮，但她送到男子的心坎裏了。

各位不要以為自己的愛情超越世俗格調，所以不需要送禮物。要記得西方心理學家告訴我們的，想要持續長久地愛一個人或者要對方持續長久地愛你，根本就是違背人性的一種要求，因為人性是會習慣、會適應、會喜新厭舊的。所以我們要不斷培養、不斷付出，才能擁有一分不冷卻的親愛之情。其實不止是愛情，我想任何感情都是這樣，所以我們盡可能創造或發現很多的優點，來延長彼此相愛的峰值，來延長彼此開心的時間——我覺得收送禮物可以是很美好的經驗。它可以表達你內在抽象的情思，也可以讓禮物代替你，陪伴對方，在天涯、在遠方。

「彤管」是第一份禮物，接著「靜女」又將送出另一份禮物，另解是說接下來這名男子描摹一下前面提及的這份禮物。「自牧歸荑」，什麼是「牧」？「城」外曰「郊」，「郊」外曰「野」，「野」外曰「牧」，「牧」是比城外、郊外更遠的地方。「自牧歸荑」的「歸」唸「ㄎㄨㄟˋ」，是饋贈的「饋」，贈送的意思；「荑」就是方才「彤管」的第一種解釋，嫩苗可以生吃的一種植物，味道甘美，曬乾以後可以編織成小墊子。另一個解釋是「芍藥」，和「蘼蕪」同類，古代的男女常常會用芍藥來定情，象徵永結恩情。「自牧歸荑」是說這名女子從比郊外更遠的地方回來，送了可食的嫩苗或者象徵永結恩情的植物給這名心儀的男子。

你可能會說：「送個植物有什麼可以大說特說的啊？」我聽過個動人的故事——我有一個女學生，她有一天在馬路上走著時，遇到一個在賣玫瑰花的老婆婆，通常玫瑰花都包裝得很漂亮，但那位老婆婆不知道為什麼就用報紙包著，不是那麼美。但這學生善良，覺得老婆婆可憐，就買了一束玫瑰花。既然買了，要送給誰呢，很自然地她就往男朋友家走了，到的時候她按鈴，男朋友一開門看到玫瑰花非常地吃驚。看男朋友吃驚就想跟他開個玩笑，她說：「你都忘了今天什麼日子啦！」這男生就開始想送玫瑰花是什麼日子，今天既不是相識紀念日，也不是牽手紀念日，更不是接吻紀念日，什麼都不是。這女生看他有點焦慮就忍不住說了：「好吧，我告訴你好了，今天就是 I Love You Day，是我愛你紀念日，所以才帶玫瑰花來送你。」這男生就非常感動地收下了玫瑰花。過了幾天，男生給女生打電話，請女孩到家裏吃飯，她到男生家後發現，桌上擺的竟是玫瑰花瓣蛋炒飯！女生上過我的中醫課，知道玫瑰花可以「理脾肺之氣」，對胃腸和肺是有益的，只是不知道這路邊老太太賣的玫瑰花是否同一般市場販售的一樣有噴灑農藥！她驚喜地問男友：「為什麼做玫瑰花瓣蛋炒飯？」男友說：「因為是妳送給我的玫瑰花，所以一開始先插在瓶裏拍照留念；等它快凋謝的時候就把花瓣摘下來，本打算壓在大辭典裏做成乾燥花，留作永久的念想。可我知道乾燥花要做得漂亮，應該花苞初綻放就要製作色澤才美，不能等快凋謝才壓。最後終於想到一個更好的辦法，就是做成玫瑰花瓣蛋炒飯，找妳一起來吃，那麼這些玫瑰花就能永遠進入妳我的生命裏，徹底消化、吸收、代謝，變成我們的一部分。」真是太有美感了。

我想，除非玫瑰花施用的農藥劇毒更勝老鼠藥，否則哪個女人捨得不吃呢？女孩聽了心裏甜滋滋地，便大口大口很幸福地把玫瑰花瓣蛋炒飯吃完了。

我還有個很喜歡去郊外遊玩的天秤座女學生，每次出發前，常會先到研究室探望我，同我打聲招呼：「老師，你又待在監牢裏工作啦？我可要去玩兒了！」遊玩歸來後有時還會來找我。有一回她提了一個樸拙可愛的小陶甕，綁著根有點粗糙的繩子，頗具美感，女孩笑著對我說：「這是我這次旅行的戰利品，送你。」陶甕裏面盛裝著水，上面漂浮著一葉很大的浮萍，我想起教過她的白居易詩：「君寫我詩盈寺壁　我題君句滿屏風　與君相遇知何處　兩葉浮萍大海中」（〈答微之〉），所以收到這份禮物我特別有感。

我就把這葉浮萍放在研究室門口一個不算小的玻璃魚缸裏，想不到過沒多久，那葉浮萍已變成上百葉浮萍。但是只有當初那葉特別大，其他都好細小，可愛極了。於是寫下這首詩：「浮萍一葉寄相思，日夜滋生竟滿池。誰解漂然相惜意，悠游萍下魚先知。」（〈記玻璃魚缸中雅雯贈萍〉），誰能懂得浮萍之間的相惜呢？我想只有整天悠游其下的魚們，最懂得這片綿密的思念，這真是一份美好而充滿詩意的禮物。

我在「自牧歸荑」這句詩做了一些發揮，目的是想增加各位送禮物的能力。也許我們走到地球一隅，會拾起一片落葉。當對方收到這片落葉的時候，他（她）會知道你對他（她）的思念就像天涯落葉般，無所不在。有時候別人送你一份禮物，是在一個景點買的。臺灣的景點很特別，每個景點賣的東西都一樣。可是如果她（他）知道這個景點對你有特殊的意義，所以才特別在那裏買，那麼再平凡的東西也會變得舉世無雙了。比如我之前的學生去臺南旅行，送了我一罐臺南縣南化鄉的沙，她說：「老師，這是妳故鄉的沙。」我收下之後就覺得，這沙不一樣，特珍貴。

那我們要知道，這名女子送了這樣一株植物給這男子的時候，這男子是什麼感受呢？他說：「洵美且異」，這個「洵」是誠然、實在，「異」是稀罕，太特別了，為什麼特別呢？不就是「荑草」嗎？原來是因為這女孩太特別了，所以她送的一切都是特別的。

「匪女之為美」，「女」是「汝」，好像是對這禮物說：禮物啊禮物，也許不是你真的多美，但因是「美人之貽」，是我心目中非常美麗的美人送的，這男子就覺得這禮物真是美呆了，太特別了。

但古人心目中「美人」這個詞彙，是男女皆可指的。屈原寫〈離騷〉以「香草美人」為喻，君王就是美人；李白寫「美人不來空斷腸」（〈早春寄王漢陽〉），詩人的好朋友王漢陽也是美人；東坡寫「望美人兮天一方」（〈前赤壁賦〉），這裏的美人是東坡之弟蘇轍。當然，〈靜女〉這首詩的「美人」是名女子。

知己與深情，都是需要長期製造的

讀完這首詩，我們要再一次感受的是：在一段情感中，其實我們是可以不斷製造很多快樂的，一方面把自己製造成為對方量身訂製的知己，然後不斷投注很多的深情。我不太喜歡說：「感情是需要經營的」，我很不喜歡「經營」這兩個字。我選擇說：「深情是需要創造，而且是長期製造的。」當然，知己也是可以——甚至是需要——製造的。大家不要看到「製造」就覺得很人工、很刻意，其實想想人的一生，從呱呱落地那天開始，你的一想一念，會受到你所走過的路、上過的學、修過的課、讀過的書、培養過的興趣和嗜好，還有你遇見過的人的影響。這麼多存在於天地之間的因子，都共同參與了你這個人的形塑與形成，讓你成為一個什麼樣的人。

所以如果你今天很愛一個人，因為愛他（她），把自己陶養成跟他（她）更合拍的樣子，便是一種製造。當然我希望這種陶養是一種長養，而不是一種折損。當能夠將「自事其心」，優先於「自事其親」、「自事其情人」的時候，就不會是一種折損。這樣的話，投注更多深情讓自己跟他（她）更合拍，我覺得是一種很自然的嚮往。

某天下課有個學生來找我，他和一個女生之間的情感讓他很困擾，他覺得他們認識已經很久了，可是女孩始終不確定自己是他女朋友。剛好這個女生星座和我一樣，我說：「你越想把她當女朋友，她就逃得越快。而當你釋放只是想和她成為超級好朋友這樣的訊息，她自然會和你變得親近。」酷愛自由的水瓶座既害怕禁錮自己、更害怕辜負他人，並且可能覺得：「有個人現下一直在我身邊打轉，他以為他真想和我談戀愛，可他到底認不認識我啊？」但假使有個人想和她成為摯友、知交時，她會覺得：「真好啊，天涯知己。多自由自在的關係啊！這世界上能有個知己最叫人開心不過了。」若真喜歡她，就透過一點一滴的了解，成為她的知己吧。他過幾天給我寫了個訊息，只有四個字：「真的有效。」是的，一旦實踐，你將會明白：「知己也是可以製造的」。

讀到這兒，大家會很疑惑：「這堂課不是要談理想的伴侶有什麼特質嗎？怎麼一下躲牆角、一下又送禮物啊？」我覺得有時候從送禮物跟收禮物，就可以了解一個人的性格。

我讀研究所時期有個學妹和學弟，兩個人都跟我很熟。我常常聽到這學妹夏天熬煮綠豆湯送去給男友，她男朋友稍微水腫那麼一點她就給他煮紅豆薏仁湯。而且女孩親自拿到男生宿舍去送，來往的男生都盯著她看，我總覺得精神可嘉。有一天我跟他們一起吃飯，在他女朋友上洗手間的時候我問了一句：「你女朋友聽說常常到男生宿舍站崗是嗎？」「嗯，她知道我喜歡吃。」我就問他：「那你回送她什麼呀？」他就愣住了：「回送啊？就只過年的時候買張卡片，寫句恭賀新喜囉。」我就說：「恭賀新喜……都卡片了，你怎麼不多寫幾句浪漫、貼心的話呀？」他說：「這麼噁心的事我做不出來。」必須要知道，其實從收禮、送禮時，心裏就要有一個預期了，對方可能沒有打算要為你們的情感付出、陶養太多，也未必想要進一步了解你些什麼，他（她）變成你一生知己的機率可能也不大。甚至你得有心理準備，你漫長的一生要這樣單向地持續投注你的深情，然後努力讀莊子，讓自己無憾、無恨、無傷、無累、無悔。又或者其實你還是有憾、有恨、有傷，甚至既恨且累的，外加一肚子不知向誰傾吐的苦水。這些事件你都能看出來，這樣你的未來可能不是那麼快樂，甚至可能是齣悲劇。你於是不是莫名其妙未知將來的即將到來，只一股腦兒繼續傻傻地送，傻傻地有去無回，而是你能清明地自我抉擇。

當想更靠近的時候，我們擁抱；當想更具體的時候，或我形體到不了的時候，就送禮——有智慧的人才能夠洞燭機先。或者從對方送你收、你送對方收的禮物，或者從一個人剛開始跟你約會的時候，就躲起來觀察他（她），才能事先理解未來。絕對不要兩人根本還未有一定程度的相互了解，對方根本還沒為你付出些什麼，甚至只是看到他的鼻子、眉毛、眼睛，甚至也不知道眉毛和鼻梁是不是真實的，就把他具體的輪廓樣貌、體重身高、心地志向，自己通通給虛構補全了。

甚至想像對方的性情應該就像《後宮甄嬛傳》裏的果郡王，便覺得自己愛上他了，整個注意力就都在他身上了。再沒辦法好好吃飯、好好睡覺、好好鍛鍊、好好用功，整個人就這麼荒廢了。

生活的背後是一種哲學，哲學的觀照是一種生活，我希望上過這門課的各位，將來在與人相戀或相愛，不管是情人或是親子、朋友，都能夠保持一定的靜定程度和觀察立場的高度。回到之前說的，你心目中理想伴侶的特質是什麼呢？透過〈靜女〉這首詩，我們看到一位有智慧的女子，在乎的是對方的性情修養，她透過約會遲到的機會，很有技巧地觀察著對方。接著提到情愛的深淺，從收、送禮物也可以看出端倪。一個人會送你什麼樣的禮物？收到禮物的一方又如何珍視，會怎麼樣珍惜它？其中的巧思與情思，都寄託了彼此不斷投注的深情，同時也為這段情感關係，持續製造更多的快樂與驚喜。不是用幻想去形塑一個人，而是用冷靜、若鏡的心，如實地去認識對方是什麼樣的人。也祝福各位的生命中，都被許多有形的、無形的美好的禮物圍繞。

〈關雎〉《詩經．國風．周南》

關關雎鳩，在河之洲。窈窕淑女，君子好逑。

參差荇菜，左右流之。窈窕淑女，寤寐求之。
求之不得，寤寐思服。悠哉悠哉，輾轉反側。
參差荇菜，左右采之。窈窕淑女，琴瑟友之。
參差荇菜，左右芼之。窈窕淑女，鐘鼓樂之。

《詩經》通常是從詩的第一句截取兩、三個字作為詩題，這一首叫「關雎」，擺在一開頭的位置，就是〈國風〉之始。〈國風〉一打開來，就是「關關雎鳩」了。

進入〈關雎〉這首詩之前，我們先介紹一下「雎鳩」鳥。「關關雎鳩」，所謂的「雎鳩」是一種水鳥，又叫魚鷹，它的特徵是「有定偶而不相亂」（朱熹《集傳》），它有固定伴侶，用情堅貞，也因為這樣，所以常常被拿來作為愛情的表徵。

有一種感情，能因為相遇而無憾地活著、無憾地死去

有一次演講之後，一名美麗的女孩兒問我一個問題，她說：「老師啊，現在這個時代的年輕人，有不少人認同『開放式關係』，不知道莊子是贊成還是反對？我想問莊子的是：為何只能跟一個人交往呢？我希望同時有很多愛情伴侶不行嗎？」我想莊子這個人心裏沒有什麼贊成或反對，行跟不行。他只會提醒你能量不滅，作用跟反作用力，不希望有波及心身的負面影響而已。

所以我們要談的是：當「定偶不亂」遇見「開放式關係」。如果最好的情感關係我們認定了一個前提就是要深度了解彼此、希望成為彼此的頭號知己的話，不是一對一的親密關係，恐怕會有相當的難度。就好比我們學唱歌，同一時間，要學一位歌手維妙維肖容易，還是學十位歌手？一定是一位對不對？或者我們要精通一種樂器容易，還是同時精通十種樂器？這答案是非常清楚的。所以要徹底地了解一個人容易，還是了解十個人容易？有時候我們連自己都很難瞭解，何況是瞭解別人？所以對於伴侶的渴望，是能深度地瞭解他（她），而他（她）也深刻地瞭解你，都希望彼此的感情質地是非常深刻的，那麼如果是開放式關係的話，可能還真會有點分身乏術。

我覺得每個人要想的是：百年人生，你求什麼？只有自己最明白。遇到什麼樣的人，可以覺得自己真是太富有了，不必再得到什麼了。就像秦觀〈鵲橋仙〉裏說：「金風玉露一相逢，便勝卻人間無數。」有一種人讓你覺得，遇到他（她），好像這輩子這樣活著就夠了。甚至於有一種人，你遇到他（她），你覺得連死亡也不怕了。

有一部電影闡述過這樣的感情。我年輕時的一部電影《失樂園》，役所廣司跟黑木瞳主演的。女主角對男主角說：「あなたと一緒なら怖くない。」當我跟你在一起的時候，我了無恐懼。如果一種感情它可以讓你因為相遇而無憾地活著，因為相遇而無憾地死去，我想這應該是感情的極致。這樣極致的感情，如果不是一對一的話，我認為是很難辦到的，因為我們很難同時跟多個對象坦白所有的一切。其實我有少數幾個在婚姻裏不太安分的朋友，他們都不太敢讓配偶知道。而一旦你需要這樣對配偶遮遮掩掩的話，對方永遠只能對你一知半解，自然很難成為你的頭號知己。我再次提醒各位，莊子不是覺得一定非要怎麼樣不行，只是希望心身安樂。在做每一個選擇之前，要搞清楚自己的價值選擇與背後的哲學意涵。我覺得是比較重要的。

我們從「探討何謂理想情人」，來探討這一首詩。首先「關關雎鳩」一開始就是非常理想的情感狀態，怎麼說呢？因為是「關關雎鳩」嘛，不是「關關關雎鳩」，如果是「關關關雎鳩」，那就是三角戀，如果是「關關關關雎鳩」那就是四角戀，如果今天是「關雎鳩」，那就是單身。你肯定覺得：「老師，你也太誇張了吧？」我說：「這不誇張。」這是古人的注解，他說關關是雎鳩鳥雌雄相和的聲音，兩隻鳥兒就這樣，在黃河邊的沙洲上一搭一唱、雌雄相應和著。

「在河之洲」，這「河」是黃河，「洲」是水中可居之地。這種寫法是《詩經》「賦比興」的「興」，所謂的「興」就是一種聯想。鄭樵《六經奧論》說：「不可以事類推，不可以義理求。」就是詩人跟景物之間，有一種內在的心理上的聯繫。當他看到魚鷹鳥這樣的雌雄唱和，他就想了：「連雎鳩鳥兒都知道雌雄相和，那我呢？我喜歡的女子在哪啊？」

接著就要問：是誰牽動了君子的心？一個理想伴侶的必備特質會是什麼？剛才〈靜女〉說是「靜」跟「姝」，那這首〈關雎〉提到的就是「窈窕淑女」了。什麼叫「窈」？美心、善心為「窈」。美容、美狀為「窕」。心地善良有美好的容顏樣貌、甚至於動作舉止；「淑女」的「淑」是賢淑、賢慧的意思，可能會做吃的、會做手工藝，會把家人所需一切照料得很好。「君子好逑」，「君子」這個詞彙在古代是品德優秀的男子，或是貴族男子，或是妻子對丈夫的敬稱。「好逑」的「逑」是配偶，好的配偶，好的對象。這樣一個內外兼具，有美麗外貌、也有美麗心靈的女子，是品德優秀的男子想要追求的好對象。顯然「關雎」希望的理想伴侶特質是：有美麗的外貌、有美麗的心靈，或者賢淑的品德。

這首詩我們看到對於理想伴侶追求的三部曲，第一部是從「左右流之」到「寤寐思服」。「參差荇菜，左右流之」，長短不齊的荇菜，在水流中左右流盪、飄忽不定。這飄忽不定指的是什麼？我們知道荇菜是心型的，就像徐志摩寫：「軟泥上的青荇，油油的在水底招搖」（〈再別康橋〉），荇菜是愛情的象徵。這種意象未明，有兩種可能。一種指的是他還不太確定自己感情的意向，他會覺得：「奇怪，怎麼我最近常想起這個人來？為什麼她今天沒有傳簡訊來？我覺得怪怪的，我真的喜歡她了嗎？」或者他不確定這女孩的心思，女子的情思如長短不齊、流動不停的荇菜般地飄忽不定，教男子捉摸不清。可是當她的身影一出現，男子的眼神、心意就跟著她，她的身影不定，男子的心就跟著不定。這兩個說法都解得通。

接著詩人說：「窈窕淑女，寤寐求之」。「寤」是覺醒、是醒著；「寐」是入眠、是睡著。醒著睡著都想追求這個人，可是偏偏「求之不得」，到底追了沒？不知道，或是不好意思開口、或是找不到方法吧。「寤寐思服」，這個「思」是語氣詞、沒有意義，「服」是思念——但不管醒著、睡著，都想念著她。

「悠哉悠哉」，這思念好深長、憂思好深長啊。這深長不是隨口說說：「我想死你了。」而是有具體的反應的，那就是「輾轉反側」了，因為整夜都在思念著這個人，具體反映在生活舉止上。古注說：翻九十度叫「輾」、一百八十度叫「轉」，意思就是整夜翻來覆去都睡不好。

那他的對象是什麼樣子呢？依然只有「窈窕淑女」四個字。

我們說這是追求三部曲，如果說第一部曲是：「我為什麼一直想起你」，那第二部曲就是：「我要定你了」，於是就出手了。

第三段說：「參差荇菜，左右采之」，這「采」是採摘。前面招搖的時候，「左右流之」的時候還沒伸手；但這時候伸手了，做出決定、付諸行動了，甚至採摘到了、追上了。

「窈窕淑女，琴瑟友之」，「友」是友愛、親愛、交好的意思。「琴瑟友之」，我願與你一塊彈琴鼓瑟。在一生當中如果每個人都能培養至少一項有益心身的嗜好，是非常美好的。如果是跟所愛之人一起培養有益心身的嗜好，彼此的情感當然也會增進、倍加契合。可是我們知道琴瑟合鳴也好、琴蕭合奏也好，我們未必容易在世界上找到這樣一個人。金庸的《笑傲江湖》裏，劉正風跟曲洋，一對愛樂成癡成為知己的好朋友，共同譜出了一首〈笑傲江湖〉曲。可惜小說裏面，兩個人是不共戴天的正、邪兩方，在正派人士的脅迫下，劉正風不願出賣雖出身魔教但不為惡的曲洋，所以兩個人最後身受重傷，攜手而死。所以人們很難再聽到這樣的琴曲了。幸好後來，當初聽過兩位合奏並答應要傳承這曲譜的令狐沖，在偶然的機會遇見了隱身在竹簾後不曾露面的魔教大小姐任盈盈，一開始以為她是個年邁的婆婆。那任盈盈因為本身就精通琴蕭，所以就教給了令狐沖，最後在梅莊的婚禮中，兩人就和諧蕭琴，使得〈笑傲江湖〉，神曲再現。

我想讀過這段的讀者，一定能感受到，能跟所愛培養一個共同的嗜好，是非常美好的一件事。那《詩經》裏的男主角也是這麼操作的。

到了末段「參差荇菜，左右芼之」。這個「芼」的意思就是「熟而薦之」（朱熹《集傳》），把荇菜煮熟了就盛裝在容器裏，「薦之」這個「薦」就是下面墊一個東西以後，端出去供人食用，可以吃了。本來是「流動」，接著「採摘」，接著「煮熟吃了」。有種生米煮成熟飯的味道，兩個人關係由陌生變熟悉，可以結婚了。

「窈窕淑女，鐘鼓樂之」，這個「鐘」是鳴鐘，「鼓」是擊鼓。「鐘鼓」二個字透露了這名男子的社會階級還有經濟條件，因為在古代能夠有鐘有鼓，至少是士大夫階層以上。官宦之家叫「鐘鳴鼎食之家」，一個家庭有鐘可以撞、有鼎可以拿來煮食，那是貴族階級或是士大夫以上才行，一般百姓用的是陶器或瓦器。所以「鐘鼓樂之」指的是，我希望能夠跟妳歡喜共享我生命中的一切。

看起來兩個人已經結合了。當然結合有兩種可能，一種是真的結婚了，另一種可能只是在夢想之中。所以注解有兩種說法：一是夢想要跟這位窈窕淑女走向紅毯的另一端。另一種是他只是太愛這名女子，「琴瑟友之」與「鐘鼓樂之」可能是思極入幻，這也是有可能的。可是現在只是要探討什麼是理想對象、理想伴侶，所以不必追究是幻想還是真實。

讀完這首詩，我們同時知道了，這名君子一開始好像就是要以一生一世這樣的目標，來追求這名女子的，而「窈窕淑女」，就是男子認定的理想伴侶。我們可以換個角度，如果你今天是這位女子的角度，這樣一個追求你、對待你，希望跟你培養共同嗜好，一起分享生命中所有美好的人，會不會是妳的理想對象呢？

談到這個話題，我們就要回到這首詩一開始：你認定的「窈窕」是什麼？每個人認為的美心跟美容可能不一樣。你認為的「賢淑」又是什麼？或者你認為的「君子」、你認為的「好逑」是什麼？我們就在詩歌的閱讀當中繼續進行著思考。為什麼要思考？因為如果不思考，一旦遇見了，你會忽略很多他（她）缺少或是多出來的特質，這樣的思考，是非常有意義的。從這首詩我們可以發現其實古代男子喜歡的女子，跟女子喜歡的男子，都是外貌姣好、心地善良、賢淑體貼，其實沒有太大的差別，甚至於跟現代也沒有不可踰越的鴻溝。

只是我們在探討的是，在情感關係中最需要培養的才能。可能各位會問：「美心、美容算才能嗎？」就一個研究傳統醫學的人，他（她）絕對會覺得是一種才能。因為一個人的外表絕對不是天生的，是透過修行、鍛鍊而來的。我常跟學生說：「把你交給我半年，你會出現不同的樣子。」我講「交給我」，其實就是在我的規劃下生活半年。其實我自己也很需要休假半年，好好鍛鍊之後，一定會有不同的樣子。任何人不出半年，在心情、津液、氣血、肌理、骨骼、臟腑，各方面都可以有明顯的進展。相反地，如果你每天焦慮、煩擾，只注目、張望著外在世界，不久你的身體就會耗損，就會出狀況的。中醫的理論講，有心平氣和的心情，津液、氣血才會充足順暢，甚至於肌肉、骨骼、臟腑等，全都會受到影響。

你的融入，使一家的日子變得如此美好

〈關雎〉這首詩就談到這。往下讀一下〈桃夭〉。〈桃夭〉這首詩描寫的是在出嫁行列中的新娘。我不知道詩人的身分是要娶這名新娘的男子，還是在出嫁途中或者婚宴席上的旁觀者。那麼，當我們看新娘隊伍經過的時候，閱讀《詩經・國風・周南・桃夭》這篇的時候，可以思考一個家庭，或者將來你自己成家的時候，或者你已經成家，待你兒女要成家的時候，你覺得最合適的新娘，是什麼樣子的人？單身女子也可以藉機發想，妳覺得最合適的良人是何等模樣？

〈桃夭〉《詩經・國風・周南》

桃之夭夭，灼灼其華。之子于歸，宜其室家。
桃之夭夭，有蕡其實。之子于歸，宜其家室。

桃之夭夭，其葉蓁蓁。之子于歸，宜其家人。

什麼是你眼中的「桃之夭夭」？什麼是對你而言，最帥、最美、最具吸引力的特質？「桃之夭夭」的「夭」這個字是「木少盛貌」，就是這棵樹已經成樹了，它不是芽苗了，但還非常地年輕，所以我們說：「少盛」。「桃之夭夭」就形容這樣一棵青春正好、生意盎然的桃樹。

「灼灼其華」，「灼灼」是鮮明的樣子，形容桃花綻放，色澤鮮明。一般注家都認為是譬喻女子的容顏。好像無論古今，男子通常都希望對象有讓他滿意的外貌。我學生說：「女子也是。」可是我覺得「灼灼其華」也可以理解成：對你而言，非常具吸引力的特質，它不一定是容貌，也可能是聲音、才華、學問、風趣，或者金錢、權位，或者個性、或者善良、或者包容力等等。什麼樣的人會讓你覺得：「灼灼其華」，讓你覺得他帥呆了、她美爆了，我想這是因人而異的。

「之子于歸」，「之子」就是這個女子。「于歸」的「于」，在《詩經》裏「于」後面加動詞，意思就是「正在做這個動作」的意思。「于歸」的「歸」，所謂「男有分，女有歸」（《禮記．禮運》），就是出嫁。「之子于歸」——這名女子正在出嫁的行列當中，一場結婚典禮正在進行。這首詩是在婚禮當中，詩人或者是描述這名女子真實的生命實相，或者是給新娘的祝詞吧。

「宜其室家」，這「宜」是適宜、合適，是希望這名女子出嫁之後，一切言行舉止對這個家庭而言，都是最合適、最到位、最有幫助的；「室家」，男子有妻就叫「有室」，女子有夫就叫「有家」。這個「之子于歸，宜其室家」，在三段裏面，後面兩句的句意其實非常契近，甚至於雷同。寫「宜其室家」、「宜其家室」、「宜其家人」，只為了跟這三段各自第二句「灼灼其華」、「有蕡其實」、「其葉蓁蓁」的尾字，為了「家」與「華」、「室」與「實」、「人」與「蓁」，構成押韻的和諧，所以稍微做一下字詞的轉換。

其實我們不要說：「宜其室家」聽起來太功能性了！人一旦成家，一個家庭必須料理的事務就是這麼多，自然不太可能不重視功能性。如果跟你過一輩子的人什麼都袖手旁觀，光是指使你、折騰你，那好像也不太好。可是莊子要我們不要只重視功能性，而是要更重視一個人的心——好像一個人的心是比功能性更重要的，你就覺得疑惑了對不對？那我想舉一個例子，讓大家不要疑惑。

我有一個男學生，從小被媽媽、被祖母伺候得很好。能夠考上臺大的學生，這種學生是不少的。他不只不太做家事，而且還挺偏食的。他最害怕吃的東西，熟悉的朋友都知道，就是蛤蜊和絲瓜。可有一天他談戀愛了，他聽到女生M.C.（Menstrual cycle）來的時候有點疼，他想是不是太寒了，有個老師喜歡中醫，趁機問一下。他說：「老師我可以煮一些藥膳給她吃嗎？」我：「當然可以啊！」他：「那我可以拜你為師嗎？」我聽了感動死了，認識那麼多年，第一次想拜我為師學做藥膳呢。我說：「可以啊。」他開出不錯的條件。他說：「老師，我可以準備食材，你教我。我做好之後一半拿去給我女朋友吃，一半留下來當你的束脩。」聽起來合情合理，我就答應了。當中他不經意地問我一句，他說：「老師，我常常看到你做雞湯的時候加蛤蜊，那是為什麼啊？」我說：「你不知道嗎？『鮮』這個字怎麼寫的，魚加羊，所以所有的肉類只要加那麼點海鮮。哎呀，那湯頭味道就鮮美極了。」他第一次帶食材來的時候，我訝異極了！裏面居然有蛤蜊，而他是要跟女孩一塊吃的人。他要試吃我就問他說：「天啊，你不是不敢吃蛤蜊的嗎？」我以前問他「為什麼不敢？」他說「我心理過敏。」可是他那天就說：「沒關係啦。」我就發現了，難怪莊子說心最重要，功能性不重要。因為只要有心就有功能性，你懂吧。他（她）就願意為你學一切，願意做家事了，積極想學做菜了，湯也會煲了，食材也會挑了，蛤蜊也敢吃了。我想，可能連叫他學軟骨功、叫他跳火圈他都願意了！所以各位，留意一個人的心，如何用心對你的心，有時候真的是更重要的，比在意能力更重要。

《莊子．應帝王》裏面就提到：「列子三年不出，為其妻爨」，列子要修鍊三年，才達到能為妻子做飯的境界。所以我一直跟我的學生講：希望我在臺大退休以前，在臺大的《莊子》

課不只有德育、智育。莊子的德，講的是心靈的修為，自是屬德育。莊子講的智，「無知之知」，可以歸類為智育。還有莊子講的：「緣督以為經」，打直脊梁、「天之生是使獨也」，重心放一隻腳、「形如槁木」，全身能夠放鬆，相當於體育。我說一定還要加一個「食育」，讓上過課的同學能照顧自己的餐飲。我覺得這是莊子返本全真的價值，非常需要達到的目標。所以大家千萬不要以為學「老莊」的人會變得很消極頹廢！中國哲學是生命哲學，我們學習這「用心」之道後，實踐在生命當中，與你的生命合一，才叫「學會」。所以是一點都不消極的。

第二段「桃之夭夭，有蕡其實」，「蕡」是大、是盛。剛在〈靜女〉那段說過，「有X」就是「X然」，所以「有蕡」就是「蕡然」，就是昌盛、碩大的樣子。這個「實」，是果實——所以說這棵桃樹的果實昌盛碩大。這裏就不把它解釋成德性了，有人解釋成德性，但我們直接解釋成另一個意思，就是桃樹的生育能力。因為下一段講：「其葉蓁蓁」，是要昌盛這個家族的，這樣契合度會更高一些。中國古代，不管是封建或者農業社會，都希望找一個會生的女人。因為封建社會需要繁衍子嗣，子嗣繁多才能協同封疆建省，幫你鞏固天下。農家人手不足也不行，要提升勞動力、生產力。所以呢：「之子于歸，宜其家室」，女子正在迎親嫁娶的路上，娶回去之後，一定能對她的夫家做出很大的貢獻，因為她是一個身體非常健康的女子。

最後一段「桃之夭夭，其葉蓁蓁」，這個「蓁蓁」是草木茂盛的樣子——這棵桃樹，枝繁葉茂，可以庇蔭一家。象徵這個女子能帶給全家昌大興旺、和諧和樂。當然古代注家寫得很詳細，說這名女子嫁過去以後，絕對會孝敬翁姑、順從丈夫，跟所有的親戚和睦相處。

有的女人一娶進來，不只家庭中所有人際關係都能處得好，家人彼此之間的關係，也因為她的善良、體貼而消融了原本可能有的嫌隙、隔閡。一家三餐也能因此吃得更健康、美味，日常生活也被照顧得更妥貼。家族之人的工作、事業，也因此更加興旺了。這女子好像真能旺夫。各位不要以為這觀念落伍，其實可說是世世代代都適用的觀念。我聽過某擔任高階行政的師長和我聊起他太太，他老婆的家族企業本來經營得異常的好，可打從她嫁過來之後，所有的好運都跟著轉移到他的家族來了。

那麼到底什麼樣的人能讓家人的相處和樂和諧，進而促成整個家族的興旺昌盛？《莊子》說：「夫傳兩喜兩怒之言，天下之難者也。」兩個討厭彼此的人在背後講對方的閒話，善心、體貼的人知道了不會去傳，傳了肯定會引發一些不必要的誤會，甚至是齟齬、災難。一個人的存在，有時候會讓整個團體每個人都處不好，因為這個人總習慣揣度、猜想別人懷有惡意，習慣在背後講其他人的壞話，攪弄之前原本圓融無礙的人際關係，就此變得雞犬不寧。

如果能抱持著希望有緣聚首的人能相處和睦的善意，並且體貼他人的情緒性語言並非常態，可能有其不得已的苦處與用心。那麼該傳遞的善意，積極傳遞；不該傳遞的消息，保持靜默就好，大家的感情自然就容易和諧了。

但有時候我們說：「三姑六婆，實淫盜之媒」（朱用純《朱子家訓・全文》），如果一個人的舌頭，沒有辦法被善心操控的話，確實是挺駭人的。我有一個經驗，我跟一位晚輩朋友的交情，因為工作的關係，長達十幾年，因此得緣接觸他歷任女友。「道家者流，蓋出於史官」（班固《漢書・藝文志》），於是我就發現，我好像也在十幾年當中，瞭解到《論語・子路》篇講的：「一言可以興邦」、「一言可以喪邦」。同樣的，身為女子啊，「之子于歸」可以「宜其家人」，也可能「家人不宜」。同樣的善意、同樣的建議，聽在不同人的耳裏，有的人就覺得好珍惜，然後付諸實踐。可有人聽了，可以如此地扭曲你的話語，如此地毀謗你。那如果說一名男子，同一個人的眼光，歷任女友是誰，都可以這樣牽動一個男子，甚至一個單位大家的相處——她可以增進大家的交誼，變成大家關係的潤滑劑；也可能消磨或者耗損大家的關係或者情義，那更何況是娶進門的媳婦？朝朝暮暮常相左右，影響是更巨大的。「之子于歸，宜其家人」，我們才會希望美好伴侶的特質是：有了她，大家的感情不會變得交惡或者疏離，而是因為有她變得更加和諧美好才行。

〈桃夭〉這首詩帶我們進入婚姻家庭，它提到理想伴侶的特質，好像比〈關雎〉還要具體鮮明。

〈關雎〉從追求開始，到兩人終於過著幸福的生活，有人說是「賀新婚」的詩；〈桃夭〉則讓我們真切地看到一名女子進入家庭之後，會使這個家庭變得如何不同。〈桃夭〉說這名女子：「灼灼其華」、「有蕡其實」、「其葉蓁蓁」，她不但人美、體強，個性也好，是古人婚禮進行曲中認定的理想對象。不知道各位嚮往的是什麼樣的伴侶特質？又希望那個喜歡你的人，對你有什麼樣的嚮往？但我相信每個人都不一樣，因為每個人的靈魂都是非常獨特的，只要兩個人合拍，那也就行了。

他愛上的，是你的功能？還是你獨一無二的生命

這堂課先前介紹的〈關雎〉和〈桃夭〉整個詩歌內容氛圍都是比較歡樂的，那下一首的〈上山采蘼蕪〉就要直面人生無常的實相了。

這名古代女子和丈夫的離異，其實不叫離婚而是叫被休。它是一首漢代的樂府詩，描寫的是女子被休之後，與前夫重逢時兩個人的對話。從這個對話中，剛巧可以看出這名男子心目中

的理想伴侶是何等模樣。

根據二〇一七年人口學家公布的資料，臺灣每二．五對登記結婚，就有一對離婚，這個比例高達百分之四十。大家不要覺得高，曾任教於哈佛大學的正向心理學家班夏哈在課堂上說，美國離婚率高達百分之四十以上。這些數據告訴我們：不分中外東西，當代夫妻離異已屬可以坦然自然面對的現象。所以我們一起來讀下面這首：

〈上山采蘼蕪〉（漢．古詩樂府）

上山采蘼蕪，下山逢故夫。長跪問故夫，新人復何如？
新人雖言好，未若故人姝。顏色類相似，手爪不相如。
新人從門入，故人從閤去。新人工織縑，故人工織素。
織縑日一匹，織素五丈餘。將縑來比素，新人不如故。

在學習《莊子》之後，面對戀情會有這樣的思考：「他或她，為什麼要跟我在一起？是因為需要我嗎？我愛你，因為我需要你。因為一個人走路太寂寞了，想要有另一個身影陪伴。因為打電話的時候，需要另一個人從那邊接聽。需要一支有人接聽的手機，或者想要有個更人性化的按摩椅，或者你不想搭乘無人駕駛的汽車。會不會你只是剛巧可以稱職地扮演著他或她的『工具人』呢？」也就是說，他（她）愛你，是因為功能性的需要，現在的你或未來的你可以提供許多他（她）需要的服務。還是他（她）愛你，是愛這個存活在天地之間，獨一無二的靈魂與生命，他（她）希望因為你和她（他）的相遇，兩個人的生命都變得更加美好。這個問題，我想無論男女都值得思考：思考對方，同時反省自己。

先來看看這樣一個很值得思考的問題，再進入這一首〈上山采蘼蕪〉。因為詩中的男主角非常重視女子的功能性，所以我先特別提醒這一點。「蘼蕪」是一種山菜、野菜，為什麼女主角要上山採野菜？是不是因為生活條件不好啊？被休了以後自家菜餚不足，所以上山採野菜？當然這是個揣想。「下山逢故夫」，可下山的時候剛巧遇到她前夫了。二個人相遇會是什麼光景呢？這女主角並沒有迴避閃人，而是「長跪問故夫」，她當下直身屈膝，腰腿打直來問候她的前夫。什麼叫「長跪」？跪有兩種，一種是屁股坐在足跟上，那叫跪坐；「長跪」就是上身和腰腿都是直的，只有膝蓋是屈的，大腿和小腿呈九十度，這叫做「長跪」——看這女子的處境可以知道他們兩個的關係，女子的地位是比較卑微的。她長跪問故夫什麼呢：「新人復何如？」天啊，情到深處，她還記掛著你新娶的娘子，有沒有把你照顧好啊？各位不要覺得這女子太作踐自己了，當你夠愛一個人的時候，你真的會關心：「我走以後，他的日子不知道過得怎麼樣了？」接下來她的前夫就針對她的提問開始回答了。他說啊：「新人雖言好」，我這新老婆雖然算得上好，但好在哪呢？讓我想想，前夫先提到美色：「未若故人姝」，剛相遇的時候是因為新奇嗎？覺得這新人好像比你更有魅力。可怎麼熟了以後，覺得好像不如你美。怎麼會這樣呢？

上次說過西方正向心理學家班夏哈在他的課堂上做過這樣的實驗，要受試者想像自己跟心目中的男神、女神結合，然後耳鬢廝磨，過活五年，然後把帶著這份記憶的受試者的身上掛著種種電極，並讓受試者想像他跟心目中的男神或女神親暱，測量受試者的生理興奮水平。過一會兒，換一個在受試者心目中完全不如男神、女神有魅力，頂多六、七成魅力的人出現，再測一次受試者的生理興奮水平。結果發現，在與男神、女神朝夕五年之後，後者（只具六、七成魅力的新人）出現時的興奮水平是更高的。這樣的實驗讓我們知道：多數人都是喜新厭舊的，這就是人性。為什麼要了解人性？因為了解人性，就能承認我們需要努力，努力更瞭解對方，才能與對方更加相知相契。這樣兩個人的感情才能維繫下去，而且越來越好。

我們修習這堂課的目標就是希望百年人生，跟我們有緣分的人，都是感情能夠越來越好的。我自己會有這樣的想法，這世界上最美好的緣分，就是有一天，也許是我們要離開這個世界的那一天、也許是我們認識很久很久之後的某一天，回頭看這段緣分，會在心底微笑著和對方說：「認識你真好。」而不是早知道就不要認識你。

「新人雖言好，未若故人姝」，可見這名男子頗在意伴侶的外表。這樣講就夠了，但他還補一句「顏色類相似」，雖然說你漂亮，但相差不多、差距不遠。下一句前夫就繼續評比：「手爪（ㄓㄠˇ）不相如」，「手爪」指的是手藝，就像我們說：「這個人手很巧」——男子比較兩個女人的手藝後，作出新人的手藝、手工，還是不如你的研判。

「新人從門入」，新娶的妻子從大門迎娶進來了——我們知道中國古代的房子是四合院，大門對過的「室」是祭祀祖先或者家族聚會的場所；旁邊的「寢」是男女主人睡覺的地方；兒子們住東廂，女兒們住西廂；小廝、丫鬟則住在門口旁邊的小房間。而女子一旦被休後，她連從正門出去的權利都沒有，只能從寢室後面角落的小門出去。所以才說「新人從門入，故人從閣去」，這離去之時，想必是不勝悲涼。

這名男子又繼續比較兩個人的手藝，先比質地，再比產量，真像個老闆一樣。「新人工織縑，故人工織素」，「縑」和「素」都是絲帛，都可以賣錢，不過「縑」是用雙絲織成的黃色絲織品，「素」是用單絲織成的白色絲織品。會織毛衣的人都知道，兩條粗毛線或兩條線一起織，粗的毛線織起來很快對吧？而用單絲織的，當然難度高很多，細緻度也高很多。所以質地方面，是擅長用單絲織成白色絲帛的前妻勝出。產量方面呢？「織縑日一匹，織素五丈餘」，這位新人一天只能產出一匹用雙絲織成的黃色絲帛，可故人一天居然能產出五丈多，而且是用單絲織成的、更細緻的白色絲帛，質地跟產量都遠遠勝出。她前夫後悔死了，所以最後男子說：「將縑來比素，新人不如故。」拿新人生產出來的每日一匹「縑」帛，和你每日產出的五丈「素」帛來相比，我不得不說，我的新老婆遠遠不如舊老婆。

我們不把重點放在這名男子的專情與否、腦子壞了沒有、價值觀怎麼樣，先不討論這些。我們來討論古人婚姻中在乎的伴侶特質或條件是什麼？首先又是美色，就像當今很多的年輕朋友，他們以「外貌協會者」自居，或者不諱言自己重視顏質、體態等等。其次是手藝，你念什麼系？從事什麼職業？就像當今男女交往之初，或者有意繼續走下去的時候，也會想知道你是什麼專業？你的專長是什麼？當然，長輩問得明白點：「有沒有謀生的技能啊？」或者你也會想了解一下，對方會做菜嗎？喜歡廚藝嗎？你未來的廚房是一個人寂寥一生，還是可以兩個人一起下廚。還是兩個人都不下廚，這輩子就吃著過油、過鹹、不健康、不安全的外食，對自己的大腸慢性地摧殘？

我有個日本朋友，是個慶應大學的教授，他老婆很會做日本料理，而他很會做中國菜。他倆就這樣，一個負責午餐、一個負責晚餐。有時候孩子想吃中國料理的時候就說：「爸爸我要吃中國菜。」想吃和食的時候就：「媽媽我要吃日本菜。」可以想像，因為兩個人一起做菜，所以廚藝就成了他們餐桌上豐盛多變、溫暖歡樂的重要來源。所以除了美色之外，重視手爪，這也是人情之常。

講完這堂課的詩歌，我們複習一下，古代男人希望自己的理想伴侶有哪些特質？第一個是美好的外表：「靜女其姝」，「靜」的美好、「姝」的美色；「窈窕淑女」的「窕」，美容美狀為「窕」；還有「灼灼其華」，像花一般鮮明的容顏。第二是良善的心地：「靜女其姝」的「靜」有「貞靜」專一的意思，還有安靜、靜好的意思；「窈窕淑女」的「窈」是美心、是善心；而這個賢淑的「淑」，是指懷抱一顆溫暖有愛、願意服務有緣之人的美善心靈。善良的心地是第二個條件。第三「手爪」要有本事，手藝要好；要有專長、專業可說。第四「有蕡其實」，體力好、會生小孩。最後，「其葉蓁蓁」，能夠興旺整個家族；即使家族只有兩個人，也是需要興旺的。

各位發現，外貌、心地、技能、生育能力、貢獻家族，古人心目中的佳人、淑女，不僅衡諸今日，更且對勘男女，發現差距並不遠，對不對？好像大家覺得理想的特質就這些。

《莊子》書中的理想情人

以下就要進入「莊子世界的理想情人」了。一段戀情，找到一個合適的人選，自然重要。可是在這整個系列的課程當中，我們一直在強調：「努力比遇見來得重要，培養比尋找更加重要。」可是，過去我們看的偶像劇也好，電視、電影也好，常常帶給觀眾很多瑰麗的夢想、美好的結局，很可惜那美好的結局，其實不是結局，也未必美好，為什麼？因為在偶像劇和電影落幕之後，兩個人的日常生活、兩個人悠悠長長的相處，才剛剛開始。怎麼樣讓情感永遠保持溫度的難題，才正要開始。

而這堂課我們也講過《聖經》的helpmeet、愛默生的《論友誼》，認為最好的朋友是一個「美麗的敵人」（beautiful enemy），一個競爭的、對立的、可以支援你的人，在你前往真善美的路上，會不斷挑戰、督促、幫助你，因為深愛著你，所以願意講真話，願意和你針鋒相對的人。所以我們就要問了，這個「美麗的敵人」的「美麗」，顯然指的不是容顏外貌，不是「靜女」的「靜」跟「姝」，「窈窕淑女」的「窕」、〈桃夭〉中新娘的「灼灼其華」、「上山采蘼蕪」女的「姝」，不是由五感、不是由視覺接收的美麗訊息，而是屬於精神性的，心靈、性情的美麗。所以接下來希望能從莊子的世界裏，找到幫助我們如何努力，培養出「美麗的敵人」，以及了解其美麗之所在。

現在有非常多年輕的朋友覺得，戀愛對象其實不一定得是結婚對象。這也不一定代表你花心，可能是你珍惜生命中所有學習的機會吧——有時候愛一個人，也是需要學習的。那麼你想與具備什麼樣特質的伴侶同行？或你想知覺，具有什麼樣特質的伴侶值得你愛，這會不會也是需要學習的呢？我的意思不是說，等搞清楚了以後才能去談戀愛，因為有時候我們就是在戀愛過程中、甚至在結婚過程中，甚至於離婚當中才搞清楚的。我只希望以下莊子告訴我們的「情感關係裏，最值得培養的才華」，能幫助我們及早懂得、及早清楚。

現在，我們一起進入莊子的世界，來看看莊子認為理想伴侶最重要的特質是什麼？是擁有什麼樣才華的人，大家都樂於跟他相親相友？而這樣的才華，是可以後天培養的嗎？

專業能力，只是紊亂湧現的炫目光芒

我們就開始看莊子了。要談的主題是：「你可曾追求教人豔羨的技能？」你是不是希望過你擁有一項專業，是可以讓大家覺得好厲害喔。透過這段文字想要跟大家談的是：一個學習莊子的人，他最最重視的是什麼？他不那麼重視的是什麼？

有成與虧，故昭氏之鼓琴也；無成與虧，故昭氏之不鼓琴也。昭文之鼓琴也，師曠之枝策也，惠子之據梧也，三子之知幾乎！皆其盛者也，故載之末年。唯其好之也，以異於彼。其好之也，欲以明之彼。非所明而明之，故以堅白之昧終。而其子又以文之綸終，終身無成。若是而可謂成乎？雖我亦成也。若是而不可謂成乎？物與我無成也。是故滑疑之耀，聖人之所啚也。為是不用而寓諸庸，此之謂以明。（《莊子．齊物論》）

「有成與虧，故昭氏之鼓琴也；無成與虧，故昭氏之不鼓琴也。」昭文是個琴藝高超的演奏者。是的，在成為專才與專業的路上，我們總是重視著「昭文之鼓琴也」，也就是在世俗的評價裏面「有成與虧」，眾人能知道他彈得好、彈得不好，能用來評論一個人是成功了還是失敗了的部分，我們總是很重視。可莊子更重視的居然是「昭氏之不鼓琴也」，是當昭氏不彈琴的時候，這時「無成與虧」。怎麼說呢？別人的耳朵、口水、眼光，沒辦法評價他的好壞，因為當他彈琴時才能評價嘛。當只談一個人的專業時，不太知道他心裏想些什麼，不太在乎他的心身樣態是怎麼樣的，心神安定嗎？心平氣和嗎？與人交接往來中，溝通是順暢的嗎？能體諒人、包容人嗎？能設身處地為人著想的嗎？對自己、對所愛、對這個世界，是有深情厚愛的嗎？這些也許是在專業能力背後更值得重視的。

如果已經為人父母，而你的孩子談戀愛了，孩子告訴你，他（她）有感情對象了的時候，你會先問他（她）什麼呢？是問對方是什麼科系的嗎？還是問對方坐的時候有緣督以為經嗎？應該不會吧。我們總是比較在乎一些，大家在眾人耳目之間會評鑑高下好壞的東西。可是，如果我們不那麼重視心靈的陶養，只在乎「昭文之鼓琴也」，高超的琴藝；「師曠之枝策也」，精妙的打擊樂；「惠子之據梧也」。這「惠子」，是莊子的好朋友，我讀了《莊子》非常久才發現，惠子常扮演著非常有意思的角色，上次跟你們提過剛好這就是個例子。他連站著都不好好站著你知道嗎？莊子要我們「緣督以為經」，整個督脈打直，成為身體的子午線。可惠子怎麼樣？「倚樹而吟」，白天明明清醒還不把脊椎打直，不把重心放在一隻腳，就這樣靠著樹，站不好好站。「據槁梧而瞑」，讀書讀累了不上床休息，不重視睡眠，睡不好好睡。「外乎子之神，勞乎子之精」，也不重視心情體況，剛好扮演一個跟莊子非常不同的角色。但如果你知道，朋友最值得珍惜的就是：「美麗的敵人」（beautiful enemy）的話，你就可以知道為什麼他們感情很好了。假使你像惠子這樣不重視心情體況，終日伏案苦思只為了發展出卓越的邏輯思想。「三子之知幾乎，皆其盛者也，故載之末年」，像這三個人，他們的技藝、知識、專業能力，都達到人類所能達到的頂峰了。怎麼說呢？在歷史長河中，他們的成就都能流傳後世，專業都能名垂青史了。但莊子居然認為這些屬於「滑疑之耀」，只是像水流一樣，紊亂湧現的炫目光芒。這不是莊子所重視的。

那莊子重視什麼呢？我忽然想起小時候學琵琶的時候，我老師說我指甲夠硬，可以先用真指甲彈。彈了一陣子以後有一天我發現拇指的形狀跟原來不太一樣，覺得有點怪。我就跑去問我的琵琶老師：「老師，我彈琵琶彈得好像手指變形了。」老師用非常不屑的眼神看著我說：「變形？這叫變形？你看過彈奏豎琴的女子嗎？坐在臺上看起來真美啊。可你知道演奏會結束，這外衣一脫，整個肩膀都是歪的啊。這就是要為藝術付出的代價！」各位，其實我們在這世界上常常目不轉睛地看著一項卓越的專業，或者盯著怎麼樣掙得錢財跟名聲，或者為了教別人看起來更加榮耀炫目，而忽略了對自己的心靈和身體可能是一種斲傷。但當你讀過莊子，就會反思：一旦專業的成功賠上了心身，那到底值不值得呢？

我不是叫大家不要學樂器。我一個好朋友的兒子是個小提琴家，我真佩服我那位朋友，她在全世界各地幫兒子找最好的音樂家、復健醫生。她希望兒子既拉小提琴，又維持筆直的脊椎，輕鬆的體態，這是特別要努力的。如果你是個非常重視心身樣態的人，可能連選擇什麼樂器、從事什麼行業、甚至於跟哪名男子、女子相戀，你都會考量對心身可能導致的正、負影響。

回到剛剛講的，為什麼「滑疑之耀」，莊子會不在意。因為當你最重視心身的時候，你對外在成就當然就不是最在意的了。我身邊有一些總是不斷提醒我，不斷講真話的朋友——有位皮拉提斯老師，大概在我出《穴道導引》之後吧，才出第二本書的時候，他跟我講了一句讓我印象很深刻的話，用一張冰冷而沉重的表情。他說：「蔡老師，第二本了，大賣了。即便妳出十本書，本本都暢銷，但假使你癌症復發了，那還不如一本都沒有。」各位，怎麼有這麼好的老師啊？讓你只要想到他就覺得，早點睡吧，趕快鍛鍊吧。所以莊子才說「滑疑之耀，聖人之所啚也。」這個「啚」是鄙視的「鄙」，輕視的意思。你覺得很炫目的，讓大家很欽羨的一種成就，卻是聖人所輕視的。如果《莊子》書中的聖人是把好好吃飯、好好睡覺、好好鍛鍊、好好愛惜自己的心神靈魂，當成不亞於專業成就、而是一樣重要、甚至於更重要的事情，那麼所有在聚光燈下看起來很顯眼、很讓人欽羨的成就，學習莊子的人永遠都不會讓它成為凌駕心身之上的追求。

我想起在得癌症以前，正在學哈達瑜伽（Hatha Yoga）。那時候我四十一歲，我的瑜伽老師不知道為什麼，讓所有學習瑜伽的人都以「劈腿」為目標。一堂課連上三小時，非常艱辛的課程。我跟助理一群人一起去學，每一次下課的時候，一起喊著：「地獄啊！地獄！」然後下個禮拜再一起下地獄。我記得那時候我的瑜伽老師跟我說：「蔡老師，你應該今年的農曆年就可以劈腿了。」她覺得我耐操的程度如此。但農曆年還沒到，我就進癌症病房了。後來我就只鍊穴道導引、太極拳為主了，還有皮拉提斯。

又過了兩三年，有一天我在做皮拉提斯的時候，跟我的老師聊起我以前的瑜伽老師：「她說我那年如果繼續學的話就會劈腿了呢。」皮拉提斯老師說：「你現在就會了啊。」我說：「真的嗎？」他說：「真的，劈。」我就在他面前完成了四十歲後的第一次劈腿，前一次是小學二年級在學校舞蹈比賽的時候。所以我非常地訝異。

不久以後我復課回臺大了，就想起這些學生老跟著我熬夜，我現在好不容易抗癌成功了，不能讓他們將來也得癌症，所以我做了件好事：「我們大家一起運動吧！」我把一些體育老師請到學校來教他們。後來老師就在課堂上教了類似劈腿的動作，忽然之間，當我跟他們一起做的時候，身為一個比他們年長二十歲以上的女人，就這樣劈。啊！就劈下去了！你知道同學回頭看妳，那種震驚的表情，然後自己心中那種竊喜、竊笑的滋味嗎？我因為很滿足於這樣的感覺，所以我開始給自己每天睡前的功課，就是劈腿。然後把整個上半身往竹地板一趴，然後微笑。那微笑裏面就蘊含著，那些二十幾歲小孩那麼震驚地看著我，像看到超人一樣的表情，我非常滿意地收腿睡覺，每天如此。

有一天，我去看了一個非常有名的整脊師，他幫我做脊椎以及全身骨架的檢查。他說：「不對，蔡老師，你是不是常做一個很怪的動作。」我說：「哪怪了？」他說：「你髖關節的位置不太對。」我說：「真的嗎？我每天劈腿啊。」醫生就說：「你劈腿幹嘛啊？那是個違反人體工學的動作呢。」我說：「啊？那是我們瑜伽老師給我們立下很重要的標竿哩！」他就正襟危坐，很嚴肅地看著我，他也是個練家子的人，他說：「你爸爸是太極拳的一代宗師，你看過他劈腿嗎？」我說：「沒有。」他說：「那你劈啥啊？你要參加太陽馬戲團嗎？」我就在那一天，結束了我的劈腿生涯。

之後有一天，上皮拉提斯課的時候，老師要我做個動作，我才恨呢！「那動作我當年會劈腿的時候，有什麼了不起，多簡單呢。」現在就有點吃力了。但我心裏就想，「算了，我又不參加太陽馬戲團。」所以各位，我想透過這故事告訴你，其實我們人生很多的追求，就像這個「劈腿」一樣，你也不知道幹嘛，甚至有點折損你自己，你或許不知道，但你就是沒辦法忘記那群孩子們那種「覺得老師太酷了」那種眼光。所以莊子才重視「昭氏之不鼓琴」，重視心身樣態，而不是重視別人的眼光、別人的口水。

別把你最愛的人，也擺到了秤上

接著要談的是：為什麼不把專才專業，當成最重要的追求。剛剛談的詩詞裏面，大家很在乎外表或很在乎手爪，就像我們現在也會在乎念什麼系、做什麼行業。可為什麼莊子不要我們把「昭文之鼓琴」、「師曠之枝策」、「惠子之據梧」當作理想的追求呢？這幾位可都是各行業不世出的傑出者呢！為什麼莊子不要我們追求這些，或為什麼不把才華、專業視為理想伴侶的首要特質呢？我們往下看這段。

匠石之齊，至乎曲轅，見櫟社樹，其大蔽數千牛，絜之百圍。其高，臨山十仞而後有枝。其可以為舟者旁十數。觀者如市，匠伯不顧。遂行不輟。弟子厭觀之，走及匠石曰：「自吾執斧斤以隨夫子，未嘗見材如此其美也。先生不肯視，行不輟，何邪？」曰：「已矣，勿言之矣，散木也！以為舟則沉，以為棺槨則速腐，以為器則速毀，以為門戶則液樠，以為柱則蠹。是不材之木也，无所可用，故能若是之壽。」匠石歸，櫟社見夢曰：「女將惡乎比予哉？若將比予於文木邪？夫柤、梨、橘、柚、果蓏之屬，實熟則剝，剝則辱。大枝折，小枝泄，此以其能苦其生者也。故不終其天年而中道夭，自掊擊於世俗者也。物莫不若是。且予求无所可用久矣，幾死，乃今得之，為予大用。使予也而有用，且得有此大也邪？且也若與予也皆物也，奈何哉其相物也！而幾死之散人，又惡知散木！（《莊子．人間世》）

一個被喚作「石」的木匠，經過「曲轅」這個地方，看到一棵好大的樹。這棵樹因為太高大、太壯美了，所以引來了一大堆人圍觀。匠石的徒弟也跟著看了，可不知道為什麼這師父匠石一眼也不看就走了，他徒弟覺得好奇怪啊，就問：「老師啊，自從我拿著斧頭跟隨您學藝到現在，還沒看過這麼漂亮的木材。可老師您怎麼既不停腳、也不看看呢？」匠石回答：「罷了，罷了，別再說了，那是棵沒用的木頭！拿它造船會沉；拿它做棺材，很快就腐爛了；做器具沒多久就壞了；做門片會滲出汁液來，每天開門的時候手都黏答答的；當柱子還會被蟲蛀。」總之「是不材之木也」，它根本沒辦法成為可供做成任何器具的木材。「无所可用，故能若是之壽」，正是因為它是沒用、沒辦法做任何器具的木材，沒人砍它，它才能長這麼高大、活這麼長壽呀。匠石教訓完學生，自得於自己的眼光和見識，沒想到當天晚上呀，這棵櫟社樹的樹魂便跑來夢中，來跟他對話了。櫟社樹就問匠石了：「女將惡乎比予哉？」你要把我跟誰比呢？「若將比予於文木邪？」你要把我跟那些能夠結出果子給人吃、木材能做成器具的樹木，相比較嗎？

我有好多已婚的朋友，或是談戀愛的學生，他們最生氣的就是他（她）的妻子或丈夫把他（她）跟別人的另一半比，比做不做家事也就算了，還比誰有成就。是可忍孰不可忍你知道嗎！比誰的男朋友拿書卷獎、申請到美國哪個學校，這聽起來最讓人不舒服了。這正是我們在這段要思考的——你把自己當成一個器物嗎？把所愛當成器物了嗎？或者你被所愛當成器物了嗎？

身為一個人，「人」是什麼啊？人不就「萬物靈長」嗎？或說「理性的動物」。我總喜歡把「動物」念小聲、「理性」念大聲，雖然真相可能是理性的（小聲），動物（大聲）——可是一個人有沒有思想、靈魂，能不能愛養自己的所愛的心神、靈魂，還有跟我們的心靈桴鼓影響、休戚相關的身體，其實是生命中很重要的課題。也因為這樣，我覺得中國的哲學教育是非常重要的。因為世俗價值通常就把人當工具，看你是怎麼樣的人力資源，能賺多少銀兩。甚至於在家庭裏也要看，你能不能當個好孩子來興旺家庭、供養爹娘。當然，興旺家庭跟供養爹娘是重要的，莊子只是一再叮嚀我們，還有更重要的事。

所以櫟社樹就說了：「夫柤、梨、橘、柚、果蓏之屬」，不管是木本植物結成的「果」，還是草本植物結成的「蓏」，「柤」是山楂，像山楂、梨子、柑橘、柚子這些能夠結出果實供人食用的果樹或者瓜藤，「實熟則剝」，等果實成熟了，就被人剝落了。「剝則辱」，枝幹這樣被扭折，果實被採摘，這樹要受到這樣的侵害和折辱。你說：「老師，有那麼嚴重嗎？不就果子被摘了嗎？」同學就不懂了，像我這種小學二年級在班上還算是高挑的，園遊會我演的不是別的，就是演樹。如果我這棵樹這樣一站，有個人就來摘你鼻子、有人摘你耳朵、有人摘你手、你不覺得嚴重嗎？想像你站在路邊，有人把你鼻子、耳朵摘了，甚至一隻臂膀都折下來了，你看不嚴重嗎？這個「大枝折」，就是粗大的枝條被硬生生地折斷了；「小枝泄」（「泄」這個字假借作「抴」，「抴」俗作「拽」，這個字唸ㄓㄨㄞˋ，或是唸ㄧㄝˋ，都可以。）這個大大小小的枝條就這樣被拉扯、被折斷了。

為什麼？為什麼我們要吃水果啊？因為好吃、有營養啊。為什麼要用這個木頭做木材啊？因為好看、耐用啊——「此以其能苦其生者也」，就是因為果子可以吃、木材可以用，擁有這些才能，它生涯才會這麼地苦不是嗎？苦到「不終其天年而中道夭」，沒有辦法活到它該有的歲數，中途便夭折了。

各位，我十幾年前生病的前一年，中文系讓我開了四門課。我看到課表的時候覺得「搞錯了，搞錯了」，於是趕快跑去找系主任，因為那個時候的位階，副教授就是只需要開三門課。課程意願調查表我寫了四門課，但其中兩門我標註 A or B，選開其中一門，可是怎麼會變成開四門呢？我就去向系主任說明：「老師，我是註記了只開A或B，請系上裁定，不是要開四門的意思。」主任就對我說了：「璧名，你知道當年老師年輕的時候，如果知道系上讓你多開課，就表示系上重用你、看重你，你應該感謝高興才對，怎麼還來要求減課、殺價啊？」我們中文系人的個性多半是溫婉的，我就說：「謝謝老師。」便乖巧地回家了。

那一年我要上四門課，可是有一門是三百人的大班通識課，檯面上有十五個助教，檯面下還有六七十個小助教，因為可以免費學中醫所以很多人來，當助教還要面試，一百多個人面試，面試剩下的六七十個，其情可感，不忍拒絕。所以每個禮拜還要為這些助教上一門助教的訓練課。因為三百人的通識課是這樣的，每週三小時，兩堂演講課、一堂體驗課。那堂體驗課叫做「體驗古典」，教大家古典裏面的實際操作，比如說望診、比如說把脈，那絕對是需要先教給十幾、二十個助教，每位隨堂助教再幫我教給十幾、二十個人，就這樣一層一層地教下去。所以我那年的課就莫名其妙地，從三門變四門，又從四門變五門。五門還沒上完，我就進癌症病房了。

所以我非常能理解這句話：「此以其能苦其生者也。故不終其天年而中道夭」，我的情況即便當時抗癌成功，五年內預估還有高達百分之七十五的死亡率，也就是隨時有「中道夭」的可能。也算「自掊擊於世俗者也」，我活該嗎？不管教學或研究，不就是不斷積累自己的實力，讓自己具備了符合世俗價值的用途嗎？最後卻是自己給自己招來了被剖開、擊破的下場。

不是嗎？好像是。我那時候想：「為什麼找我開通識課？為什麼臺大願意一年花一百萬砸在這門課？」後來才知道，因為幾年前去教育部報告，那時候有一位師長看到了，所以後來臺大要推廣通識課的時候，那位師長那時在臺大位階很高，是副校長。他就跟校方舉薦了幾個人，我就是其中一個。「此以其能苦其生者也」，差點沒活著回來。可是大家看了先別笑，不是只有我。下一句是，「物莫不若是」，莊子說這世界上沒有什麼東西、沒有什麼人不是這樣的。我可以舉一個更驚人的例子：多年前有一份報導，我看了非常震驚，當時我已經得癌症了，我也知道在這塊土地上，四．五個人就有一個人得癌症。沒想到那則報導說：「根據調查，臺大醫院醫生的罹癌率，是一般人的四倍。」各位，一般人是四．五個人有一個，那四倍是怎樣呢？不就逼近百分之百了嗎？可是當兒子、女兒，誰家的孩子考上臺大醫學系的時候，我們覺得好光耀啊！可是讀了《莊子》以後，價值觀就不一樣了，想當醫生的人，絕對要因為這樣，更勤加愛養自己的心身才行。

原來活在人間世，其實我們真的被很多人、很多標準拿來秤斤論兩，那麼你又何忍把自己也當成東西一樣，只追求發揮像個器物的用途呢？我廚房裏有個秤，做菜需要的時候就秤一秤。你又何忍把你最愛的人也擺在秤上，去秤他（她）能帶給你多少斤兩的財富或利益呢？你們已經是滾滾紅塵中最相愛的兩個人了，又何忍如此相待呢？

「且也若與予也皆物也」，這句話更悲催了，再一次提醒我們，你跟我，都被當作東西來看。選舉到了，政客們需要投票部隊；雙十一到了，購物網需要你掏出錢來買，資本家需要你；老闆把你當人力資源，需要你新鮮的肝。因為是資源，不需要的時候、不能用的時候就報廢了。如果生在價值觀比較世俗的家庭，養兒防老，你就是爸媽老年的保險。如果跟一個他

（她）愛你是因為他（她）需要你的人在一起，他（她）相中的是你的功能價值，那你就是一個好用的、可以貼上光彩標籤的好用女或男工具人。

「奈何哉其相物也！」人活一輩子，不斷被當成物已經夠可悲了，又何苦把號稱你最愛的男人、女人、孩子、爹娘……當成器物呢？反過來問吧，你樂意被所愛當成東西嗎？如果他（她）愛你只是因為你好用，這樣的感情，你要嗎？

在這個段落要追問的是，在感情當中（現在暫時用愛情為例，其實任何一種感情都一樣），你在乎所愛的什麼？回過頭來也可以反省，你重視自身的什麼？一年又一年的生命，你主要的目標是不是就是只讓自己變成一個更有用、能換更多錢的器物呢？

到這裏我們可以理解，為什麼莊子不在意「昭文之鼓琴」，而是在意「昭文之不鼓琴」。莊子講：「咸其自取」（〈齊物論〉）你是自由的，你是可以自己選擇的。是你自己選擇讓自己變成這樣的。就像〈人間世〉這裏說的：「自掊擊於世俗」，是你自己努力前進，走上這被掊開擊破的刑場的。這樣看來，我十幾年前生病也是應該的，這不就是當初熬夜付出、損耗心神氣血，不以心身為首要追求，便極可能導致的結果嗎？

我們再回頭想剛剛的「手爪不相如」。忽然覺得自己很不想這樣被對待。那我們也不要把對方當成一個有美色、讓你看得賞心悅目，或者具有經濟效益的工具人吧。

那麼到底應該在乎理想伴侶的哪些特質？還能追求什麼？或者該不斷努力的又是什麼？其實有點害怕，當真的以莊子的心身追求為首要的追求，不管是自己或伴侶，我們真的有飯可以吃嗎？日子會過得怎麼樣呢？

不顯眼、不招搖，別人才不會把你當對手

以下我們看〈支離疏者〉，莊子要透過「支離疏」給大家一點勇氣。

> 支離疏者，頤隱於齊，肩高於頂，會撮指天，五管在上，兩髀為脅。挫鍼治繲，足以餬口；鼓筴播精，足以食十人。上徵武士，則支離攘臂於其間；上有大役，則支離以有常疾不受功；上與病者粟，則受三鍾與十束薪。夫支離其形者，猶足以養其身，終其天年，又況支離其德者乎！（《莊子・人間世》）

有個形體支離變形，整個骨架像散了一樣的人，大家都喚他作「支離疏」。他的背很駝很

駝，駝到什麼地步？「頤隱於齊」，整張臉頰已經埋到肚臍了；「肩高於頂」，駝到肩膀已經比頭頂高了；「會撮指天」，「會撮」一個說法是髮髻，一個說法是大椎穴，即頸椎。因為髮髻有各種不同高度的髻，所以我就解釋成頸椎，會讓各位更明確一些，知道他有多駝，他的頸椎、他的大椎穴是向天空鼓起的，整個人真的駝得很厲害！「五管在上」，各位如果有學傳統醫學會知道，人的背後有：心俞、肝俞、脾俞、肺俞、腎俞，這五臟俞穴。而這些俞穴剛好在脊椎骨的兩側。它們本來是朝向背後的，可是支離疏先生太駝了，駝到五臟俞都從朝後面變成朝上了。「兩髀為脇」，「髀」是大腿，「脇」是肋骨，這個大腿的旁邊居然是肋骨，各位，支離疏有多駝可以想見。

我們要問的是，這樣一個人生活能自理嗎？覺得支離疏好可憐喔，但不要著急，待會他會回頭來可憐我們——平常「挫鍼治繲」，他平常幫人縫補衣服，做些針線活兒便「足以餬口」，不錯嘛，可以養活自己，更驚人的是「鼓筴播精」，幫人算命卜卦賺得的錢「足以食十人」。不得了，可以養活十個人！朋友告訴我，養一個小孩一個月兩萬。他能養活十個人，那就是新臺幣一個月二十幾萬了對不對？「上徵武士」，國家要徵召男子當兵了，其他男人都得站在軍伍中受苦訓練，「則支離攘臂於其間」，「攘臂」的「攘」就是把袖子捲起來，露出手臂，一副很悠哉的樣子。這個動作居然讓我想起幾年前生病以後的我，在化療、電療以後，我不太能跟很多人在密閉空間裏坐得太近，一旦坐得跟大家太近，有時候被感染了，鞏膜會出血，身上的黏膜會破裂。這是癌症的化療、電療以後的後遺症。所以我儘量就不去人群聚，並且近距離相處的密閉空間，因此也就不去系上開會了。有一天，我就在學校附近的巷弄，遇到我的同事，我的好朋友，他看到我就說：「蔡璧名，我覺得你現在是我們中文系第一爽兵，都不用來開會。」那一剎那我就回答：「你也可以啊！」他說：「我怎麼可以呢？」我說：「只要得癌症第三期，受到高劑量的化療、電療，你就可以呀！」因為是好朋友才敢這樣回答。他一聽就說：「噢！你這樣說太不吉利了，我不要……」就馬上快步走了。——因為生病，因為身體的關係，這些會議遵循醫囑我就不去了，也因此就增加了睡覺、吃飯、寫作、鍊功的時間。

「上有大役」，現在國家發生戰事，要分派勞役了，「支離以有常疾不受功」，看支離疏那個樣子，他怎麼服勞役啊？要他做個伏地挺身、青蛙跳都沒辦法吧。沒辦法操練怎麼服勞役呢？根本派不上用場啊。支離疏因為身體常年的疾患，而不必接受徵召、不必服勞役。但是「上與病者粟」，政府要發放米糧、救濟貧病的時候，「則受三鍾與十束薪」，他能拿到三鍾米還有十捆薪柴。三鍾米有多少？有一百九十二斗，一斗有十升，當時的一升大概是現在吃飯的碗，有一碗米，合計起來就有一千九百二十碗米。一碗米可以煮成兩碗飯或四碗粥，換算下來，他一次配到的糧餉，可以供他一個人吃多久？我今天好好地算了一下，如果他食量跟我差不多正常，可以吃三四年。各位，現在是不是覺得支離疏過得還不錯？就像前面那棵不必被砍伐的樹，活得生意盎然的。

「夫支離其形者」，那一個身體支離變形的人，「猶足以養其身，終其天年」，還能免除禍患，安養自身，好好地活到命中該有的歲數。你發現他為什麼能活那麼好了嗎？因為沒有人會把他當仇人、沒有人把他當對手。「又況支離其德者乎！」莊子今天真正要講的是「支離其德」，莊子定義下的德性，不是從外面容易看出來的，不像孔融讓梨這種儒家的德性，是在人倫網絡中實踐彰顯。或像《孟子》說：「惻隱之心，人皆有之」（〈告子上〉），隔壁鄰家的小孩掉到井裏，他馬上想要去救，或者我的小孩掉下去，你馬上去救他。十分顯眼。或者「孟子見梁惠王」中的對話，「王曰：『叟！不遠千里而來，亦將有以利吾國乎？』孟子對曰：『王何必曰『利』亦有『仁義』而已矣。』」馬上教訓那個君王。這樣的一種德性是非常彰顯明白的。

可《莊》學不然，莊子叫我們「神凝」，注意力放在一點，念頭一動也不動。或閉上眼睛，把注意力凝定關注在眉心、心窩或下丹田。叫我們「聽之以心」，不執著於感官所接收到的，不會過度在意一個人對你講的一句話，而是用心靈去體貼別人；又或者「聽之以氣」

（〈人間世〉），沒有成見、沒有負面情緒、連念頭也沒有的時候，整個心是空靈的，這時候你唯一能感受到的就是你的呼吸。或者你已經慢慢積累了真陽之氣，便同時會感覺到丹田的氣、風池、風府部位的氣，周天任督二脈整條河車逆運的氣感。這些德性都是很隱性的。

或者實踐在身體上，「緣督以為經」（〈養生主〉），不會駝背，督脈打直，因為你的五臟都在正確的位置，所以可以全身輕鬆。「天之生是使獨也」（〈養生主〉），站立、行走的時候把重心放在一隻腳上，可以增加骨密度。「形如槁木」（〈齊物論〉），全身非常地放鬆，外人看不出來，不顯眼也不招搖。擁有這樣德性，別人才不會把你當對手，你才能好好活著。

東方人喜歡講關係，在這個充滿關係的社會裏面，有時候讓別人眼紅，比表現得不好、讓人唾棄的下場還要慘。所以蘇東坡才會說「人皆養子望聰明，我被聰明誤一生。惟願孩兒愚且魯，無災無難到公卿。」（〈洗兒〉）所以當你重視心身陶養，不外露你的聰明，你會比支離疏更能安養己身，也能愛養身邊的人。不會因為那種外顯型的德性，因為太聰明，早早就被做掉了。

那我們怎麼能確定保持莊子的心身樣態，就能有這種效果呢？所有的工作，都需要有一顆清明的心；所有的感情都需要更大的包容力，或者更大的氣度，或者更加的深情。我們在《莊子》書裏看到十幾個職人、達人，每一位在自己的專業領域都做到一流——當然，最有名的是庖丁——他們都是《莊子》之學的實踐者。可見當我們重視「昭文之不鼓琴」，超過「昭文之鼓琴」，我們重視心身，超過專業能力。這麼做不僅不會拖沓我們的工作、情感，反而會讓你的職涯、你的情場更加地圓融、完滿。

情感關係中，最值得培養的才華

最後這段話，莊子直接書寫所謂的理想情人，在情感關係中最值得培養的才能到底是什麼？

衛有惡人焉，曰哀駘它。丈夫與之處者，思而不能去也。婦人見之，請於父母曰：『與為人妻，寧為夫子妾』者，十數而未止也。未嘗有聞其唱者也，常和人而已矣。无君人之位以濟乎人之死，无聚祿以望人之腹。又以惡駭天下，和而不唱，知不出乎四域，且而雌雄合乎前，是必有以異乎人者也。寡人召而觀之，果以惡駭天下。與寡人處，不至以月數，而寡人有意乎其為人也；不至乎期年，而寡人信之。國无宰，寡人傳國焉。悶然而後應，氾而若辭。寡人醜乎，卒授之國。无幾何也，去寡人而行，寡人卹焉，若有亡也，若无與樂是國也。是何人者也？……今哀駘它未言而信，无功而親，使人授己國，唯恐其不受也。是必才全而德不形者也。」哀公曰：「何謂才全？」仲尼曰：「死生存亡、窮達貧富、賢與不肖毀譽、飢渴寒暑，是事之變，命之行也。日夜相代乎前，而知不能規乎其始者也。故不足以滑和，不可入於靈府。使之和豫，通而不失於兑。使日夜无郤，而與物為春，是接而生時於心者也。是之謂才全。（《莊子．德充符》）

這是一個名叫「哀駘它」的人的故事。世俗標準總是希望男人有一定的社經地位，可是這個萬人迷「哀駘它」他並沒有有這樣的「君人之位」，他沒有君王的權柄或主管治理公司的權位；「无聚祿」，他也沒有積蓄什麼財富；「以惡駭天下」，他也沒有顏值。哀駘它他不只沒錢、沒地位、沒有顏值，而且他醜。他不只醜，還醜得讓你害怕，更可怕的是，不是因為你的標準高所以你害怕，是他醜得讓全天下都害怕。

沒地位、沒錢、不高、不帥，一般人對男人所有的社會期待或者世俗價值，哀駘它通通不具備。來看一下哀駘它的朋友圈和人際關係怎麼樣？女人都想嫁給他，男人都想跟他當好朋友，君王認識他不到一個月，就非常重視這個人，不到一年就想讓他當宰相，後來覺得：「如果他當宰相、我當君王，我配嗎？所以乾脆把天下讓給他吧。」哀駘它讓我們思考：一個人的靈魂到底要帥到什麼程度，才能讓人這樣無法抵擋？

透過哀駘它，透過「才全」，莊子讓我們知道最值得培養的才華是什麼，有了這個才華，莊子認為就是才華全備了。在揭曉答案之前，我們先來思考一下：通常你為了什麼心情不好？那些讓你心情不好的事件到底是什麼？

思考後來讀這一段，什麼叫才全。「死生存亡」，「死生」，面對死去、面對活著；「存」，面對東西還在；「亡」，面對東西丟失；「窮」，面對困頓；「達」，面對顯達；「貧富」，面對貧窮或是富裕；「賢」，「賢能」的「賢」，大家都覺得這個人太優秀、太賢能了；「不肖」，大家覺得這個人了無才德可言；「毀」，大家詆謗他；「譽」，大家讚美他；或者面對「飢渴」，今天餓了、渴了；「寒暑」，冷了、熱了。

以上「死生存亡、窮達貧富、賢與不肖毀譽、飢渴寒暑」，我們都有面對這些事情而心情不好的經驗。那莊子講的最值得培養的才能，所謂的才德全備，到底是什麼？他說：哀駘它面對上述這些事情的時候，他都知道是「事之變，命之行也」，是世事自然的變化，命分自然的運行。「日夜相代乎前，而知不能規乎其始者也」，就像日夜不斷地交替，人類是無法掌控的。誰的人生沒有得失、窮達呢？永遠不知道覺得自己最幸運的這個時候，接下來好運是不是就快要消失了？那該怎麼辦呢？哀駘它接受命分自然如此、不得已如此，至少能做到「不足以滑和」，面對「死生存亡、窮達貧富、賢與不肖毀譽、飢渴寒暑」或情感的聚散時，不要讓這些事情影響心情，攪亂內心的平和，這是初階的境界。更高階的境界是「不可入於靈府」，甚至能做到不讓這些會傷心難過的事進駐到心裏。當學會神凝，要不想什麼，不是很自由的嘛？不要無涯夜空裏的星星跟月亮不去看，卻拚命去看那黑暗、看那了無光亮的地方。不要一直執著、一直去想生命中最傷痛、最不堪回首的時刻。回憶美好的回憶，感念天地間值得感念、值得深深感恩的幸福。

「使之和豫」，「和豫」就是平和又安樂，讓自己一直維持在和樂的心情。「通而不失於兌」，這個「兌」可以是「喜悅」的「悅」，也可以是「充實」的「充」，因為兩個字很容易錯認。什麼叫「通」呢，跟別人溝通往來，不會始終把自己宅在家裏、關在房裏隔絕外在世界的干擾。而是和所有可以溝通的人，都順其自然地往來，而且不會讓自己失去和樂、和悅或充實的心的狀態。與這樣的充實相反的是：不知道自己在幹嘛的空虛。當你關注自己的心靈，去做到沒有成見，沒有負面情緒，沒有多餘念慮的虛靜空明，那就不是一般意義的虛無了，而是一種有工夫意義的「虛靜空明」，是一種充實幸福之感。

「使日夜无郤」，這種對心靈的關注，是不舍晝夜的，在清醒時刻隨時注意的。「而與物為春」，那跟外物交接是什麼感覺呢？就好像跟四季春夏秋冬交接一樣，「是接而生時於心者也」，當季節交替的時候，可能會傷春悲秋——可是我們不會拿著把刀，像是要殺了春天似的，我們不會痛恨季節到這種地步。也不會因為太陽出來了就罵它：「太陽你把我曬黑了！」不可能。情緒的萌生永遠頂多像面對四季交接一樣，不會有過度的情緒和哀傷。

「是之謂才全」，這就是才全，這就是莊子認為活在天地間，最值得擁有的才華。都市裏到處都有健身房，卻很少健心房。莊子卻要我們學著讓自己的心，非常重視這樣一種心靈的能力與陶養。

我們再問一次，什麼樣的對象是最理想的情人？什麼樣的伴侶你跟他（她）共度一生會覺得很幸福？想想今天、這輩子，當你難過的時候，想打電話給誰？想當面跟誰傾訴？你打給誰、跟誰傾訴，悲傷的就可以不再悲傷，難過的就可以不再難過，忽然覺得一念之轉，你的人生又可以走下去了。假想你的枕邊人就是這樣的人，那你只要每天跟他（她）見面、對坐、說話、生活……就會覺得沒有煩惱，覺得很開心，因為所有的惆悵和委屈都會留在門外。有他（她）的地方，就有陽光，就有清新流通的空氣，就是美好的風景。請問誰不想跟這樣的人在一起？誰不想跟這樣的人共度一生呢？如果有這樣的人陪伴，我想就算時局是亂世、就算你遭遇到什麼樣的病苦，你還可以跟他（她）一起演一齣《齊瓦哥醫生》呢。

關於理想的情人，這堂課我們講到《聖經》的helpmeet，講到愛默生的「美麗的敵人」（beautiful enemy），講到《聖經》的helpmeet，或者利奧．巴斯卡利亞講的那些凡人難以達標的完美愛人特質，最後我們學到了培養自己成為《莊子》筆下的理想情人的具體目標。今天不只是要告訴各位何種情人最理想，這堂課談到的標準、特質，不只用在選擇情人，還有朋友，甚至於將來你當老闆、當主管，你要怎麼找員工，或者你將來成為別人的員工，你要怎麼挑選主管，你要重視的是什麼？而這個答案其實要你自己給。這堂課是要讓大家知道除了一般的世俗標準，還有多少選項，你可以怎麼樣選擇別人，你又可以怎麼栽培自己？當然最重要的是陶養、栽培自己。

一個人的心地一旦具備剛剛莊子講的才德全備的能力，那你的身體就不可能太糟。我為這堂課熬夜熬得很兇，但我一直告訴自己不會復發，現在沒什麼脾氣了，只是熬夜而已。生病有三大原因：外因、內因和不內外因，只要沒有「怒喜悲思憂恐驚」、沒有負面情緒，生病的三大原因你馬上就少了一個了——心靈能有這樣的境界、有這樣陶養的人，他（她）的心身狀況也會比較好。身體狀況好了，他（她）就更有能力照顧你啦，更能為你遮風擋雨，陪你走過很多生命中的逆境。我想這樣一個對象，是每個人夢寐以求的。只可惜一個人有這樣的領會，通常已年過半百了。

我以年過半百之姿，來告訴也許才開始進入愛情世界的你：莊子告訴我們理想的戀人、伴侶或結婚對象，要重視的是他（她）「昭文之不鼓琴」的部分，是「支離其德」之德，擁有這樣的德性，你可以「養其身，終其天年」，甚至還「足以食十人」。而更具體的德性內容，就是剛剛哀駘它這一段論述。將來各位在情感的關係網絡裏，如果那天剛好出了什麼狀況，那恭喜你，太棒了，你可以像「靜女」一樣，躲在樹叢後面，或者可以看到對方在逆境裏的反應，他（她）是脾氣不好的，還是氣定神閒的，你可以近距離地觀察他（她）靈魂的美醜，而靈魂的美醜將會牽動你跟他（她）未來的生活、影響你未來的幸福，那重要性遠超過他的顏值、事業與財富。我們今天這個主題就講到這，謝謝大家。

第五堂

「流水」與「水停」——在情愛世界裏，你想與誰相親？

人生路上，是誰總抓住你的眼睛，只要有他便覺擁有了世界？可後來你的目光為何移開，心為何不忍再想起？我們終將明白，唯有無風無浪般大器靜好的胸懷，才是心之所向。早日辨明所愛的器量，跟隨莊子的腳步打開心牆，告別量米杯、浴缸，無限延展成一汪大洋。

在這堂課，想要跟大家一起探討的是：「在情愛的世界裏你想與誰相親。」

不知道各位活到今天，是否感受到你最常接觸的人、最親愛的人，他們通常是心情平和的，就像靜止無波的水面；還是處於情緒比較不穩的狀態，就像波動的流水一樣。你在意這件事嗎？其實，讀過莊子以後的我們，好像會變得比較在意。

前面的導言談的是：人生路上，是誰，總能抓住你的眼睛，讓你覺得，只要有他，你就好像擁有全世界。

不知道諸位當初在談戀愛的時候，有沒有問過自己：「我到底為什麼喜歡他（她）啊？」其實這是一個非常值得追問的問題，如果今天不知道為什麼喜歡他（她），將來就不知道為什麼離開他（她）。

有個朋友讓我看他前女友的照片，我一看嚇了一跳，驚為天人。可有意思的是，我知道他在這段愛情裏面的悲慘故事，所以我就沒有辦法理解，像他這麼聰明的人，怎麼會與一個終極價值、興趣嗜好、想過的日子都完全不一樣的人在一起，而且還這麼久、這麼痛苦。有一天我忍不住問了一句：「難道只是惑於美色？」他很慚愧地說：「是。」

我們在青春正好的時候，可能都曾經這樣。可是要追問的是：後來我們的目光為什麼會移開，甚至於你的心就不忍也不願再想起這個人了？

無風無浪、大器靜好的胸懷，才是情愛幸福的方向

我覺得臺灣的教育一直很輕忽哲學，可是哲學教育其實非常重要，一旦忽視哲學教育，我們就不會思考生命中每件事情背後的意義是什麼？因為哲學教育，我們在上學的時候就會這樣想：「為什麼要上學？上學的意義是什麼？」因為哲學教育，我們會想：「為什麼要談戀愛？相愛的意義是什麼？找一個人舉辦一個叫婚禮的party嗎？」我們常常缺乏這樣的一種深度思考。所以當我們今天在談：「在情愛的世界裏你想與誰相親，你到底愛對方的什麼？」這時候我想先來反省自己，做一個示範。

我在小學的時候，可能還會注意一個人到底帥或不帥。中學開始我引以自豪，我不再在乎外表了，但非常在意這個人是否有才華，是不是有哲學思想的深度，或者文學藝術的才情。然後大概在中學到大學之間吧，跟徐志摩的名言相遇了，就是當梁啟超痛斥徐志摩怎麼可以拋棄張幼儀想要娶林徽因的時候。徐志摩是這樣給他的老師回信的：「我將在茫茫人海中尋訪我唯一之靈魂伴侶。得之，我幸；不得，我命，如此而已。嗟夫吾師！」我才知道原來要找的，不是帥不帥，也不是才華，而是靈魂伴侶。

再來看看林徽因。海峽對岸前幾年票選民國百大美女，我記得很清楚，已經過世的林徽

因居然排名第二。我從國中開始關注這個人，在臺大教書之後，我曾經為她的情史作編年。只要你讀過她的作品，一定會發現她是一個靈魂比外表至少美上一百倍或者一萬倍的人。讀她的詩，會覺得這個人的靈魂太動人了，她的詩絕對不只是愛情而已，她描寫了對親情、對社會底層、對土地文化的深厚情感。從她的詩中可以感受到她是一個非常摯情的人。在整個學習用情的過程當中，最後我們會發現：唯有無風無浪、大器靜好的胸懷，才是我們心之所向。

但是你可能會說——尤其年輕人——會問：「我為什麼要留意這些呢？」他們覺得大器的胸懷非常地空洞，覺得青菜蘿蔔各有所好不是嗎？可是只要你稍有一些人生經驗，會發現其實我們都不喜歡活在所謂的「情緒暴力」裏面。負面情緒其實是最傷害人的情感的。所以應該早日辨明你認為你愛的那個人的器量，或者不只辨明對方，更要陶養自己。追隨莊子的腳步，打開自己的心牆，不要讓自己的心靈像一個量米杯或者浴缸，而能延展成一片汪洋。

這樣一種對心靈與靈魂的重視，絕對不只是在閱讀別人，也是在反省我們自己。講到反省，在中國的傳統文化裏，不管是儒家或者道家，都強調反省自己。可是反省自己的目的不是要你越反省越覺得：「我真是個爛人，我好糟啊！」我好多學生會反省成這樣，其實，反省的意義在於讓我們找出「我哪裏可以更好」。我們可以一方面認識別人，一方面陶養自己。不要把很多事情看得很難，今天這個主題，就是希望能有效地讓我們的情緒變得越來越好，然後感情也因此變得越來越順遂。

當拙作《勇於不敢　愛而無傷》這本書剛出版的時候，我永遠記得那天的新書發表會，我特別開心。因為很少看到那麼多年輕的讀者，甚至會有情侶牽著手一起來聽新書發表會。散場的時候，還有一對特別跑來告訴我：「蔡老師，今天是我們兩人相愛的第一百二十二天。我們很高興在這時候就接觸了莊子，希望未來我們的愛情，可以這麼美好而保固。」

可是就在這本書出了不久，接到了一封信，是一個讀者的男朋友寫信來罵我。他說：「蔡老師，自從我女朋友自從看了你的書以後，不斷地告訴我，我的愛情就是量米杯、量米杯⋯⋯我覺得你把人的愛情分了階級，我感覺非常不好。」自從收到那封信以後，我每次上廣播或是演講就改口強調，其實佛家講：「一念三千」，你要讓自己的心靈是量米杯、浴缸、還是海洋，都是可以選擇的。我必須說，我反省自己，有時候可能也有短暫的時間覺得自己有點小氣、不太舒服，就像量米杯一樣。可是因為《莊子》的教育，那樣的念頭一浮上來馬上知道不可以，便會像打地鼠一樣把它打消掉，希望自己至少能是浴缸或者海洋。

所以我要說的是，這樣一種分別，不是要讓你為對方分階級，要記得我們說，相愛的兩個人，不要有尋找的心態，而是要有cultivating mindset——培養的心態。我們願意不計較剛認識時他（她）的心靈器量，可是要在意的是，兩個人在一起後是不是越來越好。這絕對不是說修習了《莊子》後找一個老僧入定的人談戀愛；也不是說讀了《莊子》以後，你覺得非常地自卑，覺得自己就是離莊子最遠的那個人。因為你的內心多所攪擾，甚或已經求助於心理諮商師或是心身科了。

可是我覺得這樣的人，最能感受到閱讀《莊子》的樂趣，因為你會享受到進步的感覺。如果有機會跟這樣的一個人相戀，根本不必計較他最開始的狀況。一個人有機會陪另一個人走過生命的低谷，那是非常難能可貴的機緣。只要兩個人在一起，能確定他（她）會不會因為愛你，願意把自己陶冶成一個更好的人。只要對方願意，我覺得那就沒有問題。然後兩個人攜手，讓彼此愛情的器量，從量米杯走向浴缸，走向海洋。如果共同經歷這一段的話，那我想，一定會是一段刻骨銘心的愛情。

這堂課主要就是要帶大家來巡禮一下，什麼樣是平靜的心靈，什麼樣是攪擾的心靈，跟這樣不同的人相戀會是什麼不同的感覺。然後你希望自己是擁有什麼樣心靈的一個人。以下就先透過古樂府詩，來思考這些問題。

〈有所思〉（漢・古詩樂府）

有所思，乃在大海南。何用問遺君，雙珠玳瑁簪。用玉紹繚之。

聞君有他心，拉雜摧燒之。摧燒之，當風揚其灰！從今以往，勿復相思，相思與君絕！
雞鳴狗吠，兄嫂當知之。妃呼狶！秋風肅肅晨風颸，東方須臾高知之！

這一系列的課程，是希望提升大家的感受能力和表達能力，所以會稍微介紹一下寫作詩歌時的詩法。如果整個系列你都認真讀完，我想你絕對是可以自己動手寫一首情詩給他（她）的了。我們來看一下第一句，「有所思」。其實詩的開頭就是你有感覺的緣起，開頭我們通常會覺得，寫得越不自覺越好，怎麼說呢？比方說，席慕蓉的〈霧起時〉這首詩，她說：「霧起時，我就在你的懷裏。」好像說話一樣；林徽因的〈別丟掉〉：「別丟掉／這一把過往的熱情」，「別丟掉」，好像我們在跟一個人講：「帶貴重物品出門的時候要小心」，就這麼地口語、自然。

因為有很多的聲音，你要在安靜的時候才聽得到。所以「有所思」這樣的起筆，我們覺得它淡淡的、輕輕的，就是想告訴你說，我有一些想法，我有些思念，我想念著這麼一個人。很像我們學習草書的起筆，不是像楷書、隸書，有這麼明顯的一個落筆的起頭。所有的文學、藝術，乃至於流行音樂，這些載體都有共通的書寫方式：開頭都不宜太重、太濃烈，不然後面就扯破嗓、無以為繼了。

「有所思」，那她思念的人在哪兒呢？「乃在大海南」，各位，是不是想起了李白的〈長相思〉：「長相思，在長安。」「有所思，乃在大海南。」「大海南」也好，「長安」也好，「台北」也好，「倫敦」也好，一個本來不一定很上心的地方，當你思念的人在那裏，只要想起那個地名，就覺得怦然心動。

接著呢？「何用問遺君」，這個「用」就是「以」；「何用」就是用什麼；「問」跟「遺」是同義詞，是餽贈的意思。整句話是說：「我到底要拿什麼來送給這個人啊？」女主角不只是想念對方，而且還想送對方一件禮物。當人想念另一個人，他（她）開始苦思，該送什麼好？這樣的動作就是很動人的一件事。

那什麼物件可以讓我們表達自己的心意？我覺得最有力量的就是詩歌了，因為它是非常精鍊的語言，我們可以學會如何在言簡意賅的幾句裏面，傳達非常巨大的思念和力量。所以，如果可以的話，讓我們寫的詩變成一份禮物。或者你跟他（她）是遠距的情感，那就送他（她）一份禮物，不管是不是詩，讓他（她）能夠睹物思人。

那我們就來看這女子送的是什麼。送得還真不簡單，「雙珠玳瑁簪」。這個玳瑁，它是一種在海裏很像海龜的動物，甲殼非常地光亮，在現代會做成眼鏡、做成髮夾等很多的飾品；就中醫藥性的角度，它可以鎮靜，可以降血壓，對身體有很多的助益，所以非常昂貴。這首樂府詩的女主角就用了玳瑁做成髮簪，然後又在上面鑲了兩顆寶珠。

這份禮物我覺得挺有意思的。我有個好朋友曾經有一個曖昧對象，那對象在我朋友要出去旅行的時候送了個非常曖昧的禮物——牙刷。在我看來在古代送玳瑁簪和現代送牙刷有類似的意涵，因為每天早上起來就要刷牙，睡前又要刷牙，所以在刷牙的時候就不斷想起他。而中國古代的男子二十歲就要加冠，要戴帽子了，髮髻和帽子之間要怎麼連結，就需要一根髮簪。這女孩子這麼一送，那不就叫這個男子，每天早、晚都要思念她一回。真是非常有美感又非常實用的禮物。

「玳瑁」跟「雙珠」其實已經夠了，但愛一個人怎麼會覺得送他（她）的禮物夠呢？永遠嫌不夠。所以再加上「用玉紹繚之」，「紹繚」是纏繞，就是用玉來纏繞，很費工、費時，但倍增華麗。我覺得「用玉」兩個字寫得特好，若今天寫得是「碧玉紹繚之」，那就只是單純描述飾品的樣子，甚至只剩下炫富的感覺了。可是「用玉」兩個字，就把一個女孩非常費心思地製作一份愛的禮物，想把所有的寶貝都填充到這個禮物裏的那份心意給描寫出來了，我覺得寫得挺深刻。

他（她）只是需要的菜色比較多

從這樣的定情之物可以想像，這女子對那名男子的心意是怎麼樣地朝朝暮暮，怎麼樣地希望與所愛相隨。但沒有想到的是，禮物才剛做好還沒寄送呢，「聞君有他心」，就聽說那個人已經愛上了別人了。各位遇到這樣的事情，如果上過莊子課，心情會好很多。我們說人類的所有行為，其實都是受到人文建構或文化制約的。之前講過吃飯的例子，現在還是談吃飯的例子。我常跟我的學生一起吃飯，他們很喜歡在餐後問一句話，說：「老師你最喜歡吃哪一道菜呀？」我說：「我最喜歡輪著吃，因為這麼多菜輪著吃，才會覺得好好吃呀。」

可是我讀大學的時候，在同學裏面顯得非常奇怪。我們學校有間自助餐廳，那間自助餐廳什麼好呢？盤子洗得非常乾淨，而且你每拿到的空盤它都是有溫度的。不知道為什麼，我很著迷於這麼乾淨又有溫度的盤子。當然它有一道菜我非常喜歡，那就是炸過、又燜煮過的豆皮。我每天去都點三樣菜，可怕的是，那燜煮過的豆皮我餐餐點、天天點。後來這家餐廳同學再也沒有人要跟我去了，他們都吃膩了，只剩下我一個人孤單地吃，還是覺得非常好吃。

這不表示我比較堅貞，我只是一直貪戀那個有溫度的盤子跟豆皮的滋味。各位不會覺得我專情，而想褒獎我吧。那你會不會因為我的同學換了餐廳吃飯，而覺得他們劈腿，他們很渣嗎？好像也不會啊。

我們總說「飲食」、「男女」，可是在愛情的世界裏，卻會因為這個人食量太大了，或者接觸的菜色太多了，覺得他（她）很渣、很淫蕩。

一個研究莊子的人，會用不同的想法來體貼。就好像如果問我的娛樂是什麼，有一陣子電視上在播《水滸傳》，於是我這個偶爾會一心二用的人，想要把握時間會一邊看《水滸傳》，一邊寫書法，這就是我的娛樂。那我的學生呢？他們就打電動了。每個人的娛樂都不一樣，我不會因為他（她）看《水滸傳》、寫書法就覺得他（她）比較高端；不會因為打電動，或移情別戀，就覺得他（她）十惡不赦。

我不是在鼓勵移情別戀或打電動，而是鼓勵我們用另一種眼光來體諒別人，這樣你自己的精神世界會因此而開朗很多。就好像，回想自己的童年喜歡過好多玩具嘛。或者各位女性讀者，其實我們都習慣衣櫥裏有遠多於生活日用所需的衣裳。還有書架上的書，有好多我們願意一讀再讀，甚至於電影也是。當然有少數的書，我們覺得讀一遍就夠了，甚至一遍也讀不完，就這麼擱在書架上再也不碰了。如果這樣，我們為什麼對別人用情的方式，這麼忍無可忍呢？

講了這麼多其實是很希望各位不要覺得：「為什麼我這麼深情地待他（她），他（她）卻這麼薄情地對我？」想通之後，你會用一種「這其實也很正常」的目光，去看待曾經認為的

「不正常」。於是可以在異常裏不斷地陶養自己，終能成就異常，異常地美好。因為這樣，當遇到一些人生的騙局和離散，你不會再糾結了，會覺得這也很自然。

希望經過這堂課以後，萬一在生命中遇到「聞君有他心」的情況，就想：「食量大而已，他（她）只是需要的菜色比較多嘛。」或者「他（她）只是比較沒有眼光而已」。我很喜歡林依晨演的一齣叫《老男孩》的連續劇，當她的男朋友背叛並拋棄她時，她很堅持要跟他見最後一面，只是要到他面前講一句話說：「你真笨！放開我這麼好的女人。」我非常欣賞這句台詞，叫人激賞的自愛與自信。所以你將來千萬不要因為對方沒眼光離開你而感到難過，因為該難過的，是那個沒眼光的人。

就讓風，把信物的灰燼全吹散了吧

那你呢？你要把所有的能量和情愛，以及你製作的美好禮物，留給下一個值得擁有的人。可是這首詩的女主角比較不節儉，當她聽到另一個人移情別戀時，她便非常憤怒。「拉雜摧燒之」，這個「拉」就是把它折斷，「雜」是弄碎，「摧」是摧殘、毀壞，不只這樣，她還燒了它。我看了覺得好可惜，為什麼不送我呢？這似乎象徵了當有一樣東西見證了兩個人的愛情，象徵了兩個人的感情，可是有一天某個人變心了，就會想砸掉這個東西，就像砸掉你跟他（她）之間的感情一樣。

下一句又講了一次「摧燒之」，讓我感覺這東西是不是滿堅牢的？所以折不斷、砸不碎、搗不爛，或者已經折斷、砸碎、毀壞了，但她覺得要再進一步地摧折、燒毀它，把它弄得更支離破碎一點。夠破碎了之後，「當風揚其灰」，就迎著風，把剩下的灰燼全吹散了吧。從這個動作可以看出這個女生心意已決，而且連值錢的東西都不認了，一點念想都沒有想留下。

可是我有點替她擔心。這麼金貴的、親手做的東西燒了之後，會不會在她的記憶裏，還是沒有成灰，還是揮之不去。我想一定是這樣，所以女主角才要一再地提醒自己，「從今以往，勿復相思」，看到這句，就好像我會說：「明天開始，接下來這個學期我一定要早睡早起。」其實當你還在宣誓，就表示你可能做不到。所以當女主角告訴自己「從今以往，勿復相思」，你就知道，她還是很想念對方。於是她再補強一句：「相思與君絕」，要是我會想念一個人，那也不再會是你了，想念這件事從此和你無關，一定要講得很決絕來宣誓才行。

就詩法而言，這首詩又運用了「頂真體」、「連珠體」。我們來看「拉雜摧燒之，摧燒之」、「勿復相思，相思與君絕」，「連珠體」會讓詩歌的氣勢更加地貫串。在這邊，可以讓女主角砸東西、毀東西的氣勢更加磅礡。可是我們知道，當反覆看到這名女子一直唸著「勿復相思，相思與君絕」，就知道她根本下不了決定，所以感性和理性，就這樣不斷地交戰掙扎，才會在心裏糾纏攪擾這麼久。

接著呢，「雞鳴狗吠，兄嫂當知之。」這句話其實有不同的時間的理解。如果把「雞鳴狗吠，兄嫂當知之。」解釋成「今日此時」，我們知道所謂的「雞鳴狗吠」——這世界上傳遞得最快的，不是音速、不是光速，而是八卦傳遞的速度。所以一個人有二心這種消息，在人群當中其實是傳得很快的，她的兄嫂可能當下就已經知道了。也有可能不是因為八卦傳遞的速度，而是因為這名女子真的太激動了，這樣砸、這樣燒，一定會發出聲音，家裏的人知道妳所愛的人變心了。不知道各位有沒有閱讀《詩經》的經驗？在古代，對女人的標準是很嚴苛的，一個女子讓別人知道所愛的人變心，她在家裏面就會越來越沒地位，因為家裏的人會覺得，你怎麼連一個男人的心都保不住呀？

但還有另一種解釋，這個「兄嫂當知之」是指知道曾經我們花前月下、兩情繾綣的一些紀錄，可能別人都知道了。大家如果覺得寫得太朦朧，可以去讀《詩經》裏的一首〈野有死麕〉的最後一段寫說：「舒而脫脫兮，無感我帨兮」，這個「舒」就是慢一點，「感」就是搖動、晃動。《詩經》裏面女子對男子說：你動作慢點，動作慢點，不要搖晃我襯裙上的鈴鐺或玉珮，而發出聲音。為什麼不能發出聲音呢？下一句話說：「無使尨也吠」，這個「尨」是一個

「犬」，加上三撇毛，是他們家的長毛狗，意思是，不要讓我家那只長毛狗聽到我們私會的聲音，汪汪汪地叫了起來。所以很可能是指這女子回想到，當初跟他幽會，哥哥嫂嫂都知道了，他們知道我已經不是完璧之身了。

古代的女子想到人言可畏，不管是現在別人知道，或是以前別人知道，她都是很難堪的。所以接下來接的就是「妃呼狶」，她嘆了一口氣，這三個字呢，都是象聲之詞，一個人心情不好的時候會發出「唉」或是「哎」，當然白話有時候翻「哎呀呀」。

這樣嘆氣之後，最後結局句怎麼寫呢？她說啊：「秋風肅肅晨風颸」，這個「肅肅」是風的聲音，在秋風的風聲裏，「晨風」是雉鳥，什麼樣一種鳥呢？早上會起來鳴叫，朝鳴求偶。這鳥何等殘忍啊，就在這女子知道她所愛男子有他心的時候，第二天早晨照常鳴叫，呼喚所愛。

為什麼晨風鳥會想要呼喚所愛？為什麼一個人聽到這樣的鳥叫聲，會內心有所感觸啊？每個人，其實都是哭著到這個世界的，一輩子當中，我們好像都想遇到一個跟自己有點同類，甚至有著強烈共鳴的人。可是想遇到這樣的一個人，好像又有點難。這名女子可能曾經覺得她遇見了，就這男主角。甚至覺得，是他讓她覺得不再孤單，甚至於他是她的天、是她的世界。而今破局了，在她失去所愛的時候，居然還聽到晨風鳥思得同類的鳴叫，就可以想像她有多悲傷了。

其實愛情如果想要成功，有幾個要點：第一個要點是，你要珍惜所有情感的機緣。也許剛好認識誰，那可以多認識、多瞭解一點，可是拜託不要這麼快就認定「就是這個人」，然後就趕快隔絕其他異性，不再跟任何異性做朋友。我覺得，所有的緣分在每一個人的生命中都很重要，甚至不管他是同性或異性，不管他是人類還是動物、植物，你都可以去珍惜任何一個生命，同你在地球上的相逢。如果做到這樣，就比較不會把自己的愛情逼到天地間只剩他（或她）一人的死角。

第二個要點我覺得：每一個人都要陶養在情感上的先天優勢。陶養先天優勢，會讓你關愛的對方喜歡的自己更好。讓心神、氣血、肌肉、骨骼，一切的自己能夠每天、每個月、每年都更好。那怎麼樣更好？其實不難，就之前一再提過的：好好吃飯、好好睡覺、好好鍛鍊。

最後這女孩怎麼結尾呢？她說：「東方須臾高知之」，這個「須臾」就是不久，這個「高」是「皓」，是發白，天色大白。這句話就是說，等天色大白的時候，我會有答案吧。

各位是不是想起了一部電影，《*Gone with the Wind*》（《亂世佳人》）裏面的女主角郝思嘉最後一句台詞便是：「Tomorrow is another day.」明天又是另一天。我們的生命不會因為一個人的變心而停滯，我們會因為太陽的升起，而能再度迎接嶄新的生活，心情會因為看到太陽升起，而能重新回光、回暖。有時真的很感謝大自然有日升日落，有四季輪迴，每一個天亮，都可以讓我們去迎接嶄新的一天。

相愛相失都是那麼自然的事

當我們讀完這首詩會知道，在生命中，如果天涯海角有一個人你可以長期關注的，是很幸福的，你會知道在偌大天地間，你不是孤單的一個人。可是問題來了，我們要怎麼樣去面對幸福感的失落，或者圓滿的破局？我想——一個很重要的想法就是，把那個跟你相戀的人可能愛上另一個人這件事，當成是很自然的。為什麼是很自然的呢？如果你不覺得自己是全世界最動人的，那他移情別戀不是很自然嗎？這絕對不是要培養大家移情別戀的習慣，而是——不管世界發生什麼變化，你都能體諒、都能包容，都能一樣過得很好或者過得更好。

所以當你真的愛上一個人的時候，其實他（她）變心是不用太擔心、太傷心的。只要稍微思考一下：自己在這份愛情裏面付出過多少努力？曾經給彼此創造過多少美好的回憶？更重要的是，在這感情裏面，你讓自己變成多好的一個人？每一場相愛最重要的決心就是：我一定要變得更美好，然後從自己的心神氣血、肌肉骨骼，全方位地變得更好，如果他（她）走了，那就算了，因為你已經獲益良多了。能夠有這樣的一種返本全真的愛，不管對方留下或離開，都是一件值得紀念的事。

在相愛的過程，因為有莊子，我們會不斷地反省：跟他（她）相戀的那個我，是心如止水的，還是常常抱著一桶汽油跟一根火柴，隨時都會引爆的？是會為對方設想，覺得他（她）怎麼樣都可以的，還是他（她）這樣做也不行，那樣做你也很不開心？你跟他在一起之後，你參與他（她）的世界，你們的世界變更大了嗎？還是因為你們在一起，他不讓你去健身房，他要你陪他打電動，所以你們兩個的世界越來越小？以前會在我的詩課，拿出一張紙出來把它捏成一團，然後問大家：「同學，這是什麼？你們知道嗎？」他們說：「不知道」，我說：「這就是各自靈魂的形狀。」大家覺得很詭異，「我的靈魂怎麼被捏成這樣？」我只是為了表達我們靈魂裏面有很多稜稜角角，但對方不一定觸碰得到。

感情剛開始的時候，大家都像孔雀開屏，都展現並且看到彼此最美的一面，都像那沸騰的熱水，是非常激昂的。可是沒有孔雀會整天開屏的，牠會累；而沸水最後也一定會回到常溫。所以當兩個人開始發生衝突的時候，要覺得很正常，因為那個以往沒有碰觸到的角落被對方看到了，或者你終於發現了他（她）的這一塊。但也就是因為這個衝突，讓你們相知的版圖擴大了，這不是很好嗎？我又認識了一點不一樣的你，我更瞭解你了。於是，你們的衝突好像一個個患難。都說患難見真情，你們彼此之間可以藉由衝突後的進一步相知，變得更深刻、更美好。

倘結果還是分手了，要覺得：「天啊，這是何等自然的事。」所以，不要把「不分手」當成理所當然。莊子說：「隨其成心而師之」（〈齊物論〉），不要認為現在跟你在一起的人，就會陪你走完很長的一生，這是你的成見。一旦知道它是成見，那麼當對方離開你，便能覺得這是很自然的，也因為沒有「他（她）不能離開」的成見，一旦他（她）離去，你就不會覺得天崩地裂、宇宙洪荒，你會變得像迎接朝陽、迎接下雨一樣，那麼自然。

在情感關係中練習心如止水

在這一堂課要問的是：「在情愛的世界裏，你想與誰相親？」如果對方真的能遇到一個他（她）覺得比你更合適的人，我們也要為他（她）感到高興才對。甚至剛開始認識對方時，就透過你對《莊子》哲學的理解，去研判你們的終極價值是否合拍。所以你也不會因為很生氣就「拉雜摧燒之」，用負面的情緒來面對他的離去。因為在任何情況下，你們都致力守護己心，不讓負面情緒就這樣燒起來，灼燒你最珍貴的心靈，或燒毀你們之間的情誼。然後那個愛情的信物，也是很值得珍惜的，不只是價值而已，還是一個生命的能量。你留下來，有朝一日送給值得的人就好。

當〈有所思〉這首詩結束，我想問問各位有沒有聽過一首林俊傑唱的，叫做〈可惜沒如果〉的流行音樂？我們可以從歌詞中看到一些值得思考的事。

比方說：「在感情面前，講什麼自我」，並不是在感情裏我們不能有哲學思想與獨立人格，而是我們要學會莊子的「莫得其耦」、「得其環中」（〈齊物論〉），不要只站在自己的立場，只看到我的付出、我的感受、我為你花的時間，而是能夠設身處地。

這首歌裏說：「倘若那天，把該說的話好好說，該體諒的不執著。」每一個你看不順眼的舉止，如果多體諒一點，其實是可以原諒的。我覺得歌詞裏面最值得注意的一句話是：「如果那天我，不受情緒挑撥」，其實兩個人會吵架，常常是有一方——甚至兩方都情緒失控了，那時候說出來的話是不是真話？或是做出來的事，以後會不會再重複發生？其實我們不知道。可是，這個記憶有時候會成為彼此心裏很難過去的坎。

如果我們真的很努力，做到莊子講的「自事其心」，好好愛惜自己的心，就比較不容易有這樣的情緒失控。就像歌詞所講的：「如果早點了解，那率性的你，或者晚一點，遇上成熟的我。」祝福各位此刻起都能好好鍛鍊自己的心身，讓你的青春常駐，也讓愛情及早成熟。不要有一天回頭看，才愈發後悔，因為情緒失控而錯過一個人。

我們這一堂的主題就是「流水」與「止水」，要盡量讓自己心如止水，而不是因為心如流水般攪擾不寧，錯過生命中珍貴的人事物。

山不成山，河不成河，我才有辦法跟你情斷義絕

下一首，要談的是〈上邪〉。「上邪」是一個誓詞，我不知道各位聽到誓詞或海誓山盟，印象最深刻的是什麼？很奇怪，在我還不知道什麼叫誓詞的年齡，大概小學三四年級吧，學校裏頭有個非常出名的學姊，每次朝會大家都一直偷看她，因為氣質太好了、太美了，而且不知道為什麼，才小學三四年級大家就會口語流傳學姊的八卦——然後就知道，學姊好像有一個心動的人。更奇怪的是，我們居然傳說學姊的日記裏寫了什麼。而且我今天還記著，聽說是這樣寫的：「你可以懷疑地球自轉，可以懷疑星星是火，可是絕不可以懷疑，我對你的誠摯感情。」對不起，這個句子我現在聽起來覺得很普通，可是當年還是小學三四年級，聽完覺得這太讓人著迷了，每天上學就很期待要看學姊演出的偶像劇。

然後有一天我到臺大教書了。有一個學生她很愛玩，她常常會到很多地方去旅行，有一天要去陽明山，她照例先來跟我打個招呼。回來的時候，她送了我一朵花，那花看起來長得不是特別美，也沒有多驚人，就是綠梗白花嘛。她看我沒多看它兩眼，就問我：「老師，你知道它

的名字嗎？」我說：「不就是海芋嗎？」她說：「不，海誓山盟，至死不渝。」

天啊！不得了，她一說海芋這深富奧義的名字，而我把它插在花瓶裏，放在窗臺，我就忍不住，工作中就不時要回頭看一下，就好像看到「海誓山盟，至死不渝」的珍貴誓言，覺得這要特別珍視才行。

這段開場，是要跟各位訴說什麼呢？原來不分年齡，從小學三四年級到一名大學教授，只要聽到誓言，或者一朵花有著誓言般的名字，都會特別動容。為什麼？因為物以稀為貴嘛，在感情世界裏也一樣啊。在這個多變的世界，有限的一生中，我們都要好好珍惜那一年、那個季節、那個月、那一天、那個清晨或黃昏。因為有一個人，曾經對你許下承諾。

如果生命中曾經邂逅這樣的永遠，我想，那一定會深深烙印於心。接著我們就要來讀一首古代女子堅貞的誓詞。

我們可以把它看成中國詩歌史上，山盟海誓的肇始之作。值得追問的是，到底什麼樣的人，什麼樣的理想情人，會讓你願意為他（她）許下這樣的諾言？這是在讀這首詩歌的時候可以思考的。甚至於因為這個人的存在，你會想要陶養自己，讓自己變成更好的人。那所謂「更好的人」，究竟又是什麼樣的一個生命意象？我們來看這首詩。

〈上邪〉（漢．古詩樂府）

上邪，我欲與君相知，長命無絕衰。

山無陵，江水為竭。冬雷震震，夏雨雪。

天地合，乃敢與君絕。

「上邪」，「上」就是老天爺；「邪」是語氣詞。〈岳陽樓記〉裏說：「是進亦憂，退亦憂，然則何時而樂耶？」的「耶」，就是這個「邪」，是個嘆詞。「上邪」就是：「老天爺啊！」

「我欲與君相知」，我想要貼近你、深刻地懂你，或者讓我們懂得彼此吧。這種相知相惜的需求，我想，從我們經由母親的子宮來到這個世界，就存在了。剛開始被包覆在一個溫暖的容器裏，可是剪斷臍帶那一剎那，我們便孤單了。不管是怎麼樣親近的家人，到一定年齡以後，你總是一個人上廁所、一個人洗澡、一個人走路、一個人上大學，甚至現在很多幼稚園、小學的校門口，還會樹立一個「培養兒女獨立，請家長止步」這樣的標示。所以，人的一生就這樣，注定是獨行的。因此我們都挺想有一個人懂我，我也懂他（她），覺得這樣的存在彌足珍貴。

隱隱然，你還希望找到的這個人能成為你的伴侶——不管在這個年代我們認定的伴侶是什麼，希望他（她）是最懂你的人，而且能懂你懂得深入骨髓，懂你的心。

所以女主角就說了：「我欲與君相知」，當然，這本書看到這裏，各位已經知道了，相知是一個需要長期付出努力的事。但不要覺得累，我們為「相知」所做的，只要在此心安好的前提之下，可以輕輕鬆鬆、點點滴滴、細水長流地付出。可能是給對方一個訊息，或跟他（她）分享一件發生在你生命中的事情。

不知道為什麼，我們養成了這樣的習慣——為了學業、為了事業，我們會跟親愛的家人或情人說：「喔，不好意思，我要考試，我們取消今天的約會吧！」但很少會跟老闆，或者學校老師說：「今天有個重要約會，所以我得翹課了。」我的課堂是允許如此的，因為這表示你珍惜情感不亞於生命中的其他。如果你是這麼珍惜跟所愛之間的溝通，會發現——相識十年之人的交情，實在很難被相識一個月、或一年的人取代。

唯有懂你，才能尊你所重

如果很重視溝通，又因為都能保持心情平和，所以每次溝通都會非常地愉快。而在溝通交流之中便會知道，那個人重視什麼。因為相愛一定要能夠尊重對方，而「尊重」就是「尊對方之所重」，如果連對方重視什麼都不知道的話，那是很難相愛的。所以「我欲與君相知」，便是在這樣的前提之下。

「長命無絕衰」，就是要讓這樣的情感，這樣的相知，彼此同行到天地最遙遠，哪怕是最荒涼的空間；或者直到這一生時間的盡頭，你都希望能與對方同行。「長命無絕衰」的「命」就是「令」，就是「使」，就是乞求老天爺，保佑你們的情感，永無衰朽、斷絕之日。當然，因為女主角覺得她遇見了，遇見這樣一個懂自己的人，所以她願意不斷地培養彼此的感情。也就是說，她希望他們之間的感情沒有休息日、沒有到期日。這一首詩的第一段，如果講它的詩法，那太容易了，就是「直抒胸臆」，想到什麼，直接寫出來就對了。

剛講：「我欲與君相知」。其實瞭解真的很重要。我讀大學的時候有個同學，那女孩終於要過二十歲生日了，她非常開心，但下面這個內容是她後來到宿舍跟我哭訴的。就是她的男朋友跟她說：「今天妳生日，我要幫妳過生日。」那女生充滿了期待，心想一定是燭光晚餐，或是在國父紀念館旁邊的冰淇淋店，一個好風好月的美麗夜晚，兩個人一起吃冰淇淋也很好。結果沒想到她男朋友把她帶到一個很像劉姥姥作壽的空間，準備好了三大桌，待社團成員、系友都到齊，大家便開始海吃。

那女生告訴我，她從頭到尾都笑不出來，只在算一個人要多少錢，然後這三桌要多少錢。她覺得她男朋友怎麼那麼不懂她？這麼辛苦打工，存到這些錢，不是應該買個定情物嗎？買個 iPad 也行，可是居然就這樣擺流水席吃掉了。但如果你站在男生的立場想，覺得好無辜喔，他很用心吧？這就是一個不瞭解彼此的例子，不知對方所重，就沒有辦法給對方最想要的。

從這裏我們知道「我欲與君相知」，唯有懂你，才能尊你所重，瞭解真的是非常重要。之前講過，我們要做的不是取悅，而是越來越瞭解對方，同時你自己也敞開心扉，讓對方認識你。不去粉飾太平，因為知道在不斷瞭解的過程中，衝突是不可避免的。但衝突是可喜的、可以多認識對方的，接著不斷地感知對方優點，創造對方優點，做主動的、建設性的溝通，就能做到所謂的「我欲與君相知」。

情感沒有公休日，沒有截止日

這就是第一段，「直抒胸臆」，非常簡單。那第二段呢，這女子表達了：「我絕對不會離開你。」但這樣說起來太沒有滋味了對不對？所以這女孩第一段是從正面來寫：「我要永遠愛你，我們的情感沒有公休日，沒有截止日。」那第二段呢？她從反面寫，她說：「除非發生了這些不可思議的事情，我才會離開。」那究竟是哪五件事呢？

第一件事是：「山無陵」。如果所有的山岳都沒有山稜、沒有山尖，那山就不叫山了嘛。

第二件：「江水為竭」。江河都枯竭了，江河一旦枯竭，它還叫江與河嗎？

第三件：「冬雷震震」。在臺灣很瞭解，什麼樣的天候會響雷？濕度夠、濕氣重的地方才會響雷。可是冬天一般都是比較乾冷的，所以冬雷震震是非常異常的天候。是一個不像冬天卻更可怕的冬天。

第四件：「夏雨雪」。這個「雨」是動詞，夏天居然下雪了。各位看過《竇娥冤》吧？《竇娥冤》的劇本裏，竇娥喊冤說：「大人，如今是三伏天道，若竇娥委實冤枉，身死之後，天降三尺瑞雪，遮掩了竇娥屍首。」在小說裏竇娥喊冤的鐵證，就是老天爺真的下了三尺的瑞雪，在六月天。這當然也是異常天候，夏天下雪還算夏天嗎？

各位，以上四件已經是不可思議的事了，可最後一件更荒謬了：「天地合」。擡頭是天，低頭是地，皇天后土，天覆地載，理所當然。可是一旦「天地合」了，那不就再也沒有天地的分別了嗎？這還叫世界嗎？

就是以上這五件絕對不可能的事——山不成山，河不成河，冬不成冬，夏不成夏，天地不成天地——都湊齊了，小女子我「乃敢與君絕」，才敢跟你情斷義絕，不再往來。

我很喜歡這個「敢」字，「乃敢與君絕」這個「敢」字，可以表達一個小女子對對方的愛意就是這麼的堅定。可是「乃敢與君絕」，這個「敢」字，又讓我們看到她在所愛面前的姿態，是這麼的柔軟、這麼的卑微。就是這樣的愛、這樣的感性，我們看這首詩，從頭到尾、自始至終，從開頭的「長命無絕衰」，到結尾的「天地合，乃敢與君絕」，會發現這女孩抱持的，就是這樣一份至死不渝的愛。

各位曾經很深刻地愛過一個人嗎？當一個人很愛另一個人的時候，就會忽然變得很卑微，這種情況下，最容易寫出世界上最美的情詩。我以前在讀一些作品——尤其是西方的作品——讀到後來真的沒有辦法判斷，他是寫給情人，還是寫給神？因為那些寫給神的詩真的太美了，所以你無從判斷，尤其泰戈爾的詩。後來我讀徐志摩的詩發現也差不多，因為徐志摩愛林徽因，愛到已經把她當女神了。所以會顯得他無比地卑微。這一點我們往後再說。

因為愛你，我努力返本全真

接著要談的是，要如何去找到那個合適為他（她）立下誓言的人？之前講過十八、十九世紀歐洲浪漫主義，它教我們的是，好像要憧憬那種少男、少女，非常夢幻的、美好的、完美的愛情泡沫。如果你嚮往的也是這樣的愛情，你想像得越完美，你的愛情就死得越快。

我在昨年春天出了一本書叫《醫道同源》，裏面講到一隻大鵬鳥，然後去分析大鵬鳥能成功地飛到九萬里外的三個要素。第一個要素是先天優勢，如果大鵬鳥長得不大、翅膀不大，就沒法飛到九萬里外的高空；第二個要素是要非常努力。我覺得愛情跟大鵬鳥的成功一樣，自己必須具備一些條件，而且即便條件已經具備了，還是要不斷地努力。那第三點呢？就是要天時地利的配合，這一點就比較難掌控了，可能是雙方家人的配合，也可能是更多親友的配合。

一旦認識這些狀況後，就先思考：先天條件是不是可以改變的？很多人說：「沒辦法啊，外表是天生的。」其實外表絕對不是天生的，尤其我一個研究養生、研究中醫的人更易明白。我有一名學生，當她進入我的團隊很自然就一塊鍊穴道導引。有一天走到她身後，我嚇一跳，想她的腿怎麼跟之前完全不一樣？一問才知道，她的體脂肪率已經從38降到28。我很深刻地感受到，其實我們從容顏、身材、氣質，都是可以透過努力陶養而改變的。

接著我們要講，如果大鵬鳥的成功要努力，那就要問自己：「我們付出過什麼樣的努力？」我們閱讀《莊子》，莊子重視的是一種返本全真的努力：因為愛對方，讓自己心情更好，讓自己心身更好，而不是變成一個討好型、或犧牲型的人格。希望任何的感情關係——包括親子、朋友、愛情——這關係能成為你整個人向上提升的一份很重要的動力。而不是讓這情感關係，不斷地消磨、折損你。我覺得這是努力的時候最要注意的一點。

看到這裏你也許想問：「談戀愛時不將全部精神關注在對方、不那麼在乎對方，還能叫談戀愛嗎？」可以換一個方式，不用透過犧牲自己來達到在乎的目的。在企業上有種關係叫「競合關係」，什麼叫競合關係？就是當你發現他睡得比你好的時候，你馬上想，我要比他更好。如果你先天體質不良，或是已經睡眠不正常很久了，就希望透過更大的努力來超越他。在這樣不斷地進步當中，我們看著彼此因為彼此，變得更進步、更迷人，那這感情當然就更持久了。

最後剛剛講到要有天時地利的配合，這一點大家順其自然就好了。兩個人的愛情，我經常用餐具來做譬喻：兩個人之間的愛情像是件非常美麗的瓷器，但它不是只操控在你一個人的手裏，有另一個人的手一起捧持著。那是一個不小心或對方一放手都有可能打破的瓷器。何況今天不只是兩個人的手，有時候有公公、婆婆，或者三姑、六婆，甚至路人甲乙的手都碰觸著這個瓷器。瞭解了這一點之後，盡力就好，其他就順其自然了。

得到美麗的諾言時，你要如何看待他（她）的承諾

剛剛讀完〈上邪〉，如果真的遇到一個人在某一年的某個時間跟你告白，不管他（她）

是想要成為你天涯的頭號知己，還是一個永遠愛你的人。假使真的得到一個這麼美麗的諾言，那也只要理解：「在那一年的那一天的那一刻鐘，他（她）真心誠意地這麼想過。」你聽出他（她）這點心意就好了，不要執著在數字。不然如果他（她）說的是十年，一旦變成三個月，你就會悲傷。只要相信——那一刻鐘，他（她）真的曾經這麼想過，其實也就夠了。若能記得當下的感動，就能把那時刻對方心裏的溫暖與輝煌，凝結成一塊黃金；如果還寫下一首詩，就能成為永遠。

然後要永遠記得，人喜新厭舊是自然的、是正常的。如果你希望感情能夠美好而持久，請主動、積極、努力，具建設性地不斷建構它，才可能天長地久。就像孔夫子跟我們講的：「毋意，毋必，毋固，毋我」（《論語．子罕》），不要執著非怎麼樣不可，不要執著非跟誰在一起不可，不要執著他（她）一定要陪你到老——尤其在這一塊每三．五個人就有一個人得癌症的土地，如果你真的先走了，難道希望那個你最愛的人就此孤獨一生嗎？一切就是能夠愛在當下，其他順其自然就好。

我親身體會，學習莊子真讓我們看待聚散就像看待四季、晝夜這麼地自然，能夠體諒並且淡然地接受生命中的一切變化。這並不表示讀莊子的人很容易變心或劈腿，因為大概沒有這樣的時間。如果你每天要進行心身修鍊，又要把自己的專業顧好，把三餐吃好、把覺睡好，感情的事就是順其自然。只要求自己的心靈、自己的形骸，甚至於自己的專業，在天地之間每一天都往前走，這樣也就夠了。我想這是面對誓言，比較能夠輕鬆自在的態度吧。

你該怎樣愛上？情愛中的主心骨又是什麼？

不知道各位有沒有聽過艾怡良的那首《*Forever Young*》。這是我在寫這一段時，助理寄給我的一首歌，她不知道那天對我來說是個有意義的日子——其實我自己本來也沒有發現——我一個朋友告訴我：「璧名，今天是你活在這個世界上第兩萬天。」可能我在我的作品裏提過父親送我而我懸掛在練功房牆上的一幅墨寶：「一生僅二萬餘日也」，那位朋友就幫我過了這第兩萬天的生日。但這個助理不知道，她就寄了這首歌給我，我聽了挺有感觸。

歌詞是這樣寫的：

像孩子那樣哭著鬧著
像大人那樣安靜沈穩的
活得　高亢　低落　高亢　低落

有個沙漏　在心中盪呀
默許時間讓皺紋蔓延了
對在意的事手也握緊了
不願　得過　且過　可無　可有
不是命運　這是我最深愛的

時間啊　來吧
再重來一次我都會
沒有明天般揮霍著
找到你　時間啊　走吧
我依然還是那個她
沒有明天地去愛著

很像每一個認真過日子的人會有的感動，「不是命運　這是我最深愛的……時間啊　來吧」！

Forever young forever young
學著遙望　手卻不會放
我多驕傲　這是我的骨架　我的內臟
對嗎　你深愛著那樣的我　對嗎
遇到每個女孩　我都會告訴她　妳該那樣愛上
Forever young forever young oh

在進入莊子的世界之前，你的注意力可能是在外面的，是愛情，或者其他；「我的骨架，我的內臟」，所堅持的東西，可能也會因為你的中心思想、你的哲學思想而不一樣。在聽這首歌的時候，在時間的長河裏，我發現我還是堅持著一些事情，像堅持自己的骨架和內臟一樣。可是不知不覺當中，好像因為相會《莊子》，我發現我已經換掉我的主心骨了。所以在聽這樣一首情歌的時候，會有完全不同的想像。

小嬰兒那樣哭著鬧著
我哄她說你該變成信徒安靜臥著

為　愛情　合掌　因為　妳會
垂直活著　水平留戀著
我一橫一豎描上過程
我一刀一剪摺成了永恆
我　不知　不覺　不知　不覺
畫我的模樣　成你的模樣　oh

有趣的是，當我聽到「垂直活著 水平留戀著」的時候，這明明就是站著相愛跟躺著相愛的不同，可是我馬上留意到「垂直活著」，對，「緣督以為經」，時時刻刻留意著。然後，「水平留戀著」，我就會想到「其臥徐徐，其覺于于」（《莊子・應帝王》），要睡得很安適。莊子是挺講究睡眠品質的，「其寢不夢」，睡覺不該做夢的。

還有呢，「畫我的模樣，成你的模樣」，還記得年輕那時候談戀愛，第一次去他家，他就展示了價值十幾萬的CD，然後開始測試我的聽力，放全世界排名不同的指揮家的音樂，要我說出排名。雖然我不熟悉古典音樂，可是推測的排名非常精準，他覺得那也行，妳懂吧。所以我就開始也聽古典音樂。然後他喜歡這個西方藝術家，我就去圖書館借一大堆西方藝術相關的書。「畫我的模樣，成你的模樣。」

可是後來，當莊子進入了我的世界之後，我發現，我想不斷靠近的，是在《莊子》書裏讀到的人格典範，或者是《太極拳經》裏要求的。然後我們的夢好像不一樣了，我們的理想就這樣變得不一樣了。

Forever young forever young
怎麼愛一個人我都沒忘
二十年後　還是一樣輕狂一樣不枉
對嗎　你深愛著那樣的我對嗎
哪天我離去了　我會告訴他
親愛的你該像　沒有明天地唱
Forever young oh oh
Forever young oh oh
Forever young

還有這句：「怎麼愛一個人，我都沒忘」，可能青春正好的時候覺得，所謂的愛，就是在每個節日幫他（她）準備可以讓他（她）開心的禮物，還可以把所有的零用錢都拿來打越洋電話。可是讀過《莊子》的你會覺得，「怎麼愛一個人，我都沒忘」，但覺得是要「自事其心」了啊！要愛自己的心靈，愛自己的身體，然後照顧對方的心、對方的身體。學會自己不要執著，然後也幫助對方能不執著。

究竟該怎樣愛上？你的主心骨是什麼？會因為懷抱的核心價值、你的人生哲學不同而有所不同。所以我說：「生活的背後是一種哲學，哲學的觀照是一種生活。」會讓你想要許下天長地久承諾的人，當然就有可能因此而大不同。

願意成為你琴上的一根絃，星空裏的一盞燈

接著就進入第三首詩。

〈您的琴有無數的絃〉（湯逅魯詩．蔡肇祺譯）

您的琴有無數的絃，

請讓我的絃，
加入其中。
那時，相信：
當您每每彈起絃，
我的心，
就會打破沈默，
我的命，
就會變成您的歌之一。
請於您的無數顆星中，
准許放置我的油燈。
那麼，相信：
於您的光的舞蹈中，
我的胸，
就會砰響，
我的命，

就會和您的微笑合一。

這是印度詩人遢逅魯寫的一首詩，是我父親從梵文翻譯成中文的版本。小時候讀這首詩的時候，是把它當成情詩來讀的，因為覺得太有美感了，「一個人怎麼能愛一個人，愛成這樣啊？」我們就暫時忘記這是寫給神的詩，先用情詩的角度來閱讀吧。

「您的琴有無數的絃，請讓我的絃加入其中。」各位，請注意「無數」這兩個字。你能接受有多少人跟你一起愛著那個人呢？很多人會希望，當你愛他（她）的時候，他（她）只愛你。那如果還有別人，會覺得非常痛苦。可是這首詩的主角不是這樣想的，他說：「您的琴有無數的絃，請讓我的絃加入其中。那時相信，當您每每彈起絃，我的心，就會打破沉默，我的命，就會變成您的歌之一。」可以看到一種情到深處。讓他不再計較是不是一對一，自己是不是對方的全部。只要能夠讓對方更開心一點，或是生命增添一點色彩，他就覺得夠了。

我想到上一回鄧惠文醫師的好意，要我在心理季與她對談。我們談的主題是「嫉妒」，我寫了這樣的一個開場白：「如何在濃如酒的愛裏，保有淡如水的心？如果不夠愛才會嫉妒，那可不可以擁有更多的愛？」所有人聽了都傻眼了。那時我想，可能因為讀《莊子》所以不是很正常，但不正常不表示不美好。

記得以前那個相戀十年的男朋友。每次他要出國，我到機場去送他時，我都會講一句令他很憤怒的話：「要記得喔，如果你遇到比我更好，更適合你的女孩，那你千萬不要記掛我，記得告訴我一聲，就可以了。你放心，我一定會好好好好地活下去。」不知道為什麼，這麼深情厚意的一段話，他每次聽了都要生氣，他說：「妳這是告訴我什麼？告訴我，我不重要，妳不是非我不可嗎？就是告訴我妳沒有我還是可以過得很好是嗎？」我覺得他完全不懂，才會以為我是不夠愛他，其實是太愛他了。所以這首詩的主角講：「我的命，就會變成您的歌之一。」當一份愛到了極致，他根本不會計較這情感關係裏，他（她）是不是只有你、是不是一對一。

第一段是用聲音、用琴和琴絃來譬喻。第二段用的是光亮：「請於您的無數顆星中，准許放置我的油燈。」這很像我中學時候的愛情觀。我覺得一輩子如果能遇到一個像太陽一樣的人，我就可以把我的蠟燭或火炬吹熄了，然後一輩子就幫他煮飯洗衣，整理家務就可以了。這是我的想像。可是一路上遇到的感情對象都不是太陽一樣的人，但他們總會對我說：「璧名，妳知道的，天上不能有兩個太陽。妳為什麼把自己搞成另一個太陽了？」對於這種乾剛坤柔、男尊女卑的觀念，我心裏想：「這太陽系明明有九大行星，這大宇宙中的恆星也不只太陽呢！」

所以讀到這句詩，我就特別地會心。「請於您的無數顆星中，准許放置我的油燈。」好卑微啊。整個夜空都是繁星，而我連一顆星都不是，只是一盞油燈啊！那你願意讓我擺著嗎？那種把自己看得小得不能再小的卑微的美麗。

「那麼，相信：於您的光的舞蹈中，我的胸，就會砰響」，我們知道，每一顆星它都正在爆炸、正在燃燒。在這張夜空的畫布裏面，你願意為對方燃燒你的生命，就算化作一顆流星，殞落了，也不覺得遺憾。「我的命，就會和您的微笑合一。」求的是什麼？就是能與擁有整個夜空的對方合一，好像對方是一塊完整的拼圖，他還是願意做為化框的一塊，只求跟對方更加契近，合而為一。

第一段講琴和琴絃：他願意成為對方琴上的一根絃，然後讓對方演奏的歌曲能更厚實、更動聽；第二段講他願意成為她的一盞油燈，各位，一盞油燈、一顆星，在整個夜空，是幾千分之幾？幾萬分之幾？還是幾億分之幾？那，一根琴絃之於一整把琴，又是幾分之幾呢？如果是三弦，那就是三分之一；若今天是李商隱的《錦瑟》裏寫的：「錦瑟無端五十弦」，那就只剩五十分之一了。可是對詩中的主角來講，他不在意，他只求能在一起，輕重不拘，生死無憾。我覺得這是愛情的最高境界了，我覺得像這樣愛上另一個人，其實是有可能的。如果我們的生命觀跟莊子描述的一樣，覺得這一生其實不是生命的全部，因為人的生命是永恆的，都像一條綿長無盡，不見開頭、不見結束的線。你今生遇到的那個人，前世有可能不曾相遇，來生有可能無法重逢，因此今生，或許就是你們唯一的交會了。若這樣去看今生的相遇，真的是非常珍貴的。所以你在認識了生命永恆的實相之後，就會瞭解此生的短暫，然後在這麼短暫的此生，愛到深處，就不會太計較自己到底被愛了多少，付出的一切都只是希望這與你相逢的生命能夠更好，這樣就夠了。

但我們可能也要去瞭解一下他愛的這個人，為什麼讓他願意這樣付出？可能就像莊子筆下的哀駘它吧！他的愛像深淵、像海洋一樣，胸懷很遼闊，才會讓一個人甘願成為他的琴絃之一，或是油燈之一，此生無悔地投身其中。——有時候回頭來看，願意把自己變成對方的一根琴絃或一盞油燈的人，其實他（她）也擁有一個能夠忘掉自己、全心愛對方的遼闊胸膛。我覺得這雙向的情愛，都是非常有美感的。

我覺得一個漸趨成熟的人格，其實就有點像讓自己從人性走向神性。如果人生一輩子，能夠讓自己的人格漸趨成熟、走向神性，這樣的一個人，他（她）在愛裏面的包容跟器量，會讓他（她）所愛的對象越來越不容易生氣或計較，嫉妒、委屈或不滿也會日漸減少。會慢慢不讓心像流水這樣波動攪擾，你會覺得那是一種「鳥肚雞腸」，然後希望自己也能夠開闊一些。

前面這三首詩——〈有所思〉的「聞君有他心」，讓我們知道其實在愛情的世界裏，情人的心就是這麼無常。這是我們要有心理準備的，要早點意識到，喜新厭舊是正常的，變心是正常的。接著「拉雜摧燒之」，讓我們看到，在情感關係裏面，有時候愛著一個人的心就是這麼忐忑，隨時就會因此有很多負面情緒。又或者，假使終其一生都找不到像〈上邪〉詩裏寫作的女主角一樣，你找不到那個你願意為他（她）許下：「我欲與君相知，長命無絕衰。」這樣誓言的男人或女人。或者你已經遇到了，你也許下了這樣的海誓山盟，可是最後卻落得始亂終棄的下場。還是，你想體驗第三首詩中的厚意深情，可也許我們終其一生都沒有辦法遇見這樣一個，讓你甘願把自己的生命，就這樣幻化成他（她）的「一根琴絃」或「一盞油燈」，這樣死生無悔地投身其中的愛情。若是這樣的話，那麼在有限的生涯、在遼闊的天地裏面，我們還有什麼可能，可以追求情愛世界的至真、至善、至美？以下開始進入莊子的教室，帶我們看見如何可能。

相愛的人，到底愛著彼此什麼？

在進入莊子教室前，先跟大家談一件事：「你知不知道對方說愛你，到底是你的什麼？」或者也可以反過來問：「你愛對方的什麼？」這個段落可以幫助我們去思考這個問題。然後未來如果有人喜歡你的時候，你不要就直接昏了、就超開心。你得要了解：「他（她）到底喜歡你什麼？」

記得當我一場十年感情談到第二、三年的時候，開始有了很多衝突，但是我非常不解，因為我覺得他是非常愛我的，可是為什麼我每次哭的時候，他要這麼生氣？不是應該來安慰我嗎？或者，他的反應為什麼會是站得遠遠的，忿忿地瞪著我？

我一個很好的朋友，很喜歡看心理學的書，有煩惱時就會想請教這樣的人對吧？於是我就去請教對方。他先問我說：「你認識他多久了？」我說：「三年。」他：「在一起多久了？」我：「三年。」我沒有跟他講是隔著太平洋的三年。「那你知道他愛你什麼嗎？」我聽完愣住了，我說：「老實說我不知道。」他說：「去問，問的答案應該就是解答了。」

那天晚上就打電話去問：「我可以問你一個問題嗎？」「什麼問題？」「你喜歡我什麼？」結果他一聽說：「這問題我要謹慎回答。」我覺得好不真誠喔，直接地回答不才是真話嘛。「其實我很不想讓你知道我為什麼喜歡你。」「為什麼？」他說：「我怕我的答案跟別人一樣，不是很俗套嗎？」我說：「你就照實說嘛。」他說：「我喜歡你的聲音。」我好失望喔，好多正音班的人，好多廣播員，聲音比我好太多了，那你打開收音機不就好了嗎？還好他說：「我不要跟別人說的一樣，我講點不一樣的。」我就非常期待，「我非常喜歡你的手。」難道他沒有翻過大本雜誌，不知道有一種職業叫「手模」（hand model）嗎？我的手跟手模比，那可差遠了，或者跟鋼琴家、琵琶手的手來比的話。所以我那天真的非常失望。他問我說：「妳語氣好像很失望？」「嗯。」他說：「那妳希望的答案是什麼？」「善良。」沒想到他的回應竟是：「善良？我覺得妳很普通啊。」聽完有點難過。

我後來跟那位讀很多心理學書籍的朋友報告結果，他說：「你看，我說吧，這就是因為，他喜歡妳的，跟妳自己覺得很重要的，不一樣，所以你們才會有這麼多爭端。」我聽了以後，某天有機會的時候，就繼續追問了。我說：「你不覺得我跟一般女孩不太一樣嗎？」「哪裏不太一樣啊？」我說：「比方說，我覺得身為一個女人，我小兒女的情愛比較少一些，但有很多對文化的關懷啊。比方說我很喜歡莊子，很喜歡中醫、很喜歡太極拳、很喜歡很多文學藝術的東西，還有哲學思想。然後我還想在文化上作出貢獻……」沒想到他回答說：「喔！這些我最怕，最好都剪掉，沒有更好。」直到我開始探究這個問題的時候才發現，天啊！原來他愛上的不是蔡璧名。

所以我那時候就會想：如果這樣，我們繼續在一起的話，是不是糟蹋我們彼此的生命。可是好可惜，我在第三年才開始思考。還有朋友責問我：「第三年思考？那你還耗到十年！」我說：「因為那思考的第三年，是隔著一個太平洋，會覺得可能只是個意外，還不夠了解。最後了解了。」

所以我覺得莊子在以下的段落就是要提醒我們：「對方到底愛你什麼？而你到底愛他（她）什麼？」——有些重點，就算你曾經不在意，現在你也得在意。我們就來看一下莊子是怎麼樣看待人與人之間的感情？

心靜止不擾動，才能照見外面世界的真相

我覺得莊子好可愛，因為他這邊舉的不是「人」的例子，是「豬」的例子。好像要告訴我們：「豬猶如此，人何以堪」。我們一起看一下：

仲尼曰：「丘也嘗使於楚矣，適見㹠子食於其死母者，少焉眴若，皆棄之而走。不見己焉爾，不得類焉爾。所愛其母者，非愛其形也，愛使其形者也。」（《莊子・德充符》）

莊子筆下所有的孔子，都不是真的孔子，而是莊子藉由孔子這個角色，說出他想講的話。「仲尼曰，丘也嘗使於楚矣。」莊子筆下的孔子說，我曾經出遊到楚國，看到什麼呢？「適見㹠子食於其死母者」，我看到一群小豬崽，不知情地依偎在剛剛過世的母豬屍體旁邊，正在吸

食母奶。「少焉眴若」，不一會兒，這小豬崽眼睛睜得很大，非常地驚懼，牠們發現原來豬媽媽死掉了，「皆棄之而走」，牠們就拋下豬媽媽的屍體，四散奔逃。

為什麼？各位看到屍體會害怕嗎？有一次上學的時候，走在永和通往臺北市的中正橋上，看到一具屍體，姿態很像老鼠屍體，他僵硬了。我記得我稍微遠點地繞過去，然後給警察局打了電話。我知道我是害怕的。莊子就是藉由小豬仔看到媽媽屍體的害怕來推論一件事——為什麼小豬仔這時候會害怕媽媽並且逃離媽媽？「不見己焉爾」，因為豬媽媽跟小豬崽最相似、最相契的那一點不見了。

那一點到底是什麼？他再強調一次：「不得類焉爾」，最親愛的、和自己相類的那一點，在媽媽身上徹底消失了，牠不再是媽媽，所以害怕並且逃走了。這個推論太聰明了！莊子用這個推論來證明「所愛其母者」，可見小豬愛牠媽媽的，「非愛其形也」，不是愛媽媽的形體。「愛使其形者也」，牠們所愛的，是那個能夠驅動母親形體的，母親的靈魂。用古代的語言講就是「心神」，用當代的語言講就是「靈魂」。

關於這一點，我曾經在班上問過學生，要他們寫出這輩子最難忘、最感動的一件所愛的人為他（她）做的事。我記得有一個男孩寫的內容是這樣的：小時候他們家附近淹大水，他爸爸把他兩條腿掛在肩膀上，背著他涉水行走走了好長好長的一段路，他覺得好感動。那天同學分享的許多故事裏面，這個故事讓我印象深刻。我對同學說：「要知道今生體會到父親為你做的最重要的一件事，並不是他為你背了三十年的貸款買了一個豪宅。是用他的生命與他的靈魂滋養你、展現給你的，而不是用富裕的金錢讓你感受的美好。」我們能體會到，為什麼莊子會說：「愛使其形者也」。這個段落正好可以幫我們去思考：「你到底愛對方的什麼？」也要去想，對方追你的時候、他（她）告白的時候，他（她）到底喜歡你什麼？是因為外在條件嗎？還是靈魂？

怎麼樣的心，才值得你靠近？

我覺得我年紀越大越沒同情心。以前別人來跟我哭訴他（她）的感情，我都會安慰安慰他（她）。但我現在就一直聽、一直聽、一直聽，聽到山窮水盡的時候，我說：「這就是重視美色、輕忽德性的下場嗎？」他說：「蔡老師你好狠啊！」我說：「對，狠其實可以讓你清醒。」其實靈魂是非常重要的，可是在談感情的過程中，可能被對方的收入、職業、外貌等東西給迷惑了。因此莊子就這樣提醒我們，一個人的靈魂，決定他（她）的言行，決定他（她）所做的一切，包括他（她）送給你的物質性的禮物，都是發自於他（她）的心。那怎麼樣的心才是更值得你靠近的？來看一下《莊子．德充符》這段：

常季曰：「彼為己，以其知得其心，以其心得其常心，物何為最之哉？」仲尼曰：「人莫鑑於流水，而鑑於止水，唯止能止眾止。受命於地，唯松柏獨也，在冬夏青青；受命於天，唯舜獨也正。幸能正生，以正眾生。」（《莊子．德充符》）

「鑑於止水，唯止能止眾止。」這一堂的標題，講的就是「流水」和「止水」。當你開始聚焦、開始注意自己的心靈陶養的時候，你就會發現一件事。莊子透過他筆下的孔子告訴我們的：「人莫鑑於流水」，這個「鑑」是鏡子，當動詞就是「照鏡子」。沒有人會去把流動的水當鏡子，我們都不會這樣，我們會拿靜止無波的水面來當鏡子。同樣的，只有讓自己的心能夠靜止、不擾動的時候，才能照見外面世界的真相。跟你互動的人也才可能因為你靜止的心，也跟著靜止下來。回憶一下當我們的人生遇到一些難題，或者心情不好、很攪擾的時候。會找什麼樣的一個人聊？想起來了嗎？是不是一個比較冷靜的、或者溫暖的、或者有很多愛的，總而言之，就是一個當你心情不好時，跟他（她）聊過就會心情變好的人。就像是莊子講的：「鑑於止水。」

有時候我學生來找我問問題的時候，我會給參考意見。可能我小時候有時不太敢問師長問題，我怕我問了以後，萬一沒有照著做不太好，所以乾脆不要問。因為這樣的成長經驗，每次學生找我的時候，我都會補一句：「如果你最後沒有照老師講的、老師建議的做，其實也是很自然的，我只是給你個參考意見。但你下次還是可以來找我。」會這麼說是因為怕他們以後就不好意思來了，或者他們來找我，但是是帶著很忐忑不穩定的心。當他們要去做情場或人生的很重要的一個決定，我通常給他們一些建議之後會跟他們說：「這決定還是得你自己做，可是我會希望，你的心回復到平靜，你的臉也回復到我印象中，那一張仰著臉笑，最帥、或最漂亮的時候，再做決定。如果你在很攪擾的心情下做決定，很容易出錯。」這就像莊子講的，靜止無波的水面才能當鏡子。

記得以前在求學的階段或者開始工作之後，有時在學校會遇到一些比較艱難的處境。可是我就發現，每次只要我走向自己的家，看到家門的那一剎那，好像所有的愁容就會消失，就能笑了。然後有時候遇到一些，真的很難應付的事情，我就會問我的父親：「爸，我今天遇到這樣的事，是不是很倒楣？我現在該怎麼辦？」每次得到的答案都很有趣。一般人如果聽到自己的女兒遇到這麼艱難的處境，可能就會「心疼啊」、「安慰啊」之類的。可是我父親回答說：「璧名，人生就是要這樣，才有樂趣啊。」當你被窮追猛打、遭受極不公平待遇的時候，你的家長告訴你：「人生就是要這樣才有趣啊。」在這種教育之下，你真的看到家裏的門就會不自覺笑了，好像外面的風雨都不算什麼了。

後來，我很訝異地發現，我整理自己情緒最好的方式，除了讀莊子、讀詩以外，那就是鍊穴道導引或打太極拳。深切地感受父親說的千真萬確！每次我在閱讀或鍊功當中，那當我的心回到最平靜的狀態時，再回頭去看那件曾經有點難過、或覺得忿忿難平的事情，就會覺得好好玩喔！真的因為有這樣的遭遇，才會讓我更想要專注地進入詩歌和莊子的世界，才會讓我那麼專注、致力神凝地去鍊穴道導引或太極拳。所以你忽然覺得這是一件太有趣的事了。我會幻想自己鍊功鍊成了，面對當年那些讓我最痛苦的容顏，我肯定會非常感謝他們，是他們賜予我的生命必須更強韌、更開朗的力量。慢慢你就會覺得：如果能胸懷平靜，很多波濤你都能用不同的想法去看待。

什麼是可以取法的心靈

這樣一種平靜的人是什麼樣貌？莊子用「平者，水停之盛也」來談，我們來看一下這一段：

「何謂德不形？」曰：「平者，水停之盛也。其可以為法也，內保之而外不蕩也。德者，成和之脩也。德不形者，物不能離也。」哀公異日以告閔子，曰：「始也吾以南面而君天下，執民之紀而憂其死，吾自以為至通矣。今吾聞至人之言，恐吾无其實，輕用吾身而亡吾國，吾與孔丘，非君臣也，德友而已矣。」（《莊子．德充符》）

莊子這段文本告訴我們：水面為什麼能是平的？我想各位跟我一樣，可能曾經有看到海的經驗，當我們遠遠地看到海，或是離海不遠的時候，會有一種想要大喊、想要歡呼的感覺。為什麼海能帶給我們這樣的感受？第一個是因為它的水量非常地大；第二個是放眼望去，整個海平面就是平靜無波的一直線，就是應該這麼遼闊、這麼淡定、又這麼能包容，好像形塑了一個讓我們可以取法的心靈狀態，不管發生什麼事他（她）都覺得：「沒什麼，這都是可以體諒的。」

你可以觀察自己，有時候可以做到這樣，那一定是自己比較理想的狀態。我在晚上睡覺以前習慣會回想一下今天發生的事情，如果今天真的有些不開心的事，就會開始自省。西方心理學或是莊子，都讓我們修持自己、反省自己。可是對於別人，我們總是要記住對方的優點，而你一旦記住對方的優點，就會覺得：「唉，這麼多優點、這麼辛苦，有點錯誤也是可以體諒的。」當覺得一個人可以體諒，你就會發現這個人的美好。若能這樣去想，你就會覺得美好的人越來越多，那生活也就越來越幸福。

「平者，水停之盛也，其可以為法也」，大量的水，而且安靜匯聚，這就是讓我們能夠做為準則的一種心靈。它是什麼樣的狀態呢？「內保之而外不蕩」，內在的心靈保護得很好。「內保之」，過去讀過的《莊子》已經知道「神凝」的工夫，注意力是放在一個點的，是沒有負面情緒、沒有念頭的，是「若一志」的，是「心齋」的。所以「內保之」的實質內涵——你有這些「注意在一點」，或凝定你自己內心的法門。「保」就是「守」，守護著自己的心，注意力不是一直在別人的耳朵、別人的眼色、別人的口水，不執著於外在世界。因為「內保之」自然「外不蕩」，心自然就不會有負面情緒朝外面潑灑。有時候一旦內心的憤怒潑灑到另一個人身上，潑灑到另一個人的心頭，壞的不只是你的心情，還有你跟他（她）的關係，你們共同的記憶。

所以「內保之」和「外不蕩」這樣一種修養，讓我們想要去探究莊子講的「德」到底是什麼？透過儒家的文本，我們知道儒家講的「德」是「仁民愛物」（《孟子．盡心上》）、「孝、悌、忠、信」（《論語．學而》），「民，吾同胞；物，吾與也。」（宋．張載《西銘》）這樣的內容。可莊子講的「德」是什麼？「成和之脩也。」簡單講就是，一切讓你的心能維持平和的修養，讓你的心情能不要有負面情緒。這樣的修養，就是莊子講的「德」。今天如果真的遇到了一個情緒失控、很會罵人，位階又比你高、沒辦法回嘴的人，你應該不要生氣，你要同情他（她）沒有機會修養自己。

如果能修養自己有什麼好處？「德不形者，物不能離也。」有這樣德性的人，他的德性不會形於外。就來談一下，什麼叫做不會張揚的德性。《莊子．山木》篇有一段挺有意思的：「逆旅人有妾二人，其一人美，其一人惡。惡者貴而美者賤。陽子問其故，逆旅小子對曰：『其美者自美，吾不知其美也；其惡者自惡，吾不知其惡也。』陽子曰：『弟子記之！行賢而去自賢之行，安往而不愛哉！』」這世界上有一種人，他（她）很美，可是大家都不會覺得他（她）美。那我們就會問：「是哪一種？」莊子說，就是那種自以為美的人，你就不覺得他（她）美了；或者，一個人自以為了不起，覺得自己高人一等，那他（她）當然就比較不容易體貼別人，所以他（她）就不受歡迎了嘛。

可以看到老莊的教育有一大堆流水的譬喻，譬喻最高階的聖人，都是非常的。其實老莊的教育教會我們的就是：讓我們不會覺得自己高人一等。

在跟我的中醫老師周成清醫師學中醫的過程，他教會我的就是謙卑。周成清醫師的父親是四川提督，他們家每一代會派一個人去學中醫，負責護衛全家的安康，我的老師就是被派去的那個人。周老師的老師蕭龍友先生是北京四大名醫首席，是清朝御醫。怎麼說他教會我謙卑呢？在他的考卷裏面，只有兩種分數：「一百」跟「零分」。每次老師講述一個病人大概多大歲數、多胖多瘦、什麼樣的症狀，講完以後我就開始開方。記得有一次他考一個方子，我把答題卷子交給他，他就回丟給我，丟了不只一次，要我再看。老師說：「再想一下。」可我怎麼看都是這樣啊，於是老師說：「零分。」我最後才知道，因為炙甘草應該是四錢，我寫三錢，就差一錢。可是他老人家說：「這東西啊，所有的藥味跟配比都規範好了，加減也設計好了，照開就對了。你今天如果醫好一個人，要記得，方子是祖師爺的，你照抄而已。」我們永遠不知道為什麼小柴胡湯是「柴胡八錢、黃芩三錢、半夏八錢、黨蔘三錢、炙甘草兩錢、生薑三錢、大棗十二枚擘開」，不知道。可是祖師爺這樣寫，照抄就對了。所以我習醫一路以來自然知道謙卑。有一次跟我的老師學完以後，一位很好的朋友她生病找我，我就幫她義診。她告訴我：「璧名，以前我的病，你要用一個禮拜治好的嚴重的感冒，現在妳只要兩碗水藥就可以把我治好了，好厲害啊。」我說：「沒有，我照抄而已。」

或者，我們今天使用日本象印電鍋煮飯吃，如果做出來大家都說好吃，你應該不會自大到以為你是象印電鍋的發明者吧？可是為什麼很多人學習中醫或是學習什麼，忽然間會覺得：「欸，我多厲害呀，這不就是我治好的嘛。」很多人容易這樣，忽然覺得自己不一樣了、厲害了。

老莊的教育，是讓每一個人在成功裏面，發現很多都是別人的功勞，所以真的不敢太得意。剛剛用這些例子來講莊子的「德不形」，你的德性沒有顯露於外。當每天注意自己是不是「心齋」、「神凝」，你會發現自己多餘的念頭還滿多的，做到完全「虛室」的時間少之又少，請問要怎麼驕傲啊？就算每天都能做到，這一切也都來自傳統文化，你都只是照抄而已。而且大部分你擅長的事情，都是向別人學習得來的。

所以後來我不管是打拳，或是學習書法，都會覺得我只是在臨帖——我臨一方古人的帖，很多有智慧的前賢留下的東西，我就是學習而已。了解這個事實你自然會養成謙卑的習慣。養成謙卑的習慣，當你同別人合作的時候，會覺得：「這就是要這麼多人合作才能完成的事情。」你不容易自大，當然別人也就樂意跟這樣的人合作了。

最後結束的地方特別提到「至通」。莊子心目中理想的典範，絕對不只是宅在家裏，或是與世隔絕，而是可以跟很多很多人溝通往來的。這邊提到了「哀公異日以告閔子，曰：『始也吾以南面而君天下，執民之紀而憂其死，吾自以為至通矣。』」這個魯國的君王，本來覺得自己為全天下人制定那麼多政策，服務這麼多百姓，算是跟最多人溝通往來了。「今吾聞至人之言，恐吾无其實，輕用吾身而亡吾國，吾與孔丘，非君臣也，德友而已矣。」可是當他聽到

「至人」的故事，這個「至人」竟然能影響、成就更多人。把《莊子》書打開，不管今天講的是〈德充符〉裏的哀駘它，或者是〈逍遙遊〉中最美的一個人，「藐姑射之山，有神人居焉」的「姑射山神人」，我們就不太懂了，都隱居在姑射山了，有幾個人會上山啊？那怎麼還能跟很多人溝通往來呢？不就只有「姑射四子」相互往來，或「堯」去拜訪一下而已嗎？他怎麼可能比君王還能跟更多人溝通往來呢？

就是因為這樣一段論述，我們開始去留意，在整個老莊文化或者周易傳統，或是整個中國古代文化中，一個非常重要的「感應原理」。待會就是透過感應原理來講，怎麼樣讓自己跟別人之間的感情越來越好？講得更直白一點，如何完成一個「希望跟誰感情非常好的願望。」

同類的人自然會跟你交相感應

透過感應原理來說，所以我們先來看一下這一段：

回曰：「敢問心齋。」仲尼曰：「若一志，无聽之以耳，而聽之以心；无聽之以心，而聽之以氣。耳止於聽，心止於符。氣也者，虛而待物者也。唯道集虛。虛者，心齋也。」（《莊

子・人間世》）

莊子講：「唯道集虛」，它的作用機序到底是什麼？我們透過一個愛自己的工夫，這個愛自己的工夫，用莊子的語言是「神凝」，是「一志」，是「心齋」，來致力心靈的輕鬆與平和。在很多修鍊的經典、乃至宗教經典都會講到要怎麼樣維持心靈的平和，可是要追問的是，為什麼一個能維持心靈平和的人，會讓很多人想要親近他（她）呢？那一個人心靈平和到底在天地之間能發揮什麼樣的作用？這段話提到「耳止於聽」，當你的耳朵不再執著別人說了什麼，不再是感官的奴隸，不把注意力用來追逐感官世界種種；「心止於符」，連你的心靈也不去揣度別人，甚至於連體貼別人的正向念頭都停止了，就是維持在無念的、沒有念慮的狀態。

莊子接著說：「氣也者，虛而待物者也」，就是要等你的心達到這樣一種沒有負面情緒、了無念慮的狀態，你的氣才能夠感知、應對世間的萬事萬物。我很慶幸自己是一個中醫的愛好者、學習者，所以挺能體會的。年輕時學把脈的時候，跟著王叔和的《脈經》，從一個人的脈的位置和脈的強弱、脈的形狀，去解讀一個人身體的狀況，那是一個實存可感的身體感。

後來因為練太極拳的關係，我開始有了氣感，而我在為對方把脈的時候還是會把眼睛閉起來，像《脈書》叮嚀的一樣，讓心非常地平和，然後再去感受對方的身體。因為那時候你是最敏感的，最不容易誤判的，我開始有一些很特殊的體會。

有一次我去師長家，師長夫婦都是臺大教授。有像我這樣是學生也是同事的人來按鈴，你可以想像，他們就笑臉迎人地開門說：「璧名請坐。」然後我就幫老師把脈，因為那是我去老師家的任務。結果我一把脈發現不得了：「老師，您很生氣啊。」這時候老師跟師母就噗哧笑了出來，師母說：「你知道嗎？你按鈴之前你們老師正要跟我吵架呢，我這個人討厭油煙，不喜歡煎魚，他就偏要吃煎魚。」老師就說：「唉唷，好可怕呀，我們的心還是沒辦法瞞過這個把脈的丫頭。」那是我師長眼中的我。

後來我在臺大開通識課，為了教三百個學生把脈，我得要先教會我的助理。過程中當然要讓他們學習把彼此的脈，然後判斷強弱，我再驗收看這個強弱判斷對不對。有一天教學的時候，把一個助理的脈──我還記得他的星座，雙魚座──我把他脈的那一剎那，我就說：「為什麼有心碎的感覺？」這個雙魚男馬上回頭，瞪著旁邊的獅子女說：「你告訴老師了對不對？」他以為是同學告訴我的，我就告訴他說：「不是，是把脈把出來的。」可是，把出心碎的脈算什麼呀？我剛進臺大研究室隔壁的隔壁有一位老師，他的助理超級優秀，可以校對出相隔一百頁的錯字，做事也很有效率。這種天才我是一定要徵召的，尤其我常常在趕件，所以我就希望他那邊下班以後就到我的研究室來。他跟我說：「蔡老師，我這個人不缺錢，也不喜歡加班，但我可以為你加班，如果你願意幫我把脈的話，聽說很靈。」我說：「那還用說？馬上幫你。」那天他來我研究室的時候，旁邊有我的學生。我就把了他的脈，當然啦，正常的每一條經絡如何如何，該講的先講一講。接著就講了一句話說：「你背很癢是吧？」哇！這時候我的學生馬上就瞪我了，他們想是覺得：「老師，你就是留了一手，你從來都沒有教過背癢的脈。」我就跟他們說：「不是啦，當我什麼念頭都沒有，把手搭上對方脈的時候。可以感覺到他的心情，當下我感知的心情就是他的心情。我可以感覺到他背癢是因為我的背會感受到他的背的知覺你懂嗎？」但我手放開了我背就不癢了。學太極拳後具備的氣感讓我變得非常地敏銳。

這邊說「唯道集虛」，我約莫可以理解，就是心靈能做到「虛」，沒有負面情緒，沒有多餘念慮的時候，氣就會變得非常地靈敏，感知能力會變得非常地強。這時候，「道」這個宇宙的終極道理才會顯露，並且匯聚於此。

太極拳講求的是放鬆，就是因為你非常的放鬆，所以你和對方一搭上手，你就知道他（她）的橫膈膜是升，還是降；是吸，還是要吐。別人要揍你，當然是要吐氣的時候，所以經由他橫膈膜的變化，你就知道他什麼時候要出手了，才能做到「彼不動，己不動；彼微動，己先動。」可是這樣算什麼呢？像我的老師的檔次，體現的道理是：「你也踏在這個地球，我也踏在這個地球，所以透過我們踩踏的土地，我的腳底就可以聽到你的氣。」這不更驚人嗎？因為身體跟心的鬆柔的程度，會讓你感受到的世界就是不一樣的。

情感關係中不召自來的「應」與「違」

接著要講的是感應原理裏面的「應」跟「違」。不知道你們有沒有這樣的經驗。有的時候會覺得這陣子壞運接踵而來，有過這樣的經驗嗎？或是有時候你覺得：「喔，天啊，最近真的太好運了。」一覺得什麼好運都讓你碰上了，你可能以為這是接連的意外。

二〇〇六年，有一本世界暢銷的書，叫作《*The Secret*》翻譯的書名就是《祕密》，我那一年也看到它出現在台灣很多書店，每間書店都把它擺在很顯眼的地方。通常我一看到這種題目我就不想買，覺得是騙人的。最近有朋友不知道為什麼，就寄了介紹這本書的影片給我看。沒想到我耐心看完以後發覺，這跟中國思想文化的架構是通同一致的，「若合符節」！於是我就把年輕時候寫的論文《感應與道德》重新拿出來看，發現很適合拿來解釋為什麼哀駘它這樣的人會這麼多人喜歡他，女人想嫁給他，男人想跟他當好朋友，君王看到他都想把天下都給他。

為什麼呢？《周易．乾文言》講到：「子曰：同聲相應，同氣相求。」同樣的「聲」、

「氣」是會相互相感應的。這不只是《易經》的傳統，如果讀中醫典籍，會發現在中國古代這是普遍的共識。「水流濕，火就燥。雲從龍，風從虎。……」（《周易．乾文言》）全部講的都是感應。《莊子．漁父》篇就講了：「同類相從，同聲相應，固天之理也。」天理都會依循這樣的「同聲相應，同氣相求」。《楚辭．謬諫》篇：「同聲之相和兮，言物類之相感也。」同聲自相和，物類會相感，這不是一個意志的天、人格的天所主導，而是物理自然。《禮記．樂記》說：「倡和有應，回邪曲直，各歸其分；而萬物之理，各以類相動也。」所謂「倡和有應」就是說，你唱他和，這就是一種感應。又說：「回邪曲直，各歸其分」，什麼意思呢？如果你今天釋出了一個「回」，這「回」就是乖戾，你釋出了一個乖戾的能量，那就會有乖戾的能量來回應；你今天釋出邪惡的能量，就會有邪惡的回應；你釋出曲折的，就會有曲折的回應；釋出直的能量，就有直的能量來回應。

我們都知道《周易》是占筮之書，在占筮的時候很有意思，占筮的時候，絕對要完全沒有念慮，當然也沒有負面情緒，為什麼呢？因為你用來占卜的器具，不管是龜殼、還是蓍草，都是無知無覺、無感之物，所以你要跟它變成同類才能相感。看到這段論述就會想到我讀過的道書——說你的心為什麼要變成心空似水、意冷於冰，為什麼要這麼地空、而且不向外張望？他會告訴你，因為太空就是空的，你的意識如果沒辦法跟太空的意識一樣，就沒有辦法吸收天地間的清和之氣。這背後講的，就是「同聲相應」、「同氣相感」的原理。

繼續看《周易．繫辭上》說：「方以類聚，物以群分，吉凶生矣。」這看了就嚇人了。如果有一天你釋放了憤怒的情緒，就會感應更多的憤怒。就負面能量而言，它會變成一個質的增強。你的憤怒會更憤怒，密度更高，甚至於會變成量的總數變多。因為你感應到了，原本微小的憤怒會因為你感應到了而釋出整個能量場，它可能會翻倍，可能有十倍、百倍的影響，因為整個世界就是會這樣「同聲相應，同氣相求」的，也許你就成了一個憤怒收集器。那既然在質量上都變得更多、更強大了，最後就會導致吉凶、禍福的結果。

這樣的論述在整個周易傳統非常地多，最有名的就是《周易．繫辭上》第八條這段話：「子曰：君子居其室，出其言善，則千里之外應之，況其邇者乎？居其室，出其言不善，則千里之外違之，況其邇者乎？……言行，君子之樞機。樞機之發，榮辱之主也。言行，君子之所以動天地也，可不慎乎！」《周易．繫辭上》的這段話說了，君子雖然待在房子裏，可是一旦講出一句好話來，千里之外都會有迴響，何況是你身邊的人呢？可是相反、相對的，如果今天口出惡言，或說出不善意的語言，那千里之外也都會有感應，你身邊就可能會發生很不好的改變。所以「言行」，就是君子的樞機。其實一言一行是非常重要的，包括在情場裏面的一言一行。而這一言一行是從哪兒發生的呢？就從我們的心意、我們的心靈。你心情的好壞，導致你言行的不同。它的感應場非常地大，要非常地謹慎。看《周易．繫辭上》這樣的論述，不只出現在剛剛談過的《莊子》、《楚辭》，儒家的《荀子．不苟》篇也說：「（君子）善其言而類焉者應矣。」你講出什麼好話，同類的人就會跟你交相感應。

有時候你可能不會記得，當初你很生氣的那天，到底為什麼那麼生氣？有可能是剛好家裏有人生病了、有可能公司發生了什麼事，或者你感情出了什麼狀況，所以就不自覺地對一個朋友講出了你平常不會講的話。而那些傷人的話哪裏最傷人？就是它有一點兒真實，平常覺得這話不能講，可是那天卻說了。你會發現這話一旦說了，那交情就回不去了，甚至於——如果你跟我一樣，看過一些推理片——有時候還會因為這樣的言行引來殺機。

所以這很可能就是《周易．繫辭上》告訴我們的，感應作用的主體——這個在居室裏的人，他言行的善惡，是會感應到千里之外的。如果你是善的、正能量的言行，你會感到同類的回應，會強化你正能量的場域。相反的，若是不善的，那別人會疏遠你。而別人背離你，那自然也算是不善的回應。

用已經達到那個目標的心來活著

我們希望能遇到一個讓我們願意為他（她）許下一輩子的承諾的人，並希望他（她）不要輕易就變心了。如果真的很想要情感美好、事業美好、或者人際關係美好，在《祕密》這本書裏，他說可以讓你所有的願望都實現。其中的方法很簡單，就是所謂的「吸引力法則」。講得簡單一點，就是如果你今天很想達到這個目的，那就用已經達到那個目的的心來活著，你就感覺你已經達到了。這方法聽起來非常地簡單——可是一旦把它擺到感應原理的架構中來看，會變得非常有意思。有時候，我們要達到一個人生目標，達到該人生目標後，若很誠實地去回憶中間的過程，會發現不一定有辦法步步為營地去算計。即使照著計劃做了ＡＢＣＤＥ，也不一定會得到Ｆ。也就是說你必須承認一個過去我們不太願意承認的事——雖說：「要怎麼收穫先那麼栽。」但其實這個世界上有不少成功，都含括了「成之於天」的部分。

《孟子．梁惠王下》就提到這麼一句話：「若夫成功，則天也。」我想到讀碩士班的那一年，剛好我父親要到四川，我很想跟著一起去四川旅行，不只為了那些景點，更為了難得同行的人。可是那一年，我應該是要畢業然後考博士班的。去旅行會錯過考期，那就得晚一年畢業。我有點掙扎，但又很想去。那時候剛好無意間陪朋友去算命，我就跟著算了。從感應原理來看，那個感應的能量場還真就是實存可信的。那算命先生告訴我：「如果你今年畢業，就是碩士班讀三年畢業，那你會考上博士班但吊車尾。可是如果你明年考，那你應該會考得非常好。」聽了大快我心，太棒了，今年既可以去旅行，明年又可以考得很好，那不是天底下最美好的事嗎？我不太鼓勵別人算命，但我非常合適。因為只要聽到別人說我命好，我就維持既有的努力。別人說我命不好，命都那麼不好了，要更加努力才行。

後來就在碩三那一年，跟我父親去旅行了，然後碩四那一年考試。那一年非常可怕的是，我有一個科目不夠強、比同儕弱，因為那些書不太好讀，而我就在算命先生講的考運很好的那一年去考。我就發現發生了驚人的事情：牟宗三先生的書，我是念不過班上男生的，他們都好熟，我念來卻總是會有點發睏。可那年運氣有多好呢？臺大和師大出中國思想史的老師，本來都是牟先生的弟子。可是那一年那兩位弟子，一個人休假，一個人出國，所以換人出了。考題不知道為什麼，竟出這麼小的思想史家的題目。我讀書的習慣非常奇怪，不分大小，公平對待，每個思想史家我都會背一些原文。考出那種小家，還引經據典，會讓主考官十分驚豔。所以兩個學校的思想史都考了第一高分，跟第二高分還有十分的距離。許也因此，兩個學校的筆試都考了榜首。我後來就挺相信所謂的：「若夫成功，則天也。」我想我們班那些在思想史平常成績比我好的男生，一定覺得很不齒：「這傢伙就是因為很多老師忽然出國了，她才有辦法考好。」

我要講的是，很多的成功，真的不一定是操之在己，而且多半無法完全操之在己。《周易‧繫辭上》說：「富有之謂大業，日新之謂盛德，生生之謂易。」這個大宇宙，好像有一個生生不息的能量場，有不斷生發的能量，有永遠不會錯位的星軌運行和春夏秋冬。

儒道兩家都認同感應原理。當你的道德心、你的正能量不斷地生發，其實可以推擴到天下，推擴到更遼闊的邊界。而如果大範圍的區域，或說這個整個天下的感應場非常好，它也會影響個人。

所以你會發現《周易‧繫辭上》說，操作占卜的這個人：「易无思也，无為也，寂然不動，感而遂通天下之故。」如前所述，就是因為蓍草、竹籤、龜板，都是無思、無為之物，當你又有負面情緒、又有多餘念慮，怎麼還有辦法感應呢？從事占筮活動時，自古到今對占筮者的要求，都是要心靈靜定，沒有負面情緒，而且沒有多餘的念慮。有這樣德性的占筮者，也才能感通天地，才能借由占筮，明易道、窺天道。

那感應的實效是怎麼獲得的？它的原動力到底是什麼？儒家文本《孟子‧梁惠王下》提到的：「若夫成功，則天也。君如彼何哉？彊為善而已矣。」整個宇宙的能量場會怎麼樣？吸引力法則將怎麼樣作用？對不起，這不是由我們操盤的。孟子告訴我們，那我們人還能幹嘛：「彊為善而已矣。」我們能做的就是「彊為善」，不斷地講善言、做善行，因為就會進入好的一個感應場。

這樣一種說法，你會發現儒道兩家面對命運沒有低頭，他們是透過心靈的修為，來超越命運的限制。莊子的寓言說：「乘物以游心，託不得已以養中」，在不得已的環境裏，我們不斷地修養自己，讓人的主體性、道德心靈，成為參與整個感應場中扭轉乾坤的重要關鍵。

那我們就要問：當你這樣做，你能得到什麼績效？從《老子．五十四章》讀到：「修之於身，其德乃真；修之於家，其德乃餘；修之於鄉，其德乃長；修之於國，其德乃豐；修之於天下，其德乃普。」我們會發現老子講的修養，不同於我們平常對老子的錯誤印象，其實它是需要在「身」、「家」、「鄉」、「國」、「天下」開展的，而在這樣的歷練當中，你的德性也會從「真」，變「有餘」、變「長養」、變「豐沛」，變「無所不在」。那這樣的原理到底是什麼？如果不是真的接觸很多人，甚至於有可能是離群索居地置身姑射山中，那個原理到底是什麼？

我們看到《老子．七十三章》說：「不言而善應，不召而自來。」《莊子．人間世》說：「剋核大至」，說你太苛薄了，「則必有不肖之心應之」。這一切都是感應，可是這感應的作用所及，不是你生氣，他（她）也生氣。不只是這樣，有時候不只是人心，所以莊子才會在〈逍遙游〉裏提到：「其神凝」，我們的心神若能很凝定，「使物不疵癘而年穀熟」，連外物稻穀都在這個感應場裏被深刻影響著。

但是我們講感應最初的動力，最重要的關鍵，《莊子．知北遊》提到：「其用心不勞，其應物無方」，用心不要讓自己太累。儒家可以太累，老莊不行，心思不能耗損過度，要平和。心靈的能量每天都要補給，這個時候你才能感應正能量，感應的範圍，會隨著你的修為越來越擴大，得到的正能量就會越多。

其實儒道兩家認定的德性與實踐確實有所不同。莊子的出現尤其微調了他覺得儒學做的不太妥、不太夠的地方。可是道家要影響、拓展的範圍，卻跟儒學完全一樣，是無遠弗屆的。像剛剛講的，修之於「身」、「家」、「鄉」、「國」、「天下」，你的德性才能一步一步，從真實、有餘、滋長、豐沛，到周普無所不在。在感應原理之下，我們的心靈修為，因為「同聲相應，同氣相求」，所以即便你我只是一介布衣，但我們陶養自己，邁向君子或至人，我們是可以參贊天地的化育、改變整個宇宙的能量場的。

所以就可以理解，為什麼一個心靈平和的人，這麼多人喜歡。他（她）在情場、職場，都可以很順遂。你會發現中國傳統文化在那個時代，它沒有訴諸一個人格神、一個意志的天，或者上帝。它把感應原理、感應現象，理解成一個自然原理。就是我們今天的「心」，會影響我們的「氣」。

心怎麼影響氣，氣又怎麼影響現象

從中醫的醫書會知道，情緒會影響你的「精」和你的「氣」，這「氣」又會讓我們有不同的臉色。感應原理只是進一步讓我們理解，這影響的現象不只在身體的輪廓裏，還會到達外在世界的現象中去。「心」影響「氣」，「氣」又影響「現象」，影響得了整個所謂的能量場，或磁場。在整個感應原理裏面，人的主體性和道德性的行為，被賦予非常重要的價值和地位。所以東方的傳統才會那麼重視心學。可是這一塊在當代，其實很容易被忽略。

如果回到方才講的《祕密》，它主要是說整個大宇宙的能量場，我們雖然好像沒辦法操控，可是為什麼可以許一個願望，而且很容易達成——他說只要維持內在的歡樂，就很容易感應正面能量，最後就達成願望。這本書舉了很多例證，只是沒有像東方傳統告訴你，「心」會影響「氣」，「氣」會影響「現象」，沒有這樣一個縝密的推理過程。而《祕密》教我們的方法，是要列出感恩的清單，甚至於隨身帶一個小玩偶或小石頭，稱它為感恩石。每次抓到它就要感恩一次，透過感恩讓自己整天維持在非常好的心情。不管你透過什麼方式，都是為了整天維持非常好的心情。

從東方的感應原理或者《祕密》這本書，就會想起我剛開始學太極拳的時候，我的老師

——也就是我的父親就跟我說：「欸，其實你練拳也不一定要真打啊，比方說你坐在家裏的沙發，或在教室下課的時候，你可以冥打。」我就問：「什麼叫冥打？」父親說：「就是你身體沒在打，但你想像你在打。」後來看到一些西方科學的研究才知道，用冥打的方式在打太極拳的時候，如果透過一些機器的檢測，你的肌肉狀態跟真實在打其實是很像的。這就再一次讓我們看到，從「心」，到「氣」，到「象」的影響。我想到莊子靜定心念的工夫，有一樣很重要，就是「忘」，教我們不要執著。比方說，你不要去執著你分手這件事，你不要執著生病這件事情，就淡忘它，讓你的心念維持在最好的狀態。

有一次我去拜訪無垢劇團的林麗珍老師，我們討論一個人跳舞能跳幾個小時腳不會抽筋，不知道為什麼那天的話題就是抽筋。剛好那個夏天我特別認真鍊拳，我就說：「一天鍛鍊這麼長的時間，我在第三個小時到第五個小時之間腳可能會抽筋。」林老師說：「那璧名你一抽筋就不練了嗎？我們練舞的人，抽筋再練很危險的。」我說：「我會繼續練。」她說：「為什麼？」我說：「有一次抽筋的時候，我看錶才三小時，但我那天立志要打五小時。夏練三伏，非常時期，希望鍊功時數儘量長。於是我就吃了香蕉，喝了運動飲料之後，繼續打拳。」她說：「那你本來不是抽筋了嗎？」我說：「可是我會在念頭上告訴自己說，都忘掉身體了，還抽什麼筋啊？然後就讓自己完全忘記抽筋的事。做了好幾次實驗，每次就這麼不抽了。」但是林老師說：「你千萬不要教給你的學生，這樣很容易受傷。」可我意外發現，當我的心進入神凝的狀態，真的就可以不抽筋了。

還有一個更神奇的例子：小時候有一陣不知道為什麼，我們家就接連接到恐嚇電話。那時候我還在讀書，而那個打電話來恐嚇的人，可以精準地知道我們家每個小孩在哪裏讀書。母親和我們三個孩子都非常地害怕，於是就裝了電話追蹤器。後來有一天就跟父親提起裝了電話追蹤器的事情，父親就說因為你們太在意了，就一起忘了這件事吧！就把家裏已經裝的電話追蹤器都拆掉。我聽了非常害怕，可是父親在家很權威，我們就乖乖照辦了。最神奇的是，我們把追蹤器完全拆掉的那天開始，每個人都規定自己不可以再想起被恐嚇這件事，當我們在念頭上盡其所能完全忘記這件事，它就再也沒有出現。

你慢慢會了解，所謂的感應原理，一如《祕密》的「吸引力法則」，當一件不好的事情，不斷地讓它在你的念頭、在你的情緒裏重複的時候，透過感應原理的「心—氣—象」作用機序的結構，它就會越來越不好。可是你有什麼夢想，比方說你想跟誰在一起，你想從事什麼樣的工作，就用已經擁有、已經達標的心情，很開心地活著，那很可能，一切就會更順遂。

所以我們這個主題就是，在感情裏面，你想跟什麼樣的一個人相依？當然想跟一個心情好的人。我們知道很多愛情的典範，希望這樣的愛情典範就落實在我們的生命裏。可是今天莊子仍不斷地提醒我們心靈、心情有多麼重要。而本堂課我們就透過東方修鍊、或者《周易》，或者傳統醫學的感應原理：「同聲相應、同氣相求。」理解安定心情對於人生的巨大影響。所以從今天開始，為了有更好的親子關係、更好的朋友關係、更圓滿的愛情，讓我們就主宰自己的心靈，成為這個感應場裏面扭轉乾坤最重要的關鍵。

第六堂

「唱」與「和」——你喜歡當情感關係中的主導者或配合者？

你總配合著他（她）嗎？還是要他（她）常配合你？究竟誰唱、誰和，才是情感關係中最美好的交響？如果引領方向正確、情感順遂，堪稱主導者的典範；那何謂配合者的理想典範？又為何莊子筆下為眾人所愛的，會是「感而後應，迫而後動」、「和而不唱」的配合者？

在開始之前，我們先聽一首歌，《*Wind Beneath My Wings*》
（作詞：Jeff Silbar　作曲：Larry Henley）

It must have been cold there in my shadow
在我的影子下，一定很冷吧
To never never have sunlight on your face
陽光不曾照耀你臉龐
You were content to let me shine, that's your way
而你總是滿足於讓我閃耀，你就是那樣
You always walked a step behind
總是以一步之遙緊隨我身後

第一次看到這首歌的歌詞的時候，帶給我不小的震撼。因為我過去從來沒有這樣解讀過〈逍遙遊〉——在《莊子·逍遙遊》裏面看到大鵬鳥在飛，我們只知道牠經歷過很強的風、很深的水。你也許從未想過，如果沒有那些風、那些浪潮、那些水，牠是無法往上飛、無法飛遠的。我很少用這麼感性的心去看那些挫折你、刺激你、激勵你、幫助你的水和風，後來回頭看人生的時候會發現，其實一個站在舞臺上的你，或者發光發熱的你，是有很多的水和風在下面托著、承載著的。可能是我們非常親愛的親人，也可能是朋友、也可能是情人，甚至可能是萍水相逢的陌生人，所以我把這首歌放在這個單元的開頭。

這一堂我們要談的是「『唱』與『和』：你喜歡當情感關係中的主導者或配合者？」你總是配合著他（她）嗎？還是要他（她）來配合你。究竟誰「唱」、誰「和」，才是情感關係中最美好的交響？如果說引領方向正確、情感順遂，是主導者的典範的話，為什麼莊子筆下大家都喜歡的人，會是「感而後應」、「迫而後動」、「和而不唱」的配合者。

我有位讀到最高學府熱門科系的男學生告訴我：「老師啊，這是你們那個年輩的事啦！到我們這一代，不必談什麼誰唱誰和、誰主誰從、誰聽誰的……所有男女平權相關的議題，因為再沒有這些問題啦！」我問了一聲：「那在你前一段感情裏，你們誰聽誰的多？」他耳朵有點紅地囁聲。沒說我也知道，這是我不止一次見過的，標準的「公主與侍衛長」組合：公主敢怒敢言，為所欲為；侍衛長言聽計從，不敢二話。

當我詢問另一位同屬於二、三十歲的新世代對同一問題的看法時。他說：「給您這意見的青年如果出來選總統，我定會投票給他，只要他真能做到男女平等的話。」他說：「近年受到社會文化和媒體報導的影響，廣大的男性同胞苦不堪言……」。

確實，男主外、女主內的氛圍在現代社會已經沒有這麼濃郁了。可是我有些出國留學的朋友，因為是男女朋友在國內相識以後再一起出國，所以他們新婚的時間都是在國外度過。回臺灣工作後，婚姻就進入第二個階段，也就是公公婆婆近在咫尺的階段。我的女性朋友告訴我，她覺得在婚姻前期她和先生兩個人都在加拿大，那時候當妻子、當母親，實在太容易了。等回到臺灣，因為上有公婆看著，她覺得壓力好大。我們整個文化建構中對婚姻裏的各個角色有著不同的預期，這也是我們在這個單元主要要談的。

首先，透過儒莊的對談來了解在過去的「儒」、「道」文化當中，男女角色扮演的習慣或通則是什麼？先來看一下《孟子．滕文公》篇：

景春曰：「公孫衍、張儀豈不誠大丈夫哉？一怒而諸侯懼，安居而天下熄。」孟子曰：「是焉得為大丈夫乎？子未學禮乎？丈夫之冠也，父命之；女子之嫁也，母命之，往送之門，戒之曰：『往之女家，必敬必戒，無違夫子！』以順為正者，妾婦之道也。居天下之廣居，立天下之正位，行天下之大道。得志與民由之，不得志獨行其道。富貴不能淫，貧賤不能移，威武不能屈。此之謂大丈夫。」（《孟子．滕文公下》）

這段孟子章句的本意是從男女的對照當中，凸顯大丈夫應當如何。現在反過來，我們從男女對照的敘述當中，去看女子應當如何。孟子說：「女子之嫁也」，女子在出嫁的時候，「母命之」，母親會送她一些耳提面命的訓導，「往送之門」，送她到家門口的時候，「戒之曰」，最後一次叮嚀告誡自己一手拉拔長大的女兒說：「往之女家」，你到了夫家啊，「必敬」，態度要恭敬，「必戒」，而且要深自警戒警惕。警戒警惕的主要內容是什麼呢？「無違夫子！」不要違背你的丈夫。孟子說這樣的態度是「以順為正者，妾婦之道也」，以順從為最大原則，是身為婦女必須遵循的道理。

在座當代女性看著這段話，可能不太認同吧。不過我想和大家聊聊一個話題，當代總談男女平權，可是，我們的思維、我們的社會、我們的人文建構，真的已經達到平權的水平了嗎？我記得在念臺大博士班的時候，修習張亨老師的《易傳與中庸》，第一堂老師就講「乾」、「坤」二卦，一開頭就說〈乾卦．彖傳〉就是：「大哉乾元，萬物資始，乃統天。雲行雨施，品物流形；大明終始，六位時成；時乘六龍以御天。乾道變化，各正性命；保合太和，乃利貞。首出庶物，萬國咸寧。」偉大的乾卦象徵元氣，萬物藉它而開始存在，它也由此主導了天體。雲飄行，雨降落，各類物種在流動中成其形體。太陽的光明周而復始地出現，爻的六個位置也按照時序形成了。然後依循時序乘著六條龍去駕馭天體的運行。乾卦的原理是引發變化，讓萬物各自安頓本性與命運。萬物保有、符合並處於最和諧的狀態，就能順利並合乎正道。大致的意思就是說：「乾卦為首，創生萬物」。

講完乾卦，接著講坤卦，「至哉坤元，萬物資生，乃順承天」、「柔順利貞」（〈彖傳〉），坤卦所象徵的是性格柔順才合乎正道，然後接著〈繫辭〉就講了：「天尊地卑，乾坤定矣」（《周易．繫辭上》）。我在課堂上忍不住問老師：「老師啊，《周易》把乾卦的作用講得好明白啊，可坤卦寫得好幽微。能不能請老師再給我們講講，坤卦它主要的象徵和作用是什麼？」這是我當年在課堂提出的問題。素來嚴謹、白髮蒼蒼的張亨老師忽然莞爾一笑說：「乾卦把該做的都做完了，坤卦乖乖聽話就好。」那一剎那，我忽然發現，原來坤卦就是個媳婦兒。那一堂下課鈴一響，有位外文系醉心於女性主義的修課女孩兒，把書包一收、椅子一推，走人了。她聽不下去，覺得太迂、太八股了。

情感關係中扮演和而不唱的配和者

接著就從與儒家經典對照的脈絡下，來看《莊子．德充符》裏哀駘它這一段。莊學的滋味和迥異於儒學的理想典範特色才瞧得出來：

魯哀公問於仲尼曰：「衛有惡人焉，曰哀駘它。丈夫與之處者，思而不能去也。婦人見之，請於父母曰：『與為人妻，寧為夫子妾』者，十數而未止也。未嘗有聞其唱者也，常和人而已矣。无君人之位以濟乎人之死，无聚祿以望人之腹。又以惡駭天下，和而不唱，知不出乎四域，且而雌雄合乎前，是必有以異乎人者也。寡人召而觀之，果以惡駭天下。與寡人處，不至以月數，而寡人有意乎其為人也；不至乎期年，而寡人信之。國无宰，寡人傳國焉。悶然而後應，氾而若辭。寡人醜乎，卒授之國。无幾何也，去寡人而行，寡人卹焉，若有亡也，若无與樂是國也。是何人者也？」（《莊子．德充符》）

《莊子．德充符》特別強調「常和人」、「和而不唱」，就是強調了哀駘它這種不是主導者而是配合者，不是很有主張地決定一個家庭、一個社會要怎麼樣的人。而是默默地配合著、搭配著別人。來看看哀駘它的條件，之前說過他是個萬人迷對不？「丈夫與之處者，思而不能去也」，男人都想跟他當朋友，和他相識以後就離不開他；「婦人見之，請於父母曰：『與為人妻，寧為夫子妾』」，女子一旦認識了哀駘它，居然回家稟告爹娘：「與其嫁給別人當正室，我寧願給哀駘它當小妾。」這樣的女子出現一兩個也就算了，居然「十數而未止」，十幾個還不停。而且我選的這個版本還保守了，另一個版本寫「數十而未止」，有幾十個女人都甘願當哀駘它的小妾。

一般男人、女人也就罷了。君王認識他以後，「不至以月數」，還不到一個月，「寡人有意乎其為人也」，就很在意這個人；「不至乎期年，而寡人信之」，不到一年就取得君王的信任；而且要怎麼樣的信任才能，「國无宰，寡人傳國焉」，君王想把宰相的位子給他，可是哀駘它一副不太想要的樣子；「寡人醜乎，卒授之國」，後來君王想想：「我讓他當宰相，而我當他的君王，我配嗎？乾脆把天下給他，讓他當君王好了。」

可是哀駘它外表不只醜而且還醜到爆，不只醜到爆，還醜到全天下人看了都會害怕；有錢嗎？「无聚祿」，沒有；有地位嗎？「无君人之位」，也沒有；有學問嗎？「知不出乎四域」，也沒有。只有一顆動人的心靈。

最值得注意的是孟子說的：「以順為正者，妾婦之道也」。可是莊子筆下理想的男性典範「哀駘它」，他就是這麼個「以順為正」，是個常常應和別人、「和而不唱」的柔順角色。我們再看看莊子書裏面強調的理想人格典範，會發現具有遷就柔順特質的還不只哀駘它一例——在〈人間世〉篇也提到了，如果要勸諫一位生性刻薄的太子，外在樣貌態度應該怎麼樣，內在心靈要怎麼樣持守，莊子都給出了指導原則：

顏闔將傅衛靈公大子，而問於蘧伯玉曰：「有人於此，其德天殺。與之為无方，則危吾國；與之為有方，則危吾身。其知適足以知人之過，而不知其所以過。若然者，吾柰之何？」蘧伯玉曰：「善哉問乎！戒之，慎之，正女身哉！形莫若就，心莫若和。……彼且為嬰兒，亦與之為嬰兒；彼且為无町畦，亦與之為无町畦；彼且為无崖，亦與之為无崖。達之，入於无疵。」（《莊子・人間世》）

莊子說「形莫若就」，這個「形」，就是外在的樣貌態度。跟別人互動的時候，言語、表情、口氣、動作，這些資訊都是別人拿來認識你，揣度你的意圖、你的想法到底是什麼的重要參考點。「就」，是趨近、靠近、依順、依從。你外在的言語、表情、樣貌、動作，最好都表現得遷就順從對方。那內在呢？莊子說：「心莫若和」，內心沒有比維持平和安樂更好的了。

在這裏要強調的是「形莫若就」，一個學習《莊子》的人，不分男女，會讓自己的外在樣貌、態度、行為、辭氣、表情各方面比較能柔順遷就配合別人——是「常和人」，迥異儒學的「以順為正者，妾婦之道也」。

《莊子・刻意》篇也提到：

（聖人）平易恬惔，則憂患不能入，邪氣不能襲，故其德全而神不虧。故曰：聖人之生也天行，其死也物化；靜而與陰同德，動而與陽同波；不為福先，不為禍始；感而後應，迫而後動，不得已而後起。（《莊子．刻意》）

「感而後應，迫而後動，不得已而後起。」這裏描述的是《莊》學定義下的聖人，是先有所「感」，先受到外來刺激，然後才回「應」、才去應付。有所迫，這個「迫」是迫近的意思，當別人向你逼近、靠近、找你了，「而後動」，你才會有作為，才會開始動作。「不得已而後起」，別人來找你不能不理了，這時候就起來回應吧。這不是一個人天生的內向個性，是《莊》學定義下理想人格典範的作為。

可是為什麼道家的理想人格典範，會是儒家經典中定位好像是女性專屬的、柔順特質的配合者角色啊？各位閱讀這個系列以來，已經知道《莊子》這部經典是怎麼樣教我們自愛的，一個以《莊子》為核心思想的人明白活在天地之間，最重要的就是把自己的心身給安頓好。

如果心靈是最重要的家園，終其一生對於身體的修鍊，其實也是為了提升心靈。這樣說來，除非你已經養成好好吃飯、好好睡覺、好好鍛鍊的習慣，否則光是要照顧好自己的飲食、睡眠每天還要挪出空檔來鍛鍊，甚至是照顧好親人、工作項目負責任地完成，可能就沒有太多時間去揪團、應酬了。在世間碌忙而外的一切，可能就是別人來找你參加，你回應。你不會有多餘的時間跟注意力去主動出擊。

所以我真的不覺得道家消極被動。因為一個人活在這個時代啊，如果不是非常地積極主動，還真難以把自我心身、睡眠、飲食、家庭、親人、學業、工作，方方面面都照顧好。尤其很多時候要當一個理想的配合者，其實並不比當一個領導者、主導者容易。因為你要不斷地去傾聽理解、體貼對方。柔順的角色裏面，還是蘊涵有相當積極主動的精神的。

我忘了是母親幾歲那年，我和姊姊開始接手年夜飯的工作。母親只做一兩樣菜，其它就我和我姊二人合作。本來是姊姊當大廚、我當二廚，後來她發現我的油炸功力還不錯，而且臺南人傳統的油炸菜肴太多了，我就升格成主廚。當主廚以後就發現我姊真是非常厲害的二廚。——比方我要炸香腸，但食材炸以前得先吸乾水分，等會下鍋才不會噴濺，才能外酥內軟。在我吸乾香腸水分時，我姊已經把炸鍋拿出來洗乾淨，並且把瀝油要用的瓢子準備好，然後開火熱鍋、開油煙機，將一切準備就緒。等食材備好，我只要像個大廚一樣就位，馬上就能開始炸了。當中還沒起鍋，我姊已經準備好香腸盤，旁邊並且鋪排好搭配的青蒜，一片一片切得非常漂亮。我覺得姊姊二廚真的做得好棒，如此體貼，可說是做到《莊子》「莫得其耦」，不要和對方對立的神髓。可見一個最理想的配合者，要去體貼主事者下一步要做什麼，並且預做準備。而我也深刻感受到，一旦助理很兩光，既不能傾聽體貼、也不能設身處地。那麼老闆要擔心受怕，煩惱如何補強、救援的事，恐怕還得耗損兩倍甚至三倍於正常狀況的心力與時間才能解決。

莊學脈絡下理想的「大丈夫」

在介紹情感關係中理想配合者特質的同時，我們發現莊學與儒學對於傳統男主外、女主內，看法亦有不同。一般認為主內的工作當中堪稱最重要、也是花最多時間的項目，可說就是一天三餐下廚做飯菜了。而這樣的工作是否只能由婦女來做？我們發現在「儒」、「莊」的文本裏面有著截然不同的看法。先看儒學：

曰：「臣聞之胡齕曰，王坐於堂上，有牽牛而過堂下者，王見之，曰：『牛何之？』對曰：『將以釁鐘。』王曰：『舍之！吾不忍其觳觫，若無罪而就死地。』對曰：『然則廢釁鐘與？』曰：『何可廢也？以羊易之！』不識有諸？」曰：「有之。」曰：「是心足以王矣。百姓皆以王為愛也，臣固知王之不忍也。」王曰：「然。誠有百姓者。齊國雖褊小，吾何愛一牛？即不忍其觳觫，若無罪而就死地，故以羊易之也。」曰：「王無異於百姓之以王為愛也。以小易大，彼惡知之？王若隱其無罪而就死地，則牛羊何擇焉？」王笑曰：「是誠何心哉？我非愛其財。而易之以羊也，宜乎百姓之謂我愛也。」曰：「無傷也，是乃仁術也，見牛未見羊也。君子之於禽獸也，見其生，不忍見其死；聞其聲，不忍食其肉。是以君子遠庖廚也。」（《孟子・梁惠王上》）

在《孟子・梁惠王上》有一句話大家都讀過：「君子遠庖廚」，這段文字告訴我們，儒學定義下的君子，會把廚房安排在遠離自己的場所。各位啊，連廚房這個空間場所都刻意離得很遠，就別指望我們的君子們來下廚了。傳統男主外、女主內的習慣就這樣成型。

我的碩士班同學新婚後，有次聚會講了件她挺後悔的事。在新婚之夜的第二天早上，她走進廚房準備做早餐。就在這兩人開啟新婚生活的第一天，她老公很體貼地走進來，我同學就問：「你進來幹嘛？」她甜蜜可人地把先生一步步推到客廳，然後說：「你坐著就好，我來做。」但我親愛的同學後悔死了，她說：「沒想我這一推，他再也不走進來了。難道我就這樣一個人孤孤單單地在廚房待一輩子嗎？」這就是「君子遠庖廚」啊！

可是反觀《莊子・應帝王》篇中修鍊三年後達到一定境界的列子：

鄭有神巫曰季咸，知人之死生存亡、禍福壽夭，期以歲月旬日若神。鄭人見之，皆棄而走。列子見之而心醉，歸，以告壺子，曰：「始吾以夫子之道為至矣，則又有至焉者矣。」壺子曰：「吾與汝既其文，未既其實，而固得道與？眾雌而无雄，而又奚卵焉！而以道與世亢，必信，夫故使人得而相汝。嘗試與來，以予示之。」……（季咸）立未定，自失而走。壺子曰：「追之！」列子追之，不及。反，以報壺子，曰：「已滅矣！已失矣！吾弗及已！」壺子曰：「鄉吾示之以未始出吾宗。吾與之虛而委蛇，不知其誰何。因以為弟靡，因以為波流（隨），故逃也。」

然後列子自以為未始學而歸。三年不出，為其妻爨，食豕如食人，於事无與親。雕琢復朴，塊然獨以其形立。紛而封哉戎，一以是終。无為名尸，无為謀府，无為事任，无為知主。體盡无窮，而遊无朕；盡其所受乎天，而无見得，亦虛而已。至人之用心若鏡，不將不迎，應而不藏，故能勝物而不傷。（《莊子．應帝王》）

我們先簡述這個故事，鄭國有一位神巫叫季咸，他知道人「死生存亡、禍福壽夭，期以歲月旬日若神」，什麼時候會活、什麼時候會死，什麼時候運氣很好、什麼時候運氣不好，他能精準地說出你還能活多久，你會生什麼病、會碰到什麼災難、會遇到什麼好運。「鄭人見之，皆棄而走」，一般人可能不想知道自己的死期而紛紛走避。「列子見之而心醉」，但這個人卻讓列子非常地著迷，「歸，以告壺子」，他回去告訴老師壺子有這樣一位神人，於是壺子要列子把神巫季咸帶到自己面前來，幫自己看看。神巫就此和壺子交了四次手，在最後一次交手時，神巫季咸連腳跟都還沒站穩，就匆匆轉身，落荒而逃。為什麼呢？因為此次交鋒中，神巫季咸終於發現壺子是自己沒有能力看清楚、相明白的：壺子一下子向神巫展現出生機看似停滯、半死不活的樣子；一下子展現出陰陽之氣交會暢行、非常健康的樣子；一下子又是沒有任何跡象徵兆的樣子。神巫無法知道哪一個才是真正的壺子，實在無法捉摸，所以逃跑了。

壺子對列子說：「追之！」把他追回來！可是「不及」，已經追不到了。列子悵然若失地回來向壺子報告：「已滅矣！已失矣！」已經不見蹤影了、已經不在了。「吾弗及已！」我沒能追上他。其實不是沒追上，是不想追了，因為神巫不再是列子的偶像了。列子才徹底地明白，原來最厲害的不是神巫季咸，而是他的恩師壺子，他終於心悅誠服地要向老師學習。

各位會不會覺得奇怪，為什麼列子原先會不知道自己的老師壺子是這麼地厲害呢？我聽過一位學術地位非常崇高、對我的學術研究有非常正面啟發的鍾蔚文老師說過：他在政治大學開「英美文學理論」相關課程，發現其實所有來修課的學生，大概只有進入教室的前二、三十分鐘在聽老師說些什麼。二、三十分鐘後，就會開始用各自的成見來理解英美文學。於是學生各自理解的英美文學，可能就不是老師教授的實相，而是摻雜他（她）的成見與誤解羅織出來的。我初聽時想：「怎麼會呢？我學生時代每次聽課都超級認真的。」

可不久就讓我在臺大的莊子課堂見識到了。有一個學生開學月餘來告訴我：「老師，怎麼辦？我很討厭《莊子》。」我就對他說：「那一定是我沒把《莊子》教好。中國文學史上像陶淵明、蘇東坡一流的人，都超愛《莊子》的。所以你是不是願意再給我幾次機會把它講好一點，或者你自己多看一些課外讀物來補足。」沒想到我才提起陶淵明，他猝不及防地說：「陶淵明更討厭，他為什麼不去死啊？」我聽了之後就不想再說服他勉強學習，就說：「那你可以退選。」可他說：「我也想退啊，只是英文更討厭。我已經退了英文，也退了別的更加討厭的課，現在我的學分數已經不能再退了，所以才來向老師抱怨。」我說：「不然這樣吧，這堂課你愛聽不聽都可以，我考試不會過於嚴苛，該背的書你都背了，該理解的翻讀一下課本、講義，及格應該不會太難。」

後來這位同學還是都有來上課，一直到我批改他的期末考卷時，才恍然大悟究竟為什麼他討厭《莊子》。考試題目是請同學表述我課堂上講過的一個《莊子》的概念，這位同學把《莊子》痛批了一頓，問題是他徵引的原文是《老子》，回答的內容也都是《老子》，和我講授的《莊子》完全無關。我忽然間感受到之前講授「英美文學理論」的鍾老師所感慨的，是啊！這學生雖然坐在教室裏，但其實沒在聽我說話，他自己不斷想的可能是：「真想揍扁莊子！」可是沙包一打，打到的那個人根本不是莊子，而是老子。聽完這個例子，各位就能明白列子為什麼原先不認同老師壺子了。

就算你以為自己很認同自己的老師，也可能有著這樣的成見而不自知。我跟隨父親學太極拳，到頭來才發現我竟和父親其他學生一樣，誤以為老師留了一手。有一回我難得住院，父親有個醫生學生因為愛屋及烏，就去醫院探望我。那時我剛好在病房外的空曠處打拳，好加速康復速度。這個學生來了不打招呼，就躲在一旁的柱子後觀看，直到我打完整套拳他才出來。我看到他百思不得其解地搖著頭說道：「奇怪，竟然教的沒有不一樣……都一樣啊……」我從這句話聽出來他在想些什麼，他想我父親——傳說中的一代宗師——教自己的女兒肯定特別教了什麼。沒想到躲在一旁偷窺我那麼久，發現我鍊的和他鍊的竟完全一樣，他竟覺得有點失落。

我當時對他如此冤屈自己的老師相當不以為然。沒想到有天發現，我自己竟也有著類似想法。我看過歷代相關武術傳承的文獻，常載錄著傳子不傳女。或者因為我太混了，總覺得父親一定有什麼很厲害的功夫還沒教給我，必須等到我有天鍊到一個地步，父親才會教我。一直到某天才在父親的教誨中幡然覺悟，其實老師早就把真傳全教給了你，是你自己不認真鍊，沒好好真鍊真修還藉口一堆。就像列子，經過神巫季咸和老師壺子這番比劃，他才終於心悅誠服了。

一個抱有成見的人，真的很可能去討厭一個不真是你厭惡的對象；當然也很可能喜歡上一個，迥異於所愛對象的幻影。這就是建構在成見之上的認知。

列子學得了什麼呢？「然後列子自以為未始學而歸」，他忽然間發現：「天吶，我進入壺子老師門下那麼久了，我真的沒有好好學習，沒有學會任何工夫。」於是他就歸返自家修行。這個「歸」，這個「回家」，我們知道在莊子書裏是非常重要的概念：回家未必是回到你原生家庭，或是此世形軀的家，而是回歸到最真實永恆的心靈之家。這一點很多讀《莊子》的人都讀得出來。東坡才會說：「此心安處是吾鄉」（〈定風波〉）；白居易才會說：「為尋莊子知歸處，認得無何是本鄉」（〈讀莊子〉），因此這裏「列子自以為未始學而歸」的「歸」，意思是列子從此願意把一生精力拿來提升自己的心神靈魂。

其實提升心神靈魂這事並不空泛。因為你我的有生之年，心神靈魂都寄寓在形軀裏，我們之所以有情感能夠跟任何人相親相愛，或是我們之所以能夠行、住、坐、臥、在日常生活裏過活，都是因為有心神靈魂寄居在此形軀之中。所以在這邊以提升心神靈魂為修行重點的壺子之學，其實也就是《莊子》之學，把日常生活的工夫擺在「自事其心」、讓心能安。

這邊特別描述了當你將這樣的一套安心之學修鍊到一個水平後，你的日常生活、你的工夫境界，會跟過去迥然不同。現在要具體地講這個不同，第一，男女都不會再堅持——尤其男子，不會堅持「君子遠庖廚」的角色扮演。觀念中也消弭了男尊女卑、男主外女主內、男唱女和、男剛女柔的成見。然後一個男人最重要的志業也未必是「治天下」、甚至於不再是「治天下」了，「為其妻爨」，為老婆小孩做飯菜的意義和價值並不在「治天下」之下。於是就看到莊學裏的大丈夫「常和人」、「和而不唱」、「感而後應，迫而後動」的柔順之道，或者他也會置身在庖廚當中，為妻子兒女燒飯做菜——這都是莊子筆下理想的「大丈夫」所堪為。

在康河的柔波裏，我甘心做一條水草

接著，我們要透過林徽因和徐志摩這兩位詩人，看看在情感關係裏，究竟誰唱誰和才是最美好的交響。——兩位詩人的作品裏面都運用了大量的象徵，如果完全不知道他們的故事的話，要還原現場是會有點吃力的。在進入詩歌之前，我想先跟大家一起回溯他們的故事。

先簡單介紹一下故事裏幾個主要的人物：徐志摩，一八九七年一月十五日生，魔羯座；林徽因，一九〇四年六月十日生，雙子座；還有一個男人，在今天的詩歌課程裏他也應該進場，梁思成，一九〇一年四月二十號生，牡羊座。徐志摩年長了梁思成四歲，梁思成又年長了林徽因三歲，也就是說徐志摩「叔叔」比林徽因「妹妹」大了七歲。請原諒我這麼稱呼，因為徐志摩真的是林爸，也就是林徽因爸爸的好朋友。他們的緣分，也必須從林徽因的父親——林長民——開始說起。

倒帶一下，在一九二〇年林徽因十六歲那年春天，她的爸爸林長民到英國去講學，林徽因就跟著到英國去讀中學了。那年的秋天，九月二十日，我想是他們相識紀念日吧——徐志摩從美國到英國，常常到倫敦林徽因家作客吃茶。林徽因的爸爸覺得徐志摩的口音讓他非常地熟悉，他非常喜歡這個年輕人。有時候，林徽因的爸爸要寫書法——你們知道，大人寫字，小孩可忙著啊。在我們家以前只要我爸說：「要寫字了」，我跟我姊就馬上衝去我爸的書房，把毛筆、墨、硯臺、筆洗之類的都擺在該擺的地方，那我的工作就是把水注入筆洗中。我想林徽因跟徐志摩應該在林爸要寫字時也曾扮演類似這樣的角色。

有一回，就在林徽因的爸爸寫字寫到一半。林徽因跟徐志摩剛好從書房出來，林長民講了一句讓現場人很訝異的話：「你們看，我家徽徽和志摩是不是天生的一對呀！」林徽因和徐志摩這一下臉都紅了。在場的陳通伯等人感覺非常驚訝，所以張大了嘴巴——當年徐志摩是帶著妻小來到英國的。

我們介紹一下，徐志摩當時在劍橋大學王家學院當特別生，講得白一點就是旁聽生。因為徐志摩住在劍橋附近的沙士頓鄉下，跟林徽因她家距離有六英里的路程，徐志摩每次去找她爸爸的時候，通常騎自行車往返，有時候也搭公車。林長民是非常重視禮貌的人，又非常喜歡徐志摩這個小青年，所以每次跟他聊得晚了，就跟女兒說：「徽徽呀，你代爸爸送志摩一程吧。」林徽因就打著手電筒，為徐志摩照著前頭的路。

有一天，徐志摩就在林徽因送他回家的路上，做了一個大膽的動作：他把他的手伸給了林徽因！天吶，我想這對一個男人來講、一個已婚的男人來講，這已經是最勇敢又含蓄的一種告白了吧。那林徽因是怎麼反應的？我覺得這時候真是嚴格地考驗一個女人的智慧，如果你的手就這樣交出來，那實在太恣意了；如果你把手伸到身後那又太傷人了，嫌人家是色狼是嗎？所以林徽因做出非常恰到好處的應變——她把手上的手電筒，交到徐志摩手中。

可是不能每次都只交手電筒啊。有一回，在《林徽音傳》（林徽因初名林徽音）裏說：「在一個像酒一樣濃烈的月夜」，天啊，一聽就知道要出事了，他們如常地走向康河，走上嘆息橋，這時候徐志摩是這樣問林徽因的：「徽因，這時妳最想做的一件事是什麼？」我思有邪，我想徐志摩想做什麼幹嘛這樣問哪？可林徽因的回答很單純，她面對著康河說啊：「我想要像那些英國姑娘一樣，用長篙撐起木船，穿過一座座橋洞。可惜我試過好幾次，那些篙在我手裏都不聽使喚，要不就是原地打轉，要不就是沒頭沒腦往橋墩上撞。」各位如果是一個熟悉小說的人，你就知道他們的未來了。這在小說裏叫做「間織」，從景色預告了未來的結局——

林徽因沒有辦法抵達橋洞的彼端。

有一天走著走著，他們在秋天的午後來到數學家橋，徐志摩就說了，為什麼我聽徐志摩說話總覺得有點心機，好像先準備好了。你們聽聽看，他說呀：「這座橋原來沒有一根釘子，在一九〇二年有些物理學家出於好奇，就把橋拆開來研究，結果無法復原，只好用釘子重新把它組裝起來，多可惜啊。」徐志摩接著說：「每一種美都有它固有的建構，不可隨意拆卸。可人生就不同，你可以更動任何一個鏈條，那麼全部的生活都將因此而改變。」聽出端倪了嗎？為什麼徐志摩面對數學家橋要這樣說呢？司馬昭之心啊，他想要更動他人生的哪一根鏈條呢？家裏那名髮妻嗎？

我覺得林徽因其實還挺難不注意徐志摩的。林徽因的姊夫溫源寧，是徐志摩在康橋的同學，他常會聊起他這個瘋子一樣的朋友：「有天在校舍里讀書，外面傾盆大雨，忽然有人猛敲房門，然後就跳進來一個全身被雨水淋濕的客人，就是徐志摩。」徐志摩一進門就拉扯著林徽因的姊夫說：「快來，我們到橋上等著。」溫源寧就問了：「在這大雨裏，你到底要等什麼？」徐志摩說：「我們看雨後的虹去。看彩虹。」溫源寧聽了以後說：「雨下那麼大，我看你別去吧，你進來把衣服換下，不然換上雨衣吧。」徐志摩覺得很不耐煩，一溜煙自己跑了！我相信所有的男人聽起來，覺得這個男人是瘋狂的、愚痴的、不理性的。可是我相信有半數的女子聽起來，覺得這個人超級浪漫、超級率真。

後來林徽因在認識徐志摩之後就問他，她說：「志摩你後來在橋上等多久啊？你真的看到彩虹了嗎？」徐志摩說：「嗯，等多久我忘了，但我真的看到彩虹了。」林徽因問他：「你到底怎麼知道那天會有彩虹的？」徐志摩就很得意地笑了，他說：「憑著詩人的直覺與信仰。」各位，這樣回答就更浪漫了對不對？就這樣來來往往，一下去那河，一下上那橋。

張幼儀一直沒有察覺，她沒有察覺她的老公半年以來言必稱林徽因，而且不知道為什麼跑理髮店跑得越來越勤，越來越愛漂亮。直到有一天，有一個大鬍子郵差，把一封水藍色信箋交到她手中。張幼儀做了所有女人都會做的事，拆開信來偷看，非常驚訝地發現，竟然是林家大小姐的親筆。上面是這樣寫的：「我不是那種濫用感情的女子，你若真的能夠愛我，就不能給我一個尷尬的位置，你必須在我與張幼儀之間做出選擇，你不能對兩個女人都不負責任……。」

各位可以想像一下兩個人進展到什麼樣的程度，林徽因才會寫這樣的信？我們說張幼儀，張幼儀十六歲就嫁給徐志摩了，她可也是大家閨秀。她大哥張君勱是浙江省署長，二哥張嘉璈是中央銀行總裁，是名家室不得了的女子。她一讀完信，只覺得房間裏所有的景物都在旋轉。醒來之後，一氣之下就跑到德國柏林留學去了，不待在英國了。而徐志摩也追到柏林了，可徐志摩不是要把張幼儀追回來，他要去德國辦離婚手續——他已經在兩個女人之間作出了選擇。

在一九二二年的三月，徐志摩到柏林，經過金岳霖和吳經熊的作證，跟張幼儀離婚了。各位知道這個離婚的意義嗎？在清代的《大清律例》當中，男人是可以妻妾成群的。可是改成《中華民國憲法》之後，開始規範了一夫一妻，也就有了離婚的合法化，可以合法離婚。但在徐志摩之前沒有人使用過，所以徐志摩拿了《中華民國憲法》下的第一張離婚證書。

離婚之後，徐志摩就回到康橋去找他的徽徽了，他以為終於可以正式跟林徽因在一起了，哪知道這個時候，林徽因已經跟他父親林長民回到中國去了。面對空蕩蕩的校園，徐志摩寫下了〈再別康橋〉這首詩。那年，林徽因十七歲。

那些第三者無法知曉的回憶，在詩裏留下足跡

故事結束了，我們開始進入詩歌吧，知道故事我們讀詩就容易了。有一首同名的歌曲，我們一起來聽一下：

〈再別康橋〉（民國・徐志摩）（作曲：李達濤　演唱：盧廣仲）

輕輕的我走了，
正如我輕輕的來；
我輕輕的招手，
作別西天的雲彩。

那河畔的金柳，
是夕陽中的新娘；
波光裏的艷影，
在我的心頭蕩漾。

軟泥上的青荇，
油油的在水底招搖；
在康河的柔波裏，
我甘心做一條水草！

那榆蔭下的一潭，
不是清泉，是天上的虹，
揉碎在浮藻間，
沉澱著彩虹似的夢。

尋夢？撐一支長篙，
向青草更青處漫溯，
滿載一船星輝，
在星輝斑斕裏放歌。

但我不能放歌，
悄悄是別離的笙簫；
夏蟲也為我沉默，
沉默是今晚的康橋！

悄悄的我走了，
正如我悄悄的來；
我揮一揮衣袖，
不帶走一片雲彩。

站在學詩的進路，還是先講一下這首詩的詩法。首先要講的是首尾的呼應，「輕輕的我走了，正如我輕輕的來；」在這裏「我走了」是實寫，他就是要離開這兒了，「再別康橋」；「正如我輕輕的來」是虛寫，主要講的是「我走」：「我輕輕的招手，作別西天的雲彩。」題目是〈再別康橋〉，可是徐志摩要作別的真的是康橋嗎？應該是與林徽因在康橋的那段記憶吧。徐志摩在那段日子是有寫日記的，而且是用英文來寫日記。我們知道空間的意義，往往不是來自於空間本身，而是來自於記憶，尤其在人文領域裏更是如此。這首詩的結尾寫道：「悄悄的我走了，正如我悄悄的來；我揮一揮衣袖，不帶走一片雲彩。」我們發現首尾是呼應的，從「輕輕」到「悄悄」，因為「輕輕」的聲音比較輕，所以擺在前段作為開始。我說詩的開頭就要像草書的起筆一樣，讓人覺得不經意而自然。「悄悄」兩個字比較重，我們擺在結束。這是非常自然的安排。

第二個詩法我要講的是「女神的象徵」。徐志摩的女神，那當然就是林徽因了。在這首詩，徐志摩用了五個景物來象徵他心目中的女神：「西天的雲彩」，一片雲彩；「河畔的金柳」；「波光裏的艷影」；「軟泥上的青荇」和「康河的柔波」。我想各位看到這兒已經知道，這不是什麼理性的象徵抉擇。當你真的很想念那個人的時候，你望向天空，她就是雲彩；你望向柳樹，她就是金柳；你望向波光，她就是波光裏的艷影；而「青荇」，那個「青荇」是心形的，象徵愛情，而徐志摩的愛情對象不就是林徽因嗎？再加上「康河的柔波」，他常跟林徽因走過的康河，整條河都是林徽因的倒影。你會發現徐志摩是按照他對眼前景物的閱讀線來寫的，他先看向天空，「西天的雲彩」；然後等身高地看向「河畔的金柳」；接著比較低的位置，「波光裏的豔影」；再更低一點，「軟泥上的青荇」、「康河的柔波」，其實閱讀起來是非常流暢的。

可是與其說徐志摩選擇了五個象徵物，來象徵他最心愛的女子，不如說徐志摩只要走進康橋，他沿途所見：雲彩、柳樹、波光水影、青荇、康河流波……無不映現他心心念念的女子徽徽。而這一切教他想起她若隱若現身影的景物，就成為他把她封存在自己詩歌裏的象徵，所以象徵的出現是非常自然的，而這樣寫作也會覺得是很輕鬆的。

第三個詩法，他又運用了我們提起多次的「頂真連珠格」，它可以讓整個詩歌讀來更加地貫串、一氣呵成。比如：「那榆蔭下的一潭，不是清泉，是天上的虹，揉碎在浮藻間，沉澱著彩虹似的『夢』。尋『夢』？撐一支長篙，向青草更青處漫溯，滿載一船『星輝』，在『星輝』斑斕裏『放歌』。但我不能『放歌』，悄悄是別離的笙簫；夏蟲也為我『沉默』，『沉默』是今晚的康橋！」徐志摩在這首詩裏利用「夢」與「夢」、「星輝」與「星輝」、「放歌」與「放歌」、「沉默」與「沉默」，透過頂真連珠，讓一首長詩的連貫性能夠更強。

當然在這裏，我們很想問所謂「彩虹似的夢」到底指的是什麼？其實情人之間，常有很多第三者無法知道的共同經歷、共同話題、共同面對的良辰美景，但一定會在詩裏留下痕跡。我會注意是因為這個意象在他們倆的詩作裏出現太多次了，彩虹對他倆一定有特別的意義，我想他們兩個應該一起在倫敦看過彩虹。〈再別康橋〉之後我們會講〈別丟掉〉，〈別丟掉〉裏寫著：「只使人不見，夢似的掛起」，掛起什麼？便是彩虹。

第四個寫詩的方法，我們要介紹的是「無中生有」。如果一定要有什麼才能寫，那沒有什麼的時候怎麼寫啊？這邊徐志摩寫：「但我不能放歌，悄悄是別離的笙簫」，各位發現了嗎？別離固然可以奏樂、可以演唱驪歌。但是沒有一樣可以寫，「悄悄是別離的笙簫」，而且寫起來好像無聲比有聲還要動人。夏天應該要有蟲鳴對吧？可是沒有蟲鳴，徐志摩無中生有寫的是：「夏蟲也為我沉默，沉默是今晚的康橋！」可能因為季節不對了，哪來夏蟲啊？或者徐志摩揣想因為林徽因不在了，夏蟲它還叫，那不觸景傷情嗎？所以夏蟲體貼地「也為我沉默」。這就是「無中生有」，沒有也可以寫。我覺得「無中生有」有時候寫來特別有一番壓抑的、低調的美感。

第五個我們要談寫詩的方法是「諧音」，講到「諧音」之前，我們先瞭解一下，不知道大家有沒有這樣的經驗：當你真的愛上一個人的時候，你看到一個背影跟他（她）相似的人，都會以為看到他（她）或者想起他（她）。或者因為這個人的名字，會讓你對一些字詞變得非常敏感。林徽因的爸爸林長民喚林徽因叫「徽徽」，這邊寫「悄悄的我走了，正如我悄悄的來；我『揮一揮』衣袖，不帶走一片雲彩」。當我在課堂上這樣講述「徽徽」是諧音的時候，我覺得是不是入戲太深了。甚至於我會幻想徐志摩寫到這兒，我們知道詩人寫詩有時候會朗讀出來，聽聽看它音律之美如何？我總覺得到這兒徐志摩複誦了很多遍「我揮一揮衣袖」，那種享受呼喚他最心愛女子的名字的感覺，就是諧音。當然諧音在詩歌裏應用很多，比方說劉禹錫的：「東邊日出西邊雨，道是無晴卻有晴。」（〈竹枝詞二首其一〉）；還有我們介紹過的「橫也絲來豎也絲，這般心事有誰知。」（明．山歌〈桐城時興歌〉）就不多舉例了。

這首詩的最後一個詩法，我們要談的是「古典傳統的繼承與轉化」，在這首詩裏可以看到徐志摩活用古典的痕跡。比方說：「軟泥上的青荇，油油的在水底招搖」；《詩經．關雎》就寫：「參差荇菜，左右流之」、「參差荇菜，左右采之」、「參差荇菜，左右芼之」，我們讀過荇菜象徵愛情，是《詩經》留下來的傳統。不要小看這些傳統的養分，《孟子》說「樂以天下，憂以天下」（〈梁惠王下〉），而范仲淹寫「先天下之憂而憂，後天下之樂而樂」（〈岳陽樓記〉），後出是可以轉精的。

徐志摩也應用了：「滿載一船星輝，在星輝斑斕裏放歌」。我每次讀到這一段就想，他一定想起東坡〈前赤壁賦〉寫的：「桂棹兮蘭槳，擊空明兮泝流光。渺渺兮予懷，望美人兮天一方。」撐著桂樹做的棹、木蘭做的槳，「擊空明兮」，當月亮投影在水中，東坡覺得自己好像打擊著水上的月色，「泝流光」，逆著流水好像試圖要追上月亮的流光一般。划著船追隨月亮的時候，東坡心裏想著誰呀？「渺渺兮予懷，望美人兮天一方。」他想到的是親愛的弟弟子由。可是我學生說：「老師你想太多了，他不一定有想到蘇軾。」可能古典讀多的人，總覺得這兒也是典故那兒也是典故。但在這首詩裏面不談詩法，我們講這首詩的重點：徐志摩是怎麼樣愛著林徽因的？他把自己擺在什麼樣的位置？重點是這一句「在康河的柔波裏，我甘心做一條水草！」如果說林徽因是「康河的柔波」，大家知道一條河有多長、有多麼浩浩湯湯吧？徐志摩願意這麼卑微的成為「柔波裏的一條水草」，各位聽出含義來了嗎？康河裏絕對不只一條水草，到底多愛一個人，才能講出這樣的話、有這樣的想法。

這讓我想起鄭愁予的〈小小的島〉，什麼樣的情懷會讓一個大男人願意扮演一個謙卑的配合者？

〈小小的島〉（民國．鄭愁予）

你住的小小的島我正思念
那兒屬於熱帶，屬於青青的國度
淺沙上，老是棲息著五色的魚群
小鳥跳響在枝上，如琴鍵的起落

那兒的山崖都愛凝望，披垂著長藤如髮
那兒的草地都善等待，鋪綴著野花如果盤
那兒浴你的陽光是藍的，海風是綠的
則你的健康是鬱鬱的，愛情是徐徐的

雲的幽默與隱隱的雷笑

林叢的舞樂與冷冷的流歌
你住的那小小的島我難描繪
難繪那兒的午寐有輕輕的地震

如果，我去了，將帶著我的笛杖
那時我是牧童而你是小羊
要不，我去了，我便化做螢火蟲
以我的一生為你點盞燈

〈小小的島〉最後一段：「如果，我去了，將帶著我的笛杖／那時我是牧童而你是小羊」，看到這兒各位可能還不太覺得謙卑，因為牧童應該是拿著笛杖可以抽小羊的。可是鄭愁予是聰明的，寫著覺得不對，趕快補下一句：「要不，我去了，我便化做螢火蟲／以我的一生為你點盞燈」，對於鄭愁予在這首詩裏面流露的情懷，詩裏面這名主人翁、這名男子，我不認為他等同於徐志摩的「在康河的柔波裏，我甘心做一條水草！」如果大家稍微理解一下這首詩，這名男子在這首詩裏面只負責一件事：「你住的小小的島我正思念」，他只負責想念，那是一座什麼樣的島呢？「那兒屬於熱帶，屬於青青的國度／淺沙上，老是棲息著五色的魚群小鳥跳響在枝上，如琴鍵的起落」我們聽到這個島嶼的聲音，看到這個島嶼的顏色，可是島嶼上的女子過著什麼樣的生活呢？「那兒的山崖都愛凝望」，你們覺得愛凝望的真的是山崖嗎？還是我多心，我覺得愛凝望的一定是女主角。「披垂著長藤如髮」，是個長髮的女子；「那兒的草地都善等待」，善等待的怎麼會是草地呢？也是這名女子吧；「鋪綴著野花如果盤」在等他來的日子會不會水果都切好了？「那兒浴你的陽光是藍的，海風是綠的」這句最詭異了，陽光怎麼會是藍的呢？她多麼地憂鬱啊。「則你的健康是鬱鬱的」，果然不健康了；「愛情是徐徐的」，那男人老是不來。

「難繪那兒的午寐有輕輕的地震」，在那個午寐發生過什麼事？就是因為這兩句，身為女老師這首詩我常跳過。如果這首詩的男主角是讓女子這樣等待的，我想這個男女之間的關係應該頂多就是：「如果，我去了，將帶著我的笛杖／那時我是牧童而你是小羊」。各位現在應該會覺得這首詩的用情和徐志摩完全不一樣了吧？詩人好像覺得這樣太沙文了，後面便補一句好聽的話：「要不，我去了，我便化做螢火蟲／以我的一生為你點盞燈」，所以最後兩句不一定是真心的，可能只是諂媚的話。可是就最後的兩句詩而言，還是有點徐志摩「在康河的柔波裏，我甘心做一條水草！」的味道。我們再看下一首民歌：

〈在那遙遠的地方〉（作詞：王洛賓　作曲：王洛賓　演唱：莫文蔚）

在那遙遠的地方
有位好姑娘
人們走過了她的帳房
都要回頭留戀地張望

她那粉紅的小臉
好像紅太陽
她那美麗動人的眼睛
好像晚上明媚的月亮

我願流浪在草原
跟她去放羊
每天看著那粉紅的小臉
和那美麗金邊的衣裳

在那遙遠的地方
有位好姑娘
人們走過了她的帳房
都要回頭留戀地張望

我願做一隻小羊
跟在她身旁
我願她拿著細細的皮鞭
不斷輕輕打在我身上

我願她拿著細細的皮鞭
不斷輕輕打在我身上

這首民歌的最後一段：「我願做一隻小羊／跟在她身旁」，一個男人願意當小羊，跟在這名女子身旁。「我願她拿著細細的皮鞭／不斷輕輕打在我身上」，我覺得那男子對女子的愛意透過一層層的層遞寫得非常明白，他願意做一隻小羊跟在她身旁，這已經很深情了。接著他願意她拿著細細的皮鞭，不斷輕輕打在身上，一層深似一層。這名男子在這首歌的歌詞裏面扮演的角色不言可喻，根本是我就是跟著你走的。跟徐志摩「在康河的柔波裏／我甘心做一條水草！」一樣，情到深處，何計主從、剛柔！

回頭看一下第二段，「她那粉紅的小臉／好像紅太陽／她那美麗動人的眼睛／好像晚上明媚的月亮」，太陽和月亮都被這女子給佔了，可見她在男子心目中的地位。「我願流浪在草原／跟她去放羊」，各位看這首可能會覺得是歌，可是也可能是真實人生。——我有個學生的哥哥，本來是到國外留學，後來認識了一名歐洲女子，她哥哥就不再堅持做他專業的工作了，有時候當廚師，有時候打零工什麼的，只要能跟著這個女孩，海角天涯都去，最後還真結婚了。那這首歌的女子去放羊，男主角跟去做什麼呢？「每天看著那粉紅的小臉／和那美麗金邊的衣裳」，男子的工作就是看著她，仿若李敖《忘了我是誰》寫道：「不看你的眼，不看你的眉，看了心裏都是你，忘了我是誰。」是什麼樣的一名女子才有這等魅力？所以才能銜接最後一段：「我願做一隻小羊／跟在她身旁」、「我願她拿著細細的皮鞭／不斷輕輕打在我身上」。

謝謝你的靈魂如此美麗，美麗到讓我能如此愛你

接著來看〈別丟掉〉這一首詩。在講這首詩之前，再複習一下徐志摩和林徽因的故事。徐志摩發現林徽因不在康橋之後，就想要趕快搭船回到中國。沒想到他在上海下船後不久，就聽到一個消息，林徽因跟梁思成的婚事「已有成言。」他非常地難過。而梁思成的爸爸梁啟超——也是徐志摩的老師——他在徐志摩回國後不久，以老師的身分，針對徐志摩和張幼儀離婚這一件事寫了一封很長的信，言詞強烈地批評了徐志摩。可是徐志摩也回了一封信，用非常精妙的文字寫成。那封信也留下了徐志摩至今流傳的名句，他是這樣回答他的老師的：「我將於茫茫人海中訪我唯一靈魂之伴侶；得之，我幸；不得，我命，如此而已。嗟夫吾師！我嘗奮我靈魂之精髓，以凝成理想之明珠，涵之以熱滿之心血，朗照我深奧之靈府，而庸俗忌之嫉之，輒欲麻木其靈魂，搗碎其理想，殺滅其希望，污毀其純潔！我之不流入墮落，流入庸懦，流入卑污，其幾亦微矣！」教到這種學生太過癮了啊，還能回嘴，回得比老師還美。

徐志摩回到中國之後，有一次他接受了清華大學文學社的邀請，去做一場藝術與人生的演講。令人訝異的是，林徽因來到了現場。徐志摩不知道她要來，當他在人群當中看到林徽因的那一剎那，他整個人呆住了足足兩分鐘，一句話都說不出來了，變得有點結巴。可是等到他演

講完要找林徽因，林徽因又消失了。

幾天之後，徐志摩突然接到林徽因的邀請，邀他一起去香山走走。到了香山，他們倆一句話都沒說。在小徑崎嶇的荒草叢中，他們看到一座僧墓，這墓碑上生滿了蒼苔，已經讀不出斑駁的碑文了。是雙子座的林徽因先開口的，她說：「也不知道這青石底下埋的是誰？」魔羯座的徐志摩竟搶話了：「是我。我從上個世紀已經埋在這裏了。現在的我只一個軀殼，我的心，我的愛，我的希望早就埋進這青石板下了。所以你從這塊墓碑上讀不出年代，讀不出姓名，讀不出心裏滲出的血，那是不應該寫在石頭上的。」太厲害了，即席演出。這不是事先準備好的。

一九二四年，諾貝爾獎得主泰戈爾應梁啟超、林長民的共同邀請到中國訪問，萬人空巷，由徐志摩全程陪同，並且負責翻譯。而泰戈爾訪問北京的時候，林徽因參與了接待的角色。四月二十七日，印度詩哲泰戈爾在天壇的草坪演講，林徽因攙扶泰戈爾上臺，徐志摩擔任翻譯，當年的散文家吳泳，在《天壇史話》記下這麼一筆，他說：「林小姐人艷如花，和老詩人挾臂而行，加上長袍白面，郊寒島瘦的徐志摩，猶如蒼松（泰戈爾）竹（徐志摩）梅（林徽因）的一幅三友圖。」一時成為京城美談。各位看到吳泳的《天壇史話》的時候，可能會覺得林徽因的爸爸當初沒那麼白目了對不對？可見一般人看來就覺得他們倆是如此地登對。

泰戈爾非常喜歡看戲，尤其喜歡看他自己寫的劇本演的戲。在那一年的五月八日，泰戈爾六十四歲生日會上，以徐志摩為首的新詩團體新月社，為他演出了泰戈爾根據印度史詩中的一段故事寫成的抒情詩劇《齊德拉》。由誰扮演齊德拉呢？是林徽因。男主角不是別人，剛好又是徐志摩。他們倆忘情地演出，完全忘記臺下的觀眾，完全沒有看到梁啟超，那未來可能的公公那一雙驚愕又惱怒的目光。演出的劇照至今都還留在人間。

演出之後，泰戈爾要南下，當然徐志摩超希望林徽因同行，但林家怎麼可能放人呢？他們兩個就在月臺告別了。告別的時候徐志摩哭了，寫了一張紙條可能想交給林徽因卻沒交出去，他就捏在手裏打算扔了。但扔了的話後人又怎麼可能會知道呢？是因為那時候泰戈爾的隨行祕書恩厚之，發現文人寫了什麼。他流淚了，還打算扔了，那肯定很有價值，馬上接過來。裏面寫的是：「離別……，這麼多絲，誰能割得斷？」那正是徐志摩要告別林徽因的心情。

六月，林徽因終究是跟梁啟超的兒子梁思成以及梁思成的弟弟梁思永兩兄弟一塊出國了，七月七日到達綺色佳康乃爾大學。九月，結束康乃爾大學暑期課程，二人同往賓州大學就讀。但林徽因到康乃爾大學不久，就發高燒住院了，與此同時，梁思成的母親李蕙仙的病情，在中國也加重了。梁思成家人拍來電報說：「母病危重，速歸。」各位，一個兒子接到母親重病的電報，照道理說是會速歸的。但是梁思成沒有回國。他照樣每天早晨採一束帶露的鮮花，騎上摩托車，準時趕到醫院，送給林徽因，照顧她一瓢一瓢地喝湯吃藥。我覺得這次的照顧，對他們兩個的感情是非常重要的轉折。因為之前林徽因到美國後是給徐志摩發過電報的：「志摩，給我一點消息吧。我快要窒息了，就算只報個平安都好。」是誰讓她窒息啊？可是這次生病之後，我覺得林徽因與梁思成的感情有了非常大的不同。九月份，梁思成和林徽因一起到賓州大學就讀，不到一個月，對林徽因頗有微詞的梁思成母親李蕙仙在中國就因重病病故了。梁思成那次沒有回去，等同沒有看到最後一面。

一九二七年，林徽因二十三歲。九月，結束賓大學業，得學士學位。後來又到耶魯大學戲劇學院，在 G.P. 貝克教授工作室學習舞臺美術半年。十二月十八日，梁啟超在北京為思成、徽因的婚事，行文定禮。隔年三月，林徽因（二十四歲）和梁思成就在加拿大結婚了。梁啟超隔海安排他們的婚事，由在加拿大任總領事的女婿周希哲和女兒梁思順幫助籌劃。梁思成的家人很聰明，知道不能在中國結婚，可能怕人來鬧場吧，所以遠遠地結婚。而且結完婚也不要直接回來，照梁啟超的安排，兩人繼續到歐洲蜜月旅行，參觀古建築，取道西伯利亞，八月十八日回到北京。回國之後，梁思成、林徽因任職東北大學建築系的主任和教授。隔年，林徽因生下女兒再冰。

婚後沒幾年，二十六歲的林徽因就罹患了肺結核，但是她不願到北京就醫。梁思成的家人特別拜託徐志摩到瀋陽去勸林徽因回北京就醫，由此亦可以看出徐志摩和林徽因之間的情誼。而林徽因就在二十七歲那年的三月，回到北京香山雙清別墅養病。這當中徐志摩也有去看她，所寫的詩非常動人。裏面有一首〈你去〉，他說：「我要認清你遠去的身影，直到距離使我認你不分明。再不然，我就叫響你的名字，不斷的提醒你，有我在這裏……」這是寫給人妻的一首情詩。這段日子也是林徽因寫最多詩的一年，創作了大量的佳作，包括待會我們要介紹的、我最愛的林徽因的一首詩〈那一晚〉。

但也是在這年的十一月十九日，林徽因在協和小禮堂給外國使節講中國建築藝術。林徽因六月十號生日，「雙子座」，勢必有兩項專長，兩種性格。其中的一項專長是文學，另一項專長就是建築。她在協和小禮堂是這麼說的：「建築是全世界的語言，當你踏上一塊陌生的國土時候，也許首先和你對話的，是這塊土地上的建築。它會以一個民族所特有的風格，向你講述這個民族的歷史，講述這個國家所特有的美的精神，它比寫在史書上的形象更真實，更具有文化內涵，帶著愛的情感，走進你的心靈。」這是林徽因對於建築的描述。林徽因的演講，徐志摩是答應要來的，但徐志摩那天沒有來。所以演講到中途，林徽因發現徐志摩始終沒有出現，她覺得非常奇怪。等到演講一結束，就聽到了徐志摩搭乘的飛機「濟南號」在濟南上空失事了！徐志摩死在要去聽林徽因演講的路上。當然他這時候已經娶了陸小曼，這我們就不說了。

我想如果徐志摩非死不可，他會願意死在這條路上。

林徽因一聽到徐志摩過世了，不得了。她告訴梁思成：「思成你馬上趕到失事的現場，看現場有什麼志摩的遺物，就算是一片衣角、一張紙片，你也要給我帶回來。」梁思成當然乖乖照辦了。可是他到了現場發現所有的屍體都燒成焦炭了，連身高長短都分不太出來，他哪知道誰是徐志摩呢。所以梁思成非常負責地，悄悄地到濟南飛機失事的場所，撿了「濟南號」飛機殘骸的一塊小木板放進自己的皮包裏，因為這是林徽因再三叮囑的。回去之後交給林徽因，林徽因非常地珍惜這片飛機的殘骸，把它裱了起來，裱好之後掛在臥室中央的牆壁上。

朋友們在北京為徐志摩舉行追悼會，北平的公祭設在北大二院大禮堂，由林徽因主持。有許多動人的輓聯：

多少前塵成噩夢，五載哀歡，匆匆永決，
天道復奚論，欲死未能因母老；
萬千別恨向誰言，一身愁病，渺渺離魂，
人間應不久，遺文編就答君心。
（挽徐志摩聯（民國・陸小曼））

萬里快鵬飛　獨憾翳雲悲失路
一朝驚鶴化　我憐弱息去招魂
（挽徐志摩聯（民國・張幼儀））

豪情跌宕　文采風流　新月新詩廣陵散
逸興遄飛　黃泉碧落　奇人奇死破天荒
（挽徐志摩聯（民國・錢新之））

山谷中留著，有那回音

徐志摩死了之後，林徽因想起在英國那段歲月，她知道徐志摩是有寫日記的。在徐志摩和陸小曼結婚前，跟大家一樣要妥善處理之前的情書。所以他把倫敦歲月的日記，交給他的女性好友淩叔華，他有讓林徽因知道這件事。而林徽因在徐志摩死後，非常懷念他，她想要那兩本日記。各位可以了解林徽因對徐志摩的感情在這個時候，或說在婚後，都是非常精神性、非常超越的，我想就只是同為文人的立場吧，她想留下徐志摩最精采珍貴的作品。於是她去找了淩叔華，她要那兩本英文日記。可淩叔華怎麼回答她的呢？她說：「日記確實在我手裏，是受志摩委託代他保管的。可今天要我交出的話，也只能交給陸小曼……」大概就是這樣，她交給陸小曼了。從此徐志摩的英國時期日記人間蒸發，我想陸小曼不會讓它問世的。林徽因就在日記沒辦法找回來的情況下，寫下接下來要談的這首詩：

〈別丟掉〉（民國．林徽因）

別丟掉
這一把過往的熱情，
現在流水似的，
輕輕
在幽冷的山泉底，
在黑夜 在松林，
嘆息似的渺茫，
你仍要保存著那真！
一樣是月明，

一樣是隔山燈火，
滿天的星，
只使人不見，
夢似的掛起，
你問黑夜要回
那一句話——你仍得相信
山谷中留著
有那回音！

先來看空間的描摹，你會發現詩人寫「現在流水似的，輕輕／在幽冷的山泉底，在黑夜／在松林」，視線是先往下看的，她看到哪兒，他們的故事就歷歷如昨地在那裏；下一段寫「一樣是月明，一樣是隔山燈火，滿天的星」，視線由下往上，從「山泉」、「松林」、「隔山燈火」、「滿天的星」，我們透過這些空間背景，可以重返當年徐志摩和林徽因約會的現場。

雖然徐志摩已經走了，但空間背景依舊、景物依舊，而舊地重遊的林徽因依然記憶鮮明，甚至情誼深刻依舊，還是讓人感受到那種輕如「流水」，「不在」卻又「無所不在」的澄澈如清泉、潺潺如細水的情誼。

再看這首詩中關於時間的描述，同〈再別康橋〉後段還有待會要談的〈那一晚〉一樣都在黑夜，「在黑夜／在松林」、「你問黑夜要回／那一句話」，以及其間的「月明」、「隔山燈火」、「滿天的星」等關於夜的書寫，我想這應該跟他們約會的時間有關。我們看到同一個故事由不同人書寫，無論是空間的描摹還是時間的敘述，其實會找到一些共通的蛛絲馬跡。接著看林徽因筆下記憶中的徐志摩，是怎麼樣一個人？原來徐志摩在林徽因心中就是「熱情」、就是「真」，寥寥三個字，就讓我們看到一個人的性情。

讓自己成為更美麗的靈魂，來照亮對方的生命

林徽因刻骨銘心的是徐志摩「熱情」和「真」的性情，她還要已經走了的徐志摩，跟黑夜討要回當年林徽因給徐志摩的「那一句話」。是什麼話？無奈「七月七日長生殿，夜半無人私語時」（白居易〈長恨歌〉），這是我們沒辦法知道的。在此我們不禁要問：「究竟什麼是你與所愛相逢，能夠送給他（她）最珍貴的禮物？」之前說過可以是一段美好的記憶。當我《莊子》讀更久了，我覺得應該是努力讓自己成為更美麗的靈魂，才能夠用更深厚、更久長、更溫

柔、更體貼的愛，來照亮對方的生命。讀林徽因同徐志摩的故事，我想他們彼此會很想跟對方說：「謝謝你的靈魂如此美麗，美麗到讓我可以如此愛你。」

在詩歌結束的地方，我們可以看到今昔誓言的合體。徐志摩還在的時候，我想林徽因是給過諾言的。〈別丟掉〉最後一段「你問黑夜要回／那一句話」、「山谷中留著／有那回音」，「那一句話」與「那回音」到底指的是什麼？曾經的諾言，雖然沒有辦法在現實世界兌現——當然那句諾言，林徽因寫給徐志摩而被張幼儀攔劫的那封信透露了端倪，徐志摩去離婚也透露了端倪，我想我們可鉤勒大概，可是不重要了，有些諾言雖然沒有辦法在現象世界兌現，可是如果十年過去、生死殊途，依舊在心的幽谷往來繞迴，我會覺得在經驗世界的真實中，林徽因曾經許給徐志摩的，依然在她的心版上複刻、在腦海中重演！不禁讓人感受到，有時候渺茫虛幻，比經驗世界的實體存在，還要久遠，還要真實！

詩的最後一句：「山谷中留著／有那回音」，我又來了，「回音」這兩個字，我也認為是諧音「徽因」。所以不只當時的諾言還在、還算數，因為可能當初那份愛依然存在，只是不得不昇華。而「山谷中留著」的這個徽因，許也還是當初在倫敦的那一個徽因。我覺得這個諧音是有這樣的含意的。白居易的〈長恨歌〉很動人的結尾說：「天長地久有時盡，此恨綿綿無絕期」，「無絕期」的是憾恨；可〈別丟掉〉這首詩給我的感受是：「此愛綿綿無絕期」，他們兩個人對彼此的情感可以超越、可以昇華、可以淡遠、可以地久天長。我覺得是無與倫比、無法言說的深刻。

而這首詩裏面「只使人不見，夢似的掛起」，不就正是〈再別康橋〉中「那榆蔭下的一潭，不是清泉，是天上的虹，揉碎在浮藻間，沉澱著彩虹似的夢」——兩首詩，又共同使用了貫通二人情感的象徵：「彩虹」。當代的歌詞，同樣繼承了情繫兩端的彩虹意象如下：

〈第二道彩虹〉（作詞：薛志雄　作曲：陳秋霞　演唱：陳秋霞）

和你偎依在細雨中　靜靜地期待著晴空
等待天際浮現彩虹　把我倆心貫通
儘管天上一度彩虹　瞬息已消失無蹤
還有那第二道彩虹　留在我倆心中
遙看那天際　浮現出彩虹　你可還珍惜那往日雨中
我和你站在　彩虹的兩端　一個在西　一個在東
我又徘徊在細雨中　默默地期待著晴空
天際浮現出彩虹　身邊有誰與共

遙看那天際　浮現出彩虹　你可還珍惜那往日雨中
我和你站在　彩虹的兩端　一個在西　一個在東
想那天上一道彩虹　可會是愛神箭弓
把我那第二道彩虹　帶到你的心中

若心難定，情便也跟著難定

我們接下來看的是林徽因的〈那一晚〉，這是我早年讀《林徽音詩集》的時候，最喜歡、最觸動我的一首。

〈那一晚〉（民國．林徽因）

那一晚我的船推出了河心，
澄藍的天上托著密密的星。
那一晚你的手牽著我的手，
迷惘的星夜封鎖起重愁。

那一晚你和我分定了方向，
兩人各認取個生活的模樣。
到如今我的船仍然在海面飄，
細弱的桅杆常在風濤裏搖。
到如今太陽只在我背後徘徊，
層層的陰影留守在我周圍。
到如今我還記著那一晚的天，
星光、眼淚、白茫茫的江邊！
到如今我還想念你岸上的耕種：
紅花兒黃花兒朵朵的生動。

那一天我希望要走到了頂層，
蜜一般釀出那記憶的滋潤。
那一天我要跨上帶羽翼的箭，
望著你花園裏射一個滿弦。

那一天你要聽到鳥般的歌唱，
那便是我靜候著你的讚賞。
那一天你要看到零亂的花影，
那便是我私闖入當年的邊境！

這首詩，我們一樣用還原教學法來讀。首先看這整首詩「虛實交錯」中的「真實」，哪一些劇情是真實的？「那一晚你的手牽著我的手」、「那一晚你和我分定了方向，兩人各認取個生活的模樣。」我想，這是具體發生的事，「分定了方向，各認取個生活的模樣。」也許就是我們剛剛提到的香山會面的那一晚。徐志摩對那塊石碑講那段話之後，林徽因接話說的是：「志摩，你不要這樣，我已經許給思成了。」她希望徐志摩不要再耽溺在這份感情裏。電視劇《人間四月天》演出這一段的時候，黃磊扮演的徐志摩忽然間就這樣轉過身來，睜大眼睛抓住周迅飾演的林徽因的肩膀用力搖晃說：「徽因，那你許給我的算什麼？」因為晃動得太厲害，眼睛睜太大，我就關機再也不看了。實在把徐志摩演得不夠溫柔啊。這就叫「分定了方向」，兩個人再不可能牽手一生，就此迎向不同的生活了。

實寫的還有「到如今我還記著那一晚的天」，那一晚兩個人到底訴說了什麼？是告白？還是分手？「星光」，兩人看著星星，星光一閃一閃；「眼淚」，眼眶裏盡是淚水，淚水也一閃一閃；而透過淚眼看到的是「白茫茫的江邊」。總覺得這是告白的場景，卻也可能是分手的場景。這兩個人的情感在無比艱難的處境開始，又在無比艱難的情況下結束，所以告白跟結束都有可能。這幾句是這首詩裏面虛實交錯中的真實。

第二個要看的是林徽因怎麼樣去書寫心靈的象徵。「那一晚，我的船推出了河心」，林徽因用離開河心的「船」來書寫自己的動心。我們知道一條船離岸邊最遠的地方就是河心對不對？她一旦推出河心就是靠向岸邊了，而在這首詩裏面的岸邊象徵誰啊：「到如今我還想念你岸上的耕種：紅花兒黃花兒朵朵的生動。」所以就表示她動心了，她的心已經從「河心」，河的最中央，靠向「岸邊」的徐志摩，那個園丁，那個植栽滿繁花似錦的傢伙靠近了。這個心靈的象徵，我覺得就是一個非常美的象徵，而這個象徵，我們也很容易在〈再別康橋〉的「康河」裏面找到。有船對不對？所以這些意象，其實都是當初約會觸目所及的景致。

接著她的心情，林徽因說：「迷惘的星夜封鎖起重愁」，這段感情當然不容易，任何姑娘跟有婦之夫這樣牽手，不愁也難。何況在那樣的時代、出身那樣的家庭，於是整個愁緒就好像被星夜封鎖在其中，無法消散。就像南唐．李煜在〈相見歡〉寫的：「寂寞梧桐深院鎖清秋」，這「鎖」字，讓人倍感愁緒難解、抑鬱難伸——被民國的大才子徐志摩深愛本是件美事，七歲的差距又算什麼？偏偏他有妻有子，何況妻子張幼儀的家世來頭還不小。所以徐志摩越是愛妳，妳越難過、越煩惱。內心有愁苦的人便覺得這愁緒是被鎖起來的，因為釋放不出，也消解不散。

接著就要看林徽因怎麼書寫她情感的象徵？這段也非常地精彩。我覺得不只林徽因這樣，很多人結了婚，婚後反而更加覺得寂寞。我一個女學生談快二十年的戀愛了，對象是同一個人，不結婚，也不分手。有一天我就忍不住問了：「你為什麼不嫁給他啊？」這女孩回答我：「不知道為什麼，我好像沒辦法放心把我的感情交給他。」當然我不敢往下問：「那為什麼還在一起？」就不要多問了，就到這兒。在這塊離婚率高達百分之四十的土地，不放心好像也正常。所以我覺得林徽因以下的文字，只是很真誠地把她在情感關係裏的感受用象徵來表述——我代她向梁思成道歉——她說：「到如今我的船仍然在海面飄，細弱的桅杆常在風濤裏搖」，「風濤」指的可能是在現實世界遭遇的艱難，也有可能是情感世界不為人知的傷感飄搖。「到如今太陽只在我背後徘徊」，我總覺得「太陽」講的是男A，而這男A會是徐志摩嗎？「層層的陰影留守在我周圍」，陰影指的是誰，是男B嗎？請別再追問我男B是誰了，我不忍心說。

深愛過徐志摩的林徽因的「心」，也許是因為缺少莊子的緣故，不太容易安定。我總覺得一個人「心」難定，「情」便會跟著難定。即使已經嫁人了，「到如今我的船」，心情之船，

「仍然在海面飄」，她的心沒有停靠之感、沒辦法定錨啊——這裏她繼續用「船」象徵她的心、她的情。儘量延續同一個象徵，之前寫：「那一晚我的船推出了河心」，這「船」的象徵是不斷延續的，容易讓象徵與象徵之間顯得文意延續、縝密相契，形成一個象徵群組的概念。

接著看徐志摩在林徽因的筆下，是怎麼樣被書寫的，我們來看看林徽因的「男神象徵」，她心目中的男神徐志摩是何等模樣。因為她描述的是「那一晚」，十年前了，林徽因說：「到如今我還想念你岸上的耕種：紅花兒黃花兒朵朵的生動。」徐志摩不是園丁，不是搞園藝的，可是徐志摩的世界，讓林徽因感覺瑰麗如花圃，就好像徐志摩親手栽植了五顏六色、無數鮮活生動的花朵一樣。我們在此學習所謂情人象徵的意義，除了學習寫詩的詩法之外，也希望有一天如果你我與人相愛——當然，不一定是愛情之愛，也可以是親子之愛、朋友之愛——希望讓對方想起我們時，也能是這麼一座開滿了繁花錦簇的花園，而不要是只有颯颯金風吹過的寥落秋日，更不要是冰雪封凍的冬天。

那徐志摩給林徽因的記憶又是什麼呢？我們接著看：「那一天我希望要走到了頂層」，可見徐志摩曾經帶她到過愛情的頂層，「蜜一般釀出那記憶的滋潤」，蜂蜜般的甘甜，是徐志摩帶給林徽因記憶中的滋味。「那一天你要聽到鳥般的歌唱，那便是我靜候著你的讚賞。」徐志摩肯定很能覺知、發現林徽因的優點，自然就很容易讚美林徽因。我想如果跟一個無視於你的優點的人相愛，因為無視自然會很冷淡，情感就會疏離。換作跟另一個或者同一個人相愛，但他（她）能不斷地發掘你的優點。因為覺察了，他（她）就會覺得自己很幸福，就會稱讚你。其實任何的美好都是因為你覺知得到，甚至於你讚美了對方，所以就有了意義、有了價值，甚至因此就增值了。而彼此之間相契相惜的深情厚意，也由此而來。

林徽因說：「那便是我靜候著你的讚賞」，我想林徽因這樣一個內外兼修的一代才女，讚賞她的人一定很多，可是為什麼她獨獨靜候著徐志摩的讚賞？而不是梁思成或金岳霖的讚賞，更不是他人的讚賞、眾人的讚賞、世人的讚賞。待會我們會介紹徐志摩寫給林徽因的一封書信，不是婚前，是林徽因婚後。不是曖昧，而是一個朋友對朋友的誠摯關懷。讀那封信，就會知道為什麼林徽因在意他的讚賞。一個更深刻了解你，尤其像徐志摩這樣在思想文化水平和林徽因達到一樣高度的人，可能才容易一眼望見她深刻的、與眾不同的亮點。讚美的時候才能讚美到其深刻之處。

我們一開始談「虛實交錯」之「實」，接著要談這首詩的下個詩法，「虛實交錯」中的「虛」。這首詩裏面其實有一位「唱」者，一個主動的林徽因，雖然沒能實踐在她真實的生命裏，但是實現在虛擬世界、在她的想法裏了。她只是不敢在真實世界表露行動而已。

關於這點，我想有一種真實，只能在意念中進行。甚至於深深相愛的兩個人，也許最動人的部分並沒有在真實世界上演，而只是在念想裏、在心田複寫，或在腦海中排練——這時候各位就知道詩歌存在之必要了，它可以把所有的抽象變成具體。我想也許是囿於現實所致吧，即使活潑脫俗如雙子座的林徽因也不免於此。在那個大清律才毀，中華民國憲法才制定離婚合法的情況下，她還是有很想做但不能做，或不敢做的事。可是在她的意念裏有很多刻骨的真實：「到如今我還記著」，十年了，各位，「我還記著那一晚的天」，「到如今我還想念你岸上的耕種」。我在寫這一段時我和我的助理還在爭論，因為〈那一晚〉林徽因是寫於徐志摩飛機失事那一年，但我硬要把它講成是徐志摩死後才敢寫。我的學生說：「怎麼那麼巧？應該本來就寫好了。」這不重要。「那一天我希望要走到了頂層」，「那一天我要跨上帶羽翼的箭」，「那一天我靜候著你的讚賞」，「那便是我私闖入當年的邊境！」其實誰不想擁有頂層的愛情，誰願意退而求其次呢？如果不是不得已，如果不是不敢改變、無法改變、無力改變，她還是希望要走到頂層的。我相信林徽因當年，一定曾想過要跟徐志摩永遠在一起，她這邊才會講她曾經想當自己的愛神邱比特，不要受眾人耳目的影響，不要受父母長輩想法的拘束。有沒有可能她就這樣把自己抽離到時空的束縛之外，就這麼簡單純粹地愛一個人？可這一切都只有在想像中進行。「那一天你要聽到鳥般的歌唱，那便是我靜候著你的讚賞。」我不禁又想起那個在美國給徐志摩發電報說：「志摩，給我點訊息吧，我快要窒息了。」的林徽因。究竟徐志摩的讚美裏藏有多深刻的愛意？待會兒讀一封徐志摩寫給林徽因的信，我們就能明白。

而這首詩最動人的是：「到如今我還記著那一晚的天」、「到如今我還想念你岸上的耕種」，我以為林徽因寫這首詩的時候徐志摩有可能已經死了，我不想說快要死了。生死殊途，而故事過往已經十年，還能寫出這樣的詩，可見這段感情用情是很深的。其實情深如此的人要生逢旗鼓相當的對手是非常難得的。我認為林徽因不是屈於現實——因為梁思成的媽媽李蕙仙是梁家唯一反對林徽因進入他們家的人，媳婦還沒過門就搞得風花雪月、舉國皆知，斯可忍孰不可忍，梁家怎麼可以娶她入門？可是梁啟超非常中意這個兒媳婦，我們知道梁啟超當年在中國相當於學術祭酒，而他超欣賞這個聰慧靈秀，既有建築涵養，又有文學藝術水平的媳婦兒。所以林徽因應該不是沒有想過要放手一搏。可是造化弄人，我們剛剛說林徽因在康乃爾大學留學期間發燒住院，梁思成的母親李蕙仙病情也加重。梁家已經拍來電報說「母病危重，速歸」，梁思成還是沒有回國。他就每天早上一束帶露的鮮花，騎上摩托車準時趕到醫院。可以想像當時的林徽因當然會有不安，可是相信她也是非常感動的。梁思成最終得點的愛情，竟是以不孝為代價來成全。

在〈那一晚〉這首詩裏可以看到，象徵男主角徐志摩的是五彩繽紛的花園，而女主角在虛擬世界是這樣地勇敢。雖然沒有辦法在真實的經驗世界上演，但在虛擬世界裏居於主導或唱位的人，卻好像是林徽因。很感謝有這首詩，幫我們把女子在虛擬世界中何其主動的自由給封存下來，雖然沒有在現實世界中實現。〈那一晚〉就講到這兒，在〈那一晚〉之後，我們聽一下張惠妹的一首歌：

〈記得〉（作詞：易家揚　作曲：林俊傑　演唱：張惠妹）

誰還記得是誰先說　永遠的愛我
以前的一句話是我們　以後的傷口
過了太久沒人記得　當初那些溫柔
我和你手牽手說要一起　走到最後

我們都忘了　這條路走了多久
心中是清楚的　有一天　有一天都會停的
讓時間說真話　雖然我也害怕
在天黑了以後　我們都不知道　會不會有以後

誰還記得是誰先說　永遠的愛我
以前的一句話是我們　以後的傷口
過了太久沒人記得　當初那些溫柔
我和你手牽手說要一起　走到最後

我們都累了　卻沒辦法往回走
兩顆心都迷惑　怎麼說　怎麼說都沒有救
親愛的為什麼　也許你也不懂
兩個相愛的人　等著對方先說　想分開的理由

誰還記得愛情開始變化的時候
我和你的眼中看見了　不同的天空
走得太遠終於走到　分岔路的路口
是不是你和我　要有兩個　相反的夢

誰還記得是誰先說　永遠的愛我
以前的一句話是我們　以後的傷口
過了太久沒人記得　當初那些溫柔
我和你手牽手說要一起　走到最後

我和你手牽手說要一起　走到最後

我想從這首歌，我們應該蠻能體諒林徽因跟徐志摩當年的心情。我早年是一個比較儒家的人，我會邊上課邊罵：「徐志摩這個拋妻棄子的渾球……」。可是好像每多讀一年《莊子》、每多長一歲年紀，就更能體諒人間世很多的不得已。各位想想徐志摩和張幼儀結婚的時候，一個人十九歲、大一，一個十六歲、高一高二。而一個十九歲就結婚的人，他到底有什麼能力去判斷什麼是真愛？說不定他連自己是誰都還認不清。

在這交會時互放的光亮，雖短猶長

下一首詩也有一首同名的歌曲：

〈偶然〉（民國．徐志摩）（作曲：陳秋霞　演唱：陳秋霞）

我是天空裏的一片雲，
偶爾投影在你的波心——
你不必訝異，
更無須歡喜——
在轉瞬間消滅了蹤影。

你我相逢在黑夜的海上，
你有你的，我有我的，方向；
你記得也好，
最好你忘掉，

在這交會時互放的光亮！

林徽因〈那一晚〉寫的是：「那一晚你和我分定了方向，兩人各認取個生活的模樣」；而徐志摩的〈偶然〉寫的是「你有你的，我有我的，方向」——「你記得也好，最好你忘掉」，我們可以看到共同記憶的各自書寫，最後成為封存在詩歌裏的記憶。

從「偶然」的詩題就看得出來這是一場「轉瞬之愛」，「偶爾投影在你的波心」、「在轉瞬間消滅了蹤影」，相聚的時間很短，相知相惜的時間卻很長。

我覺得生命中最珍貴的故事，常常不是發生在你的身上或者我的身上，而是發生在兩個人之間的際遇——當我遇見你，我們之間的際遇和際會。而〈偶然〉就是這樣一首充滿了「際遇」象徵的詩。

際遇象徵其實挺難寫的，但這是一首成功的作品。首先來看一下徐志摩怎麼寫他自己？「我是天空裏的一片雲」，我是天空裏輕盈自由、來去自在的一朵雲，他用「雲」來象徵自己；那用什麼來象徵他的伴侶呢？用了「水」的象徵——妳是波濤萬頃、水深情重、遷徙不易的一片海，林徽因是「波心」、是「海」。

各位，雲和海哪一個容易移動啊？當然是雲嘛，雲是相對自由的，海移動不了，所以只能留下來。其實不要說海了，就連一株長在水中泥地的芙蓉花，文徵明都為她寫下：「相思欲駕蘭橈去，滿目煙波不自由」（文徵明《雜花詩十二首》）。如果連一株荷花、一株水芙蓉，都沒有辦法舉起腳步，去遠方看她念想的人；那麼象徵林徽因的這一汪海洋，又怎麼可能追隨一片雲而去。——而徐志摩這片雲，雲太輕了，他終究沒辦法把自己投身海裏，也沒有辦法變成留駐在康河柔波裏的一根水草，所以就只好飄走了。我覺得從徐志摩選擇了雲還有海代表自己和林徽因，也可以看出自己與林徽因在他心裏的輕重，林徽因是重要許多的。

那雲跟海際遇的時間、他和她際遇的時間，徐志摩說是黑夜，「你我相逢在黑夜的海上」，所以我們幾乎可以斷定，他們兩個約會時間就是晚上。從這首詩涉及的空間看來，「天空裏的一片雲」、「黑夜的海上」，我想兩個人約會的時候，這種教人不禁望向水面、或望向天空的景點一定很多。

至於〈偶然〉裏要記錄的事件到底是什麼，或者兩個人之間有過什麼樣的情感？「你不必訝異，更無須歡喜」，可見彼此都曾經對這樣的一段緣分訝異、歡喜過。我想今天如果認識一個人、喜歡一個人，對方如果如你預期，你一定會很歡喜對不對；可是如果他（她）遠超過你的預期，你會既驚且喜，因為太意外了，怎麼可能這麼好？又太開心了，是既驚且喜了。但是「你不必訝異，更無須歡喜」，因為這只是轉瞬，「在轉瞬間消滅了蹤影」。詩題的「偶然」，詩中的「偶爾」、「轉瞬」，一而再、再而三地重覆書寫這段感情的短暫。不管徐志摩跟林徽因在倫敦相遇、際會的日子能有幾天（不就一年多嗎？其實一年多也不短對不對？），可是就相愛的人而言，如果不是一生一世，我學生說：「三生三世」，如果不是三生三世甚至於生生世世，都覺得不夠、太短了。

接下來要點出的，這首詩的畫龍點睛之筆、最動人之處，就是徐志摩的用情方式，是種迴異於男性沙文主義的用情。他說：「你記得也好，最好你忘掉」，還記得〈上山采蘼蕪〉那個男人嗎？「長跪問故夫，新人復何如」（〈上山采蘼蕪〉），這兩個都是男人怎麼差這麼多呢？而在徐志摩的筆下，「你記得也好，最好你忘掉」，還有〈再別康橋〉裏的「在康河的柔波裏，我甘心做一條水草！」是何等的相似、何等的卑微？我想一個男性沙文主義者絕對不會講：「你記得也好，最好你忘掉」，當皇帝的人會跟後宮妃子說：「你記得我也好，最好把我忘掉。」不可能！他覺得你「想死我都是應該的」。可是徐志摩明明知道自己一輩子都會牢牢記住林徽因，卻希望林徽因忘掉他，因為他不要林徽因去受這種忘不掉、又無法相守之苦。

很難想像一個女人如果已經嫁為人妻了，每天吃早餐的時候想著：「他現在吃早餐了嗎？」每天睡覺的時候想：「他早睡了嗎？他睡好了嗎？」其實心裏如果有這樣的影子是非常殘忍、是不可能快樂的。可見當一個人會說：「你記得也好，最好你忘掉」，就讓我繼續記著你就好，這是多麼謙卑、卑微地愛著一個人，才能如此。講到這裏，這已經不屬於男尊女卑、男主外女主內這個層次的問題了，我覺得這是一個靈魂的問題。我們看到的是徐志摩如此無私寬廣又深厚的愛。擁有這樣的愛的靈魂，這讓我想起被稱為「俄國文學之父」，「俄國詩歌的太陽」，樹立俄羅斯文學典範的文人，普希金。

接下來這一首〈我曾經愛過你〉是普希金為心愛的女子奧列尼娜寫的。普希金在聖彼得堡跟奧列尼娜相識，在這名女子滿二十歲那年的夏天，他向她求婚，想要跟她結為連理，可是被奧列尼娜的父親反對了。奧列尼娜的父親是美術學院院長，是彼得堡公共圖書館館長，也是考古學家，是個很有政治實力與文化背景的人。他之所以反對是因為普希金非常喜歡寫諷刺的短詩，他諷刺的對象有時候是沙皇。可是她父親的政治立場是支持沙皇的，所以就反對這樁婚事。婚事遭到反對的普希金非常難過，很快就離開了聖彼得堡。但他卻在五年後，也就是奧列尼娜二十五歲的時候，送給奧列尼娜這首詩。我們來看一下這首詩：

〈我曾經愛過你〉（俄．普希金）

我曾經愛過你：愛情，也許
在我的心靈裏還沒有完全消亡，

但願它不會再打擾你，
我也不想再使你難過悲傷。
我曾經默默無語、毫無指望地愛過你，
我既忍受著羞怯，又忍受著嫉妒的折磨，
我曾經那樣真誠、那樣溫柔地愛過你，
但願上帝保佑你，
另一個人也會像我一樣地愛你。

「我曾經愛過你：愛情，也許／在我的心靈裏還沒有完全消亡」，就是依然深愛著你的意思，但是他希望對方怎麼樣呢？「但願它不會再打擾你，我也不想再使你難過悲傷。」還有結束：「但願上帝保佑你，另一個人也會像我一樣地愛你。」這得多愛一個人才能有這樣的想法？可是他怎麼對自己的，他說：「我曾經默默無語、毫無指望地愛過你，我既忍受著羞怯，又忍受著嫉妒的折磨，我曾經那樣真誠、那樣溫柔地愛過你」，也許你也曾像他——愛到頂層的普希金——一樣，走到只有夠愛一個人的時候，才能夠到達的情感境界。這樣的情懷跟用情，和接下來徐志摩的書信，是非常近似的。可見最偉大的情感，不分古今中外，是得見通同

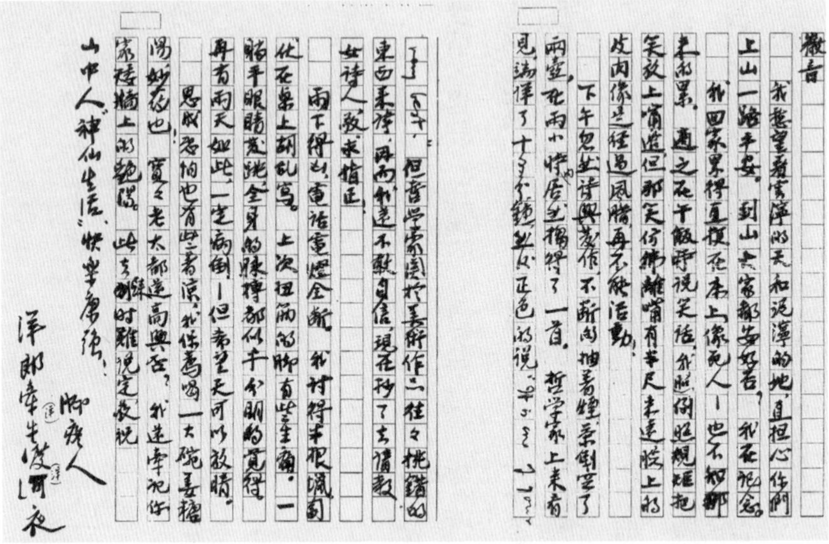

徽音

我希望看清淨的天和泥濘的地，直担心你們上山一路平安。到山上大家都安好否？我在記念。

我回家累得直摸[?]，在床上像死人——也不知哪來的累。過之在午飯時說笑話，我説個妞娘抱笑放上嘴邊，但那笑彷彿離嘴有半尺，未達臉上的皮肉，像是經過風臘，再不能活動。

下午忽然詩興大作，不斷的抽着煙，茶倒空了兩壺，趁雨小時居然獨得了一首。哲学家上來看見，端詳了十多分鐘，然後正色的説："好得很"。但哲学家看於美術作品往往挑錯的東西來捧，因而我還不敢自信，現在抄了去請教女詩人，敬求指正。

雨下得大，電話電燈全斷。我討得半根蠟燭伏在桌上胡亂寫。上次扭筋的腳有些痛。一躺平眼睛就跳，全身的脈搏都似乎分明的覺得，再有兩天如此，一定病倒，——但希望天可以放晴。

思成恐怕也有些着凉，我係為喝一大碗姜糖湯，妙藥也！寶寶老太都還高興否？我還牽記你家矮墻上的艷陽。此去則離時難說定，敬祝

山中人"神仙生活"，快樂康健！

腳疼人

洋郎牽牛渡河夜

之處的。

珍惜每一個轉瞬，才能擁有幸福的一生

來看以下這封信：

這是梁思成和林徽因成婚之後，徐志摩給林徽因寫的信，是我最佩服徐志摩的一件作品——怎麼還能這樣愛她，而且昇華得這麼毫無瑕疵！我們看一下這封信：「我愁望著雲濘的天和泥濘的地」，在這樣的天氣裏，徐志摩擔心的是什麼？「直擔心你們上山一路平安。到山大家都安好否？我在記念」，這邊的「你們」、「大家」指的是林徽因全家人。而在最後一段徐志摩寫的是：「思成恐怕也有些著涼，我保薦喝一大碗姜糖湯，妙葯也！」他還關心梁思成，不是情敵，是好友。「寶寶老太都還高興否？」徐志摩關照著林徽因全家老小，愛情可以昇華到這樣的境界！最後只是帶上一筆：「我還牽記你家矮牆上的豔陽」，徐志摩連牽記林徽因都不好說，因為寫給人妻啊，所以非常含蓄地用「豔陽」來代替了林徽因。

「此去歸時難說定，敬祝山中人『神仙生活』，快樂康強！」這封徐志摩去探林徽因的病

後寫的信，他自稱「腳疼人」。只是最後留一筆，我覺得他在酸林徽因，一定要偷酸一下，他說：「洋郎牽牛渡河夜」，好像在說：「妳看我當年為了妳，像牛郎牽著牛跨越道阻且長的銀河，妳看妳現在都嫁給別人為妻、為人母了，我還把妳當至交好友，多麼珍貴的情誼啊！」

我們再回溯一下這封信，徐志摩是在什麼境況下給林徽因寫信的呢？他說：「我回家累得直挺在床上，像死人」，整個背都僵了，「也不知那來的累」，到底有多累呢？累到笑不出來，他說：「適之在午飯時說笑話，我照例照規矩把笑放上嘴邊，但那笑仿佛離嘴有半尺來遠，臉上的皮肉像是經過風臘，再不能活動！」——不知道你發現沒有？徐志摩跟林徽因說的好瑣碎，這麼多小細節他都要跟林徽因報告！「下午忽然詩興發作，不斷地抽著煙，茶倒空了兩壺，在兩小時內，居然謅得了一首。哲學家上來看見，端詳了十多分鐘，然後正色的說：『It is one of your very best.』但哲學家關於美術作品只往往挑錯的東西來誇，因而，我還不敢自信，現在抄了去請教　女詩人，敬求指正！」——徐志摩對林徽因寫「請教」、「敬求指正」，稱呼她「女詩人」之前還要空格換行，真是既尊敬又親愛地無以復加。

他在什麼情況之下給她寫信？「雨下得凶，電話電燈全斷」，這不是應該睡覺嗎？「我討得半根蠟，匐伏在桌上胡亂寫。」他還病著，「上次扭筋的腳有些生痛。一躺平眼睛發跳，全身的脈搏都似乎分明的覺得」，聽起來像是心悸的症狀，「再有兩天如此，一定病倒——但希望天可以放晴。」又累、又病，雨下得凶，電話、電燈全斷。各位，在這樣的情況下他還給林徽因寫信，他真超愛跟她說話的。

相信各位讀到〈偶然〉的「你記得也好，最好你忘掉」，或讀過普希金的詩，我們現在再來讀徐志摩這封信，對於情到深處已經深有體會。

所以再回到〈偶然〉最後一句，人與人之間的相逢之所以值得珍惜，便在於此，用象徵的語言來說就是：「在這交會時互放的光亮！」每個人的生命都是無數個轉瞬的連續，能珍惜自己的每一個轉瞬、你我之間的每一個轉瞬，才能有幸福的情感、幸福的一生。

你可以讓這個世界因此而有光

這世界上可歌可泣的情愛很多啊，可到底怎麼樣才是理想的情感？如果每個人的一生都是一根蠟燭或一擎火炬，其實我們都希望自己是有光輝的，不管是你的生命因為這一擎火炬、這根蠟燭而有光，還是你讓這個世界因此而有光。那麼在我們這輩子際會的人裏面，有誰給過我們這樣的光亮，又有誰給過我們這樣的黑暗？（黑暗不用管它，我們注意光亮就好。）

不知道從什麼時候開始，當我學生來問我：「老師你覺得我的感情對象好不好？」以前還要幫他（她）看看對方，花錢請他們吃頓飯談談。現在不用了，直接看他（她）笑容變多變少，變多那就是好。可是曾經有個女孩兒，好多次她在我的研究室裏工作本來很開心的，忽然有個人打電話來，接著她就愁眉苦臉，甚至就哭著掛電話。我就問：「這誰啊？」她：「我男朋友。」如果一個人老是讓你本來開開心心的，但跟他（她）聯絡以後變得負面情緒很多，甚至哭哭啼啼的，這怎麼會是理想的對象呢？所以一定要去考量，這個人帶給你的到底是光亮多，還是幽暗陰鬱來得多。

而我覺得，徐志摩深知他跟林徽因的相會，是生命中難得相逢的無與倫比之光。這樣的相逢，偶然好像就不是遺憾，也無須悵惘了。怎麼樣對待這樣的聚散呢？它不是跟晝夜相代一樣的自然嗎？所以對那麼短暫曾經的相逢，終其一生你都會覺得它非常值得感幸、非常值得珍視。至於為什麼徐志摩對林徽因能做到這樣，我還有另一層理解。

小時候我忘了我幾歲的時候，應該是已經會逛書展的年齡了。記得一次的書展，父親帶我去就買了整套《新月》月刊。那之後很長一段時間，我們家晚餐後的娛樂就是朗讀《新月》月刊。可有一天，我可能因為正趕功課，跑到地下室去了，沒在樓上，在讀書的過程就聽到樓上一直傳來一波又一波的笑聲。「是在看什麼爆笑大喜劇嗎？」讀完書忍不住問我姊說：「姊，你們今晚到底在笑什麼呀？」姊說：「我們在讀徐志摩的詩。」我說：「哪一首啊？」她說：

「寫給陸小曼的，詩題是〈別擰我，疼〉。好肉感的題目。」我讀過就放下了，在這首詩裏面完全找不到〈偶然〉和〈再別康橋〉裏的徐志摩。才知年輕的時候我誤會很大，以為林徽因幸好在倫敦遇到徐志摩，才開啟了她的文學生命；可後來細想，覺得不對不對，是徐志摩幸好遇到林徽因且相愛一場，他才能綻放出作品裏面最璀璨、最金黃的篇章，否則也許我們買來整本都是〈別擰我，疼〉樣的徐志摩。

我有個學生，她只能對可能變成她男朋友的人好，對一般朋友就是沒辦法那麼好。差別懸殊，是典型有異性沒人性的人。有次我很困惑地問她：「為什麼妳沒辦法對不可能成為男朋友的一切人類好？」她回答：「因為只有可能成為男朋友的人未來有機會變成丈夫，而只有成為丈夫，我跟他之間的緣分才會長久。」她說：「要不就是我這人貪吃，愛情可能可以滿足我另一個欲望的缺口。」我告訴她：「這樣你會很貧窮，如果等了十幾二十年，男朋友還不出現，但妳都不願意對別人付出，你的朋友怎麼可能和你成為超級好朋友？妳的感情生活又怎麼會圓滿？何況就算那個人真變成妳丈夫了，妳又怎麼知道你們不會成為臺灣離婚率那百分之四十中仳離的一對？在遼闊豐美的世界只對一個人有愛不是很貧困嗎？」——所以我覺得徐志摩和林徽因雖然沒能在一起，但他們的故事很珍貴，教會我們怎麼樣珍惜這些幸福的瞬間。

相遇之後，變得越來越有光輝

人與人之間的緣分到底要有多深、多長才是一百分？有一次我學生帶我去找一個，據說很會算命的人，那個人說什麼而今我通通忘了，只記得他舉了一個很美麗的故事，那時候他說：「哎呀蔡老師，你跟這個人緣分非常好。」我說：「是嗎？我覺得我跟她緣分很淺。」他就說了一個這樣的故事給我聽：「人與人之間的緣分有深有淺，都可以是一百分。就像有一個小女孩，在下大雨的日子，她急著要去上幼兒園。在家門口等了好久，終於來了一個拖三輪車的老伯伯。小女孩招手，老伯伯就把車停了下來。小妹妹上了車。老伯伯非常穩妥地把她送到學校門口，小妹妹很開心她趕上了，沒有遲到，而且一路平穩。她下車時掏錢給老伯伯，老伯伯找給她錢，他們就互相道別說再見了。其實這樣的緣分很短、很淺，但它是一百分的。所以讓我們創造並珍惜生命中每一場一百分的際遇。」

一旦讀了《莊子》，面對人與人的相聚跟離散，你就明白那不過就像大自然、像晝夜、像四季流轉一般，本來就充滿了不得已，所以只要珍惜際會的時候曾經擁有的光亮，就很夠了。

只複習你美好的樣子

〈那一晚〉寫了徐志摩「紅花兒黃花兒朵朵的生動」。而我們知道，語言是傳達感情很重要的媒介。接著看一下〈憶〉這首詩，可以看出徐志摩對林徽因說過多少情話。而情話在詩歌裏面，不能直接把當初的情話一句句寫出來，那我們要怎麼樣象徵？〈憶〉這首詩裏面充滿了情話象徵，有林徽因的情話、徐志摩的情話，還有他們的情話。世上有一種非常了不起的愛情，就是兩個人相遇之後，彼此都為了對方，願意成為更好的男人或女人。可是我認為還有更高階的，更高階的就不只是下定決心要變成一個更好的男人或女人而已，而是不知道為什麼，就在和他（她）相遇之後，你就覺得自己的能量一直被開發出來，變得越來越有光輝，甚至於你身邊的幽暗因為這樣的相逢竟一掃而空——如果你真的遇到這樣的感情，這樣高端、這樣「頂層」的感情，就算只是偶然、偶爾、轉瞬，又有什麼好遺憾，又有什麼好悵惘的呢？

〈憶〉（民國．林徽因）

新年等在窗外，一縷香，

枝上剛放出一半朵紅。

心在轉，你曾說過的
幾句話，白鴿似的盤旋。

我不曾忘，也不能忘
那天的天澄清的透藍，
太陽帶點暖，斜照在
每棵樹梢頭，像鳳凰。

是你在笑，仰臉望，
多少勇敢話那天，你我
全說了，——像張風箏
向藍穹，憑一線力量。

「新年等在窗外，一縷香，枝上剛放出一半朵紅。」當然，這裏有可能只是單純寫景，可是也有可能「一縷香」跟「一半朵紅」含苞著林徽因想對徐志摩訴說的內容或者情誼。把它和林徽因其他詩歌對照，是有這個可能的。

而接著呢：「心在轉，你曾說過的／幾句話，白鴿似的盤旋」，徐志摩說過的話，就在林徽因心裏一直繞一直繞，一直打轉，像「白鴿似的盤旋」。究竟是什麼樣的語言你聽過之後一輩子都會藏在心裏打轉？各位不覺得林徽因告訴我們這個象徵，比告訴我們徐志摩說了什麼還要動人、還要有美感嗎？

林徽因記憶中的徐志摩是怎麼個樣子？詩表面上寫了天候、寫了景色：「我不曾忘，也不能忘／那天的天澄清的透藍，太陽帶點暖，斜照在／每棵樹梢頭，像鳳凰。」澄藍的天、暖的太陽、像鳳凰的光束。林徽因筆下環繞著徐志摩的背景氛圍，我想與徐志摩烙印在林徽因心版上的形象應該是一致的。就在這個背景敘述下，林徽因把徐志摩的表情生動地用詩句封存了：「是你在笑，仰臉望」。我覺得笑容是情人、也是人類最迷人之處。

在閱讀這首詩的時候可以問自己：在你今生最重視的親人、情人或者朋友的心目中，你覺得自己是什麼樣的形象？很多人可能會在約會的時候精心打扮，可是後來的感情或婚姻怎麼會變成那樣？兩情相悅最重要的真的不是墜入愛河的、告白的那一瞬，也不是在臉書上寫：「與某人穩定交往中」，或在結婚證書上蓋章的那一剎那，而是由非常多的轉瞬，非常多的時時刻刻積累而成。也許受到我的學習與閱讀的影響，我會儘量讓每一個跟我曾經相逢的人，只在心裏留下美好的樣子，只複習對方美好的樣子，不好的就忘了。

可是我們要怎麼樣才能夠做到？像林徽因對徐志摩、徐志摩對林徽因這樣，這麼地感謝對方給予的點點滴滴。其實印象會那麼深刻，就是因為太感念了，不好的回憶就用莊子的方式：「厲風濟則眾竅為虛」（〈齊物論〉），當下就把它忘了。所以我們看到徐志摩最終留在林徽因心頭的形象就是：「是你在笑，仰臉望」，也為我們留駐徐志摩抬起頭來大笑很瀟灑、很灑脫的樣子。

而他們兩人之間的情話呢？「多少勇敢話那天，你我／全說了」，林徽因用什麼來象徵？「——像張風箏／向藍穹」，多勇敢啊！風箏沒有擎天一柱的支撐，一張紙鳶飛上天它憑什麼呀？「憑一線力量」，只有一根維繫的線，只要來一點狂風暴雨、一點閃電，隨時會糊掉的。或是有人狠心拿剪刀一剪，就什麼都沒了。可那天他們曾經那麼勇敢地把話都說了——我想就是一個在一起的夢想吧，就像把紙鳶放上天空般覺得非常地開心。儘管維繫的力量是很纖細、單薄的，可是不知道為什麼，我覺得就是要這樣才有美感，更顯勇氣。如果每件事我們都投保了幾千萬才去做，便再也沒有勇敢和浪漫可言。

且看迷人的配合者——我是一團臃腫的凡庸

最後一首我還想談的是〈天神似的英雄〉。我覺得真的可以看出一個並非主導者，而是配合者的男人，他可以有多迷人。

〈天神似的英雄〉（民國·徐志摩）

這石是一堆粗醜的頑石，這百合是一叢明媚的秀色；
但當月光將花影描上了石隙，這粗醜的頑石也化生了媚迹。
我是一團臃腫的凡庸，她是人間無比的仙容，
但當戀愛將她偎入我的懷中，就我也變成了天神似的英雄！

我們看徐志摩怎麼象徵自己「這石是一堆粗醜的頑石」、「我是一團臃腫的凡庸」。我們看過徐志摩的照片，可能會覺得這太誇張，可是他是這麼謙卑地看自己。當一個人充滿男性沙文主義，會覺得自己應該低頭，或是斜側低頭，或者用俯角去看另一個女人。他會覺得：「我就是太陽，天上沒有兩個太陽，這個家就該我當家作主。」可徐志摩他是可以仰望的。所以我

們看〈天神似的英雄〉，就知道徐志摩甘心扮演的就是一個「和人」、配合人的角色，他才會用「一堆粗醜的頑石」、「一團臃腫的凡庸」來象徵自己。但是我們只要對比徐志摩的照片，就會覺得他在愛情裏真是謙遜到卑微。

那他怎麼樣寫林徽因呢？「這百合是一叢明媚的秀色」、「她是人間無比的仙容」，這是他心目中的林徽因。其實在情感關係裏一個人長得美不美不重要，打扮得美不美也不重要，在他（她）心目中美不美才重要。

我家以前有個幫忙打掃的阿姨，我認識她的時候她已經四五十歲了，我看得出來她年輕時一定超美。可是她老公外遇了，她還給我們看外遇女子的照片。我覺得真的很普——所以我才說人美不美、帥不帥真的不重要，你在那個人心目中帥不帥、美不美才是重點。有智慧的人一定要找一個，那個人不知道為什麼誤以為妳很美或信仰你很帥，他（她）就對了。

我們再看這首詩，怎麼象徵他們之間的際遇：「但當月光」，各位發現了嗎？又是月光、又是晚上了。「但當月光將花影描上了石隙，這粗醜的頑石也化生了媚迹。」徐志摩說：「我本是『粗醜的頑石』、『臃腫的凡庸』，是有機緣投映妳這花影，我便就開始化身成好聽的故事、孵出美麗的詩了。」還真這樣呢，不是〈別擰我，疼〉。這句詩實際要描寫的是：「但當戀愛將她偎入我的懷中」，原來「石隙」就是懷中啊，當他將這名女子擁入懷中的時候，「就我也變成了天神似的英雄！」可以發現徐志摩覺得一切的美好都是林徽因賜予的，看石頭跟百合的關係就知道了，徐志摩真只以卑微的配合者的角色自居。

這堂課一方面探討現代男子在這樣的文化傳統與社會常規當中，是不是還得扮演古代儒學傳統那種「天尊地卑，乾坤定矣」（《周易・繫辭上》）的主導、領袖、引領的角色；而女人是不是只能扮演著被領導、配合、柔順的角色？

另一方面也讓我們思考：為什麼有人會甘願去扮演比較卑微的角色？

我覺得情感關係中最美好的狀況是兩個人都甘願扮演配合者，這時候感情就會非常好。因為彼此沒有主從之分，你們都設身處地將心比心，都互相合作、交互支援。你們不是老闆跟員工，更不是封建社會上層對下層的關係。不管是親子、朋友、愛情、師生、老闆、員工什麼關係，你們都是一體的「我們」，那時候兩個人就都會甘願扮演配合者。我想這一系列的詩歌讓我們看到生命交相滋養與富麗，因為對方的出現生命更加美好，我覺得人間情愛都當如是。

我很希望在有生之年裏，所有相逢的生命，包括動物或者植物，希望當我們回顧彼此相逢的這一生，都能覺得因為相遇而更加美好。特別是情侶或夫妻的情感，必須如此。因為那個人會跟你近在咫尺、朝暮相處、耳鬢廝磨，影響至為巨大。所以才安排這個系列的課程，讓我們可以更瞭解可能的感情對象，更深刻地理解要怎麼用情，更具體地明白要怎麼陶養自己。

希望大家從徐志摩和林徽因的故事跟詩歌中，看到兩個人情感的美好。從此不必在乎誰是主導者，誰是上位者。而且即使沒有結果、即使瞬間，我們依然感覺無憾無悔、十分美好。這堂就講到這，謝謝大家。

第七堂

「愛」與「忘」
——如何在濃如酒的愛裏，
保有淡如水的心？

如果不夠愛才會傷心、才會嫉妒，多情而傷，如何深情而不滯於情？能安於你只偶爾惦念或回望，更多時刻依舊邁步前行，走到你今生最想到達之境。經典是長夜之月，在夜夜的隨行裏，你將卸下、忘卻昨日沉沉之身，只幻化成一片月光的輕靈。

我並不願意這樣開場，但是我的人生就是這樣開始的。年輕的時候，我最好的朋友曾經這麼跟我說：「蔡璧名，我真討厭看你談戀愛的樣子。」在那段長達七年的時間裏，她每看到我總是說：「妳為什麼還不離開他呀？為什麼還能忍受啊？我最看不過去、最受不了的就是：妳的喜怒哀樂、一顰一笑，妳的淚水，都被另一個人牽著鼻子走的樣子！」果然是我中學起最好的朋友，基於愛和關心，站在對立面來敦促我，針鋒相對地指出我曾經的弱點。

所以這堂課：「『愛』與『忘』——如何在濃如酒的愛裏，保有淡如水的心？」，我想獻給年少歲月的自己，以及所有還在情海裏浮沉的朋友。最近有個朋友來訊問我：「在這人世間，是不是只要不再密切聯繫，關係就會變淡？……是不是所有的友好關係都必需處於聯繫當中呢？……」我想如果我們今天研究的是一個「平均現象」，得到的「平均值」的話，那答案應該就是這樣。人與人之間什麼叫「忘記」，就是淡了、遠了、或者就是徹徹底底把你忘了，不管你們之間曾經有多少恩義。

可是這個系列的課程一開始，我們就希望能夠臨帖詩人的感知和表達能力，並且依循著《莊子》深情而不滯於情、有愛而無累無傷的處世之方。也就是說，我們今天參考的、取法的，是個在平均值以上非常多的人。比方說元稹和白居易的友情，顯然不會因為時間而淡化、因為空間而稀釋；比方說上一堂講的林徽因同徐志摩的感情，十年之後的林徽因，還能如此深刻而真切地寫下〈那一晚〉的心情。

有一種忘，是付出而不執著

假設我們今生都有機會擁有濃如酒的愛，那我要問的是：如何能擁有淡如水的心？於是在臨帖詩人深情之後，我們要學習莊子「忘記」的工夫。有一種「忘記」，不是叫你徹底把他（她）忘了，而是不執著，並且時刻地陶養，那可是一項長期的工夫。我們透過《莊子》來探求，為什麼有人在情感關係裏面，他（她）的智力、他（她）的創造力、他（她）的活動力，還有他（她）面對爭執和分手，以及面對各種挑戰的恢復力，甚至於幽默感跟幸福程度都能遠高於一般的平均值？我們試圖從中來解析《莊子》的用情之道，幫助每一個人都能夠往平均值以上做一個推升，這是這堂課的主要目標。

最重要的是要問你自己願不願意在思想和情感上把自己陶養成那樣程度的深刻；第二個是有沒有緣分，在人間世遇到一個或者一個以上（因為不一定是愛情，愛情也未必只一個，在這個時代。）也願意將自己陶養成這樣深刻的程度，然後同你相知相契相惜的人。當然，依據之前講過「同聲相應」、「同氣相求」（《周易．乾文言》）的「感應原理」，你一旦成為這樣的人，就極為可能會遇見另一位這樣的人。

前些時候有位朋友告訴我，跟她相戀六年的對象在六天前才讓她知道：「原來他一直處在劈腿的狀態。」所以她好長一段日子，沒辦法好好吃飯、好好睡覺、好好工作。我那時想的是，如果她跟《莊子》很熟，那她應該就不會那麼難過了。

我們會因為太愛吃一顆蘋果或水梨，就不想要有人跟你分、跟你搶。出現競爭者或掠奪者的時候，會覺得生氣、傷心或嫉妒。可是請問你，你會覺得你愛上這顆水梨嗎？你不會，你咬碎它，並且把它吞下肚。世界上有很多的情愛，其實很像我們對待這顆水梨或蘋果的感情，其實你愛的是自己，你愛的是自己的口腹之慾，你愛的是這顆水梨、這顆蘋果，滿足了你情感跟生理上的需求。

學《莊子》以後，你的愛會變得不一樣。不是需要什麼所以要得到什麼，而是因為對方是你所愛的人，就想為他（她）付出些什麼。很自然地付出你的關注、你的時間、你的生命，把自己投注在對方身上。因為在對方身上有越來越多你的付出，所以你會在對方身上看到自己，於是你們倆成為一體。但是更重要的是在學習莊子的過程中，持恆關愛對方的同時，也更關注自己的心身。而因為是這麼地關注自己的心身，知道心身休戚相關，當你愛自己的時候，你不會覺得你自私。因為愛自己的同時，你也愛著他（她）——對你說「我愛『你』」的那個人。

兩個人是渾然一體的，又因為永遠更照顧、更愛護自己的心，就能做到「深情而不滯於情」，不會陷溺在情感裏。

而且你「心在焉」，心神時時刻刻都關注、封藏在此身之中。一旦把注意力掛在對方身上，不只是感情，也許是事業、學業，太過度陷溺的時候，變成「心不在焉」的時候，馬上去留意津液是不是乾了、氣血是不是不足了、臟腑是不是不再這麼地健康、肌肉經絡是不是有所不同。因為一旦養成致力於「心在焉」的習慣，你便會非常留意這些細微的影響，所以你同對方的感情就不會過度地執著。彼此便能安於對方只是偶爾惦念或者回望你，兩個再相愛的人，永遠是這麼地相互尊重、又非常獨立的生命個體。也許有時候大家很忙，在有空的時候才能惦念或連絡，但也覺得，這樣就夠了。

學習莊子的我是這麼想的，我覺得人來這世上一遭，絕對不是只找到一個跟你十指緊扣的人，然後共度一生而已。每一個人都有心裏覺得希望每天、每個月、每年不斷進步的方向。在人生路上更多的時候都是不斷邁步前行地走向這輩子最想到達的境界跟夢想。且彼此都可以各自朝各自的理想不斷往前走，但在這當中，你們又相扶相持、相互成全、相愛彼此。相愛彼此的同時，你知道你深愛著的是「我們」，希望自己跟對方都能完成今生最重要的夢想。

當然，夢想是什麼，會隨著人生目標而不同。如果是一個受儒學洗禮的人，你的夢想可能是修身、齊家、治國、平天下，想把所學貢獻給這個時代更多的人。如果你跟我一樣，是個修習《老》《莊》之道的人，你的夢想可能就是「自事其心」（《莊子・人間世》）然後「形如槁木」（《莊子・齊物論》），看身體有沒有一週一週、一年一年、更加地輕靈。你把重點放在生命核心的課題，希望每一天、每個禮拜、每個月、甚至每一年，都是在進步中的。或者你不是儒家，也不是《老》《莊》，就是遵循著一般社會的世俗價值，那也會有你的專業、興趣和嗜好，會有你的職業、你的志業，會希望在你投入的那個領域裏，也是能不斷往前走的。不管背後的價值觀是什麼？哲學思想是什麼？都會有一個往前走的目標。那如果我們在與一個人相愛的時候，都能體諒他（她）有這樣的目標和理想，是不是我們也能體諒或者尊重，而不是覺得他（她）的目標跟理想礙著了你們之間的感情。

之前談過《莊子》的理想愛情，用一棵樹來譬喻，莊子的愛不是為了想吃樹上的果子，或是把樹幹砍下來當家具。我們對愛情的態度也不應該像對待水果或家具一樣，去跟一個人說：「我現在就是需要一張椅子，你為什麼不蹲下來讓我坐呢？我這麼愛你。」這不應該是對待愛情的態度，也不應該對一個感情對象說：「我現在很想吃水果，你怎麼不趕快到我的盤子來，讓我吃掉。我這麼愛你。」這其實教人覺得挺可怕的。可是在人間世的感情，真的很容易變成這樣。如果理解了這一點，就可以接受你的愛不再那麼執著、不要那麼沾黏，各自都可以朝著各自的夢想去走。你愛對方，希望對方能夠成為一棵迎著陽光、獲得充足雨水、長高長大長壯的樹。不只祝福，而且會全心支持、傾力協助。

在很長的時間，我與詩歌和經典相處，常常會覺得經典就好像黑夜裏天上的月亮，每一個晚上在夜色裏跟著月亮走，走久了你會覺得你慢慢卸下那一顆有時會受情緒攪擾的心。一雙偶爾會覺得有點沉重、不太容易提起的雙腿，也會越走越輕靈。因為腿的沉重可能是由於心在外在世界的記掛真的太多了。如果今天你覺得自己是一個「莊子之徒」，常常重返自己的心身、觀照自己的心身，你會漸漸忘記那個曾經很糾結、很沉重的自己，你會覺得你好像也幻化成一片月光，那樣地輕靈。雖然你對一些覺得沒有辦法操控的事情，有時還是會有淡淡的難過。可是難過只會有一晌，你不會讓它延續到日落；如果實在太痛苦了，那就一晚吧，絕對不要延長到隔天的天明。當然這是一個練習的過程，所以現在我也儘量努力讓自己難過不能超過三秒鐘。

可是，那三秒鐘之後、日落之後、天明之後，你跟他（她）就真的沒什麼了嗎？其實有的。他（她）在你生命中一定留下過一些美好的回憶，有可能只是你看上他（她）著迷了的那一眼，但是還是可以讓長長短短的美好回憶，像螢火蟲閃耀在人生的夜空。其實這樣就夠了。

雖然講得輕鬆，真實的人生卻常常不是這樣。真的有一種苦痛，如果你不喝下孟婆湯，還真難以遺忘。這個時候如果我跟你說：「你就『用心若鏡』嘛（《莊子・應帝王》），想像自己心像一面鏡子呀；或者「其神凝」（《莊子・逍遙遊》）啊，把注意力放在身上的一點就沒事啦，有時候真的不那麼容易。接下來，我跟大家一塊讀的這兩闋詞，大概就是這樣一種，不喝下孟婆湯還真難以釋懷的悲傷。

如此深情厚意，要不就是一生，要不就只能成為陌生

第一首要讀的是：

〈釵頭鳳〉（宋・陸游）

紅酥手，黃縢酒，滿城春色宮牆柳。東風惡，歡情薄。一懷愁緒，幾年離索，錯、錯、錯。

春如舊，人空瘦，淚痕紅浥鮫綃透。桃花落，閑池閣。山盟雖在，錦書難託，莫、莫、莫。

先說一下陸游和唐琬的故事。陸游和唐琬是青梅竹馬的表兄妹，兩人相知、相惜、相戀、相愛，然後成婚。這世界上能夠遇見體貼彼此、情投意合的人原本就是難事，但卻給他們遇上了。而且不只遇上，他們倆還打小就相識、一塊兒長大並且結為連理，這本是非常美好的事。

但是，他們卻在不想分手的情況下被迫分手，問題出在陸游的媽媽、唐琬的婆婆身上。她太討厭這個兒媳婦了，常常挑三揀四，最後就這樣逼得他們離婚。不料陸游很快就答應了，因為他想到個錦囊妙計，表面上假裝休了他的妻子，但在外面買了個房子，金屋不是藏嬌，而是藏他青梅竹馬以來，今生第一眼就愛上的女子，他的舊愛、前妻。他定期地還是跟唐琬在一塊兒。

可是陸游犯了一個很大的過錯，他沒有在他媽媽的面前表露應該有的悲傷。他媽媽覺得很奇怪：「我兒陸游也太孝順了，跟他感情這麼好的兒媳就這樣被休了。可他怎麼每天還這麼開心啊？而且開心到常跑出去玩。」有一天他媽媽覺得很好奇，就跟著他出門了，一看不得了，根本沒有分手！這下吃了秤砣鐵了心，強迫她的兒子立下重誓與唐琬分開，他們就這樣真的被拆散了。

當然，分開也不是那麼容易。陸游二十歲的時候娶唐琬，他們倆結婚三年，重逢的時候已經三十一歲了。其間八年過去，兩個人各自嫁娶。偶然的一天，陸游重遊沈園（一個他以前和唐琬同遊過的空間）。怎麼那麼巧，就遇見了他的前妻唐琬，而且不只唐琬，還有唐琬的新丈夫趙士程。可是唐琬是何等聰明靈秀又大器的人，當下，就跟丈夫介紹：「這我表哥。」她丈夫趙士程也是個大器的人，就讓陸游跟他們一起享用一桌備好的酒席。陸游這闋詞就填在和唐琬分手後近十年，三十一歲的這一桌酒席之後。我覺得寫得非常好。可是我最想跟大家分享的是，我覺得這闋詞寫得非常好這件事，不是初讀時就感受到的，是到這幾年有一定的年紀才讀出這闋詞的難堪和酸楚之處。

各位，想想你最愛的人，你平常想他（她）的時候、或你跟他（她）見面瞧他（她）的第一眼，你的眼光會落在哪裏？通常會是他（她）的眼睛吧，因為眼睛是靈魂之窗。我們常常會從閃著微光的眼神，看到對方是何等地想你或是何等地愛你。可是，為什麼陸游在這裏寫唐琬，不像林徽因寫徐志摩呢：「是你在笑，仰臉望」（〈憶〉），直面所愛的容顏和雙眼，怎麼會特寫「紅酥手」呢？難道他最喜歡的就是唐琬的手嗎？我想不是的。一旦知道，他為什麼要寫她的手，你就會感到這闋詞真好啊。各位想像一下，有一位你心心念念的情人此刻就出現在你的面前，但旁邊有他（她）的配偶。請問你好盯著誰看啊？其實你根本不敢看，或者再想看也得等適合的時候。

根據古代禮書的記載，古代社會同喝一桌酒席是由主人來執醬、來斟酒的，那既然今天這個酒席是唐琬夫妻的邀約，酒自然就由唐琬來斟。所以陸游便假借唐琬斟酒的時候或者看似瞧瞧：「欸，這是什麼酒啊？」然後同時照見唐琬的手，或者答謝：「喔，感謝感謝」，趁答謝女主人倒酒的盛情時，再貪看她的手一眼。——各位，這有多難過啊。一個你那麼愛的人就在眼前，可你連她的眼睛都不敢正眼多看，只能看她的手，而且要透過看黃縢酒瓶的餘光來看。

倒酒的時間很短，酒杯很小，陸游馬上就要接過這杯酒了，所以陸游的不得已就在這闋詞的第一句表達得淋漓盡致。

「紅酥手」，我們上次說「穿靴、戴帽、繫腰帶」的詩法，這「手」被戴上的第一頂帽子叫「酥」，這「酥」是煎牛、羊乳而得的油脂。各位炸過豬油的人會很訝異，這豬油凝結之後怎麼這麼細嫩、白皙、光瑩。就像《詩經》講的：「膚如凝脂」（〈國風・衛風・碩人〉），如果我們的皮膚都像豬油，那真的不需要再打粉底、上蜜粉了。所以這「手」上戴的第一頂帽子是「酥」，「酥手」。第二頂帽子是「紅」，可見這唐琬的手，可能在陸游的眼中還跟十年前一樣，是那麼地細嫩、光潔、柔軟，而且白裏透紅非常好看。

講到這裏還不夠，陸游哪裏是膚淺地只貪看一雙女子的手？絕不止這樣。這雙手是什麼手啊？是從小就容他握著、一塊玩遊戲、一塊追逐長大的手；且是曾經和他十指緊扣，以為可以「執子之手，與子偕老」（《詩經・邶風・擊鼓》）的手；更是曾經嫁給他，為他做菜、為他料理衣裳、幫他把生活中很多瑣事都處理得細緻妥貼的手。所以這絕對是在世界上，一雙對他而言記憶最深刻、最美好、最有感情、最想握緊的一雙手——但是今天，它就只是一雙在幫坐在同桌的一名客人倒酒的手了。

而這雙手握著的是什麼酒呢？「黃縢酒」，「黃縢」是酒的名字，有人說又叫黃封酒。

黃封酒、黃縢酒，可能詞人在填詞時比較過，覺得「縢」的聲音讀起來比較好聽、字型比較好看，所以選了「黃縢酒」的酒名。各位，可現在誰還在意它叫什麼酒啊？我們在意的是那雙緊握酒瓶的手。但這雙手陸游還真不敢多看，他怕再看一眼，他就失態了，怕再看一眼，唐琬的眼淚就掉下來了；怕再多停留一會，唐琬的丈夫就看出：「這兩個人，你們不只是表兄妹，難道你們餘情未了嗎？」所以在這個時候，陸游就把頭別過去看沈園，看這相會之庭的背景。他看到什麼？「滿城春色」，這美好的春天，不是你我應該相戀的季節嗎？可是啊可是「宮牆柳」，明明是一棵枝葉婆娑、搖曳婀娜的柳樹，但這柳樹卻長在宮廷的圍牆之內、牆外癡人再不敢觸及了。

陸游看到柳樹的時候，心裏想的也許和徐志摩一樣：「那河畔的金柳，是夕陽中的新娘」，眼前映現的是唐琬那窈窕的身影。或者彷彿古人有折柳的習慣，李白詩寫：「此夜曲中聞折柳」（〈春夜洛城聞笛〉），折下柳枝可用來贈別，訴說希望對方留下的心意，那麼我可以折一枝柳，跟她好好道別嗎？——可是各位，膽子再大，敢去警察局行搶嗎？現在這柳樹就站在宮牆內了，所以陸游不敢攀折，也不敢多想。兩人的生活再沒法有任何的交集了。可以想像，陸游的眼神雖然已經離開了這席間、離開了唐琬的手，轉到柳樹，轉到「宮牆柳」了，可他的心啊，還是晃著唐琬的身影。

在這裏插播一下詩法——詩歌中如果想描述安靜，當然可以用安靜來描寫安靜。比方柳宗元的〈江雪〉：「千山鳥飛絕，萬徑人蹤滅。孤舟簑笠翁，獨釣寒江雪。」另一種寫法是用一點喧鬧，或他人的喧鬧，來反襯出時空環境裏的安靜，或是此人的幽靜。比方辛棄疾的〈青玉案〉：「蛾兒雪柳黃金縷，笑語盈盈暗香去。眾裏尋他千百度，驀然回首，那人卻在燈火闌珊處。」因為前面「笑語盈盈暗香去」的賞燈女子，就讓那名「燈火闌珊處」的女子更顯幽靜。如果要書寫的是愁緒，可以選在秋天書寫，比方李煜的〈相見歡〉：「無言獨上西樓，月如鉤。寂寞梧桐深院鎖清秋。剪不斷，理還亂，是離愁。別是一般滋味在心頭。」但愁緒也可以選在春天書寫，比方歐陽修的〈長相思〉：「花似伊，柳似伊。花柳青春人別離。低頭雙淚垂。」而這首〈釵頭鳳〉寫在「滿城春色」的春天，唐琬和陸游兩個人在青春正好、相愛正甜的時候，卻沒辦法在彼此最美好的歲月兩相廝守。而今自己只是不敢再凝望她怕再添傷痛，因為絕不能在那座席間失態，才不得已別過頭去的一個，別人家的男人。我覺得這闋詞將那樣的無奈酸楚表達地非常透澈。陸游還能怎樣？無可奈何，就只好「安之若命」（《莊子．人間世》）吧。

我們來回溯一下，陸游到底是怎麼跟唐琬分開的。既然是春天，能把人吹散的最合適的象徵，那當然就是東風了。畢竟孝順的兒子怎麼能直言責怪自己的親娘呢？難道他要在這千載名篇裏寫下「我娘惡」嗎？當然是不可以的，所以他只能說「東風惡」。我以前覺得這孩子還是不孝的，他說「東風惡」；但是想想還是比說「北風惡」來得更孝順些，因為北風來得更加暴烈。這一點讓我們深刻感受到詩詞的美好，如果今天你寫散文記實，那真的就很難隱藏了，而詩歌委婉含蓄，只說「東風惡」。料峭春寒雖然是微冷的，但怎麼就到「惡」了呢？那就是陸游對真實世界的感受吧！春天裏，風還是可以把樹、花、葉吹折的，因為「東風惡」，害得「歡情薄」，害得陸游跟表妹唐琬之間的情緣與歡樂時光變得淺薄、短暫至此。

「一懷愁緒」，「一懷」就是滿懷。這八年來，他們倆各自過的是什麼樣的生活呢？深情仍舊卻不能聚首在心底縈繞不去的是什麼樣的愁呢？當這個人與你的距離是這麼地近，你們分明還並世活著，但是竟不能再相約、不能再相聚。「幾年離索」，這「索」就是我們熟悉的繩索。繩索古代是用草木的莖搓成的，那繩頭常常是分岔的，所以這個「索」就引申作分開、分別、獨自的意思。這好多年來，我們就這樣各自孤獨地過了。

陸游在上半闋的結尾寫：「錯、錯、錯。」這三個字太精彩了，誰錯？那當然是我娘嘛！可是我也有錯啊，我怎麼就沒有能力好好地溝通跟調和這樣一段婆媳關係呢？明明知道唐琬是今生難再逢，甚至三生三世、生生世世都難再遇見的女子，我怎麼連最心愛的女人都保不住呢？當然，也許是時代的錯。如果陸游知道後代的各位年輕人，都這麼不聽媽媽的話的時候，他就會想：「為什麼我要活在一個兒子必須既孝且順的時代，我必須要跟摯愛之人恩斷義絕，而明知道厚愛深情在念想裏是斷絕不了的。」所以這三個「錯、錯、錯。」除了我娘錯、我錯、時代錯，也有錯過的意思。真的是錯過了，一而再、再而三地錯過了。很多的錯過，有時候一錯就是一生，兩個人無法重新來過了。

下半闋說「春如舊」。其實我們對於季節的記憶，常常是因為有一段感情、有一段故事在那兒，我們才特別想念。也許陸游記得曾經跟唐琬共享過許多暮春三月、江南草長的春天，所以每一個春天，都無法不把彼此想起。「春如舊」，今年春天，不就像我們從小到大一起長大的春天一樣美好嗎？可是「人空瘦」，我們說陸游再不敢看，卻還是瞥見——她瘦了。而且覺得她比自己瘦得更多、更憔悴。為什麼說「人空瘦」呢？因為如果瘦是妳對這樣的別離付出的代價，那顯然這代價付出得太不值了，因為並沒有以憔悴、以瘦，換回你們重新聚首。

這「人空瘦」的「空」，跟下面「桃花落，閑池閣。」的「閑」一樣地枉然。在沈園，這美好的亭子、這美好的池塘，本來都那麼值得欣賞，可是今天，我跟我的「表妹」唐琬妳無法偕行，同歡共賞。忽然覺得所有的良辰美景都是虛設的。就像柳永的〈雨霖鈴〉：「此去經年，應是良辰好景虛設。便縱有千種風情，更與何人說？」是閒置的、是枉然的、是白白存在的，因為兩人再也沒有辦法一塊兒同遊了。

「淚痕紅浥」，「浥」是三點水，右邊一個城邑的「邑」，這個聲符有周遍的意思。周遍的意思再加上三點水，就是整個都潤濕了。什麼東西整個都潤濕了呢？「鮫綃透」，這「鮫」字的右邊是個交通的「交」，有交合扭曲的意思，魚字旁，又交合扭曲，這是魚的嘴巴，表示牙齒非常尖銳。所以「鮫」這種生物不是別的，就是鯊魚，很善於吞噬別的生物。但接下來我們要講的「鮫人」卻是個非常美麗的典故。晉朝張華的《博物志》裏記載：「南海外有鮫人」，在中國南方的海域之外有一位鮫人，「水居如魚」，牠在水裏居住，就像一條魚。可為什麼叫「鮫人」呢？因為牠有人的本事，「不廢織績」，牠每天都不停不停地織布，是一條會織布的美人魚。更珍貴的是「其眼能泣珠」，牠如果流下眼淚，馬上就變成珍珠。「從水出，寓人家」，有一天美人魚從水中跑出來，住到一戶人家裏去了。「積日賣絹」，牠每天都在那兒織布，然後把這所織的絲絹再拿出去賣。這美人魚為什麼要錢，故事沒說。「將去」，有一天牠要離開這個屋主人了，覺得人間牠遊歷夠了、玩夠了，「從主人索一器」，就從牠投宿的主人那要了一個器皿，然後故意落淚在這個器皿裏，「泣而成珠，滿盤以與主人」，我好想把我的房子借給牠呀，牠送了一整盤的珍珠給留宿自己的主人。這是一則善良的、知曉報恩的鮫人的故事。

「淚痕紅浥鮫綃透」，陸游用鮫人的典故來說明：唐琬的眼淚對他而言，就像珍珠一樣地珍貴。「綃」是生絲織成的手帕，整條手帕都被淚水濕透了，好難過啊。

出現在詩歌、戲劇或者電影裏的哭，可以簡單分成三種：一種是無聲之哭，瓊瑤早期戲劇裏常出現，女主角美美的臉就這樣滑落一行淚痕，絕對不會出現一把鼻涕、一把眼淚的抽泣鏡頭。另一種可能是比較寫實的，像張作驥那樣的導演，演員哭起來會是有點鼻涕、有點音效的啜泣之哭。最後一種除非應特殊劇情需要，否則很少看到那種哭天搶地之哭。而在多數溫柔敦厚、哀而不怨的詩歌裏，最常見的淚水多是無聲之哭。

雖然在這裏，唐琬一言不語，只有淚水。可是好像可以感受到兩人之間還有千言萬語、深情厚意。可是現在的情況，唐琬也只能偷偷哭了，把整條手帕都哭透了。

「桃花落，閑池閣。」在上下闋詞，陸游整個技法都是呼應的，上半闋看到旁邊的沈園、看到「宮牆柳」，下半闋是看到「桃花落，閑池閣」，沈園的景致白白在那兒，豈止是落花、亭閣跟池水呢？而在這裏的「桃花落」，我想他講的絕對不只是一次花開花落的季節，更是他們彼此之間美好的花季已過。「山盟雖在，錦書難託。」我們山盟海誓明明都在，可是不知道被拋丟到哪兒去了？兩顆心依然，可是我們已經被強拆散了。「山盟雖在」這四個字在這裏特別有美感。面對山盟海誓的悲情，常常是其中一人變心了。可是這裏不是變心，而是兩顆心依然。就好像林徽因詩裏的「你問黑夜要回／那一句話」、「山谷中留著／有那回音！」（〈別丟掉〉），在精神世界裏堅貞依舊，是很有美感的，雖然是淒美之美。

人生最幸福的時刻之一，不就是在空閒時想起知交好友，打個電話約他（她）出來喝個茶、聊個天或吃個飯嗎？那「錦書難託」之間究竟是什麼樣的交情？雖然是很好的朋友，但我沒辦法寫信給他（她）？有人說第一眼就喜歡上的人沒辦法做朋友，再看一眼、百眼、千眼、萬眼，還是想要擁有這段感情。可是一旦遇到這樣的人你會明白，這樣的情感，要不就是一生，要不就只能成為陌生。所以可以了解，他們兩個這樣一段深深相愛的陌生，在心底會烙印著難以抿去的傷痕。就算說「錯、錯、錯。」說三回也沒用，說一萬回也沒用，都太遲了！所以結尾說的是「莫、莫、莫。」這三個「莫」字向來是我課堂考試的陷阱，我會考一類題目叫「申說詩意」，就寫兩句詩詞，讓同學先寫字面的意思，再寫出弦外之音。沒來上課的同學看到「莫、莫、莫。」通常會解釋成「不要、不要、不要」，真的不是「不要」。這「莫、莫、莫。」是「罷了、罷了、罷了」，事已至此，只能就這樣算了。各位，設身處地、感同身受，這真是一種沒有喝孟婆湯難以遺忘的苦楚。

當我們用還原教學法來閱讀〈釵頭鳳〉，你會發現這整闋詞，就這樣順著時間的序列往前走，非常流暢地鋪陳。兩個人在沈園重逢，他不敢看她。只能看她的手在倒酒，然後就把眼睛看到後面的大背景，大好春光，已然分手。然後追究為什麼歡情這麼淡薄？都是因為「東風」。幾年過去，分開很久了，至今才領悟大錯特錯。下半闋寫「春如舊，人空瘦，淚痕紅浥鮫綃透。」仍然提到唐琬的容顏、身影，呼應了上半闋的開頭；同樣帶到周遭的風景「桃花落，閑池閣。」以及分手以後的心境種種；「山盟雖在，錦書難託。莫、莫、莫。」來呼應上半闋的「一懷愁緒，幾年離索。錯、錯、錯。」基本上，〈釵頭鳳〉的書寫完全按照時間先後順序，女主的身影、外在的情景、內心的情感，很流暢地交錯輝映出現。

如果說〈釵頭鳳〉講的是生離之悲，那接下來要講的就是東坡〈江城子〉的死別之痛。

我從未去想，但你卻如影隨形

〈江城子〉講的是一名男子，在他妻子的忌日來到墳前，心裏有一份很深刻的淒涼與腸斷之感。來看一下這樣一種深刻的苦痛，蘇東坡是怎麼樣表達的：

〈江城子〉（宋．蘇軾）

十年生死兩茫茫，不思量，自難忘。千里孤墳，無處話淒涼。縱使相逢應不識，塵滿面，鬢如霜。夜來幽夢忽還鄉，小軒窗，正梳妝。相顧無言，惟有淚千行。料得年年腸斷處，明月夜，短松岡。

各位，「十年」到底是什麼？十年前你在哪裏？十年前你覺得非常嚴重，曾經讓你哭天搶地，你覺得不能失去、非怎樣不可的事，如今你還記得嗎？還在意嗎？如果再多一個十年、兩個或三個十年，你會驚訝地發現，當初那個在真人實境裏面，你覺得可以跟你天長地久的人，現在回想起來，感覺是那麼地淡遠、緣分是那麼地淡薄。其實時間是一個非常可怕的東西，它可以考驗非常多東西的力度、濃度還有堅韌度，甚至於真假。當林徽因回頭寫「那一晚我的船推出了河心」（〈那一晚〉）的時候，距離「那一晚」已經十年了。一個人十年後還會為另一個人賦詩、而且情感還非常地深刻濃烈，我個人認為有個可能：因為他（她）知道到死都不會再遇到這樣的人了。而〈江城子〉，蘇東坡就是在愛妻王氏死了十年之後，在忌日那天來到墳前。以天人永隔的心情，寫下這闋詞。

前兩句先總論這十年：「十年生死兩茫茫」，你死後過得好嗎？死後的你，還知道我過得怎麼樣嗎？當你說：「十年來，我們再也沒有彼此的消息。」各位，這絕對不是你在路上遇到了同學或同事說：「嗨，十年不見。」不是這樣的感情而已。在這十年當中，你不知道想起她多少回，甚至於每天你看到這個梳妝臺、看到那個杯子，你都要想上一回。可是你卻不知道她現在過得好不好？所以當東坡說「十年生死」，因為我生你死兩茫茫，所以原本如影隨形、朝暮相處的夫妻就這樣斷信了。這裏面蘊含了非常深刻的思念：「我好想好想知道你現在過得好不好。」

「不思量，自難忘。」我們說這句話非常地動人。古往今來很多人會寫：「我多麼想念你。」但我認為東坡寫的「不思量，自難忘」，是寫「想念」的極品。因為他已經不需要刻意去想而對方便如影隨形。「我根本沒有要想你，卻偏偏忘不了你。」這種感覺就像是你處在某個時空裏，雖然根本不覺得在想念誰，然而吃飯的時候到了，你就不經意地想起，他（她）是不是也去吃飯了呢？彷彿這個對象一直如影隨形地在身旁，一直教你情不自禁地關注著。打個比方來說，如果你的想念是可以等到下課時間，走到走廊的盡頭去遠眺才啟動，那叫做「我想念你」。可是如果你就坐在教室裏聽課，眼睛裏看著的原本是講臺上的老師，但不知不覺思緒早已飄到思念之人身上。不需要靜下來、不需要空檔，任何時間、任何地方都可以念想著他（她）。這樣的思念比「我想念你」更有穿透力，那就叫「不思量，自難忘。」那個人自自然然無所不在。

我在寫這一段的早上有人問我一個問題。一名男子曾經非常深愛一名女子，然而兩人卻因為某些原因，在感情的路上交錯而過。這男子非常喜歡這女孩，但一直沒有說出來。女孩有一天終於提起勇氣，含蓄地對這男孩告白。可男方那時實在是太意外又太膽小了，一時不知道怎麼回應，竟然胡亂應對一通，看似沒有接受。當他們再次重逢，女孩已經結婚了。這樣的愛不及時，這樣的錯愛（交錯而過的愛）當然很痛苦。而女子嫁的對象又剛好是要求妻子刪去所有異性朋友的那種丈夫，兩人之間就再沒什麼往來了。這名男子於是開始思考，在一個人生命當中，即使曾經有過這麼深刻的、十幾年的情誼，是不是總有一天都會慢慢淡了，消失無蹤了。東坡這闋詞正好告訴我們，不會的，不會消失無蹤。哪怕是走散了，甚至其中一方死去都超過十年了。就像林徽因念念不忘過世十年的徐志摩一樣，就像蘇東坡始終惦念著亡妻一樣，世界上仍然存在著「十年生死兩茫茫，不思量，自難忘。」這樣如江河般恆長、十年依舊難忘的情感。十年過去還這樣思念，可以想見用情之深。

東坡總論完十年之後，接著寫的是今天的心情，「千里孤墳，無處話淒涼。」我覺得從「無處話」這三個字，可以想像他們在一起的時候是何等地親密、何等地熱絡、何等地有話聊。可是方圓千里，東坡現在跟誰聊去啊？而如果王氏的魂魄還在這孤墳之中，她的心情又能跟誰分享呢？那麼孤獨的你與那麼孤獨的我，曾經在天地間的百年人生相逢了，在我們離散之後、死別之後，可還有誰能傾聽你我的心聲？在遼闊的宇宙當中真的還能有一個知音嗎？

每一個人都是透過自己來瞭解別人。別人在生命中經歷的和擁有過的情感，如果沒有你心裏的那麼深刻或沒有共同經驗，是很難同情共感的。所以這樣一種失去知音、永別知音的淒涼孤寂，我想，是非常非常痛苦的。

「縱使相逢應不識」，然而曾經交情這樣深刻的你我，就算重逢，我想也認不出來了。沒有妳照料的我，已經是「塵滿面，鬢如霜」了。因為太想念妳了，沒能好好打理自己，所以鏡中的我，可能就像李白詩說的一樣：「白髮三千丈，緣愁似箇長。」（〈秋浦歌〉）

下半闋就更精彩了。陸游〈釵頭鳳〉的苦痛來自於生離，我剛剛不忍心講的是，陸游這闋詞寫完了，唐琬親見了也和了一闋，沒多久唐琬就病死了。〈江城子〉的苦痛來自於死別。死別的想念，想到極致是什麼？就是夢見對方，在夢裏重逢。「夜來幽夢忽還鄉」，我曾經在夢裏，回到我們常相廝守的故宅。「小軒窗，正梳妝。」東坡透過美麗的木紋窗櫺，看到那張美麗的容顏正在梳理長長的像雲一樣的髮。可是在夢裏，只有我看著妳、妳看著我，曾經無話不談的妳我，在夢裏什麼也沒說，「相顧無言，惟有淚千行。」在這裏「相顧無言」也許比不斷說話更蘊含著千言萬語，情緒也是更飽和的。前面「無處話淒涼」的「無」，因為「沒有」，讓我們閱讀到他的「有」——他有萬語千言找不到人說。而這裏「相顧無言」的「無」，我們好像又可以聽見東坡跟王氏曾經交談的千言萬語。各位，想像你有些話，你每次說給A聽就會被潑冷水，說給B聽他（她）聽不懂，你講給C聽，覺得兩人的價值觀真的相去太遠了。可是天地間唯獨有一個人，不管你跟他（她）說什麼，他（她）的回應總讓你覺得：「唉，好有共鳴！」他（她）不只能懂得你表達的感受，而且他（她）每次的回應都讓你覺得非常地會心，兩個人又有非常相契的價值觀，那你肯定超愛跟這個人談話。

〈江城子〉下半闋的前半說夢。在夢裏所見，在夢裏傾聽，在夢裏相逢的，是已經過世十年的摯愛。最後兩句講的是十年後的未來。「料得年年腸斷處」，我料想得到年年今日自己都會出現在這裏。人與人之間的感情，我認為只有在徹底分手、甚至於天人永隔，才能瞭解真相。因為在一起的時候，總還會有我幫你、你幫我，那難免的一點功利成分。比如因為有他（她），你不會感到寂寞；因為他（她），你得到陪伴；因為他（她），你有雙手可以牽、有個通訊軟體可以聊天的對象等等。但彼此之間真正的情誼深淺，有時是在分手後才能看清。當你們已經分開，對方還是惦記著你，有機會仍願意毫無保留地幫助你，你這才知道兩人之間不只是功能性的關係而已。可是兩個人已經徹底地無法再相守了，你還看到東坡這樣對王氏。

很多研究講述，人類感官的功能是如何被發現的？有一些傷兵，當炮彈在身體某處留下破口後，導致他發現自己不再擁有某些感覺，比如失去了上下左右的概念。因此醫學或職能治療研究者才知道人類上下左右的概念是來自於身體的某一部位或某個感官。所以說這個人對你生命的影響到底有多深刻？具有什麼樣的意義、扮演什麼樣的角色？很可能是在真正失去之後，才能深切感受到。

年年出現在這裏不稀奇，年年都肝腸寸斷才稀奇。我不禁要想，他們兩個人相處的時候，到底是什麼樣的記憶，讓他思及擁有、對比失去，便有一種無力扼止、無法淡然的悲傷？我們已經讀過徐志摩跟林徽因、陸游跟唐琬、東坡跟王氏之間的感情，我們也可能透過一齣戲、或者每一幕讓你動容的電影、或者你人生的經歷去想像，什麼是幸福無比的轉瞬？

「料得年年腸斷處」，那是哪裏呢？呼應上半闋的「千里孤墳」。我們不知道東坡那一天是什麼時辰來到這的，我們只知道他離開以前是「明月夜，短松岡。」各位，他可能跟王氏說了一天的話，聊了一整晚他這一年是怎麼過的，絮絮叨叨、就如當年。

〈釵頭鳳〉跟〈江城子〉這樣的詞，會讓我不禁以哲學的高度去思考，人間究竟什麼是離別？陸游跟唐琬真的離別了嗎？或者講得殘忍一點，唐琬跟她的丈夫真的相聚了嗎？人與人的情感，什麼才是真正的相聚呢？莊子筆下說：「莫逆於心」可能只有心與心零誤差、零距離的知交，才是至真至近的相逢。那我們要問，東坡和王氏真的離別了嗎？我又覺得這樣一場死去十年的相逢、天人永隔的相逢，或東坡留下這闋詞，傳頌了千載，王氏的亡靈年年在我們的口中與東坡相逢，難道不是真正的相逢嗎？所以當我們讀完這樣的詩歌，我們讀莊子，會覺得天地間可能只有相聚以心，才是真正的相逢吧。這時候我們會明白什麼叫做「但願人長久，千里共嬋娟。」（宋·蘇軾〈水調歌頭〉）；會知道什麼叫做「兩情若是久長時，又豈在朝朝暮暮。」（宋·秦觀〈鵲橋仙〉）。

與其互相挨著、痛苦著，不如在江湖裏各自悠遊

接著，讓《莊子》進入我們的情感世界，讓我們放下、不要再執著於那一種必須要憑藉喝孟婆湯才能釋懷的傷痛。《莊子·大宗師》說：「泉涸，魚相與處於陸，相呴以濕，相濡以沫，不如相忘於江湖。」當泉水乾涸，兩條魚一塊兒在陸地挨著，互相吹送微薄的水氣，吐出僅有的口水來濕潤彼此；與其這樣，還不如各自在江湖裏悠遊。各位，如果我們都是一條魚，我們應該都不願意失去可以悠遊的空間。在這邊莊子帶領我們去思考的是：一條魚要怎樣才能不缺水？哪一種德性可以改變我們的在意，讓我們的眼球不要一直貼到我們膠著的感情對象，不要過度在意對方而萎縮自己、限縮自己的整個世界？

那我們要怎麼做呢？以下就看《莊子·德充符》：

闉跂支離無脤說衛靈公，靈公說之。而視其人，其脰肩肩。甕㼜大癭說齊桓公，桓公說

之。而視其人，其脰肩肩。故德有所長，而形有所忘。人不忘其所忘，而忘其所不忘，此謂誠忘。

《莊子．德充符》說：「德有所長，而形有所忘。人不忘其所忘，而忘其所不忘，此謂誠忘。」我們知道莊子哲學出現在戰國時期，其中最珍貴的是：在那個時代，人人都想安君王的心、安爹娘的心，莊子卻要我們把這樣的注意力拿來安頓自己的心靈。所以陶養心靈，「德有所長」，是生命中最重要的事。因此「无聽之以耳」，我們的感官就不會執著於對方的話語；我們會用心傾聽，於是多餘的念慮放下了，負面的情緒也沒有了，讓自己的心維持在「厲風濟則眾竅為虛」（《莊子．齊物論》）的狀態，把過多的執著淡掉。淡掉不是不在乎，而是你把心身的養護和進步看得更重要。

可莊子說一般人不是這樣。「人不忘其所忘」，這個「其」指的是聖人，聖人忘掉的，一般人忘不掉，無法釋懷；「而忘其所不忘」，聖人不敢輕忽的，一般人卻很容易輕忽。莊子要提醒我們那些不能忘掉的內容，就是「自事其心」——陶養自己的心身、照顧自己的德性。像我昨天又因為準備講稿而想要晚點睡，幸運的是一位朋友丟了一段話給我，一段我書上規勸大家的話：「你永遠有一天做最多運動，永遠有一天過得最好、最充實、最積極，知道是哪一天嗎？就是『明天』！」比方說該要早睡，就會想等考完試、等工作告一段落再開始，「所有東西都推到明天，這是非常負面的思維。」（《莊子，從心開始》）我看了朋友傳來的訊息覺得好慚愧，就趕快去睡覺了。有時候真的很需要《莊子》的提醒。因為世俗價值的影響，我們身邊的人，大多都不是追求於此。所以要不斷地提醒自己、或是藉助《莊子》。如果《莊子》教我們不能忘的，而你忽視了；叫你看淡的，你卻非常執著，「此謂誠忘」。《莊子》說那就是真的忘了——你真的忘了一生最重要的目的與價值了。

那麼憑什麼由誰來告訴你，你自己的人生要特別重視什麼？我自己十年前生了一場大病，讓我變得很不希望身邊認識的人去走同樣的一遭，因為那個治療過程很辛苦也很痛苦，而且我知道，不是所有人的耐受力都能打完那一仗。可是一個人，從健健康康的到你踏進癌症病房，它是一條不算太長的下坡路，可是很多人走在這下坡路卻不自知。受到《莊子》重視返本全真的影響，我只要好久沒看到一個人，也許是我認識的人、也許是螢幕裏邊的人，我會留意到：「哇，頭髮白好多；啊，肌肉萎縮得很嚴重。」他（她）是怎麼樣讓自己老這麼快、病這麼快或萎縮這麼快的？或者我只是為了準備這七堂課，卻在這段時間中，驚覺肌肉好像有一點點萎縮。可是如果不自覺或素來不愛養自己的心身，你就不知道自己就走在下坡的路上。比方我參與學術圈讀書會認識一名女性學者，我們都單身、都常自炊，說過幾次要到彼此家的廚房參觀、坐坐，可是一直沒有兌現。有天我去中研院開會遇到她，對她說：「妳氣色不對。」其實如果不是有一定熟度、如果不是對方氣色不好到有生死之虞，我不會這麼說。她回我：「妳不要亂講，我好得很。」我於是不好再往下說。兩個月後我去新竹清華大學考博士生論文口考，想她也在清華，忽然間有些念想，打電話去卻怎麼都沒有人接。沒想到過沒幾天，就接到她過世的消息。

另一個例子是一位通過信、講過電話卻未曾謀面的學術圈朋友，平常在外地工作，但她姊姊得了癌症，為了照顧姊姊她常常兩地往返。她是我的讀者，有回來電詢問她姊姊的病情後，我對她說：「妳抱持著這樣的心情、壓力，這麼頻繁地飛來飛去，最後無論妳姊是否抗癌成功，妳的身體很可能會因此跟著下去，甚至就跟著走了。」她告訴我：「璧名老師，我和姊姊的情誼，使我沒辦法不這樣付出。」我說：「可是妳這樣付出對她幫助有限，妳既不是醫生，也不是能為罹癌的她煮出最想吃料理的廚師。」但通常人不只聽不進這些話，還覺得自己超重感情的。我不知道她姊姊的後來，但沒過多久，就在臉書上看到她學生追悼她的訃文。

《莊子》不是要我們不重感情、不重事業、不要有外在世界的追求，只是想不斷地提醒你我：有一件事是更重要的。我覺得閱讀《莊子》的意義其實就在這裏，不是要去擁有一種不曾擁有的能力，只是要把我們天生擁有的，可是卻在不斷注意外面的情感、外面的事業、外面的一切的過程中，一步一步丟失的能力給找回來。

現在回頭看我十幾年前的那一場病，醫生告訴我：「一個人從什麼病都沒有，到有一個直徑九公分的腫瘤，只需要九個月。」我就回頭去想那九個月到底有多忙？為什麼忙到完全沒有察覺，在那當中只要多注意一點、多睡一點、多鍊點功、多放鬆一點，可能就可以有一個完全不一樣的自己。我覺得，可能也因為這樣的過程，我現在跟莊子的關係才會更密切吧。永遠不希望這樣的「傷」跟「累」再一次出現在自己的生命當中。

所有身外之物都可供學會淡然

這樣一種對於心身的重視跟提升，是我們每一個人都能夠操作、掌握的嗎？莊子有沒有提供我們可以按部就班、循序漸進的次第跟步驟？來讀《莊子．大宗師》這一段話：

南伯子葵問乎女偊曰：「子之年長矣，而色若孺子，何也？」曰：「吾聞道矣。」南伯子葵曰：「道可得學邪？」曰：「惡！惡可！子非其人也。夫卜梁倚有聖人之才，而無聖人之道。我有聖人之道，而無聖人之才。吾欲以教之，庶幾其果為聖人乎？不然，以聖人之道告聖人之才，亦易矣，吾猶守而告之。參日而後能外天下；已外天下矣，吾又守之，七日而後能外物；已外物矣，吾又守之，九日而後能外生；已外生矣，而後能朝徹；朝徹，而後能見獨；見獨，而後能无古今；无古今，而後能入於不死不生。」

南伯子葵請教女偊：「子之年長矣，而色若孺子，何也？」，南伯子葵很好奇女偊為什麼年紀這麼老了，容顏色澤還像小孩一樣，怎麼辦到的啊？女偊回答：「吾聞道矣。」因為我體會到什麼是「道」。南伯子葵就問了：「你說的那個『道』，是我們每個人都可以學習的嗎？」各位不要把「道」想得太玄，《莊子》書裏的「道」是十分具體、而且親切可感的。我很喜歡舉〈齊物論〉的例子。〈齊物論〉裏說「形如槁木」，覺得身體好輕鬆，像乾掉的木材一樣。相反的，如果身體不舒服的時候，會覺得很沈重、舉步維艱。「形如槁木」就是這樣一個輕鬆的身體感。

我常常用習鍊太極拳的經驗來形容「形如槁木」的身體感。我的皮拉提斯老師也有學習太極拳的經驗，他多次問我，有沒有鍊太極拳的身體感到底有什麼不同。最近他非常高興地告訴我，他真的開始感受到重心很沉：整個人忽然很輕，而重心就落在腳板上。我說：「恭喜！你開始體會到太極拳的身體感了。」太極拳的身體感，簡單來說就是重心會越鍊越沉，而身體會越來越輕鬆靈活，漸漸地輕鬆靈活到身體該部位、甚或全身像是消失了一樣。

學生們流行看韓劇，多年前他們看了一齣《藍色生死戀》。那天用完餐，我跟我的助理們在校園裏散步，他們就開始討論昨天的劇情。我們這幾個沒看的不知道到底在演什麼，反正大抵男女主角是兄妹，其中有一個人得絕症，兩人到了風光明媚的地方，男主角就很浪漫地扛著女主角走。其中一個沒看的孩子就問：「男主是怎麼背女主的啊？」不知道為什麼大家突然對這個動作感興趣。當中有個女生，塊頭很大，這個女生就說：「我來背老師給你們看。我演男主角、老師就是女主角。」我當年沒有太胖，她就把我扛上背了。結果一扛上她就「啊！」地叫了一聲。她尖叫完我說：「怎麼啦？」她說：「老師您身體好奇怪喔。」她很快把我放下來了，我說：「怎麼啦？」她說：「妳怎麼像個大鉛錘啊！妳明明不重，但我背起來好吃力啊！整個重心墜在下面，背起來重死啦。」大概就是這樣。我那天很開心，我想：「喔，那我應該開始具備太極拳應該具備的身體感了。」想起有一次父親到四川旅行，宴席中酒真的喝太多了，我難得看父親醉那麼一次。後來是父親一位高頭大馬的學生背父親回住處，抵達旅店時他說：「天哪，難背得不得了，重心怎麼那麼沉啊！」鍊太極拳的人就應該是這樣。太極拳說的「身輕體重」，那個「體重」不是體重很重，而是因為氣沉了、拙力消了，所以上身很輕靈、重心比較低，下半身就像鉛錘，這樣別人才推不動。各位，「形如槁木」夠具體了吧。

那心靈呢？「心如死灰」。其實你會知道的，以前明明一樣的處境、一樣這些人、一樣這些話，你真的有受傷的感覺、你真的有強烈被迫害的感覺。可不知現在怎麼沒什麼感覺，就覺得一切安好。

莊子的「形如槁木」和「心如死灰」都讓我們知道其實莊子講的所有的「道」，都是非常生活、非常具體的。

接著女偊就為我們講述她自身體道的過程。她說呀：「吾猶守而告之。」「守」這個字，如果諸位還記得我們講過的「神凝」、記得必須「心在焉」，就會知道為什麼用「守」這個字。女偊就把她抱持、持守、片刻不離地體現在生命中的「道」跟你我分享。她講的次第步驟是這樣的：「參日而後能外天下」，她說你會感覺得到，如果一直非常在意自己的心身，三天之後對天下的紛紛擾擾會看得很淡。我記得有個學生剛來當我助理的時候，真的是個政治的狂熱分子。就跟很多臺大的學生一樣，每次大選都非常關心，且一定要表達自己的立場。可是這學生當我助理很久了，最近我家電視壞了，我說：「欸，老師家電視壞了，你們誰有空來修一下。」他就說：「為什麼要修電視呢？」我說：「哦，我好久沒有看新聞，不知道現在選舉怎麼樣。」他：「你鍊功了嗎？你該寫的書寫了嗎？該上的課備了嗎？」我就發現「參日而後能外天下」，過去覺得非關心不可的事情，現在覺得再關心也看不清。這位小哥他慢慢看淡天底下的紛紛擾擾。

當你能夠把天下事看淡，「已外天下矣，吾又守之，七日而後能外物」，接下來就能看淡外在世界很多曾經覺得非要不可的東西。華人社會觀念裏很多人覺得沒有房子好像就不太放心，為了買房付出很大的代價，動輒二、三十年的貸款。有些人則是狂熱地追求事業。但像我死過一次，大病歸來後我在一個筆記本上寫著：「只看死的時候需要的東西活。」當有件事過度在意、不夠淡然的時候我就會想：「如果我就要被拖去火葬了，這事我還會在意嗎？」通常就不太會在意了，我覺得這是一種非常珍貴的感受。

「九日而後能外生」，要看透生死，你對於活著也不能過度執著。什麼事就「盡人事」，然後「聽天命」。如果你是讀《莊子》的人，你真的會有這樣一種觀念。當年當醫生告訴我：「蔡老師，癌症第三期。給妳兩個禮拜的時間去結束妳臺大的課程。」那我就去結束在臺大的課程。記得在結束的過程，我是沒有落淚的，學生覺得很奇怪，我就告訴他們我的心情：「我家裏有個鬧鐘，我超愛這個鬧鐘的，它可以叫起我這個懶人。因為按下去之後，它還會繼續響，你一定要按下去之後再旋轉它才會停。但這鬧鐘前些時候壞了，我要拿去修的時候好捨不得，就跟鐘錶店的人說：『你儘量幫我修好，如果修好了，我就可以拿回去繼續用。可是如果沒修好，我就要換那種擺在好遠好遠讓我起來按的鬧鐘了。』」我說：「你們的老師現在就是這個鬧鐘，要送修了，如果修好了我就會回來跟大家再見；如果沒修好，那今天就是我的最後一堂課了。」其實不用我說，那個禮拜有我曾經教過的學生在網站上大貼公告「如果你要聽蔡璧名的最後一堂課」……所以起初我不知道為什麼那個禮拜我每一堂教室都站滿人，原來是「最後一堂課」！我記得那時候有朋友去癌症病房看我，不是讀《莊子》的人。他們會鼓勵我說：「妳要有非活下來不可的堅強意志力」，我說：「我沒有。」他們說：「妳怎麼可以說妳沒有？」我說：「我只盡力，我盡力抗癌。」我的學生說：「老師，您從一個工作狂變成一個治病狂了。」那時候每喝的一口水、每吃的一樣食物我都盡力在抗癌；在醫院所有可以鍊功的時間我儘量鍊功。盡力就好，該死該活順其自然——這是莊子。所以說：「九日而後能外生」，當你對死亡都已了無畏懼了，「而後能朝徹」，「朝徹」講的是你的心才能清明澄澈。心裏如果還有對死亡的恐懼，很多記掛、很多念頭就難以放下。心靈清明澄澈了，「朝徹，而後能見獨」，「見獨」就是「體道」，你才能體會，莊子講的「道」到底是什麼。「見獨，而後能无古今」，體會了「道」以後，你就不再有古今之感。你再也沒有眷戀著過去、或一直在意過往、或等待著未來的執著。

只有非常用心、非常盡心地活在當下的時時刻刻，「而後能入於不死不生」，這時候你連死生的限制也沒有了。《莊子》書裏面的生命觀認為人的生命是永恆的，「指窮於為薪，火傳也，不知其盡也。」（〈養生主〉）有形的軀體生命，有老舊腐壞、燃燒殆盡的一天，可是靈魂可以像火苗一樣繼續傳遞下去。如果這樣，那死亡不過就像一隻寄居蟹，這殼太小了、住不了了、所以掙脫了，可是寄居蟹還可以繼續行走。永恆的生命還是繼續的。

當然，我們從《莊子．大宗師》這段話，知道一個體道者如何從「外天下」、「外物」、「外生」這樣一層一層地學會淡然、學會不執著。在這個階梯裏面我想情感是「外天下」之後的第二層「外物」，所有身外之物都是可以學會淡然面對的。

失去練習：如果這就是我們的最後一面

我小時候不知道為什麼，很喜歡做「失去練習」。我從小就會這樣，可能因為在家裏我是老么，幼稚園的時候我有個很可怕的想法：「我是老么，那將來會最晚死嗎？」其實不一定，可我那時候這麼以為，我常常去想像「所有人都走了，只剩我一個人，我是不是還能好好活著。」有一陣子臺灣上演一齣像是永遠不會結束的連續劇，我沒看，叫《臺灣霹靂火》。那陣子不知道為什麼，網路上好多學生的簽名檔寫「一桶汽油跟一根火柴」，意思據說就是要放火燒你家。他們解釋的那一天晚上我做了一個夢，夢見我們家出現了一桶汽油跟一根火柴，把我家燒了。對一個學莊子的人而言，重點不在把我家燒了，重點是我在夢裏哭了，而且哭到一副無法失去這個房子的樣子。隔天醒來我馬上覺得這樣的自己非常不行，不是房子燒掉不行，是有這麼怕失去房子的「心」，絕對不行。從那天開始我會教育自己，當我看著我家的時候我就想：「這是我的旅館、這是我今生暫住在地球的旅店，哪一天，我會與它告別。」或者有時候我會害怕遇到感覺共鳴度太高、過度相知的朋友，讓我覺得害怕失去的人——這是一個做失去練習的人很特別的畏懼。一旦發現生命中出現這樣的人，我時常都會做這樣的練習。請不要懷疑，甚至每一天、每一次聯絡，我都會告訴自己：「這是我們最後一次聯絡了，明天起我們就會消失在彼此的生命裏。」我會做好這樣的準備，讓自己儘量處在不害怕失去的狀態。你們聽了可能覺得我有病，你錯了，當你這樣練習你不只可以變得不害怕失去，且會對身邊的人更好。

有一年，我不知道為什麼忽然間有個想法，如果我媽媽現在不好好運動，來年她會不會只能躺在床上呢？所以我就開始找母親一起運動。可我不知道為什麼一位八十幾歲的老太太，打太極拳她會怕曬太黑、做皮拉提斯她嫌路途太遙遠。我就問我母親：「媽，那如果器材就在臺大附近，您願意練嗎？」母親說：「臺大附近的話可以。」她大概以為沒有。她想不到她女兒就從國外買了整套器材，再租借一個可以擺放器材的房子，然後我的母親就變得只好來臺大附近上皮拉提斯課了。朋友知道以後覺得我瘋了，說：「蔡璧名你很富嗎？」我說：「我貸款」，一聽到貸款數字大家嚇死了。然後我就說：「因為我不知道我媽媽還能活多久，我會想像這是她生命中最後一段時光，所以我希望我的付出是能讓我往後無憾無悔的。」各位，如果你跟所有親愛的人相逢，一起吃的每一餐你都當最後一餐；相望的每一眼你都當最後一眼。請問，你會想給對方留下什麼樣的印象？

所以我們越認識無常，越會珍惜擁有。你會發現活在天地間，不論親疏遠近，每一個與你相逢的人都是值得珍惜的。可是也不要過度執著，所以要在「愛」裏面學會「忘」，在「深情」裏學會「不滯於情」、不陷溺於感情，這是這一堂課最重要的功課。而在講「忘」的同時，除了不要太在意、太執著於情感或是外在世界，同時要讓大家養成一個新的習慣——把注意力放回自己的「心」和「身」上。

在愛裏學會忘，在深情裏學會不滯於情

最後，我們透過《莊子》書中形容過的孝行階梯，來了解《莊子》理想的用情進階到底是什麼？

商大宰蕩問仁於莊子。莊子曰：「虎狼，仁也。」曰：「何謂也（仁）？」莊子曰：「父子相親，何不為仁！」曰：「請問至仁。」莊子曰：「至仁無親。」大宰曰：「蕩聞之，無親則不愛，不愛則不孝。謂至仁不孝，可乎？」莊子曰：「不然，夫至仁尚矣，孝固不足以言之。此非過孝之言也，不及孝之言也。夫南行者至於郢，北面而不見冥山，是何也？則去之遠也。故曰：「以敬孝易，以愛孝難；以愛孝易，而忘親難；忘親易，使親忘我難；使親忘我易，兼忘天下難；兼忘天下易，使天下兼忘我難。」」（《莊子．天運》）

《莊子》書裏，把一座人人皆可以一步一步、循級而上的階梯，具體地落實在親子的關係中。但這樣的一種用情工夫絕對不止可以實踐在親子之間，它可以套用在任何的情感關係。我將這段文字繪製成圖來表示（見下頁圖）。

首先要做到的是「以敬孝」，我知道我的學生不喜歡聽我說要孝順誰，所以上課的時候，我把句子改成「以敬愛」。要愛一個人，要先「敬」，就是尊重，在尊重對方的前提下才說得上你真愛對方。接著「以愛孝」或說「以愛愛」，既敬且親愛。能尊重之後，才能將心比心地愛對方。各位，其實才講到第二階，尊重與愛，但就儒學或大部分的世俗價值來講，已經是愛的極致了，他（她）尊重你又愛你，那不是足夠愛了嗎？可是在莊子的感情工夫裏面，這才到

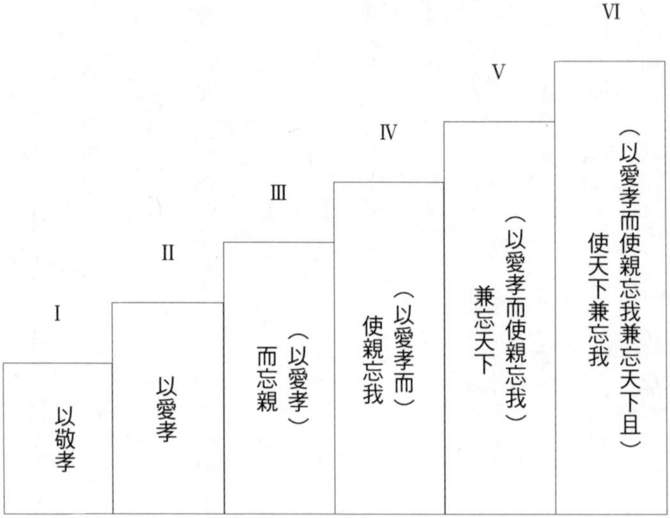

《莊子・天運》篇中「孝」的階梯[1]

達第二階而已。那第三階到第六階到底是什麼？接著是「忘親」，要忘掉、要不執著最親愛的人。進而「使親忘我」，幫他（她）做到不那麼執著於你。第五階是「兼忘天下」，連對天下的萬事萬物都不再執著。最後「使天下兼忘我」，即便哪天，能對天下做出什麼或小或大的貢獻，你也不會居功，讓大家覺得不是因為有你、因為你的領導，才辦到的。好像自自然然就辦到了。

《莊子》書中的用情階梯，它就是一座以「相忘」為主題的心靈課程。這是一種非常美麗的情感，各位不要誤以為「忘」是冷漠，莊子所說的「忘」，不是忘記或失憶，是要我們不執著。能夠做到不執著，那麼親人、情人、感情深厚的朋友之間才能既相愛又不相互綑綁羈絆。能夠親切且自由，其實是非常幸福的。

過去我的《中國思想史》啟蒙老師，王淮老師，曾經告訴我，他非常喜歡披頭四合唱團。因為他們家剛好四口人，而四個人的相處跟披頭四合唱團剛巧很像，就是四個人朝著不同方向吶喊，但聲音卻極為和諧。很理想的親密關係，不是一定要緊緊抓著對方的手，眼中只看到對

1：《莊子・天運》篇中「孝」的階梯圖引自蔡璧名：《形如莊子、心如莊子、大情學莊子：從生手到專家之路》（新北市：聯經出版公司，二〇一八年），頁210。

方。而是各自的生命是非常獨立且完整的，任何人都可以自在悠遊，但同時也都知道，你們活在陽光普照的同一個太陽之下，彼此關心、想念、愛著對方，也祝福著對方。

所以莊子說，不只要尊重，並且將心比心地對待所愛，還要能夠「忘親」，讓你的心靈能夠不會因為愛而牽掛、攪擾。更進一步「使親忘我」，讓所愛對自己也不要過度執著。然後「兼忘天下」，對天下一切人、事、物，都不再掛懷得失。最後「使天下兼忘我」，倘有機會貢獻天下、為天下做什麼，不會要別人知道或記住那是你的功勞。能夠做到這樣，就不會因為愛而煩惱，不會因為愛而傷痛，不會因為愛而把心靈困在一張失去自由的羅網之中。人常常因為越是相親相愛，就越會依戀執著、越想佔有。於是開始限制、攪擾了親愛之人的生命。所以如果能夠「忘」的話，親密關係的「愛」就會越來越深厚，而心就越來越少羈絆牽掛、越來越輕靈自由。在情感關係中的彼此擁有的世界，也就越加地天空地闊。莊子的終極價值是要提升永恆靈魂的，所以不會希望因為情感關係，而讓整顆心、整個人的行動自由，都被束縛了。

在莊子的「相忘」學程裏，其實所有的執著都可以逐步地消融。在這個系列的前幾堂課，我祝福過各位能夠遇見天涯知己般的親情、愛情或友情。那在這一堂課，要祝福各位的是：在能擁有天涯知己情感的同時，不只無傷於自己、也無累於對方。這是更高階的情感境界。

有一件簑衣，可以抵禦人間風雨

那接下來，我們要透過這一闋〈定風波〉，一探前面講的《莊子》「忘記」學程，在東坡生命中的體驗跟體悟，我們看東坡是怎麼辦到的。

〈定風波三月七日，沙湖道中遇雨。雨具先去，同行皆狼狽，余獨不覺，已而遂晴，故作此詞。〉（宋・蘇軾）

莫聽穿林打葉聲，何妨吟嘯且徐行。竹杖芒鞋輕勝馬，誰怕？一簑煙雨任平生。

料峭春風吹酒醒，微冷，山頭斜照卻相迎。回首向來蕭瑟處，歸去，也無風雨也無晴。

仔細品味這闋詞的小序，特別有意思。「三月七日，沙湖道中遇雨」，這裏的雨，會不會就是前面《莊子》提過的「水」和「風」，就是生命的逆境。那〈定風波〉的「定」，會不會就是莊子所謂「乘御」？

如果想要乘御一輩子的風浪，到底要有什麼樣的技術？我們看東坡遇雨之後「雨具先去」，以為不會下雨嘛，所以大家都沒帶傘。然後下雨了，大家淋了一身濕，「同行皆狼狽」，大家都覺得挺狼狽的。「余獨不覺」，只有東坡不覺得狼狽。

各位有想起了那個大雨中想要去看彩虹的徐志摩嗎？也許莊子的特質跟詩人的特質有一點相近，他們都非常重視精神的質量。越重視精神質量，你的物質欲望，不管是飲食的欲望、生理的欲望、功名利祿的欲望，一切的欲望可能就會淡一些。莊子說「耆欲深者，其天機淺。」（〈大宗師〉）。東坡可能因為這樣吧，所以也不覺得淋濕算什麼，搞不好他正在鍛鍊他的心是不是能乘御呢。「已而遂晴」，很快就放晴啦，天總會晴的，而因為這場風雨而留下千載佳篇，東坡可樂著呢。

「莫聽穿林打葉聲」，不要去聽那穿透林子打在樹葉上的聲音。各位，沒寫到「風雨」，把「風雨」藏起來，只說「穿林打葉」，可見文字駕馭功力之高。那為什麼能「莫聽」呢？剛剛說了，不要把注意力放在那，不就結了嘛。《莊子》書中非常重要的功夫就是「徇耳目內通」（〈人間世〉），常把注意力向內觀照——眉心、膻中、下丹田。隨時觀照自己的心是不是做到了：沒有成見、沒有負面情緒、沒有多餘念慮。所以說「莫聽穿林打葉聲」，外面怎麼樣喧鬧，不讓心地隨著外面的風雨混亂、攪擾。

根據心理學家的研究，外面世界是什麼樣子，對我們人生的影響只有百分之十。剩下百分之九十的影響，來自於怎麼看這個世界。所以哲學教育是非常重要的。

「何妨吟嘯且徐行」，「嘯」是噘起嘴巴來發出一種像狼一樣的聲音，這是中國古代男性常備的技術，聲音可以傳非常遠。你可以想像風雨中大家都急忙奔逃，唯獨有個人邊吟詩還邊長嘯，他可以安然自在慢慢地走。在這樣的文化薰陶之下，記得我得癌症的時候，系上一個與我同月同日同時辰生的學姊，她寫了一張卡片給我：「璧名，不要急，慢慢來，一切會如常。」我看到這句話的時候非常感動，我想到的詞句就是：「何妨吟嘯且徐行」。於是在疾病當中開始蓄積並開展我的《莊子》學說與鍊功的生涯。我們就要問：「東坡，你憑什麼做到這樣呢？」東坡回答：「竹杖芒鞋輕勝馬」，當你不汲汲於外在世界，你把心神看得非常重，就像東坡，他不是住在帝寶華廈、也沒有擁有寶馬、豪車，只有一腔美好的、寬鬆的、安適的心神狀態。所以撐一根竹杖，穿一雙草鞋，通體就覺得非常地舒暢輕快！

「誰怕？一簑煙雨任平生。」「任」就是「我不怕，來吧。」只要穿了這件簑衣，生活中所有的風雨、所有的災難，我都不怕。當你在這世界上，再沒有害怕失去什麼的時候，就能像東坡一樣覺得好像只要有一件簑衣，就可以撐住人間風雨。有時候「陰陽之患」或「人道之患」都是很珍貴的，在這樣的災難洗禮之後，慢慢反而就有了好像不怕失去什麼的感覺，那時候就會活得很泰然。

「料峭春風吹酒醒」，「料峭」兩個字是拿來形容春寒的，春天吹這樣寒冷的風，把酒醉的人都吹醒了。「微冷」，這「微冷」當然就是逆境嘛，可是就在這微冷之時，東坡看到什麼？「山頭斜照卻相迎」，山的那邊居然有斜照的夕陽暖暖地對著自己微笑。各位，這就告訴我們「忘」的工夫了，在這個悲慘的境遇裏，如果你能「忘」，不要把注意力執著在那個「料峭春寒」，試著去注意「山頭斜照」吧。把注意力擺對地方，你的心就依然能夠如明月、如星輝閃爍一般，即便是在暗黑的長夜裏。那人的一生為什麼會悲慘？就是因為一直去注意、一直執著、去看你悲慘的地方，你任憑那個悲慘的記憶在腦海中不斷地重複上演。但如果願意把注意力放在暖暖的夕陽、放在黑夜裏的星星跟月亮，這世界便就是光明的。

「回首向來蕭瑟處」，「向來」是一路以來。當你回頭看，那些你曾經覺得很衰、很背的「蕭瑟處」，你覺得過得很坎坷、很顛簸、很不順遂的那些充滿淒風苦雨的地方。能想像東坡這樣的一代奇才，為什麼寫下：「人皆養子望聰明，我被聰明誤一生。」（〈洗兒〉）他一輩子到處被貶謫，被貶到海南島的時候，曾經寫下：「子孫痛哭於江邊，已為死別；魑魅逢迎於海上，寧許生還。」（〈到昌化軍謝表〉）他覺得所有來送他的親朋好友，這該當是最後一面了，就知道他眼前的世界有多險。可是東坡沒有死，反而留下非常好的作品。仔細想想，不就因為這樣的乖舛，生命力才能夠更加堅韌；就是因為這麼乖舛，才能寫出這麼多動人的詩篇。如果東坡的一生，是非常地富貴、不斷地升官發財，那他的作品絕對沒有如今我們看到的力度跟厚度。所以當東坡回頭的時候，他才懂得，向這些蕭瑟處、向這些風風雨雨、向這些人間世的百般逆境、刁難，俯首稱謝。是蕭瑟風雨煉就你生命中的光。有一天，當你回頭去看當初那個讓你打哆嗦、起寒顫的地方，那些歲月、那些人事物，「歸去」，已經不在乎了，人生就繼續往前走了。因為人的一生只有兩萬多天，每天都要好好把握、好好珍惜。

「也無風雨也無情」，而回頭看之前的風雨，不再覺得風雨是風雨，因為那些風雨淬鍊了今天的你。也不覺得晴天是晴天了，你發現因為風雨，讓你知道天晴的溫暖，因為風雨讓你足不出戶、不用向外奔忙，因為風雨，讓你知道往後餘生的愛不用耗費浪擲太多。

我覺得「也無風雨也無晴」，很像《老子》講的：「禍兮，福之所倚，福兮，禍之所伏。」（〈五十八章〉）學習《莊子》，你會在每個災難裏面看到幸福，當然，你也會在每一個幸福裏看到可能的災難。

當然這個「歸去」除了往前走，還有另一個意思是「往內走」。《莊子》講：「不知其所歸」，在〈齊物論〉既然說「不知其所歸」，當然就有相應的「知其所歸」。那什麼叫《莊子》的「知其所歸」呢？就是一般講的安身立命。我們該安身立命於何處呢？或許我們每一個人都覺得自己盡心、盡力、盡分地去過著自己的每一天，去珍惜我們可以擁有的情感，不管是親情、友情還是愛情。我們一樣盡心盡力地去從事我們的事業，或者你的專業是學生，這也是事業。但除此之外，不會忘記在這人間世，我們這樣用情，或在職場中，我們這樣工作，其實我們都可以同時陶養我們的心靈，讓自己能夠「乘天地之正，而御六氣之辯」（《莊子．逍遙遊》）。在任何正常或意外的狀況下，都不忘記「乘物以遊心，託不得已以養中」（《莊子．人間世》），遇到所有考驗時，都在注意自己的心：「我駕馭得了嗎？我是否好好地駕馭著？我的心動了嗎？注意力還在眉心、膻中、或者丹田嗎？負面的情緒是不是少了？多餘的念慮是不是沒了？」這是一種價值，就是《莊子》的價值，也是當代西方心理學覺得非常珍視的東方文化遺產。

我們好像從〈定風波〉慢慢感受到，已經遇到這麼多苦難的東坡，他覺察了，原來只有逆境，不管是情場、職場，或求學途中的，好像只有夠痛，才能夠刺激催化我們的靈魂，能夠突破形骸而出。所以不要把挫折當挫折，最後我們會感謝挫折。還有之前講的「同聲相應，同氣相求」（《周易．乾文言》），就讓自己保持在非常正面的思想跟作為當中，去吸引你的「同聲相應，同氣相求」，這樣人生就夠了。

讀完〈定風波〉，好像知道「愛」的執著要怎麼「忘」了。我們在東坡的詞裏看到「莊」學在具體經驗現象裏的踐履跟實踐。我們也知道過度的「在意」要怎麼「釋懷」了。只要怎麼樣？「莫聽」，不要聽、不要把注意力放在那裏。看淡一點，讓注意力自然轉移。在想起、在難過的那一剎那，馬上轉移注意力。去注意什麼呢？注意其他較美好的、更重要的事。要讓所有「不好的事」只帶給你「好的影響」，而不要沉耽在負面的氛圍裏。〈定風波〉同〈釵頭鳳〉和〈江城子〉不一樣，我們知道東坡是《莊子》的愛好者，東坡為我們示範了一旦擁有《莊子》、一旦與《莊子》攜手同行，便能在「濃如酒的愛裏，保有淡如水的心。」你說：「這哪有濃如酒的愛啊？」「愛」有時候也可以寫成阻礙的「礙」嘛，不管多麼慘烈的情境，都要保有一顆淡如水的心。

我覺得接下來這首泰戈爾的〈我想不起母親〉，對東坡的「不思量，自難忘。」有著非常好的展演，展演一種無所不在、又不會過度執著的情誼。

為什麼最後要講〈我想不起母親〉、〈蟬聲已逝〉這兩首詩？先看了東坡怎麼樣在〈定風波〉踐履《莊子》這樣的哲學，理解了在愛中要怎麼「忘」、怎麼樣不執著，但大家讀到這兒恐怕會有點害怕，如果變得很不執著了，會不會看起來很無情？人生會不會了無滋味？所以我想把「在濃如酒的愛裏，保有淡如水的心」這樣一種情懷，用詩歌來展演，其實不僅不會顯得無情，更且是非常深情的，只是不陷溺沉淪在情感之中。最後面這兩首詩就是要起這樣的示範作用。

曲子裏、氣味裏、藍天中，母親無所不在

〈我想不起母親〉（遢逅魯詩・蔡肇祺譯）

我想不起母親！
只是
時而於我的奏樂當中，
一支曲子，
會從我的樂器聳升，
但，那卻是
她在搖蕩着我的搖籃，
常在哼唱之歌的
曲子！

我想不起母親！
但，秋的晨早，

西烏里之花香飄盪時，
在堂中
那早上的禮拜的香味，
對我，
可比母親香味！

我想不起母親！
只是
從我的寢室之窗，
放眼遠空之藍時，
我會感到：
凝視我的臉的
母親的靜謐，
擴散而充塞於
天空滿滿！

這首泰戈爾的詩〈我想不起母親〉看到第一句的時候著實嚇一跳啊，讓讀者引發好奇，這詩人怎麼那麼不孝啊？連媽媽都想不起？可是帶著這樣的好奇心往下看，你才明白：他是多麼地想念母親，而這個想念是這麼地自然又不經意。

「只是／時而於我的奏樂當中，／一支曲子，會從我的樂器聳升，但，那卻是／她在搖蕩着我的搖籃，常在哼唱之歌的／曲子！」如果這個小孩已經長大成年了，他在吹奏樂器的時候，還會吹奏起小時候媽媽唱過的那首歌，那他和母親之間的情感肯定親暱而深刻。我不知道什麼時候才發現，跟同輩的小孩在唱歌的時候不太一樣，我會不知不覺吟唱一些中國詩詞音樂還有日本童謠或演歌。後來才發現是因為小時候常常聽爸爸媽媽唱歌。我父親是位詩詞作曲家，父母親又都非常喜歡唱歌，聽著聽著不善於唱歌的我也會唱了。可是我每次不自覺地哼唱起的時候，未必是我跟這首歌有特殊的情感，更多的是在這首歌裏面可以感受爹娘給我的愛，還有整個氛圍和記憶。

「我想不起母親！但，秋的晨早，西烏里之花香飄盪時，在堂中／那早上的禮拜的香味，對我，可比母親香味！」香味在這裏沒有寫明，有可能詩人的母親就種了這麼一園西烏里[2]之花，所以那個花圃一般的味道一浮現，他馬上想起母親；當然也有可能是母親身上佩著香囊，而香囊塞著的就是西烏里之花。

這愛如此深刻恆長，卻又如此淡然而無累無傷

第一段透過聲音、透過聽覺；第二段透過嗅覺、透過味道，我們發現作者不斷地想起他的母親。而最後一段要寫的是，映現在視覺裏的母親。這種層遞的寫法最後一定會推到高潮，更可見他對母親的思念無所不在。

「我想不起母親！只是／從我的寢室之窗，放眼遠空之藍時，我會感到：凝視我的臉的／母親的靜謐，擴散而充塞於／天空滿滿！」詩人連放眼遠望天空，從天空的藍與靜謐，感受到充塞於天空母親滿滿的存在。是母親的臉一直映現在天空嗎？還是天空澄澈的湛藍，甚至於空氣的清新與溫暖，就是母親給詩人的感覺？詩人沒說。可是到了這兒，我想我們都感受到了，詩人的想念是這般地深刻厚實而且輕鬆自然。完全符合莊子講的「喜怒通四時」（〈大宗師〉），就像你對四季的感情，你覺得天好藍、春天好溫暖，沒有過度的悲傷、也沒有過度的執著想念，但是是非常遼闊的，可說無所不在的，是這樣地熱情真摯、而且溫暖。

這只是我個人猜想，詩人在寫這首詩的時候，也許母親已經過世了。我覺得一個過世的

2：西烏里乃花名，開在秋。

人、或是你摯愛的親人，最容易在望向天空的時候思念起他（她）。許因此詩人覺得這樣靜謐的存在就是他母親的容顏。由此可以發現這首詩裏的想念，根本就不是一種思想起的想念，而是一種不去思想就隨處萌發、鮮少忘懷的精神內涵。原來他的母親無所不在，在聲音裏、在氣味裏、在藍天中。這樣的深刻厚實，而且無止盡無絕期的愛，卻又能如此地淡然而無累無傷。於是我們會發現，當實踐了《莊子》的理論，日子不會變得無情，只是「無累」、「無傷」而已。

我們之間、到底淡到什麼濃度最合適？

最後一首我要講的是我父親的詩：

〈蟬聲已逝〉（蔡肇祺）

想到蟬聲卻已無
遺枝寂寞誰在乎
人間聲色百般是
蟬似伯牙琴對吾

一九九四年九月二日二十一時三十分

我們生命中都有一些過不去的關口，可是過不去的時候，你如果願意靜下心來面對回想，你就會知道是太在意對方了。所以這個單元我們才要講「愛」與「忘」。剛剛說了，這個「忘」不是忘記，是不要過度執著，是要淡然面對。可是在這邊要問的是到底要淡然到什麼程度最合適？《莊子》跟我們說：「凄然似秋，煖然似春，喜怒通四時」（〈大宗師〉），「是接而生時於心者也」（〈德充符〉），就好像跟四季交接的情緒，就這程度，這樣就可以了，不要太超過。莊子常常用四季來講一個人的心情，講得簡單一點，如果你遇到有什麼不捨或執著的事，不能超過你對四季的執著跟不捨。春夏秋冬，各有所好。每個人都會有自己最喜歡的季節。喜歡吃冰的人，是不是就最喜歡夏天？喜歡吃火鍋的人，可能就喜歡冬天；喜歡打扮的女孩，可能衣櫃裏哪個季節的衣服最好看，就喜歡那個季節。或者某一個季節，有特別美好的記憶……。可是各位，即便很喜歡冷，覺得越冷越好的人，也不會因為冬至過後就開始嚎啕大哭，就好像沒辦法面對冬天的離開。那如果這樣的話，記得下次所愛的人要跟你說再見的時候，要像面對冬天的離去，不要執著。如果你怕做不到，就跟我一樣每幾天練習一次：「嗯，這是最後一通電話」、「嗯，這是最後一份禮物」，就會很容易釋懷，跟任何人事往來的情感就像四季推移一般自然，沒有過度的狂喜和哀傷，不會滯留陷溺、攪擾損傷一己的心身。

因此我把〈蟬聲已逝〉這首詩擺在這個系列、這個單元的尾聲，想要讓各位去感受，何等濃度的用情是無傷的？

這首詩裏面用了一個典故，同時也貫穿了這個系列的對於情感，我們最珍惜的、我們認為的情感的基石是什麼？那就是「知音」。這個典故是非常有名的：鍾子期為伯牙「知音」的典故。之前課程我們說過，所有的感情，不論是親情、友情、愛情、師生之情、員工老闆之間的情誼，任何一種人與人之間的情感，如果彼此的情感十分美好，那之間一定有一座基石非常穩固，那座非常穩固的基石就叫「友情」。接著我們要透過這一首詩來談一下人與人之間、人與動物之間的相知知遇之情。這首詩的作者是我的父親，也是引領我讀詩寫詩的人。

〈蟬聲已逝〉，詩人的思念彙集於萬樹中的一蟬，不是思念人，不是思念寵物，而是思念一隻蟬，然後特別用詩把它記錄下來，那對蟬的感情肯定十分深刻。這種情感來自於蟬的生命非常地短促，還有蟬在枝頭上聲嘶力竭帶給人一種警醒。寫過蟬的古人非常多，有的是用蟬來譬喻政治失意，有的是借蟬來寫人間世的別離。可是父親的這一首詩就是單純因為愛蟬而寫。父親非常喜歡聽到蟬的聲音。每一年在我們家，聽到蟬聲響起絕對比放國慶煙火還要值得注意。

從小父親就對我們說：「蟬在地底的歲月很長，可是牠一旦破土而出、飛上枝頭，就只剩下短短的十三天牠的生命就結束了，就要跟這個世界告別了。」所以蟬聲教人聽起來，特別有一種聲嘶力竭之感。聽著聽著，就覺得自己的一生，好像應該跟那蟬一樣奮力地鳴叫，因為人的一生其實也很短，所以每一天演出的時候，都應該把它當成生命中最後的一場演出來看待。

岔開話題一下，當我們講到戀愛的時候，都會說「慎終如始」（《老子・六十四章》），渴望「如始」，因為每一段感情剛開始的時候總是特別美、特別動人。可是就想不明白，那麼美好的開始，結束的時候為什麼會這麼慘？二〇一四年的金馬獎影帝陳建斌，他在發表得獎感言的時候，就對坐在臺下的老婆公開他愛的宣言，他說啊：「我已找到一個愛妳的祕訣。」全場大家都屏息以待、洗耳恭聽，我這個教《莊子》的人，也在電視機前屏息傾聽他接下來要說什麼，他說：「永遠當作第一次。」哇，大家聽了不得了，影帝的語言。可是坐在電視機前的我是這麼想的，不就「慎終如始」嗎？多麼地精簡，這個愛的祕訣從大白話濃縮成四個字，就是「慎終如始」。

有意思的是，對感情永遠當作第一次。但回到詩的主題，當面對自己、面對生活、面對生命的時候，永遠當作最後一次。如果是最後一次的相逢，最後一天的演出，你會更加珍惜、更加投入。如果你也是這樣對待生命的人，自然對蟬就會有一種知遇之感。

「想到蟬聲卻已無」，所有的詩歌，不管古典、現代，似乎都希望起筆像草書的起筆一樣，淡淡的、不刻意，好像不是刻意要寫一首詩。「想到蟬聲」，你會不會覺得聽起來就像口渴想到喝茶、下雨想到撐傘，好像任何你有意無意忽然想起的東西。這起筆也是非常自然的，就這麼自然簡單的一句話。「想到蟬聲卻已無」，有一天想念起蟬或想念起蟬鳴了，才發現怎麼就沒有蟬聲啦，才發現原來屬於蟬的季節已經結束了。「卻已無」這樣一轉，就讓人特別地不捨、特別地珍惜。我們會去想念一個對象，通常就是在見不到他（她）之後。當然這個「見不著」有兩個可能，一個是談過的生離，一個是也談過的死別。

「想到蟬聲卻已無」，請問各位，你有過那種很想念對方的感覺嗎？或很想念什麼的感覺？我有自炊的習慣，可是最近生活比較忙，有時候做菜吃飯變得非常倉皇。有一天，我打開冰箱看到一條白鯧魚，就在那一剎那，不知道為什麼，我想到臺南人最愛的白鯧魚米粉，忽然間覺得這滋味太迷人了。我那天非常忙，應該不可以花那麼多時間做菜吃飯的，可我忍不住把白鯧魚拿出來退冰，回到書桌繼續工作。然後我告訴自己：「待會兒，給妳半小時的時間，把白鯧魚米粉做好，加一道青菜。」那天我第一次發現，想到白鯧魚米粉，正是一種思念叫「鄉愁」。忽然覺得再忙的日子，也要定期定額地支付。就是這樣的一種情感，不傷也不累的。

「遺枝寂寞」，這裏是講蟬生年短暫所懷抱的寂寞嗎？各位，如果你的一輩子只有十三天，是不是更感受得到活著的寂寞？如果我們跟彭祖一樣都能活七八百歲，會覺得「不急不急，總有一年的某一天，我會遇到知己的，未來的日子很長、地球人口很多。」可是如果你的人生只有十三天，你覺得未來還有機會相逢嗎？所以蟬生十三天，肯定倍覺寂寞吧！而如果你對人生有跟李白或東坡一樣的領悟，李白說：「夫天地者，萬物之逆旅也；光陰者，百代之過客也。」（〈春夜宴桃李園序〉），東坡講：「人生如逆旅，我亦是行人。」（〈臨江仙〉）已經深刻體會到人生一趟的匆匆。那麼「對酒當歌，人生幾何！」（魏晉．曹操〈短歌行〉）你是不是也會倍覺寂寞呢？當然，這是第一個寂寞的可能，是因為生命太短所導致的寂寞。

還是，「遺枝寂寞」講的是蟬消逝後，被蟬停棲過而不再擁有蟬相依相守的「空枝」的寂寞？而對空枝寂寞的覺知，是由一個很喜歡聽蟬鳴的人代位感受的。各位，如果你喜歡一個偶像團體，去參加他們的演唱會，聽完之後就想「他們什麼時候再來演出啊？」你真是想念呢。那麼有一天讓你看到當初的舞臺而今人去臺空，也許就會像喜歡蟬的人面對蟬去枝空的枝椏一樣，舞臺沒有了偶像團體，這空枝沒有了蟬，都是寂寞的。

那第三個可能，有可能「遺枝寂寞」就是簡簡單單地說蟬聲已逝，獨留愛蟬的詩人只能望向空蕩蕩的樹枝頭感受寂寞？

不管當初寫詩的人心裏講的寂寞是哪一種、是誰的。我想在世俗價值裏，不要說珍惜蟬了，連珍惜樹葉、珍惜樹的人都不多見了，何況是珍惜蟬聲？所以說「遺枝寂寞誰在乎」。

「人間聲色百般是」，在這個世界上，會發出聲音、讓我們耳朵聽得見的，或者有影像、讓我們眼睛看得見的，能夠愉樂我們、吸引我們的，真的太多了。我就想問各位，在這個世界，最教你念想的聲音，是什麼聲音呢？

懂你，是走向無止盡深刻與美好的過程

有一天我遇到了學生，她正在背書，她修了個詩課，要背大量的詩作。她說：「老師，好難喔，背不起來。」我說：「我教你個辦法」。我知道她心裏有個偷偷喜歡的男生，於是我說：「你把這些詩詞發給他，請他給你念，錄在錄音帶裏。你每天瘋狂地想聽，聽著聽著就滾瓜爛熟了。」講這個例子的用意在告訴各位，其實這個世界上，我們最喜歡聽的聲音，未必是在選秀節目裏面奪冠，或者在全世界排名前幾名的交響樂音。你喜歡的聲音，不必別人的耳朵來認定。你知道是它，那它就是了。

被一個人認識，在這個世界上是七十億分之一的偶然；但要被瞭解，可能需要比十年更長的歲月才能完成，更多的真實或者是十年也完成不了。所以今天如果你覺得在這世界上別人

不懂你，真的不要難過，這是何等自然的一件事啊。可是如果居然遇到一個懂你、或願意更加懂你的人，那得要倍加珍惜。而且不要忘記，他（她）要怎麼懂你，還有你要怎麼讓他（她）懂，這應該是一段走向無止盡的深刻與美好的過程。是的，我們的生命永遠在「過程」之中，所以永遠要愛惜、要創造一個讓彼此可以更為相知相惜的轉瞬。

如果他就是得見你黯夜裏的星光

面對情感，我覺得無須自慚形穢。講這句話是因為，現在的年輕人總覺得自己這裏不好、那裏也不好，哪會有人愛呢？常聽我學生講這樣子的話。為什麼他（她）會這樣想呢？因為越能自省的人，越能覺察：自己的生命像夜空一樣。因為太會反省了，便覺得你的優點就像光點一樣很少，你的缺點就像黑夜一樣多。萬一如果真的能遇到可以看見或願意看見你黯夜裏的光亮的人，你會特別珍惜。你發現是因為他（她）的存在，使你夜空中本來就有的星星和月亮更加亮了起來，甚至你因為這樣更在意、珍惜、愛養起自己的星光。因為他（她）對你的在意，你因此可以發展出格局更敞亮的人生。

當然有的人，他（她）生命的天空一如白晝。可是再亮的白晝也會有一些黑點，比方烏鴉飛過的時候。如果生命如白晝之光的你，很不幸地，遇到一個只緊盯注意、不斷嫌棄那幾隻烏鴉、小黑點在晴空萬里之中的人，你就會開始在意這些黑點，而慢慢忘了，生命裏本有那樣無雲萬里的大晴天。這個譬喻要傳達給各位的是：能夠遇見一位發掘、甚至強化自身優點的人，對於自我的生命將可以發生巨大的影響，反之亦然。在以為自己還沒有遇到知音之前，不要覺得真的還沒有遇到，也許他（她）就在你身邊，只是你還沒察覺。如果你願意讓別人多了解一點，也許就能發現彼此生命中原本忽略的美好。

一定有值得你珍惜的相遇，等在你後面的人生

在你還沒有遇到人類的知音之前，其實一棵樹、一隻蟬都可以成為你的知音，這也會讓你在流轉的春夏秋冬裏，品出另一番滋味。如果對天地間駐足的點點滴滴，連萬樹中的一隻蟬都能如此珍惜，那你肯定會是一個非常富有的人。再加上如果你修習過《莊子》「忘」的學程，能夠漸漸地在生活中體會，就算在很自然的情況下失去愛——因為失去本來就是正常的——你的痛苦也不會那麼沉重。並不是因為你讀了《莊子》變薄情了，而是因為你不再陷溺、不再執著。如果我們對最愛的執著——那一種非要不可的情感，也能像對待四季轉換一樣地淡然，那

麼在感情的世界裏你就不容易太累、太傷。

要記得：當你覺得明明這麼愛他（她），而他（她）明明這麼適合你，你們之間明明這麼難得地相逢了，而且還短暫相愛了，為什麼你們又走散了，因此你百思不解、悲痛異常。這個時候，請你銘記：「同聲相應、同氣相求」，記得未來一定有著更值得你珍惜的相遇，等在你後面的人生。

最後，我希望這個系列《解愛——重返莊子與詩歌經典，在愛裏獲得重生》，讓我們學會「莊子，從心開始」，只有我要定的心，沒有要定的人！明白什麼是情感關係裏，最值得培養的才華，那就是「自事其心」了。而且明白只有無風無浪般大器靜好的胸懷，才是心之所向。

同時，「學會用情」，才能做到「勇於不敢，愛而無傷」。有愛，為何能夠無傷？因為我們不再將所愛「膠」與「藏」，不再需要黏在一起、藏在自己的佔有欲裏，而能藏所愛於「天下」，兩個人像悠遊自在的兩條魚。甘願成為情感關係中，「配合者」的理想典範。終於能夠在濃如酒的愛裏，保有淡如水的心。

「正是時候學莊子」，正是時候學詩歌。這個系列的課程就在這裏結束了，情感的路正更璀璨地開展。與詩歌攜手，和莊子同行，祝福大家。

解愛

美好生活 016

解愛

重返莊子與詩歌經典，在愛裏獲得重生

作　　者｜蔡璧名
責任編輯｜黃惠鈴
美術設計｜楊啟巽工作室
發 行 人｜殷允芃
出版部總編輯｜吳韻儀
出 版 者｜天下雜誌股份有限公司
地　　址｜台北市 104 南京東路二段 139 號 11 樓
讀者服務｜（02）2662-0332　傳真｜(02）2662-6048
天下雜誌GROUP網址｜ http://www.cw.com.tw
劃撥帳號｜01895001天下雜誌股份有限公司
法律顧問｜台英國際商務法律事務所・羅明通律師
印刷製版｜中原造像股份有限公司
裝 訂 廠｜中原造像股份有限公司
總 經 銷｜大和圖書有限公司　電話／（02）8990-2588
出版日期｜2020 年 7 月 7 日第一版第一次印行
　　　　　2020 年 8 月 3 日第一版第三次印行
定　　價｜588 元

書號：BCCN0016P
ISBN：978-986-398-562-4（平裝）
天下網路書店 http://www.cwbook.com.tw
天下雜誌出版部落格－我讀網 http://books.cw.com.tw
天下讀者俱樂部 Facebook http://www.facebook.com/cwbookclub

解愛：重返莊子與詩歌經典,在愛裏獲得重生
/ 蔡璧名著. -- 第一版. -- 臺北市：天下雜誌,
2020.07　面；　公分. -- (美好生活；16)
ISBN 978-986-398-562-4(平裝)
1.莊子 2.研究考訂 3.老莊哲學 4.詩評
121.337　109007027